中华人民共和国
新法规汇编

2016
第5辑

国务院法制办公室 编

中国法制出版社

编辑说明

一、《中华人民共和国新法规汇编》是国家出版的法律、行政法规汇编正式版本，是刊登报国务院备案的部门规章的指定出版物。

二、本汇编收集的内容包括：上一个月内由全国人民代表大会及其常务委员会通过的法律和有关法律问题的决定，国务院公布的行政法规和法规性文件，报国务院备案的部门规章，最高人民法院和最高人民检察院公布的司法解释。另外，还收入了上一个月内报国务院备案的地方性法规和地方政府规章目录。

三、本汇编所收的内容，按下列分类顺序编排：法律，行政法规，法规性文件，国务院部门规章，司法解释。每类中按公布的时间顺序排列。报国务院备案的地方性法规和地方政府规章目录按1987年国务院批准的行政区划顺序排列；同一行政区域报备两件以上者，按公布时间顺序排列。

四、本汇编每年出版12辑，每月出版1辑。本辑为2016年度第5辑，收入2016年4月份内公布的法律1件，行政法规1件，法规性文件6件，报国务院备案的部门规章21件，司法解释7件，补收2016年3月份内公布的法规性文件1件、司法解释1件，共计38件。

五、本汇编在编辑出版过程中，得到了国务院有关部门和有关方面以及广大读者的大力支持和协助，在此谨致谢意。

国务院法制办公室

2016年5月

目　录

法　律

行政法规

法规性文件

国务院部门规章

司法解释

法　律

中华人民共和国境外非政府组织境内活动管理法

（2016年4月28日第十二届全国人民代表大会常务委员会第二十次会议通过　2016年4月28日中华人民共和国主席令第44号公布　自2017年1月1日起施行）

目　录

第一章　总　　则

第一条　为了规范、引导境外非政府组织在中国境内的活动，保障其合法权益，促进交流与合作，制定本法。

第二条　境外非政府组织在中国境内开展活动适用本法。

本法所称境外非政府组织，是指在境外合法成立的基金会、社会团体、智库机构等非营利、非政府的社会组织。

第三条　境外非政府组织依照本法可以在经济、教育、科技、文化、卫生、体育、环保等领域和济困、救灾等方面开展有利于公益事业发展的活动。

第四条　境外非政府组织在中国境内依法开展活动，受法律保护。

第五条　境外非政府组织在中国境内开展活动应当遵守中国法律，不得危害中国的国家统一、安全和民族团结,不得损害中国国家利益、社会公共利益和公民、法人以及其他组织的合法权益。

境外非政府组织在中国境内不得从事或者资助营利性活动、政治活动,不得非法从事或者资助宗教活动。

第六条 国务院公安部门和省级人民政府公安机关,是境外非政府组织在中国境内开展活动的登记管理机关。

国务院有关部门和单位、省级人民政府有关部门和单位,是境外非政府组织在中国境内开展活动的相应业务主管单位。

第七条 县级以上人民政府公安机关和有关部门在各自职责范围内对境外非政府组织在中国境内开展活动依法实施监督管理、提供服务。

国家建立境外非政府组织监督管理工作协调机制,负责研究、协调、解决境外非政府组织在中国境内开展活动监督管理和服务便利中的重大问题。

第八条 国家对为中国公益事业发展做出突出贡献的境外非政府组织给予表彰。

第二章 登记和备案

第九条 境外非政府组织在中国境内开展活动,应当依法登记设立代表机构;未登记设立代表机构需要在中国境内开展临时活动的,应当依法备案。

境外非政府组织未登记设立代表机构、开展临时活动未经备案的,不得在中国境内开展或者变相开展活动,不得委托、资助或者变相委托、资助中国境内任何单位和个人在中国境内开展活动。

第十条 境外非政府组织符合下列条件,根据业务范围、活动地域和开展活动的需要,可以申请在中国境内登记设立代表机构:

(一)在境外合法成立;

(二)能够独立承担民事责任;

(三)章程规定的宗旨和业务范围有利于公益事业发展;

(四)在境外存续二年以上并实质性开展活动;

(五)法律、行政法规规定的其他条件。

第十一条 境外非政府组织申请登记设立代表机构,应当经业务主管单位同意。

业务主管单位的名录由国务院公安部门和省级人民政府公安机关会同有关部门公布。

第十二条 境外非政府组织应当自业务主管单位同意之日起三十日内,

向登记管理机关申请设立代表机构登记。申请设立代表机构登记，应当向登记管理机关提交下列文件、材料：

（一）申请书；

（二）符合本法第十条规定的证明文件、材料；

（三）拟设代表机构首席代表的身份证明、简历及其无犯罪记录证明材料或者声明；

（四）拟设代表机构的住所证明材料；

（五）资金来源证明材料；

（六）业务主管单位的同意文件；

（七）法律、行政法规规定的其他文件、材料。

登记管理机关审查境外非政府组织代表机构设立申请，根据需要可以组织专家进行评估。

登记管理机关应当自受理申请之日起六十日内作出准予登记或者不予登记的决定。

第十三条 对准予登记的境外非政府组织代表机构，登记管理机关发给登记证书，并向社会公告。登记事项包括：

（一）名称；

（二）住所；

（三）业务范围；

（四）活动地域；

（五）首席代表；

（六）业务主管单位。

境外非政府组织代表机构凭登记证书依法办理税务登记，刻制印章，在中国境内的银行开立银行账户，并将税务登记证件复印件、印章式样以及银行账户报登记管理机关备案。

第十四条 境外非政府组织代表机构需要变更登记事项的，应当自业务主管单位同意之日起三十日内，向登记管理机关申请变更登记。

第十五条 有下列情形之一的，境外非政府组织代表机构由登记管理机关注销登记，并向社会公告：

（一）境外非政府组织撤销代表机构的；

（二）境外非政府组织终止的；

（三）境外非政府组织代表机构依法被撤销登记或者吊销登记证书的；

（四）由于其他原因终止的。

境外非政府组织代表机构注销登记后，设立该代表机构的境外非政府组织应当妥善办理善后事宜。境外非政府组织代表机构不具有法人资格，涉及相关法律责任的，由该境外非政府组织承担。

第十六条 境外非政府组织未在中国境内设立代表机构，在中国境内开展临时活动的，应当与中国的国家机关、人民团体、事业单位、社会组织(以下称中方合作单位)合作进行。

第十七条 境外非政府组织开展临时活动，中方合作单位应当按照国家规定办理审批手续，并在开展临时活动十五日前向其所在地的登记管理机关备案。备案应当提交下列文件、材料：

(一)境外非政府组织合法成立的证明文件、材料；

(二)境外非政府组织与中方合作单位的书面协议；

(三)临时活动的名称、宗旨、地域和期限等相关材料；

(四)项目经费、资金来源证明材料及中方合作单位的银行账户；

(五)中方合作单位获得批准的文件；

(六)法律、行政法规规定的其他文件、材料。

在赈灾、救援等紧急情况下，需要开展临时活动的，备案时间不受前款规定的限制。

临时活动期限不超过一年，确实需要延长期限的，应当重新备案。

登记管理机关认为备案的临时活动不符合本法第五条规定的，应当及时通知中方合作单位停止临时活动。

第三章 活动规范

第十八条 境外非政府组织代表机构应当以登记的名称，在登记的业务范围和活动地域内开展活动。

境外非政府组织不得在中国境内设立分支机构，国务院另有规定的除外。

第十九条 境外非政府组织代表机构应当于每年 12 月 31 日前将包含项目实施、资金使用等内容的下一年度活动计划报业务主管单位，业务主管单位同意后十日内报登记管理机关备案。特殊情况下需要调整活动计划的，应当及时向登记管理机关备案。

第二十条 境外非政府组织在中国境内开展活动不得对中方合作单位、受益人附加违反中国法律法规的条件。

第二十一条 境外非政府组织在中国境内活动资金包括：

(一)境外合法来源的资金；

(二)中国境内的银行存款利息；

（三）中国境内合法取得的其他资金。

境外非政府组织在中国境内活动不得取得或者使用前款规定以外的资金。

境外非政府组织及其代表机构不得在中国境内进行募捐。

第二十二条 设立代表机构的境外非政府组织应当通过代表机构在登记管理机关备案的银行账户管理用于中国境内的资金。

开展临时活动的境外非政府组织应当通过中方合作单位的银行账户管理用于中国境内的资金，实行单独记账，专款专用。

未经前两款规定的银行账户，境外非政府组织、中方合作单位和个人不得以其他任何形式在中国境内进行项目活动资金的收付。

第二十三条 境外非政府组织应当按照代表机构登记的业务范围、活动地域或者与中方合作单位协议的约定使用资金。

第二十四条 境外非政府组织代表机构应当执行中国统一的会计制度，聘请具有中国会计从业资格的会计人员依法进行会计核算。财务会计报告应当经中国境内会计师事务所审计。

第二十五条 境外非政府组织在中国境内开展活动，应当按照中国有关外汇管理的规定办理外汇收支。

第二十六条 境外非政府组织代表机构应当依法办理税务登记、纳税申报和税款缴纳等事项。

第二十七条 境外非政府组织代表机构在中国境内聘用工作人员应当遵守法律、行政法规，并将聘用的工作人员信息报业务主管单位和登记管理机关备案。

第二十八条 境外非政府组织代表机构、开展临时活动的境外非政府组织不得在中国境内发展会员，国务院另有规定的除外。

第二十九条 境外非政府组织代表机构应当设一名首席代表，可以根据业务需要设一至三名代表。

有下列情形之一的，不得担任首席代表、代表：

（一）无民事行为能力或者限制民事行为能力的；

（二）有犯罪记录的；

（三）依法被撤销登记、吊销登记证书的代表机构的首席代表、代表，自被撤销、吊销之日起未逾五年的；

（四）法律、行政法规规定的其他情形。

第三十条 开展临时活动的境外非政府组织，应当以经备案的名称开展活动。

境外非政府组织、中方合作单位应当于临时活动结束后三十日内将活动情况、资金使用情况等书面报送登记管理机关。

第三十一条　境外非政府组织代表机构应当于每年1月31日前向业务主管单位报送上一年度工作报告,经业务主管单位出具意见后,于3月31日前报送登记管理机关,接受年度检查。

年度工作报告应当包括经审计的财务会计报告、开展活动的情况以及人员和机构变动的情况等内容。

境外非政府组织代表机构应当将年度工作报告在登记管理机关统一的网站上向社会公开。

第三十二条　中国境内任何单位和个人不得接受未登记代表机构、开展临时活动未经备案的境外非政府组织的委托、资助,代理或者变相代理境外非政府组织在中国境内开展活动。

第四章　便利措施

第三十三条　国家保障和支持境外非政府组织在中国境内依法开展活动。各级人民政府有关部门应当为境外非政府组织在中国境内依法开展活动提供必要的便利和服务。

第三十四条　国务院公安部门和省级人民政府公安机关会同有关部门制定境外非政府组织活动领域和项目目录,公布业务主管单位名录,为境外非政府组织开展活动提供指引。

第三十五条　县级以上人民政府有关部门应当依法为境外非政府组织提供政策咨询、活动指导服务。

登记管理机关应当通过统一的网站,公布境外非政府组织申请设立代表机构以及开展临时活动备案的程序,供境外非政府组织查询。

第三十六条　境外非政府组织代表机构依法享受税收优惠等政策。

第三十七条　对境外非政府组织代表机构进行年度检查不得收取费用。

第三十八条　境外非政府组织代表机构首席代表和代表中的境外人员,可以凭登记证书、代表证明文件等依法办理就业等工作手续。

第五章　监督管理

第三十九条　境外非政府组织在中国境内开展活动,应当接受公安机关、有关部门和业务主管单位的监督管理。

第四十条 业务主管单位负责对境外非政府组织设立代表机构、变更登记事项、年度工作报告提出意见，指导、监督境外非政府组织及其代表机构依法开展活动，协助公安机关等部门查处境外非政府组织及其代表机构的违法行为。

第四十一条 公安机关负责境外非政府组织代表机构的登记、年度检查，境外非政府组织临时活动的备案，对境外非政府组织及其代表机构的违法行为进行查处。

公安机关履行监督管理职责，发现涉嫌违反本法规定行为的，可以依法采取下列措施：

（一）约谈境外非政府组织代表机构的首席代表以及其他负责人；

（二）进入境外非政府组织在中国境内的住所、活动场所进行现场检查；

（三）询问与被调查事件有关的单位和个人，要求其对与被调查事件有关的事项作出说明；

（四）查阅、复制与被调查事件有关的文件、资料，对可能被转移、销毁、隐匿或者篡改的文件、资料予以封存；

（五）查封或者扣押涉嫌违法活动的场所、设施或者财物。

第四十二条 公安机关可以查询与被调查事件有关的单位和个人的银行账户，有关金融机构、金融监督管理机构应当予以配合。对涉嫌违法活动的银行账户资金，经设区的市级以上人民政府公安机关负责人批准，可以提请人民法院依法冻结；对涉嫌犯罪的银行账户资金，依照《中华人民共和国刑事诉讼法》的规定采取冻结措施。

第四十三条 国家安全、外交外事、财政、金融监督管理、海关、税务、外国专家等部门按照各自职责对境外非政府组织及其代表机构依法实施监督管理。

第四十四条 国务院反洗钱行政主管部门依法对境外非政府组织代表机构、中方合作单位以及接受境外非政府组织资金的中国境内单位和个人开立、使用银行账户过程中遵守反洗钱和反恐怖主义融资法律规定的情况进行监督管理。

第六章　法律责任

第四十五条 境外非政府组织代表机构、开展临时活动的境外非政府组织或者中方合作单位有下列情形之一的，由设区的市级以上人民政府公安机关给予警告或者责令限期停止活动；没收非法财物和违法所得；情节严重的，由登记管理机关吊销登记证书、取缔临时活动：

（一）未按照规定办理变更登记、备案相关事项的；

（二）未按照登记或者备案的名称、业务范围、活动地域开展活动的；

（三）从事、资助营利性活动，进行募捐或者违反规定发展会员的；

（四）违反规定取得、使用资金，未按照规定开立、使用银行账户或者进行会计核算的；

（五）未按照规定报送年度活动计划、报送或者公开年度工作报告的；

（六）拒不接受或者不按照规定接受监督检查的。

境外非政府组织代表机构、开展临时活动的境外非政府组织或者中方合作单位以提供虚假材料等非法手段，取得代表机构登记证书或者进行临时活动备案的，或者有伪造、变造、买卖、出租、出借登记证书、印章行为的，依照前款规定处罚。

第四十六条 有下列情形之一的，由设区的市级以上人民政府公安机关予以取缔或者责令停止违法行为；没收非法财物和违法所得；对直接责任人员给予警告，情节严重的，处十日以下拘留：

（一）未经登记、备案，以境外非政府组织代表机构、境外非政府组织名义开展活动的；

（二）被撤销登记、吊销登记证书或者注销登记后以境外非政府组织代表机构名义开展活动的；

（三）境外非政府组织临时活动期限届满或者临时活动被取缔后在中国境内开展活动的；

（四）境外非政府组织未登记代表机构、临时活动未备案，委托、资助中国境内单位和个人在中国境内开展活动的。

中国境内单位和个人明知境外非政府组织未登记代表机构、临时活动未备案，与其合作的，或者接受其委托、资助，代理或者变相代理其开展活动、进行项目活动资金收付的，依照前款规定处罚。

第四十七条 境外非政府组织、境外非政府组织代表机构有下列情形之一的，由登记管理机关吊销登记证书或者取缔临时活动；尚不构成犯罪的，由设区的市级以上人民政府公安机关对直接责任人员处十五日以下拘留：

（一）煽动抗拒法律、法规实施的；

（二）非法获取国家秘密的；

（三）造谣、诽谤或者发表、传播其他有害信息，危害国家安全或者损害国家利益的；

（四）从事或者资助政治活动，非法从事或者资助宗教活动的；

（五）有其他危害国家安全、损害国家利益或者社会公共利益情形的。

境外非政府组织、境外非政府组织代表机构有分裂国家、破坏国家统一、颠覆国家政权等犯罪行为的，由登记管理机关依照前款规定处罚，对直接责任人员依法追究刑事责任。

第四十八条 境外非政府组织、境外非政府组织代表机构违反本法规定被撤销登记、吊销登记证书或者临时活动被取缔的，自被撤销、吊销、取缔之日起五年内，不得在中国境内再设立代表机构或者开展临时活动。

未登记代表机构或者临时活动未备案开展活动的境外非政府组织，自活动被取缔之日起五年内，不得在中国境内再设立代表机构或者开展临时活动。

有本法第四十七条规定情形之一的境外非政府组织，国务院公安部门可以将其列入不受欢迎的名单，不得在中国境内再设立代表机构或者开展临时活动。

第四十九条 境外非政府组织代表机构被责令限期停止活动的，由登记管理机关封存其登记证书、印章和财务凭证。对被撤销登记、吊销登记证书的，由登记管理机关收缴其登记证书、印章并公告作废。

第五十条 境外人员违反本法规定的，有关机关可以依法限期出境、遣送出境或者驱逐出境。

第五十一条 公安机关、有关部门和业务主管单位及其工作人员在境外非政府组织监督管理工作中，不履行职责或者滥用职权、玩忽职守、徇私舞弊的，依法追究法律责任。

第五十二条 违反本法规定，构成违反治安管理行为的，由公安机关依法给予治安管理处罚；构成犯罪的，依法追究刑事责任。

第七章 附 则

第五十三条 境外学校、医院、自然科学和工程技术的研究机构或者学术组织与境内学校、医院、自然科学和工程技术的研究机构或者学术组织开展交流合作，按照国家有关规定办理。

前款规定的境外学校、医院、机构和组织在中国境内的活动违反本法第五条规定的，依法追究法律责任。

第五十四条 本法自2017年1月1日起施行。

行政法规

国务院关于修改《疫苗流通和预防接种管理条例》的决定

（2016年4月13日国务院第129次常务会议通过　2016年4月23日中华人民共和国国务院令第668号公布　自公布之日起施行）

国务院决定对《疫苗流通和预防接种管理条例》作如下修改：

一、将第十条修改为："采购疫苗，应当通过省级公共资源交易平台进行。"

二、将第十五条修改为："第二类疫苗由省级疾病预防控制机构组织在省级公共资源交易平台集中采购，由县级疾病预防控制机构向疫苗生产企业采购后供应给本行政区域的接种单位。

"疫苗生产企业应当直接向县级疾病预防控制机构配送第二类疫苗，或者委托具备冷链储存、运输条件的企业配送。接受委托配送第二类疫苗的企业不得委托配送。

"县级疾病预防控制机构向接种单位供应第二类疫苗可以收取疫苗费用以及储存、运输费用。疫苗费用按照采购价格收取，储存、运输费用按照省、自治区、直辖市的规定收取。收费情况应当向社会公开。"

三、将第十六条修改为："疾病预防控制机构、接种单位、疫苗生产企业、接受委托配送疫苗的企业应当遵守疫苗储存、运输管理规范，保证疫苗质量。疫苗储存、运输的全过程应当始终处于规定的温度环境，不得脱离冷链，并定时监测、记录温度。对于冷链运输时间长、需要配送至偏远地区的疫苗，省级疾病预防控制机构应当提出加贴温度控制标签的要求。

"疫苗储存、运输管理的相关规范由国务院卫生主管部门、药品监督管理部门制定。"

四、将第十七条第一款修改为："疫苗生产企业在销售疫苗时，应当提供由药品检验机构依法签发的生物制品每批检验合格或者审核批准证明复印件，并加盖企业印章；销售进口疫苗的，还应当提供进口药品通关单复印件，并加盖企业印章。”

五、将第十八条修改为：“疫苗生产企业应当依照药品管理法和国务院药品监督管理部门的规定，建立真实、完整的销售记录，并保存至超过疫苗有效期2年备查。

“疾病预防控制机构应当依照国务院卫生主管部门的规定，建立真实、完整的购进、储存、分发、供应记录，做到票、账、货、款一致，并保存至超过疫苗有效期2年备查。疾病预防控制机构接收或者购进疫苗时应当索要疫苗储存、运输全过程的温度监测记录；对不能提供全过程温度监测记录或者温度控制不符合要求的，不得接收或者购进，并应当立即向药品监督管理部门、卫生主管部门报告。”

六、将第二十三条第一款修改为：“接种单位接收第一类疫苗或者购进第二类疫苗，应当索要疫苗储存、运输全过程的温度监测记录，建立并保存真实、完整的接收、购进记录，做到票、账、货、款一致。对不能提供全过程温度监测记录或者温度控制不符合要求的，接种单位不得接收或者购进，并应当立即向所在地县级人民政府药品监督管理部门、卫生主管部门报告。”

七、将第二十五条第二款修改为：“医疗卫生人员应当对符合接种条件的受种者实施接种，并依照国务院卫生主管部门的规定，记录疫苗的品种、生产企业、最小包装单位的识别信息、有效期、接种时间、实施接种的医疗卫生人员、受种者等内容。接种记录保存时间不得少于5年。”

八、将第四十六条第二款修改为：“因接种第一类疫苗引起预防接种异常反应需要对受种者予以补偿的，补偿费用由省、自治区、直辖市人民政府财政部门在预防接种工作经费中安排。因接种第二类疫苗引起预防接种异常反应需要对受种者予以补偿的，补偿费用由相关的疫苗生产企业承担。国家鼓励建立通过商业保险等形式对预防接种异常反应受种者予以补偿的机制。”

九、将第五十二条修改为：“卫生主管部门、药品监督管理部门发现疫苗质量问题和预防接种异常反应以及其他情况时，应当及时互相通报，实现信息共享。”

十、增加一条，作为第五十四条：“国家建立疫苗全程追溯制度。国务院药品监督管理部门会同国务院卫生主管部门制定统一的疫苗追溯体系技术规范。

“疫苗生产企业、疾病预防控制机构、接种单位应当依照药品管理法、本条例和国务院药品监督管理部门、卫生主管部门的规定建立疫苗追溯体系，如实记录疫苗的流通、使用信息，实现疫苗最小包装单位的生产、储存、运输、使用全过程可追溯。

"国务院药品监督管理部门会同国务院卫生主管部门建立疫苗全程追溯协作机制。"

十一、增加一条,作为第五十五条:"疾病预防控制机构、接种单位对包装无法识别、超过有效期、脱离冷链、经检验不符合标准、来源不明的疫苗,应当如实登记,向所在地县级人民政府药品监督管理部门报告,由县级人民政府药品监督管理部门会同同级卫生主管部门按照规定监督销毁。疾病预防控制机构、接种单位应当如实记录销毁情况,销毁记录保存时间不得少于5年。"

十二、将第五十四条改为第五十六条,修改为:"县级以上人民政府卫生主管部门、药品监督管理部门违反本条例规定,有下列情形之一的,由本级人民政府、上级人民政府卫生主管部门或者药品监督管理部门责令改正,通报批评;造成受种者人身损害,传染病传播、流行或者其他严重后果的,对直接负责的主管人员和其他直接责任人员依法给予处分;造成特别严重后果的,其主要负责人还应当引咎辞职;构成犯罪的,依法追究刑事责任:

"(一)未依照本条例规定履行监督检查职责,或者发现违法行为不及时查处的;

"(二)未及时核实、处理对下级卫生主管部门、药品监督管理部门不履行监督管理职责的举报的;

"(三)接到发现预防接种异常反应或者疑似预防接种异常反应的相关报告,未立即组织调查处理的;

"(四)擅自进行群体性预防接种的;

"(五)违反本条例的其他失职、渎职行为。"

十三、将第五十五条改为第五十七条,修改为:"县级以上人民政府未依照本条例规定履行预防接种保障职责的,由上级人民政府责令改正,通报批评;造成传染病传播、流行或者其他严重后果的,对直接负责的主管人员和其他直接责任人员依法给予处分;发生特别严重的疫苗质量安全事件或者连续发生严重的疫苗质量安全事件的地区,其人民政府主要负责人还应当引咎辞职;构成犯罪的,依法追究刑事责任。"

十四、将第五十六条改为第五十八条,第一款修改为:"疾病预防控制机构有下列情形之一的,由县级以上人民政府卫生主管部门责令改正,通报批评,给予警告;有违法所得的,没收违法所得;拒不改正的,对主要负责人、直接负责的主管人员和其他直接责任人员依法给予警告至降级的处分:

"(一)未按照使用计划将第一类疫苗分发到下级疾病预防控制机构、接种单位、乡级医疗卫生机构的;

“（二）未依照规定建立并保存疫苗购进、储存、分发、供应记录的；

“（三）接收或者购进疫苗时未依照规定索要温度监测记录，接收、购进不符合要求的疫苗，或者未依照规定报告的。”

十五、将第五十七条改为第五十九条，修改为：“接种单位有下列情形之一的，由所在地的县级人民政府卫生主管部门责令改正，给予警告；拒不改正的，对主要负责人、直接负责的主管人员依法给予警告至降级的处分，对负有责任的医疗卫生人员责令暂停3个月以上6个月以下的执业活动：

“（一）接收或者购进疫苗时未依照规定索要温度监测记录，接收、购进不符合要求的疫苗，或者未依照规定报告的；

“（二）未依照规定建立并保存真实、完整的疫苗接收或者购进记录的；

“（三）未在其接种场所的显著位置公示第一类疫苗的品种和接种方法的；

“（四）医疗卫生人员在接种前，未依照本条例规定告知、询问受种者或者其监护人有关情况的；

“（五）实施预防接种的医疗卫生人员未依照规定填写并保存接种记录的；

“（六）未依照规定对接种疫苗的情况进行登记并报告的。”

十六、将第五十八条改为第六十条，修改为：“疾病预防控制机构、接种单位有下列情形之一的，由县级以上地方人民政府卫生主管部门责令改正，给予警告；有违法所得的，没收违法所得；拒不改正的，对主要负责人、直接负责的主管人员和其他直接责任人员依法给予警告至撤职的处分；造成受种者人身损害或者其他严重后果的，对主要负责人、直接负责的主管人员依法给予开除的处分，并由原发证部门吊销负有责任的医疗卫生人员的执业证书；构成犯罪的，依法追究刑事责任：

“（一）违反本条例规定，未通过省级公共资源交易平台采购疫苗的；

“（二）违反本条例规定，从疫苗生产企业、县级疾病预防控制机构以外的单位或者个人购进第二类疫苗的；

“（三）接种疫苗未遵守预防接种工作规范、免疫程序、疫苗使用指导原则、接种方案的；

“（四）发现预防接种异常反应或者疑似预防接种异常反应，未依照规定及时处理或者报告的；

“（五）擅自进行群体性预防接种的；

“（六）未依照规定对包装无法识别、超过有效期、脱离冷链、经检验不符合标准、来源不明的疫苗进行登记、报告，或者未依照规定记录销毁情况的。”

十七、将第六十一条改为第六十三条，修改为：“疫苗生产企业未依照规定建立并保存疫苗销售记录的，依照药品管理法第七十八条的规定处罚。”

十八、将第六十三条改为第六十五条，修改为：“疫苗生产企业向县级疾病预防控制机构以外的单位或者个人销售第二类疫苗的，由药品监督管理部门没收违法销售的疫苗，并处违法销售的疫苗货值金额 2 倍以上 5 倍以下的罚款；有违法所得的，没收违法所得；其直接负责的主管人员和其他直接责任人员 5 年内不得从事药品生产经营活动；情节严重的，依法吊销疫苗生产资格或者撤销疫苗进口批准证明文件，其直接负责的主管人员和其他直接责任人员 10 年内不得从事药品生产经营活动；构成犯罪的，依法追究刑事责任。”

十九、将第六十四条改为第六十六条，修改为：“疾病预防控制机构、接种单位、疫苗生产企业、接受委托配送疫苗的企业未在规定的冷藏条件下储存、运输疫苗的，由药品监督管理部门责令改正，给予警告，对所储存、运输的疫苗予以销毁；由卫生主管部门对疾病预防控制机构、接种单位的主要负责人、直接负责的主管人员和其他直接责任人员依法给予警告至撤职的处分，造成严重后果的，依法给予开除的处分，并吊销接种单位的接种资格；由药品监督管理部门依法责令疫苗生产企业、接受委托配送疫苗的企业停产、停业整顿，并处违反规定储存、运输的疫苗货值金额 2 倍以上 5 倍以下的罚款，造成严重后果的，依法吊销疫苗生产资格或者撤销疫苗进口批准证明文件，其直接负责的主管人员和其他直接责任人员 10 年内不得从事药品生产经营活动；构成犯罪的，依法追究刑事责任。”

二十、将第六十八条改为第七十条，修改为：“违反本条例规定，疫苗生产企业、县级疾病预防控制机构以外的单位或者个人经营疫苗的，由药品监督管理部门依照药品管理法第七十二条的规定处罚。”

二十一、将第七十二条改为第七十四条，增加一款，作为第五款：“疫苗生产企业，是指我国境内的疫苗生产企业以及向我国出口疫苗的境外疫苗厂商指定的在我国境内的代理机构。”

二十二、增加一条，作为第七十五条：“出入境预防接种管理办法由国家出入境检验检疫部门另行制定。”

二十三、删除第十二条、第十三条、第十七条第二款、第三十三条、第四十九条、第六十二条中的“疫苗批发企业”。

二十四、将第六十条改为第六十二条，并将其中的“第八十七条”修改为“第八十六条”。

此外，对条文顺序和个别文字作相应调整和修改。

本决定自公布之日起施行。

《疫苗流通和预防接种管理条例》根据本决定作相应修改，重新公布。

疫苗流通和预防接种管理条例

（2005 年 3 月 24 日中华人民共和国国务院令第 434 号公布
根据 2016 年 4 月 23 日《国务院关于修改〈疫苗流通和预防接种管理条例〉的决定》修订）

第一章　总　则

第一条　为了加强对疫苗流通和预防接种的管理，预防、控制传染病的发生、流行，保障人体健康和公共卫生，根据《中华人民共和国药品管理法》（以下简称药品管理法）和《中华人民共和国传染病防治法》（以下简称传染病防治法），制定本条例。

第二条　本条例所称疫苗，是指为了预防、控制传染病的发生、流行，用于人体预防接种的疫苗类预防性生物制品。

疫苗分为两类。第一类疫苗，是指政府免费向公民提供，公民应当依照政府的规定受种的疫苗，包括国家免疫规划确定的疫苗，省、自治区、直辖市人民政府在执行国家免疫规划时增加的疫苗，以及县级以上人民政府或者其卫生主管部门组织的应急接种或者群体性预防接种所使用的疫苗；第二类疫苗，是指由公民自费并且自愿受种的其他疫苗。

第三条　接种第一类疫苗由政府承担费用。接种第二类疫苗由受种者或者其监护人承担费用。

第四条　疫苗的流通、预防接种及其监督管理适用本条例。

第五条　国务院卫生主管部门根据全国范围内的传染病流行情况、人群免疫状况等因素，制定国家免疫规划；会同国务院财政部门拟订纳入国家免疫规划的疫苗种类，报国务院批准后公布。

省、自治区、直辖市人民政府在执行国家免疫规划时，根据本行政区域的传染病流行情况、人群免疫状况等因素，可以增加免费向公民提供的疫苗种类，并报国务院卫生主管部门备案。

第六条　国家实行有计划的预防接种制度，推行扩大免疫规划。

需要接种第一类疫苗的受种者应当依照本条例规定受种；受种者为未成年人的，其监护人应当配合有关的疾病预防控制机构和医疗机构等医疗卫生机构,保证受种者及时受种。

第七条 国务院卫生主管部门负责全国预防接种的监督管理工作。县级以上地方人民政府卫生主管部门负责本行政区域内预防接种的监督管理工作。

国务院药品监督管理部门负责全国疫苗的质量和流通的监督管理工作。省、自治区、直辖市人民政府药品监督管理部门负责本行政区域内疫苗的质量和流通的监督管理工作。

第八条 经县级人民政府卫生主管部门依照本条例规定指定的医疗卫生机构(以下称接种单位),承担预防接种工作。县级人民政府卫生主管部门指定接种单位时,应当明确其责任区域。

县级以上人民政府应当对承担预防接种工作并作出显著成绩和贡献的接种单位及其工作人员给予奖励。

第九条 国家支持、鼓励单位和个人参与预防接种工作。各级人民政府应当完善有关制度,方便单位和个人参与预防接种工作的宣传、教育和捐赠等活动。

居民委员会、村民委员会应当配合有关部门开展与预防接种有关的宣传、教育工作,并协助组织居民、村民受种第一类疫苗。

第二章 疫苗流通

第十条 采购疫苗,应当通过省级公共资源交易平台进行。

第十一条 省级疾病预防控制机构应当根据国家免疫规划和本地区预防、控制传染病的发生、流行的需要,制定本地区第一类疫苗的使用计划(以下称使用计划),并向依照国家有关规定负责采购第一类疫苗的部门报告,同时报同级人民政府卫生主管部门备案。使用计划应当包括疫苗的品种、数量、供应渠道与供应方式等内容。

第十二条 依照国家有关规定负责采购第一类疫苗的部门应当依法与疫苗生产企业签订政府采购合同,约定疫苗的品种、数量、价格等内容。

第十三条 疫苗生产企业应当按照政府采购合同的约定,向省级疾病预防控制机构或者其指定的其他疾病预防控制机构供应第一类疫苗,不得向其他单位或者个人供应。

疫苗生产企业应当在其供应的纳入国家免疫规划疫苗的最小外包装的显著位置,标明"免费"字样以及国务院卫生主管部门规定的"免疫规划"专用标识。具体管理办法由国务院药品监督管理部门会同国务院卫生主管部门制定。

第十四条 省级疾病预防控制机构应当做好分发第一类疫苗的组织工作,并按照使用计划将第一类疫苗组织分发到设区的市级疾病预防控制机构或者县级疾病预防控制机构。县级疾病预防控制机构应当按照使用计划将第一类疫苗分发到接种单位和乡级医疗卫生机构。乡级医疗卫生机构应当将第一类疫苗分发到承担预防接种工作的村医疗卫生机构。医疗卫生机构不得向其他单位或者个人分发第一类疫苗;分发第一类疫苗,不得收取任何费用。

传染病暴发、流行时,县级以上地方人民政府或者其卫生主管部门需要采取应急接种措施的,设区的市级以上疾病预防控制机构可以直接向接种单位分发第一类疫苗。

第十五条 第二类疫苗由省级疾病预防控制机构组织在省级公共资源交易平台集中采购,由县级疾病预防控制机构向疫苗生产企业采购后供应给本行政区域的接种单位。

疫苗生产企业应当直接向县级疾病预防控制机构配送第二类疫苗,或者委托具备冷链储存、运输条件的企业配送。接受委托配送第二类疫苗的企业不得委托配送。

县级疾病预防控制机构向接种单位供应第二类疫苗可以收取疫苗费用以及储存、运输费用。疫苗费用按照采购价格收取,储存、运输费用按照省、自治区、直辖市的规定收取。收费情况应当向社会公开。

第十六条 疾病预防控制机构、接种单位、疫苗生产企业、接受委托配送疫苗的企业应当遵守疫苗储存、运输管理规范,保证疫苗质量。疫苗储存、运输的全过程应当始终处于规定的温度环境,不得脱离冷链,并定时监测、记录温度。对于冷链运输时间长、需要配送至偏远地区的疫苗,省级疾病预防控制机构应当提出加贴温度控制标签的要求。

疫苗储存、运输管理的相关规范由国务院卫生主管部门、药品监督管理部门制定。

第十七条 疫苗生产企业在销售疫苗时,应当提供由药品检验机构依法签发的生物制品每批检验合格或者审核批准证明复印件,并加盖企业印章;销售进口疫苗的,还应当提供进口药品通关单复印件,并加盖企业印章。

疾病预防控制机构、接种单位在接收或者购进疫苗时,应当向疫苗生产企业索取前款规定的证明文件,并保存至超过疫苗有效期2年备查。

第十八条 疫苗生产企业应当依照药品管理法和国务院药品监督管理部门的规定,建立真实、完整的销售记录,并保存至超过疫苗有效期2年备查。

疾病预防控制机构应当依照国务院卫生主管部门的规定,建立真实、完整的购进、储存、分发、供应记录,做到票、账、货、款一致,并保存至超过疫苗有效期2年备查。疾病预防控制机构接收或者购进疫苗时应当索要疫苗储存、运输全过程的温度监测记录；对不能提供全过程温度监测记录或者温度控制不符合要求的，不得接收或者购进，并应当立即向药品监督管理部门、卫生主管部门报告。

第三章　疫苗接种

第十九条　国务院卫生主管部门应当制定、公布预防接种工作规范，并根据疫苗的国家标准，结合传染病流行病学调查信息，制定、公布纳入国家免疫规划疫苗的免疫程序和其他疫苗的免疫程序或者使用指导原则。

省、自治区、直辖市人民政府卫生主管部门应当根据国务院卫生主管部门制定的免疫程序、疫苗使用指导原则，结合本行政区域的传染病流行情况，制定本行政区域的接种方案，并报国务院卫生主管部门备案。

第二十条　各级疾病预防控制机构依照各自职责，根据国家免疫规划或者接种方案，开展与预防接种相关的宣传、培训、技术指导、监测、评价、流行病学调查、应急处置等工作，并依照国务院卫生主管部门的规定作好记录。

第二十一条　接种单位应当具备下列条件：

（一）具有医疗机构执业许可证件；

（二）具有经过县级人民政府卫生主管部门组织的预防接种专业培训并考核合格的执业医师、执业助理医师、护士或者乡村医生；

（三）具有符合疫苗储存、运输管理规范的冷藏设施、设备和冷藏保管制度。

承担预防接种工作的城镇医疗卫生机构，应当设立预防接种门诊。

第二十二条　接种单位应当承担责任区域内的预防接种工作，并接受所在地的县级疾病预防控制机构的技术指导。

第二十三条　接种单位接收第一类疫苗或者购进第二类疫苗，应当索要疫苗储存、运输全过程的温度监测记录，建立并保存真实、完整的接收、购进记录，做到票、账、货、款一致。对不能提供全过程温度监测记录或者温度控制不符合要求的，接种单位不得接收或者购进，并应当立即向所在地县级人民政府药品监督管理部门、卫生主管部门报告。

接种单位应当根据预防接种工作的需要，制定第一类疫苗的需求计划和第二类疫苗的购买计划，并向县级人民政府卫生主管部门和县级疾病预防控制机构报告。

第二十四条　接种单位接种疫苗，应当遵守预防接种工作规范、免疫程序、疫苗使用指导原则和接种方案，并在其接种场所的显著位置公示第一类疫苗的品种和接种方法。

第二十五条 医疗卫生人员在实施接种前，应当告知受种者或者其监护人所接种疫苗的品种、作用、禁忌、不良反应以及注意事项，询问受种者的健康状况以及是否有接种禁忌等情况，并如实记录告知和询问情况。受种者或者其监护人应当了解预防接种的相关知识，并如实提供受种者的健康状况和接种禁忌等情况。

医疗卫生人员应当对符合接种条件的受种者实施接种，并依照国务院卫生主管部门的规定，记录疫苗的品种、生产企业、最小包装单位的识别信息、有效期、接种时间、实施接种的医疗卫生人员、受种者等内容。接种记录保存时间不得少于5年。

对于因有接种禁忌而不能接种的受种者，医疗卫生人员应当对受种者或者其监护人提出医学建议。

第二十六条 国家对儿童实行预防接种证制度。在儿童出生后1个月内，其监护人应当到儿童居住地承担预防接种工作的接种单位为其办理预防接种证。接种单位对儿童实施接种时，应当查验预防接种证，并作好记录。

儿童离开原居住地期间，由现居住地承担预防接种工作的接种单位负责对其实施接种。

预防接种证的格式由省、自治区、直辖市人民政府卫生主管部门制定。

第二十七条 儿童入托、入学时，托幼机构、学校应当查验预防接种证，发现未依照国家免疫规划受种的儿童，应当向所在地的县级疾病预防控制机构或者儿童居住地承担预防接种工作的接种单位报告，并配合疾病预防控制机构或者接种单位督促其监护人在儿童入托、入学后及时到接种单位补种。

第二十八条 接种单位应当按照国家免疫规划对居住在其责任区域内需要接种第一类疫苗的受种者接种，并达到国家免疫规划所要求的接种率。

疾病预防控制机构应当及时向接种单位分发第一类疫苗。

受种者或者其监护人要求自费选择接种第一类疫苗的同品种疫苗的，提供服务的接种单位应当告知费用承担、异常反应补偿方式以及本条例第二十五条规定的有关内容。

第二十九条 接种单位应当依照国务院卫生主管部门的规定对接种情况进行登记，并向所在地的县级人民政府卫生主管部门和县级疾病预防控制机构报告。接种单位在完成国家免疫规划后剩余第一类疫苗的，应当向原疫苗分发单位报告，并说明理由。

第三十条 接种单位接种第一类疫苗不得收取任何费用。

接种单位接种第二类疫苗可以收取服务费、接种耗材费，具体收费标准由所在地的省、自治区、直辖市人民政府价格主管部门核定。

第三十一条 县级以上地方人民政府卫生主管部门根据传染病监测和预警信息，为了预防、控制传染病的暴发、流行，需要在本行政区域内部分地区进行群体性预防接种的，应当报经本级人民政府决定，并向省、自治区、直辖市人民政府卫生主管部门备案；需要在省、自治区、直辖市行政区域全部范围内进行群体性预防接种的，应当由省、自治区、直辖市人民政府卫生主管部门报经本级人民政府决定，并向国务院卫生主管部门备案。需要在全国范围或者跨省、自治区、直辖市范围内进行群体性预防接种的，应当由国务院卫生主管部门决定。作出批准决定的人民政府或者国务院卫生主管部门应当组织有关部门做好人员培训、宣传教育、物资调用等工作。

任何单位或者个人不得擅自进行群体性预防接种。

第三十二条 传染病暴发、流行时，县级以上地方人民政府或者其卫生主管部门需要采取应急接种措施的，依照传染病防治法和《突发公共卫生事件应急条例》的规定执行。

第三十三条 国务院卫生主管部门或者省、自治区、直辖市人民政府卫生主管部门可以根据传染病监测和预警信息发布接种第二类疫苗的建议信息，其他任何单位和个人不得发布。

接种第二类疫苗的建议信息应当包含所针对传染病的防治知识、相关的接种方案等内容，但不得涉及具体的疫苗生产企业。

第四章 保障措施

第三十四条 县级以上人民政府应当将与国家免疫规划有关的预防接种工作纳入本行政区域的国民经济和社会发展计划，对预防接种工作所需经费予以保障，保证达到国家免疫规划所要求的接种率，确保国家免疫规划的实施。

第三十五条 省、自治区、直辖市人民政府根据本行政区域传染病流行趋势，在国务院卫生主管部门确定的传染病预防、控制项目范围内，确定本行政区域与预防接种相关的项目，并保证项目的实施。

第三十六条 省、自治区、直辖市人民政府应当对购买、运输第一类疫苗所需经费予以保障，并保证本行政区域内疾病预防控制机构和接种单位冷链系统的建设、运转。

国家根据需要对贫困地区的预防接种工作给予适当支持。

第三十七条　县级人民政府应当保证实施国家免疫规划的预防接种所需经费，并依照国家有关规定对从事预防接种工作的乡村医生和其他基层预防保健人员给予适当补助。

省、自治区、直辖市人民政府和设区的市级人民政府应当对困难地区的县级人民政府开展与预防接种相关的工作给予必要的经费补助。

第三十八条　县级以上人民政府负责疫苗和有关物资的储备，以备调用。

第三十九条　各级财政安排用于预防接种的经费应当专款专用，任何单位和个人不得挪用、挤占。有关单位和个人使用用于预防接种的经费应当依法接受审计机关的审计监督。

第五章　预防接种异常反应的处理

第四十条　预防接种异常反应，是指合格的疫苗在实施规范接种过程中或者实施规范接种后造成受种者机体组织器官、功能损害，相关各方均无过错的药品不良反应。

第四十一条　下列情形不属于预防接种异常反应：

（一）因疫苗本身特性引起的接种后一般反应；

（二）因疫苗质量不合格给受种者造成的损害；

（三）因接种单位违反预防接种工作规范、免疫程序、疫苗使用指导原则、接种方案给受种者造成的损害；

（四）受种者在接种时正处于某种疾病的潜伏期或者前驱期，接种后偶合发病；

（五）受种者有疫苗说明书规定的接种禁忌，在接种前受种者或者其监护人未如实提供受种者的健康状况和接种禁忌等情况，接种后受种者原有疾病急性复发或者病情加重；

（六）因心理因素发生的个体或者群体的心因性反应。

第四十二条　疾病预防控制机构和接种单位及其医疗卫生人员发现预防接种异常反应、疑似预防接种异常反应或者接到相关报告的，应当依照预防接种工作规范及时处理，并立即报告所在地的县级人民政府卫生主管部门、药品监督管理部门。接到报告的卫生主管部门、药品监督管理部门应当立即组织调查处理。

第四十三条　县级以上地方人民政府卫生主管部门、药品监督管理部门应当将在本行政区域内发生的预防接种异常反应及其处理的情况，分别逐级上报至国务院卫生主管部门和药品监督管理部门。

第四十四条 预防接种异常反应争议发生后，接种单位或者受种方可以请求接种单位所在地的县级人民政府卫生主管部门处理。

因预防接种导致受种者死亡、严重残疾或者群体性疑似预防接种异常反应，接种单位或者受种方请求县级人民政府卫生主管部门处理的，接到处理请求的卫生主管部门应当采取必要的应急处置措施，及时向本级人民政府报告，并移送上一级人民政府卫生主管部门处理。

第四十五条 预防接种异常反应的鉴定参照《医疗事故处理条例》执行，具体办法由国务院卫生主管部门会同国务院药品监督管理部门制定。

第四十六条 因预防接种异常反应造成受种者死亡、严重残疾或者器官组织损伤的，应当给予一次性补偿。

因接种第一类疫苗引起预防接种异常反应需要对受种者予以补偿的，补偿费用由省、自治区、直辖市人民政府财政部门在预防接种工作经费中安排。因接种第二类疫苗引起预防接种异常反应需要对受种者予以补偿的，补偿费用由相关的疫苗生产企业承担。国家鼓励建立通过商业保险等形式对预防接种异常反应受种者予以补偿的机制。

预防接种异常反应具体补偿办法由省、自治区、直辖市人民政府制定。

第四十七条 因疫苗质量不合格给受种者造成损害的，依照药品管理法的有关规定处理；因接种单位违反预防接种工作规范、免疫程序、疫苗使用指导原则、接种方案给受种者造成损害的，依照《医疗事故处理条例》的有关规定处理。

第六章 监督管理

第四十八条 药品监督管理部门依照药品管理法及其实施条例的有关规定，对疫苗在储存、运输、供应、销售、分发和使用等环节中的质量进行监督检查，并将检查结果及时向同级卫生主管部门通报。药品监督管理部门根据监督检查需要对疫苗进行抽查检验的，有关单位和个人应当予以配合，不得拒绝。

第四十九条 药品监督管理部门在监督检查中，对有证据证明可能危害人体健康的疫苗及其有关材料可以采取查封、扣押的措施，并在 7 日内作出处理决定；疫苗需要检验的，应当自检验报告书发出之日起 15 日内作出处理决定。

疾病预防控制机构、接种单位、疫苗生产企业发现假劣或者质量可疑的疫苗，应当立即停止接种、分发、供应、销售，并立即向所在地的县级人民政府卫生主管部门和药品监督管理部门报告,不得自行处理。接到报告的卫生主管部门应当立即组织疾病预防控制机构和接种单位采取必要的应急处置措施,同时向上级卫生主管部门报告;接到报告的药品监督管理部门应当对假劣或者质量可疑的疫苗依法采取查封、扣押等措施。

第五十条 县级以上人民政府卫生主管部门在各自职责范围内履行下列监督检查职责:

(一)对医疗卫生机构实施国家免疫规划的情况进行监督检查;

(二)对疾病预防控制机构开展与预防接种相关的宣传、培训、技术指导等工作进行监督检查;

(三)对医疗卫生机构分发和购买疫苗的情况进行监督检查。

卫生主管部门应当主要通过对医疗卫生机构依照本条例规定所作的疫苗分发、储存、运输和接种等记录进行检查,履行监督管理职责;必要时,可以进行现场监督检查。卫生主管部门对监督检查情况应当予以记录,发现违法行为的,应当责令有关单位立即改正。

第五十一条 卫生主管部门、药品监督管理部门的工作人员依法履行监督检查职责时,不得少于2人,并出示证明文件;对被检查人的商业秘密应当保密。

第五十二条 卫生主管部门、药品监督管理部门发现疫苗质量问题和预防接种异常反应以及其他情况时,应当及时互相通报,实现信息共享。

第五十三条 任何单位和个人有权向卫生主管部门、药品监督管理部门举报违反本条例规定的行为,有权向本级人民政府、上级人民政府有关部门举报卫生主管部门、药品监督管理部门未依法履行监督管理职责的情况。接到举报的有关人民政府、卫生主管部门、药品监督管理部门对有关举报应当及时核实、处理。

第五十四条 国家建立疫苗全程追溯制度。国务院药品监督管理部门会同国务院卫生主管部门制定统一的疫苗追溯体系技术规范。

疫苗生产企业、疾病预防控制机构、接种单位应当依照药品管理法、本条例和国务院药品监督管理部门、卫生主管部门的规定建立疫苗追溯体系,如实记录疫苗的流通、使用信息,实现疫苗最小包装单位的生产、储存、运输、使用全过程可追溯。

国务院药品监督管理部门会同国务院卫生主管部门建立疫苗全程追溯协作机制。

第五十五条 疾病预防控制机构、接种单位对包装无法识别、超过有效期、脱离冷链、经检验不符合标准、来源不明的疫苗,应当如实登记,向所在地县级人民政府药品监督管理部门报告，由县级人民政府药品监督管理部门会同同级卫生主管部门按照规定监督销毁。疾病预防控制机构、接种单位应当如实记录销毁情况，销毁记录保存时间不得少于5年。

第七章 法律责任

第五十六条 县级以上人民政府卫生主管部门、药品监督管理部门违反本条例规定，有下列情形之一的，由本级人民政府、上级人民政府卫生主管部门或者药品监督管理部门责令改正，通报批评；造成受种者人身损害，传染病传播、流行或者其他严重后果的，对直接负责的主管人员和其他直接责任人员依法给予处分；造成特别严重后果的，其主要负责人还应当引咎辞职；构成犯罪的，依法追究刑事责任：

（一）未依照本条例规定履行监督检查职责，或者发现违法行为不及时查处的；

（二）未及时核实、处理对下级卫生主管部门、药品监督管理部门不履行监督管理职责的举报的；

（三）接到发现预防接种异常反应或者疑似预防接种异常反应的相关报告，未立即组织调查处理的；

（四）擅自进行群体性预防接种的；

（五）违反本条例的其他失职、渎职行为。

第五十七条 县级以上人民政府未依照本条例规定履行预防接种保障职责的，由上级人民政府责令改正，通报批评；造成传染病传播、流行或者其他严重后果的，对直接负责的主管人员和其他直接责任人员依法给予处分；发生特别严重的疫苗质量安全事件或者连续发生严重的疫苗质量安全事件的地区，其人民政府主要负责人还应当引咎辞职；构成犯罪的，依法追究刑事责任。

第五十八条 疾病预防控制机构有下列情形之一的，由县级以上人民政府卫生主管部门责令改正，通报批评，给予警告；有违法所得的，没收违法所得；拒不改正的，对主要负责人、直接负责的主管人员和其他直接责任人员依法给予警告至降级的处分：

（一）未按照使用计划将第一类疫苗分发到下级疾病预防控制机构、接种单位、乡级医疗卫生机构的；

（二）未依照规定建立并保存疫苗购进、储存、分发、供应记录的；

（三）接收或者购进疫苗时未依照规定索要温度监测记录，接收、购进不符合要求的疫苗，或者未依照规定报告的。

乡级医疗卫生机构未依照本条例规定将第一类疫苗分发到承担预防接种工作的村医疗卫生机构的，依照前款的规定给予处罚。

第五十九条 接种单位有下列情形之一的，由所在地的县级人民政府卫生主管部门责令改正，给予警告；拒不改正的，对主要负责人、直接负责的主管人员依法给予警告至降级的处分，对负有责任的医疗卫生人员责令暂停3个月以上6个月以下的执业活动：

（一）接收或者购进疫苗时未依照规定索要温度监测记录，接收、购进不符合要求的疫苗，或者未依照规定报告的；

（二）未依照规定建立并保存真实、完整的疫苗接收或者购进记录的；

（三）未在其接种场所的显著位置公示第一类疫苗的品种和接种方法的；

（四）医疗卫生人员在接种前，未依照本条例规定告知、询问受种者或者其监护人有关情况的；

（五）实施预防接种的医疗卫生人员未依照规定填写并保存接种记录的；

（六）未依照规定对接种疫苗的情况进行登记并报告的。

第六十条 疾病预防控制机构、接种单位有下列情形之一的，由县级以上地方人民政府卫生主管部门责令改正，给予警告；有违法所得的，没收违法所得；拒不改正的，对主要负责人、直接负责的主管人员和其他直接责任人员依法给予警告至撤职的处分；造成受种者人身损害或者其他严重后果的，对主要负责人、直接负责的主管人员依法给予开除的处分，并由原发证部门吊销负有责任的医疗卫生人员的执业证书；构成犯罪的，依法追究刑事责任：

（一）违反本条例规定，未通过省级公共资源交易平台采购疫苗的；

（二）违反本条例规定，从疫苗生产企业、县级疾病预防控制机构以外的单位或者个人购进第二类疫苗的；

（三）接种疫苗未遵守预防接种工作规范、免疫程序、疫苗使用指导原则、接种方案的；

（四）发现预防接种异常反应或者疑似预防接种异常反应，未依照规定及时处理或者报告的；

（五）擅自进行群体性预防接种的；

（六）未依照规定对包装无法识别、超过有效期、脱离冷链、经检验不符合标准、来源不明的疫苗进行登记、报告，或者未依照规定记录销毁情况的。

第六十一条 疾病预防控制机构、接种单位在疫苗分发、供应和接种过程中违反本条例规定收取费用的，由所在地的县级人民政府卫生主管部门监督其将违法收取的费用退还给原缴费的单位或者个人，并由县级以上人民政府价格主管部门依法给予处罚。

第六十二条　药品检验机构出具虚假的疫苗检验报告的，依照药品管理法第八十六条的规定处罚。

第六十三条　疫苗生产企业未依照规定建立并保存疫苗销售记录的，依照药品管理法第七十八条的规定处罚。

第六十四条　疫苗生产企业未依照规定在纳入国家免疫规划疫苗的最小外包装上标明“免费”字样以及“免疫规划”专用标识的，由药品监督管理部门责令改正，给予警告；拒不改正的，处5000元以上2万元以下的罚款，并封存相关的疫苗。

第六十五条　疫苗生产企业向县级疾病预防控制机构以外的单位或者个人销售第二类疫苗的，由药品监督管理部门没收违法销售的疫苗，并处违法销售的疫苗货值金额2倍以上5倍以下的罚款；有违法所得的，没收违法所得；其直接负责的主管人员和其他直接责任人员5年内不得从事药品生产经营活动；情节严重的，依法吊销疫苗生产资格或者撤销疫苗进口批准证明文件，其直接负责的主管人员和其他直接责任人员10年内不得从事药品生产经营活动；构成犯罪的，依法追究刑事责任。

第六十六条　疾病预防控制机构、接种单位、疫苗生产企业、接受委托配送疫苗的企业未在规定的冷藏条件下储存、运输疫苗的，由药品监督管理部门责令改正，给予警告，对所储存、运输的疫苗予以销毁；由卫生主管部门对疾病预防控制机构、接种单位的主要负责人、直接负责的主管人员和其他直接责任人员依法给予警告至撤职的处分，造成严重后果的，依法给予开除的处分，并吊销接种单位的接种资格；由药品监督管理部门依法责令疫苗生产企业、接受委托配送疫苗的企业停产、停业整顿，并处违反规定储存、运输的疫苗货值金额2倍以上5倍以下的罚款，造成严重后果的，依法吊销疫苗生产资格或者撤销疫苗进口批准证明文件，其直接负责的主管人员和其他直接责任人员10年内不得从事药品生产经营活动；构成犯罪的，依法追究刑事责任。

第六十七条　违反本条例规定发布接种第二类疫苗的建议信息的，由所在地或者行为发生地的县级人民政府卫生主管部门责令通过大众媒体消除影响，给予警告；有违法所得的，没收违法所得，并处违法所得1倍以上3倍以下的罚款；构成犯罪的，依法追究刑事责任。

第六十八条　未经卫生主管部门依法指定擅自从事接种工作的，由所在地或者行为发生地的县级人民政府卫生主管部门责令改正，给予警告；有违法持有的疫苗的，没收违法持有的疫苗；有违法所得的，没收违法所得；拒不改正的，对主要负责人、直接负责的主管人员和其他直接责任人员依法给予警告、降级的处分。

第六十九条 儿童入托、入学时，托幼机构、学校未依照规定查验预防接种证，或者发现未依照规定受种的儿童后未向疾病预防控制机构或者接种单位报告的，由县级以上地方人民政府教育主管部门责令改正，给予警告；拒不改正的，对主要负责人、直接负责的主管人员和其他直接责任人员依法给予处分。

第七十条 违反本条例规定，疫苗生产企业、县级疾病预防控制机构以外的单位或者个人经营疫苗的，由药品监督管理部门依照药品管理法第七十二条的规定处罚。

第七十一条 卫生主管部门、疾病预防控制机构、接种单位以外的单位或者个人违反本条例规定进行群体性预防接种的，由县级以上人民政府卫生主管部门责令立即改正，没收违法持有的疫苗，并处违法持有的疫苗货值金额2倍以上5倍以下的罚款；有违法所得的，没收违法所得。

第七十二条 单位和个人违反本条例规定，给受种者人身、财产造成损害的，依法承担民事责任。

第七十三条 以发生预防接种异常反应为由，寻衅滋事，扰乱接种单位的正常医疗秩序和预防接种异常反应鉴定工作的，依法给予治安管理处罚；构成犯罪的，依法追究刑事责任。

第八章　附　　则

第七十四条 本条例中下列用语的含义：

国家免疫规划，是指按照国家或者省、自治区、直辖市确定的疫苗品种、免疫程序或者接种方案，在人群中有计划地进行预防接种，以预防和控制特定传染病的发生和流行。

冷链，是指为保证疫苗从疫苗生产企业到接种单位运转过程中的质量而装备的储存、运输冷藏设施、设备。

一般反应，是指在免疫接种后发生的，由疫苗本身所固有的特性引起的，对机体只会造成一过性生理功能障碍的反应，主要有发热和局部红肿，同时可能伴有全身不适、倦怠、食欲不振、乏力等综合症状。

疫苗生产企业，是指我国境内的疫苗生产企业以及向我国出口疫苗的境外疫苗厂商指定的在我国境内的代理机构。

第七十五条 出入境预防接种管理办法由国家出入境检验检疫部门另行制定。

第七十六条 本条例自2005年6月1日起施行。

法规性文件

国务院办公厅关于印发
国务院2016年立法工作计划的通知

（2016年3月17日　国办发〔2016〕16号）

《国务院2016年立法工作计划》已经党中央、国务院同意，现印发给你们。2016年是全面建成小康社会决胜阶段的开局之年，也是推进结构性改革的攻坚之年。政府立法工作总的指导思想是：全面贯彻党的十八大和十八届三中、四中、五中全会精神，适应协调推进"四个全面"战略布局的新要求，牢固树立创新、协调、绿色、开放、共享的发展理念，加强重点领域立法，为"十三五"时期经济社会发展的良好开局提供法制保障。遵循这一指导思想，结合当前面临的新形势、新任务，现就做好国务院2016年立法工作提出以下意见：

一、着力推动创新、协调、绿色、开放、共享发展

——要着力推动创新发展，加快形成有利于创新发展的市场环境、产权制度、投融资制度、分配制度、人才培养引进使用制度等，健全知识产权创造、运用、管理、保护方面的制度。

——要着力推动协调发展，促进城乡区域协调发展，促进经济社会协调发展，促进新型工业化、信息化、城镇化、农业现代化同步发展；加强文化法制建设，提升国家软实力；推动经济建设和国防建设融合发展，提高融合发展的法治化水平。

——要着力推动绿色发展，制度建设要有利于全面节约和高效利用资源，推动低碳循环发展，用制度加大环境治理和生态保护力度，加快解决人民群众反映强烈的环境问题。

——要着力推动开放发展，不断完善涉外法律法规体系，完善法治化、国际化、便利化的营商环境，努力营造公平公正的法治环境、平等竞争的市场环境、透明高效的行政环境。

——要着力推动共享发展，从制度上充分调动人民群众的积极性、主动性、创造性，不断把"蛋糕"做大，把不断做大的"蛋糕"分好，让社会主义制度的优越性得到更充分体现，保障人民群众在各方面的合法权益，实现全民共享、全面共享、共建共享、渐进共享。

二、服务于全面深化改革和持续推进简政放权

坚持在法治下推进改革、在改革中完善法治，做到重大改革于法有据、立法主动适应改革和经济社会发展需要。要防止借改革之名通过立法为本单位、本系统扩张权力或者推诿责任；防止立法成为“要照顾”、“争优惠”的“政策洼地”；防止因立法中的旁枝末节问题影响改革进程；防止立法为将来改革“埋钉子”、“留尾巴”。立法要吃透、准确领会把握改革精神，对于党中央、国务院已经明确的改革方案，要通过制定、修改、废止、解释、授权等多种方式，尽快完成立法任务，为改革顺利实施提供法制保障；对于改革还在深入的领域，立法时要给改革留出空间，为先行先试、探索经验留路子；要及时把改革的成功经验和行之有效的举措上升为法律法规。

要从人民群众反映强烈的突出问题入手，继续减少行政审批数量，持续推进简政放权，进一步释放市场活力和社会创造力。取消和下放行政审批涉及现行法律法规修改的，有关部门要同步提出法律法规的修改方案；要统筹研究同一部法律、行政法规设定的行政审批事项的取消和调整，避免一部法律、行政法规频繁修改。对于已经取消和下放行政审批的管理事项，要同步研究制定事中事后监管措施。要严控新设行政许可，确需新设行政许可的要加强合法性、合理性和必要性审查论证。要建立清理工作长效机制，及时清理有关行政法规、规章、规范性文件，凡与上位法相抵触，不利于稳增长、促改革、调结构、惠民生、防风险，妨碍创业创新的制度规定，该修改的修改，该废止的废止，加快构建有利于大众创业、万众创新的制度环境。

三、进一步提高政府立法质量

要认真贯彻落实《中共中央关于加强党领导立法工作的意见》，起草政治方面法律的配套法规规章草案，以及重大经济社会方面的法律、法规、规章草案，要依照规定按程序报请党中央或者同级党委（党组）同意。国务院各部门和有立法权的地方人民政府要认真贯彻执行新修订的立法法，按照立法法规定的权限和程序开展立法工作。要围绕《法治政府建设实施纲要（2015－2020年）》提出的奋斗目标，谋划和落实好纲要规定的各项任务，健全政府立法立项、起草、论证、协调、审议机制，增强政府立法的及时性、系统性、针对性、有效性。

国务院各部门起草法律和行政法规草案，要急群众之所急，急大局之所急，为改革发展稳定服务，不能为自己服务。要坚持问题导向，敢于正视问题，善于发现问题，坚持一切从中国的实际出发，有效解决中国的实际问题，找准实践中存在的主要矛盾、突出问题并加以解决，切实回应人民群众的诉求和期盼。要提高调查研究的质量，把现实和历史的情况、存在的问题、各方面的利益需求和矛盾搞清楚，避免用调研的名义自说自话。在起草、审查法律法规草案过程中，要系统周密、客观全面地考虑问题，不断提高分析能力，努力搞清楚各种不同意见背后的真实原因、利益情况以及可能产生的影响。要做好法律制度的科学设计，运用备案、抽查、标准、规划、信息披露、利益机制、信用等方式，设计出能够有效维护绝大多数人利益，及时发现、有效制止、有力惩处少数人违法行为的制度。

国务院各部门起草法律和行政法规草案，除商国务院法制办同意，明确在上报后由国务院法制办向社会公布征求意见，或者由国务院法制办报国务院批准不公布征求意见的外，各部门应当在上报国务院前将法律和行政法规草案向社会公布征求意见。国务院各部门和有立法权的地方人民政府制定规章，除依法需要保密的外，也应当将草案向社会公布征求意见。起草法律、行政法规、规章草案，还应当书面征求相关部门、地方人民政府的意见，主动征求有关人大代表和政协委员、民主党派、工商联、无党派人士、人民团体、社会组织的意见，深入征求基层干部群众的意见。

四、加强组织领导

国务院立法工作计划是各部门开展立法工作的主要依据。根据新形势新任务，需要对立法工作计划进行调整的，有关部门要提前报请国务院同意。起草部门在向国务院上报立法项目送审稿前，应当主动与国务院法制办沟通。已经上报国务院的送审稿，如果所规定的管理体制和主要制度发生了重大变化，起草部门要根据新情况新问题对原送审稿进行修改后重新上报。没有列入立法工作计划的项目，起草部门应当自行充分研究论证，未与国务院法制办沟通协商，不要自行上报送审稿。国务院法制办要跟踪了解各部门落实立法工作计划的情况，切实加强组织协调。制定法律法规的基本条件尚不成熟，有关部门对送审稿规定的主要制度存在较大争议、起草部门未与有关部门协商的，国务院法制办可以将送审稿退回起草部门重新研究。送审稿内容涉及起草部门之外其他部门职责的，国务院法制办要组织相关部门积极协调、书面征求意见，相关部门要积极配合，在规定期限内回复意见。对有关部门之间争议较大的重要立法事项，国务院法制办要在充分听取各方面意见的基础上提出倾向性意见，及时报请国务院决定。

（本文有删减）

国务院2016年立法工作计划

根据党的十八大和十八届三中、四中、五中全会以及中央经济工作会议精神，按照党中央、国务院确定的2016年工作总体部署和主要任务的要求，国务院2016年立法工作重点是：紧紧围绕党中央、国务院2016年的中心工作，把贯彻落实《中共中央关于全面深化改革若干重大问题的决定》、《中共中央关于全面推进依法治国若干重大问题的决定》、《中华人民共和国国民经济和社会发展第十三个五年规划纲要》和《政府工作报告》确定的任务作为重中之重，及时完成有关适应经济发展新常态要求、保障和改善民生、促进文化发展、着力改善生态环境、维护国家安全、加强政府自身建设等方面的立法项目。具体安排如下：

一、全面深化改革急需的项目

为贯彻落实"十三五"开局之年经济社会发展等方面的重大决策部署，对党中央、国务院确定的立法项目，要根据改革进程和改革方案，抓紧办理，尽快完成起草和审查任务。这类项目主要有：税收征收管理法（修订）（税务总局、财政部起草），社区矫正法（司法部起草），电力法（修订）（发展改革委、能源局起草），反不正当竞争法（修订）（工商总局起草），原子能法（国防科工局起草），密码法（密码局起草），中外合资经营企业法、中外合作经营企业法、外资企业法、台湾同胞投资保护法（修订）（商务部、台办起草），标准化法（修订）（质检总局起草），行政复议法（修订）（法制办起草），行政机关督查工作办法（国务院办公厅起草），政府信息公开条例（修订）（国务院办公厅、法制办起草），政府投资条例（发展改革委起草），企业投资项目核准和备案管理条例（发展改革委起草），楼堂馆所建设管理暂行条例（修订）（发展改革委起草），志愿服务条例（民政部起草），基金会管理条例（修订）（民政部起草），社会团体登记管理条例（修订）（民政部起草），民办非企业单位登记管理暂行条例（修订）（民政部起草），行政区划管理条例（民政部起草），强制医疗所条例（公安部起草），人力资源市场条例（人力资源社会保障部起草），失业保险条例（修订）（人力资源社会保障部起草），快递条例（交通运输部、邮政局起草），住房公积金管理条例（修订）（住房城乡建设部起草），建设项目环境保护管理条例（修订）（环境保护部起草），无证无照经营查处办法（工商总局起草），私募投资基金管理暂行条例（证监会起草），重大行政决策程序暂行条例

（法制办起草），以及为了推进简政放权、放管结合、优化服务改革及公路管理等方面改革涉及的立法项目。

二、力争年内完成的项目

（一）适应经济发展新常态要求，促进经济持续健康发展和对外开放需要提请全国人大常委会审议的法律修订草案和需要制定、修订的行政法规。（7件）

1. 为了保障国家计量单位制的统一和量值的准确可靠，规范计量活动，促进经济、科学技术和社会的发展，维护国家利益、公众利益，提请审议计量法修订草案（质检总局起草）。

2. 为了规范上市公司和各相关方行为，保护投资者和上市公司合法权益，制定上市公司监督管理条例（证监会起草）。

3. 为了加强对融资担保公司的监督管理，规范融资担保行为，促进融资担保行业健康发展，制定融资担保公司管理条例（银监会起草）。

4. 为了规范招标投标活动，确定必须招标的工程项目范围，修订工程建设项目招标范围和规模标准规定（发展改革委起草）。

5. 为了进一步规范专利代理行为，保障委托人、专利代理机构以及专利代理人的合法权益，维护专利代理正常秩序，促进专利代理行业健康发展，修订专利代理条例（知识产权局起草）。

6. 为了更好地维护正常的进出口秩序和当事人的合法权益，保障国家税收收入，促进对外贸易的发展，修订海关稽查条例（海关总署起草）。

7. 为了规范缔约程序，使缔约程序法相关规定更加细化、更具可操作性，以满足我国大幅增长的对外缔约实践需要，制定缔结条约程序法实施条例（外交部起草）。

（二）保障和改善民生，加强和创新社会治理需要提请全国人大常委会审议的法律修订草案和需要制定、修订的行政法规。（11件）

1. 为了加强海上交通管理，维护海上交通秩序与通航环境，保护海上人身和财产安全，维护国家利益，提请审议海上交通安全法修订草案（交通运输部起草）。

2. 为了规范全国社会保障基金的管理运营，加强对全国社会保障基金的监督，在保证安全的前提下实现保值增值，制定全国社会保障基金条例（社保基金会、财政部、人力资源社会保障部起草）。

3. 为了减少、控制残疾的发生，保障残疾人享有康复服务的权利，发展残疾预防和残疾人康复事业，制定残疾预防和残疾人康复条例（中国残联、卫生计生委起草）。

4. 为了进一步完善残疾人教育法律制度，推动残疾人教育事业发展，修订残疾人教育条例（教育部起草）。

5. 为了规范城镇住房保障工作，保障住房困难家庭和个人的基本住房需求，促进实现住有所居，制定城镇住房保障条例（住房城乡建设部起草）。

6. 为了规范生产安全事故应急工作，保护人民群众生命和财产安全，制定生产安全事故应急条例（安全监管总局起草）。

7. 为了减少和消除烟草烟雾危害，保障公众健康，制定公共场所控制吸烟条例（卫生计生委起草）。

8. 为了加强对我国人类遗传资源的有效保护和合理利用，制定人类遗传资源管理条例（科技部起草）。

9. 为了进一步规范收养登记行为，修订中国公民收养子女登记办法（民政部起草）。

10. 为了进一步规范宗教事务管理，保障公民宗教信仰自由，维护宗教和睦与社会和谐，修订宗教事务条例（宗教局起草）。

11. 为了解决改革开放和城镇化进程中城市民族工作产生的新问题，修订城市民族工作条例（国家民委起草）。

（三）坚持物质文明精神文明并重，促进文化发展需要提请全国人大常委会审议的法律草案和需要修订的行政法规。（2 件）

1. 为了发展公共图书馆事业，满足人民群众日益增长的精神文化需求，提请审议公共图书馆法草案（文化部起草）。

2. 为了加强和改进互联网信息服务管理，促进互联网信息服务健康有序发展，修订互联网信息服务管理办法（网信办起草）。

（四）着力改善生态环境，节约能源资源需要提请全国人大常委会审议的法律草案、法律修订草案和需要制定、修订的行政法规。（7 件）

1. 为了保护和改善环境，减少污染物排放，推进生态文明建设，提请审议环境保护税法草案（财政部、税务总局、环境保护部起草）。

2. 为了防治水污染，保护和改善环境，保障饮用水安全，促进经济社会全面协调可持续发展，提请审议水污染防治法修订草案（环境保护部起草）。

3. 为了保护和改善海洋环境，保护海洋资源，防治污染损害，维护生态平衡，提请审议海洋环境保护法修订草案（海洋局起草）。

4. 为了加强海洋石油勘探开发环境保护，完善溢油事故应急处置机制，修订海洋石油勘探开发环境保护管理条例（海洋局起草）。

5. 为了加强农药管理，保证农药质量，保障农产品质量安全和人畜安全，保护生态环境，修订农药管理条例（农业部起草）。

6. 为了规范报废机动车回收拆解活动,保障道路交通安全,促进资源综合利用和循环经济发展,修订报废汽车回收管理办法(商务部起草)。

7. 为了加快农田水利发展,提高农业综合生产能力,保障国家粮食安全,制定农田水利条例(水利部起草)。

(五)实施国家安全战略,维护国家安全需要提请全国人大常委会审议的法律草案、法律修订草案和需要制定、修订的行政法规。(5 件)

1. 为了加强国防交通建设,保障国防活动顺利进行,提请审议国防交通法草案(中央军委后勤保障部起草)。

2. 为了建设一支听党指挥、能打胜仗、作风优良的高素质现役军官队伍,规范军官的权利义务,加强军官的职业管理,保障军官有效履行职责,提请审议现役军官法修订草案(中央军委政治工作部起草)。

3. 为了维护国家安全,提高测绘保障能力,促进地理信息产业发展,提请审议测绘法修订草案(测绘地信局起草)。

4. 为了贯彻实施反间谍法,防范、制止和惩治间谍行为,维护国家安全,制定反间谍法实施细则(安全部起草)。

5. 为了加强无线电管理,维护空中电波秩序,有效利用无线电频谱资源,保证无线电业务的正常开展,修订无线电管理条例(工业和信息化部、中央军委联合参谋部起草)。

(六)持续推进简政放权,加强政府自身建设需要制定、修订的行政法规。(2 件)

1. 为了贯彻实施预算法,进一步增强预算管理的规范性和可操作性,完善预算管理制度,修订预算法实施条例(财政部起草)。

2. 为了贯彻实施统计法,进一步规范统计行为,制定统计法实施条例(统计局起草)。

此外,为了贯彻合作共赢战略,保障改革开放有序开展,积极促进经济社会发展,维护国家主权、安全和发展利益,做好关于汞的水俣公约,2007 年内罗毕国际船舶残骸清除公约,《濒危野生动植物种国际贸易公约》第二十一条的修正案适用于香港特别行政区、澳门特别行政区,1975 年国际公路运输公约,生物多样性公约关于获取遗传资源和公正公平分享其利用所产生惠益的名古屋议定书等国际条约和协定审核工作(法制办会同有关部门)。

三、预备项目

(一)适应经济发展新常态要求,促进经济持续健康发展和对外开放需要提请全国人大常委会审议的法律草案、法律修订草案和需要制定、修订的行政法规。(15 件)

发展规划法（发展改革委起草），烟叶税法（财政部、税务总局起草），船舶吨税法（财政部、海关总署起草），保险法（修订）（保监会起草），专利法（修订）（知识产权局起草），非存款类放贷组织条例（人民银行起草），现金管理暂行条例（修订）（人民银行起草），商业银行破产风险处置条例（银监会起草），信托公司条例（银监会起草），消费税暂行条例（修订）（财政部、税务总局起草），基础设施和公用事业特许经营暂行条例（发展改革委、财政部起草），国家科学技术奖励条例（修订）（科技部起草），旅行社条例（修订）（旅游局起草），外国人在中国工作管理条例（人力资源社会保障部、外专局起草），外汇管理条例（修订）（人民银行、外汇局起草）。

（二）保障和改善民生，加强和创新社会治理需要提请全国人大常委会审议的法律草案、法律修订草案和需要制定、修订的行政法规。（18件）

职业教育法（修订）（教育部、人力资源社会保障部起草），道路交通安全法（修订）（公安部起草），矿山安全法（修订）（安全监管总局起草），看守所法（公安部起草），食品安全法实施条例（修订）（食品药品监管总局起草），社会抚养费征收管理办法（修订）（卫生计生委起草），医疗事故处理条例（修订）（卫生计生委起草），农村扶贫开发条例（扶贫办起草），危险化学品安全管理条例（修订）（安全监管总局起草），化妆品卫生监督条例（修订）（食品药品监管总局起草），中国公民往来香港特别行政区澳门特别行政区管理条例（公安部起草），社会治安技术防范条例（公安部起草），外国人永久居留服务管理条例（公安部起草），城市地下管线管理条例（住房城乡建设部起草），铁路交通事故应急救援和调查处理条例（修订）（交通运输部、铁路局起草），重大设备监理条例（质检总局起草），殡葬管理条例（修订）（民政部起草），诉讼费用交纳办法（修订）（法制办组织起草）。

（三）坚持物质文明精神文明并重，促进文化发展需要提请全国人大常委会审议的法律草案、法律修订草案和需要制定、修订的行政法规。（5件）

文化产业促进法（文化部起草），著作权法（修订）（版权局起草），全民阅读促进条例（新闻出版广电总局起草），电影管理条例（修订）（新闻出版广电总局起草），未成年人网络保护条例（网信办组织起草）。

（四）着力改善生态环境，节约能源资源需要制定、修订的行政法规。（7件）

碳排放权交易管理条例（发展改革委起草），稀有金属管理条例（工业和信息化部起草），核电管理条例（发展改革委、能源局起草），退耕还林条例（修订）（发展改革委、林业局起草），农作物病虫害防治条例（农业部起草），湿地保护条例（林业局起草），节约用水条例（水利部会同住房城乡建设部、发展改革委起草)。

(五)实施国家安全战略,维护国家安全需要提请全国人大常委会审议的法律草案和需要制定、修订的行政法规。(6件)

粮食法(发展改革委、粮食局起草),能源法(发展改革委、能源局起草),出境入境边防检查条例(修订)(公安部起草),军港条例(海军起草),军事设施保护法实施办法(修订)(中央军委国防动员部起草),中国人民解放军文职人员条例(修订)(中央军委政治工作部起草)。

(六)持续推进简政放权,加强政府自身建设需要提请全国人大常委会审议的法律草案、法律修订草案和需要制定、修订的行政法规。(8件)

审计法(修订)(审计署起草),信访法(信访局起草),档案法(修订)(档案局起草),行政法规制定程序条例(修订)(法制办起草),规章制定程序条例(修订)(法制办起草),国务院表彰奖励工作条例(人力资源社会保障部起草),地名管理条例(修订)(民政部起草),国家土地督察条例(国土资源部起草)。

四、研究项目

(一)有关适应经济发展新常态要求,促进经济持续健康发展和对外开放的立法项目。(26件)

价格法(修订)(发展改革委起草),反垄断法(修订)(商务部、发展改革委、工商总局起草),中国人民银行法(修订)(人民银行起草),银行业监督管理法(修订)(银监会起草),商业银行法(修订)(银监会起草),商品流通法(商务部起草),资源税法(财政部、税务总局起草),增值税法(财政部、税务总局起草),耕地占用税法(财政部、税务总局起草),关税法(财政部、海关总署起草),个人所得税法(修订)(财政部、税务总局起草),电信法(工业和信息化部起草),铁路法(修订)(交通运输部、铁路局起草),外国国家豁免法(外交部起草),出口管制法(商务部起草),金融统计管理条例(人民银行起草),支付结算条例(人民银行起草),企业国有资产基础管理条例(财政部、国资委起草),商业特许经营管理条例(修订)(商务部起草),国务院关于禁止在市场经济活动中实行地区封锁的规定(修订)(商务部起草),地震巨灾保险条例(保监会起草),国家自然科学基金条例(修订)(自然科学基金会起草),民间统计调查管理条例(统计局起草),职务发明条例(知识产权局起草),外商投资国家安全审查条例(发展改革委、商务部起草),口岸管理条例(海关总署起草)。

(二)有关保障和改善民生,加强和创新社会治理的立法项目。(34件)

药品管理法(修订)(食品药品监管总局起草),献血法(修订)(卫生计生委起草），药师法（卫生计生委组织起草），法律援助法（司法部起草），社会组织法（民政部起草），治安管理处罚法（修订）（公安部起草），建筑法（修订）（住房城乡建设部起草），监狱法（修订）（司法部起草），民用航空法（修订）（交通运输部、民航局起草），儿童福利条例（民政部起草），特困人员供养工作条例（民政部起草），城市生活无着的流浪乞讨人员救助管理办法（修订）（民政部起草），电梯安全条例（质检总局起草），高危粉尘作业与高毒作业职业卫生监督管理条例（安全监管总局起草），煤矿安全监察条例（修订）（安全监管总局起草），安全生产法实施条例（安全监管总局起草），传染病防治法实施办法（修订）（卫生计生委起草），流动人口计划生育工作条例（修订）（卫生计生委起草），疫苗流通和预防接种管理条例（修订）（卫生计生委起草），突发公共卫生事件应急条例（修订）（卫生计生委起草），国家教育考试条例（教育部起草），公共信用信息管理条例（发展改革委起草），统一社会信用代码管理办法（发展改革委、公安部、质检总局起草），警用品生产销售管理条例（公安部起草），畜禽屠宰管理条例（农业部起草），大中型水利水电工程建设征地补偿和移民安置条例（修订）（水利部起草），建设工程抗震管理条例（住房城乡建设部起草），城市公园条例（住房城乡建设部起草），房地产交易管理条例（住房城乡建设部起草），铁路运输条例（交通运输部、铁路局起草），反走私综合治理条例（海关总署起草），国家标准时间管理条例（质检总局起草），实验动物管理条例（修订）（科技部起草），村庄和集镇规划建设管理条例（修订）（住房城乡建设部起草）。

（三）有关坚持物质文明精神文明并重，促进文化发展的立法项目。（8件）

广播电视传输保障法（新闻出版广电总局起草），文物保护法（修订）（文化部、文物局起草），体育法（修订）（体育总局起草），著作权法实施条例（修订）（版权局起草），互联网上网服务营业场所管理条例（修订）（文化部起草），水下文物保护管理条例（修订）（文化部、文物局起草），印刷业管理条例（修订）（新闻出版广电总局起草），奥林匹克标志保护条例（修订）（体育总局、工商总局起草）。

（四）有关着力改善生态环境，节约能源资源的立法项目。（16件）

海洋基本法（海洋局起草），应对气候变化法（发展改革委起草），固体废物污染环境防治法（修订）（环境保护部起草），渔业法（修订）（农业部起草），森林法（修订）（林业局起草），矿产资源法（修订）（国土资源部起草），土地管理法（修订）（国土资源部起草），石油天然气管道保护法（修订）（发展改革委、能源局起草），河道采砂管理条例（水利部起草），地下水管理条例（水利部起草),排污许可管理条例(环境保护部起草),规划环境影响评价条例(修订)(环境保护部起草),能源监管条例(发展改革委、能源局起草),国家石油储备管理条例(发展改革委、能源局起草),海洋石油天然气管道保护条例(海洋局、能源局起草),生物遗传资源获取管理条例(环境保护部起草)。

(五)有关实施国家安全战略,维护国家安全的立法项目。(25件)

航天法(国防科工局起草),航空法(中央军委联合参谋部、交通运输部、民航局起草),防扩散法(外交部起草),人民武装警察法(修订)(武警总部起草),外国航空器临时进出中华人民共和国领空管理规定(中央军委联合参谋部起草),卫星导航条例(中央军委装备发展部起草),低空空域使用管理规定(中央军委联合参谋部起草),无人驾驶飞行器管理规定(中央军委联合参谋部起草),涉及国家安全事项的建设项目管理规定(安全部起草),国防科技创新基地管理条例(国防科工局起草),军工科研管理条例(国防科工局起草),宇航产品与技术出口管理条例(国防科工局起草),国防科技工业安全保密条例(国防科工局起草),国防科技工业武器装备科研生产设施保护条例(国防科工局起草),军工涉密业务服务管理条例(国防科工局起草),国防科技工业对外资开放管理办法(国防科工局起草),核安保条例(国防科工局起草),核电厂核事故应急管理条例(修订)(国防科工局起草),中国人民解放军实施《中华人民共和国职业病防治法》办法(中央军委后勤保障部起草),军用标准化管理条例(中央军委装备发展部起草),军人抚恤优待条例(修订)(民政部起草),边防治安管理条例(公安部起草),国防专利条例(修订)(中央军委装备发展部、工业和信息化部、国防科工局起草),民用航空安全保卫条例(修订)(交通运输部、民航局起草),关键信息基础设施安全保护条例(网信办起草)。

(六)有关持续推进简政放权,加强政府自身建设的立法项目。(6件)

政府间财政关系法(财政部起草),人民警察法(修订)(公安部起草),行政执法程序条例(法制办起草),行政调解条例(法制办起草),供销合作社条例(供销合作总社起草),民族乡行政工作条例(修订)(国家民委起草)。

此外,配合全国人大常委会继续审议网络安全法、野生动物保护法(修订)、证券法(修订)等法律案,配合初次审议红十字会法(修订)、公共文化服务保障法、民法总则、中小企业促进法(修订)等法律案,做好相关工作(法制办会同有关部门)。

国务院办公厅关于印发2016年政务公开工作要点的通知

（2016年4月2日　国办发〔2016〕19号）

《2016年政务公开工作要点》已经国务院同意，现印发给你们，请结合实际认真贯彻落实。

2016年政务公开工作要点

2016年是全面建成小康社会决胜阶段的开局之年，也是推进结构性改革的攻坚之年。今年政务公开工作的总体要求是：紧紧围绕党中央、国务院重大决策部署和公众关切，深入贯彻中共中央办公厅、国务院办公厅《关于全面推进政务公开工作的意见》和《中华人民共和国政府信息公开条例》，认真落实《政府工作报告》有关要求，细化政务公开工作任务，加大公开力度，加强政策解读回应，不断增强公开实效，保障人民群众知情权、参与权、表达权和监督权，助力深化改革、经济发展、民生改善和政府建设。

一、围绕深化改革推进公开

（一）进一步推进权力清单和责任清单公开。要在全面公开省级政府工作部门权力清单和责任清单的基础上，大力推动市县两级政府工作部门全面公开权力清单和责任清单，并通过政府门户网站集中展示，及时动态更新，方便公众获取和监督。做好国务院部门取消、下放、保留行政审批、职业资格等事项的公开工作，重点公开保留的中央指定地方实施的行政许可事项清单，以及清理规范后保留为国务院部门行政审批受理条件的中介服务事项清单。（国务院审改办、人力资源社会保障部按职责分工分别牵头落实）

（二）推进市场监管公开透明。围绕加强事中事后监管，依法公开随机抽查事项清单，明确抽查依据、主体、内容、方式等，及时公布抽查结果和查处情况，实行“阳光执法”。重点推进保障性住房、产品质量、旅游市场、知识产权、安全生产等方面的监管执法信息公开，公开监管执法的依据、内容、标准、程序和结果。(国务院有关部门负责落实)加快推进国家企业信用信息公示系统建设,有关行业主管部门应将对企业作出的行政许可准予、变更、延续、撤销,以及行政处罚、抽查检查和企业严重违法失信等信息通过该系统进行归集并公示。(工商总局牵头落实)积极做好各级政府网站与“信用中国”网站的连接工作,推动信用信息互联共享。(国家发展改革委牵头落实)

(三)推进政务服务公开。制定出台加快推进“互联网+政务服务”工作的指导意见,推动政务服务事项办理由实体政务大厅向网上办事大厅延伸,逐步实现服务事项在线咨询、网上办理、电子监察。(国务院办公厅牵头落实)推进公共企事业单位办事公开,国务院相关行业主管部门年内要制定完善具体办法,组织编制公共服务事项目录,公开服务指南,方便企业和群众办事。(国务院有关部门负责落实)推进面向转移落户人员的服务公开,及时公开户口迁移政策,明确户口迁移程序和具体要求;公开居住证申领条件及程序、居住证持有人享有的基本公共服务和便利等信息。(公安部会同相关部门落实)

二、围绕促进经济发展推进公开

(一)进一步推进经济社会政策公开透明。以稳定市场预期为目标,加大稳增长、促改革、调结构、惠民生、防风险等方面的政策公开力度,及时公布支持“双创”、培育发展新动能、改造提升传统动能、深挖内需潜力、优化产业结构、扩大对外开放等方面的政策措施,扩大传播范围,提高知晓度。对公开的重大政策,要分专题进行梳理、汇总,通过在政府网站开设专栏、设立微博微信专题、出版政策及解读汇编等方式集中发布,增强政策公开的系统性、针对性、可读性。(各地区、各部门负责落实)

(二)推进市场准入负面清单公开。做好市场准入负面清单试点情况的公开工作,公开市场准入负面清单试点内容,明确政府发挥作用的职责边界,落实市场主体自主权。试点过程中,市场准入负面清单的调整事项、依据和结果应及时向社会公开,方便公众查阅。负面清单调整时,要健全公众参与、专家论证和政府决定相结合的决策机制。(国家发展改革委、商务部牵头落实)

(三)推进政府投资的重大建设项目信息公开。围绕铁路、国家高速公路、水利、市政等基础设施,以及教育、卫生、文化事业建设、易地扶贫搬迁等工程,做好审批、核准、备案、实施等信息的公开,加大在线监测、项目稽察、执法检查等执法信息的公开力度,以公开促进公共产品供给质量提升。做好重大建设项目批准和实施信息公开的试点工作,加快研究起草相关指导意见,明确公开的范围、程序、标准等。(国家发展改革委牵头,会同相关部门落实)推动政府和社会资本合作(PPP)项目的信息公开,公开政府和社会资本参与方式、

项目合同和回报机制、项目实施情况等内容，激发社会资本的参与热情。（国家发展改革委、财政部按职责分工分别牵头落实）

（四）推进公共资源配置领域信息公开。研究起草推进公共资源配置领域信息公开的意见。推动各级公共资源交易平台透明运行，依法公开交易公告、资格审查信息、成交信息、履约信息以及有关变更信息等，实现公共资源配置全流程公开和信息资源共享。建设国家公共资源交易服务平台，推动公共资源交易信息在全国范围内互联互通。（国家发展改革委牵头落实）

（五）推进减税降费信息公开。加大对支持小微企业、促进就业创业、兼并重组等方面的税收优惠和减免政策公开力度，充分发挥新媒体的主动推送功能，提高政策知晓度和传播率。（财政部、税务总局牵头落实）实行收费目录清单管理，公布行政事业性收费、政府性基金以及实施政府定价或指导价的经营服务性收费目录清单，明确项目名称、设立依据、标准等，公开对清单之外乱收费、乱摊派等行为的查处结果。具体执收单位要在收费场所公示收费文件依据、主体、项目、范围、标准、对象等，主动接受社会监督。（国家发展改革委、财政部按职责分工分别牵头落实）

（六）推进国有企业运营监管信息公开。依法依规公开国有资本整体运营情况、企业国有资产保值增值及经营业绩考核有关情况、国有资产监管制度和监督检查情况等。推动国有企业改制重组、产权交易、增资扩股等方面的信息公开和结果公示。及时公开中央企业改革重组、公司治理及管理架构、财务状况、重要人事变动、企业负责人薪酬等信息。研究制定国有企业信息公开有关制度，启动公开试点工作。（国务院国资委、财政部按职责分工分别牵头落实）

三、围绕民生改善推进公开

（一）推进扶贫工作信息公开。围绕实施精准扶贫、精准脱贫，加大扶贫政策、扶贫成效、贫困退出、扶贫资金、项目安排等信息公开力度。各地区要公开年度减贫责任书、建档立卡贫困人口脱贫计划、精准扶贫专项行动和专项工程信息及落实情况。贫困地区要建立扶贫公告公示制度，确保扶贫对象看得到、看得懂、能监督。指导督促相关社会组织全面及时公开扶贫捐赠信息，提高社会扶贫公信力和美誉度。（国务院扶贫办牵头落实）

（二）推进社会救助信息公开。细化公开内容，进一步增强城乡低保、特困人员救助供养、医疗救助、临时救助等信息公开的针对性和有效性，提高公开信息的到达率。低保和特困人员救助方面，重点公开城乡低保对象人数、特困人员人数、低保标准、补助水平、资金支出等情况；医疗救助方面，重点公开救助对象的人次数、资金支出等情况；临时救助方面，重点公开救助对象的户次数、救助水平、资金支出等情况。做好减灾救灾信息公开,定期发布全国核定灾情、救灾工作进展、救灾资金物资调拨使用等情况。(民政部牵头落实)

(三)推进就业创业信息公开。加大促进就业创业政策、措施的公开力度,推动公开相关补贴申领条件、申领程序等信息,并做好集中展示。加强面向农村劳动力、就业困难人员、高校毕业生等就业专项活动的公开工作。及时公开就业供求信息,进一步做好国有企事业单位人员招录信息和人力资源市场供求信息的发布工作,扩大就业信息服务的受众面。(人力资源社会保障部牵头落实)

(四)推进棚户区改造、农村危房改造和保障性住房信息公开。做好棚户区改造政策及相关任务完成情况信息公开工作,主动发布和准确解读政策措施,积极引导棚户区居民参与改造,为棚改工作营造良好社会氛围。强化农村危房改造政策、对象认定过程、补助资金分配、改造结果公开,提高工作的精准化水平。深入推进保障性住房分配和退出信息公开,定期公开住房公积金年度报告。(住房城乡建设部牵头落实)

(五)推进环境保护信息公开。加大全国重点区域及主要城市空气质量预测预报信息公开力度,细化公开空气质量预报、城市空气质量指数范围、空气质量级别及首要污染物、对人体健康的影响和建议措施等内容。推动集中式生活饮用水水源水质监测信息公开,自2016年起地级以上城市人民政府每季度应向社会公开饮用水水源、供水厂出水、用户水龙头水质等饮水安全状况。推进重点排污单位依法向社会公开其产生的主要污染物名称、排放方式、排放浓度和总量、超标排放情况,以及污染防治设施的建设和运行情况。督导检查建设单位公开环评信息。(环境保护部牵头,会同住房城乡建设部、水利部、国家卫生计生委落实)

(六)推进教育、卫生和食品药品安全信息公开。做好国家教育督导报告、义务教育均衡发展督导评估反馈意见、全面改善贫困地区义务教育薄弱学校基本办学条件工作进展和实施成效等公开工作。推进义务教育划片工作程序、内容、结果,随迁子女入学办法、入学流程、证件要求和办理方式公开,接受社会监督。推动地方高校财务信息公开。(教育部牵头落实)推动医疗机构院务公开,健全公开目录。做好涉及新食品原料、食品添加剂、食品安全标准以及食品安全风险评估结果等公开工作,继续加强对食品安全标准的宣传和解读。加强法定传染病疫情及防控信息的公开。(国家卫生计生委牵头落实)做好食品药品监管信息、抽检抽验信息的公开工作,及时发布处罚信息、消费警示信息和产生重大影响的典型案件信息,积极回应社会关切。(食品药品监管总局牵头落实)

四、围绕助力政府建设推进公开

（一）积极推进决策公开。探索建立利益相关方、公众、专家、媒体等列席政府有关会议制度。各级行政机关特别是市县两级政府要积极实行重大决策预公开，扩大公众参与，对社会关注度高的决策事项，除依法应当保密的外，在决策前应向社会公开相关信息，并及时反馈意见采纳情况。推行医疗卫生、资源开发、环境保护、社会保障等重大民生决策事项民意调查制度。（各地区、各部门负责落实）

（二）推进政策执行和落实情况公开。围绕政府工作报告、发展规划提出的重要事项，特别是党中央、国务院部署的改革任务、民生举措，细化公开执行措施、实施步骤、责任分工、监督方式等，实事求是公布进展和完成情况。进一步加大对督查发现问题及整改落实、奖惩情况的公开力度。（各地区、各部门负责落实）深化审计结果公告及整改情况的公开，以公开推动审计查处问题的整改，促进重大政策措施有效落实。（审计署牵头落实）

（三）深入推进预决算公开。在做好各级政府预决算公开工作的同时，重点推进省、市、县三级使用财政资金的部门和单位预决算公开，公开内容应包括本单位职责、机构设置、一般公共预算收支、政府性基金预算收支、机关运行经费等情况。除涉密信息外，部门预决算支出应当公开到功能分类项级科目，一般公共预算基本支出细化公开到经济分类款级科目。县、乡级部门和单位要重点公开教育、医疗卫生、社会保障和就业、住房保障、涉农补贴等民生支出情况，包括项目名称、预算规模、补助标准、发放程序、资金分配结果等。（财政部牵头落实）

五、围绕扩大政务参与加强解读回应

（一）主动做好政策解读。出台重要政策，牵头起草部门应将文件和解读方案一并报批，相关解读材料应于文件公开后3个工作日内在政府网站和媒体发布。对涉及面广、社会关注度高的法规政策和重大措施，各地区各部门主要负责人应通过参加新闻发布会、接受访谈、发表文章等方式带头宣讲政策，解疑释惑，传递权威信息。省级政府、与宏观经济和民生关系密切的国务院部门主要负责人，年内解读重要政策措施不少于1次。加强专家库建设，为专家学者了解政策信息提供便利，更好地发挥专家解读政策的作用。要针对不同社会群体，采取不同传播策略，注重运用各级各类新闻媒体，特别要重视发挥主流媒体及其新媒体“定向定调”作用，及时全面准确解读政策，增进社会认同。

（二）积极回应社会关切。各地区各部门要组织做好本地区本部门本系统的政务舆情监测工作，扩大舆情收集范围，及时了解各方关切，有针对性地做好回应工作。对涉及本地区本部门的重要政务舆情、媒体关切等热点问题，要认真研判处置，及时借助媒体、网站等渠道发布准确权威信息，讲清事实真相、有关政策措施、处置结果等。遇有重大突发事件时，负责处置的地方和部门是信息发布的第一责任人，主要负责人要当好“第一新闻发言人”，快速反应、及时发声。针对涉及突发事件的各种虚假不实信息，要迅速澄清事实，消除不良影响。特别重大、重大突发事件发生后，应在24小时内举行新闻发布会。

（三）更好发挥媒体作用。各地区各部门要善于运用媒体发布信息、解读政策，引领舆论、推动工作。对重要会议活动、重大决策部署、经济运行和社会发展重要动态等方面信息，要统筹运用媒体做好发布工作。重要信息、重大政策发布后，要注重运用主流媒体及其新媒体在重要版面、重要位置、重要时段及时报道解读。出台重大决策部署，要通过主动向媒体提供素材，召开媒体通气会，推荐掌握相关政策、熟悉相关领域业务的专家学者接受访谈等方式，做好发布解读工作。畅通媒体采访渠道，创造条件安排中央和地方主流媒体及其新媒体负责人列席有关重要决策会议。注重加强政策解读的国际传播，扩大政策信息的覆盖面和影响力。

六、围绕增强公开实效加强能力建设

（一）提高政务公开工作制度化标准化水平。选择部分地方、部门开展政务公开负面清单试点工作。加快推进政府信息公开条例修订工作。推进政府信息主动公开基本目录建设，进一步明确重点领域、重点行业公开的主体、内容、时限、方式等，提升主动公开的规范化水平。积极做好部门规章和政策性文件清理结果公开工作。加强对规范性文件公开的审查，定期对不公开的政府信息进行评审，确保应公开尽公开。严格执行保密审查制度，对拟公开的政府信息要依法依规做好保密审查。

（二）提高政务公开工作信息化集中化水平。制定出台全国政府网站发展指引，充分发挥政府门户网站信息公开第一平台作用，增强发布信息、解读政策、回应关切、引导舆论的功能。加强政府网站数据库建设，着力完善搜索查询功能，提升公开信息的集中度，方便公众获取。强化与新闻网站、商业网站的联动，增强信息传播效果。办好政府公报，着力提升规章、规范性文件的发布质量和时效，并做好网上发布工作，发挥好标准文本的指导和服务作用。加强政府热线电话管理，鼓励开展政府开放日、网络问政等主题活动，增进与公众的互动交流。

（三）提高政务公开队伍专业化理论化水平。各地区各部门要围绕3年内对全国政务公开工作人员轮训一遍的要求，制定业务培训计划，精心安排培训科目和内容，分级分层组织实施。政务公开工作人员要加强政策理论学习和业务研究，准确把握政策精神，增强专业素养，强化公开理念，提高指导、推动政务公开工作的能力和水平。

各地区各部门要高度重视，主要负责同志年内至少听取一次政务公开工作汇报，研究部署推进工作；要确定一位负责同志分管政务公开工作，列入工作分工，并对外公布。政务公开工作尚未纳入政府绩效考核体系的，年内应予纳入，所占分值权重不应低于4%。各地区各部门要结合实际，制定具体实施方案或工作措施，并在本要点公布后30个工作日内在本地区本部门政府网站公开。有牵头任务的部门还要加强对本系统的工作指导。国务院办公厅将对各地区、各部门落实情况进行督查，组织开展第三方评估，并公布评估结果。

国务院办公厅关于印发贯彻实施质量发展纲要2016年行动计划的通知

（2016年4月4日　国办发〔2016〕18号）

《贯彻实施质量发展纲要2016年行动计划》已经国务院同意，现印发给你们，请认真贯彻执行。

贯彻实施质量发展纲要2016年行动计划

为贯彻落实《质量发展纲要（2011—2020年）》和实施《中国制造2025》，明确2016年工作重点，以提高发展质量和效益为中心，开展质量品牌提升行动，加强供给侧结构性改革，推动建设质量强国，制定本行动计划。

一、增强质量和品牌提升的动力

（一）深入开展质量提升行动。以空气净化器、电饭煲、智能马桶盖、智能手机、玩具、儿童及婴幼儿服装、厨具、家具等消费者普遍关注的消费品为重点，开展改善消费品供给专项行动，组织实施消费品质量提升工程，增品种、提品质、创品牌。突出抓好输非商品、输中东商品、跨境电商产品质量提升。实施出口食品竞争力提升工程。在重点领域开展服务业质量提升专项行动。依托“重大新药创制”专项，推进新药研发质量与品牌提升。开展提升医疗质量专项工作。开展售后服务质量对比提升活动,发布京津冀地区城市公共服务质量监测报告。结合物流业“降本增效”专项行动,全面提升物流服务水平。推动银行业金融机构强化服务质量,加大对金融消费者的保护力度。开展车用汽柴油产品质量提升行动。开展含挥发性有机物涂料质量标准提升行动。(发展改革委、科技部、工业和信息化部、环境保护部、卫生计生委、质检总局、食品药品监管总局、银监会按职责分工负责)

(二)大力提高劳动者职业技能和质量素养。实施国家高技能人才振兴计划。促进培养高级技能人才。实施企业管理人才素质提升工程,为中小企业培养专门人才。组织开展农民工职业技能提升计划“春潮行动”。鼓励引导企业开展岗位练兵、技术比武活动。开展质量素养提升行动,塑造精益求精、追求质量的工匠精神。推进旅游人才队伍建设,提高旅游从业人员服务质量。(教育部、工业和信息化部、人力资源社会保障部、质检总局、旅游局按职责分工负责)

(三)积极推动质量技术创新。围绕汽车、高档数控机床、轨道交通装备、大型成套技术装备等重点领域,开展质量攻关,攻克一批影响质量提升的关键共性质量技术。建立工业技术改造重点项目库,加大对制造业企业质量技术改造的支持、引导力度。在重点工业领域,推广可靠性设计、试验与验证以及可制造性设计等先进质量工程技术。广泛开展质量改进、质量攻关等多种形式的群众性创新活动,推动质量技术万众创新。(发展改革委、科技部、工业和信息化部、财政部、国资委、质检总局按职责分工负责)

(四)鼓励采用先进的管理制度和先进标准。支持开展质量现场诊断、质量标杆经验交流、质量管理小组、质量信得过班组等活动,提升企业质量管理水平。在各类组织中,推广应用中国质量奖获奖者的质量管理方法和模式。推行企业产品和服务标准自我声明公开和监督制度,建立标准信息公共服务平台,出台实施指南。推动团体标准试点工作,激发社会团体组织和企业参与先进标准制定的积极性。制定海洋观测装备、海洋能发电装置质量管理办法及管理程序。(发展改革委、工业和信息化部、质检总局、海洋局按职责分工负责)

(五)大力推动品牌建设。制定质量品牌“十三五”规划。完善品牌国家标准体系,指导企业加强品牌建设。主导制定品牌评价的国际标准,推动中国品牌走出去。继续做好工业企业品牌培育、产业集群品牌培育试点示范工作。做大做强中国环境标志。支持发展无公害农产品、绿色食品、有机农产品。打造一批安全优质农产品品牌和食品品牌。打造一批检验检测认证知名品牌。推进农业、制造业、服务业企业品牌培育能力建设。实施出口食品竞争力提升工程。对品牌建设工作取得突出成绩的中央企业授予“品牌建设特别奖”。组织开展中央企业品牌建设工作专题研讨交流。推进商标品牌战略实施，提高商标公共服务水平。（发展改革委、工业和信息化部、环境保护部、农业部、国资委、工商总局、质检总局按职责分工负责）

二、优化质量和品牌提升的环境

（六）加强质量整治淘汰落后产能和化解过剩产能。在煤炭、钢铁、电解铝、石油化工等高能耗、高污染行业严格执行生产许可及其他行业准入制度，按标准淘汰落后产能和化解过剩产能。依法严厉打击质量违法和侵权盗版行为，推进知识产权执法维权“护航”专项行动、“质检利剑”行动、“2016红盾网剑专项行动”、农资打假“绿剑护农”行动、“红盾护农”行动、“红盾质量维权”行动、中国制造海外形象维护“清风”行动。实施百项能效标准推进工程，推进工业产品绿色设计。坚持农产品质量安全专项整治与日常执法监管相结合，加强农产品质量安全执法及成品油市场监管，严打重罚非法添加、制假售假、私屠滥宰等违法犯罪行为。开展医疗器械专项整治活动。深化食品药品重点领域专项整治，严打行业潜规则。开展涉假重点区域和农村地区食品安全专项整治。强化国际警务交流合作，严厉打击跨国、跨境制假售假犯罪。推广高效锅炉，实施锅炉节能环保改造，整治落后燃煤小锅炉。推进政府绿色采购和绿色印刷。（发展改革委、工业和信息化部、公安部、环境保护部、农业部、商务部、工商总局、质检总局、食品药品监管总局、知识产权局按职责分工负责）

（七）加强重点领域质量安全监管。突出对重点行业、领域中央企业的质量安全监督，坚决防范和遏制质量安全事故。建立商品质量惩罚性赔偿制度。加快推进重要产品追溯体系建设，强化全过程质量安全管理与风险控制。推进学校食堂及饮用水设施建设，加大学校食品安全督查力度。严查日用品领域产品质量违法行为。深入开展工程质量治理两年行动。在重点领域宣传推行设备监理制度。组织开展节水产品及农村饮用水安全产品抽查。组织开展公路水运工程建设重点项目质量安全综合督查和隧道工程安全专项督查。开展交通运输重点产品质量监督抽查。加强对重点食品、重点区域、重点问题和大型食品企业的监管，切实抓好食品安全日常监管、专项整治和综合治理工作，深入排查安全隐患，全面规范生产经营行为，全力保障人民群众“舌尖上的安全”。督促风景名胜区管理机构加强游览安全管理，防范事故发生。组织开展林产品质量监测工作。开展库存粮食质量安全监测工作。开展口岸传染病风险评估，提升口岸公共卫生风险管理水平。继续加强禽流感传染病防控工作。开展进口食品“清源”行动。开展电梯安全攻坚，进一步提升电梯安全水平。(工业和信息化部、住房城乡建设部、交通运输部、水利部、商务部、国资委、工商总局、质检总局、食品药品监管总局、林业局、旅游局、粮食局、铁路局按职责分工负责)

(八)加快质量诚信体系建设。建设完善全国信用信息共享平台,加快归集、整合包括产品质量、知识产权、水利工程、公路水运、涉旅企业、进出口食品境外生产企业等在内的信用信息,实施信息信用共享交换。优化"信用中国"网站,推动信用信息"一站式"查询。开展国家产品质量信用信息数据采集工作,实施省级质量信用档案数据库建设试点。建设知识产权系统社会信用体系。建立水利质量管理信息系统,开展2016年度水利建设市场主体信用评价,开展"东北四省区节水增粮行动计划"项目质量调查评价。建成并运行"农安信用"频道,推进主要农资产品追溯体系建设,开展种子、水产行业信用评价。开展全国公路水运建设市场主体信用评价,治理工程设计变更违规行为和围标串标问题。推进"商务诚信建设重点推进行动计划"。建立涉旅企业不诚信行为记录机制,公布旅游经营服务不良信息记录。建设进口食品境外生产企业质量信用体系试点,完善追溯信息共享。出台《电子商务企业信用信息共享规范》,编写《中国电子商务信用报告》。(发展改革委、工业和信息化部、交通运输部、水利部、农业部、商务部、人民银行、质检总局、知识产权局、旅游局按职责分工负责)

(九)加快构建质量和品牌社会共治机制。组织开展2016年全国"质量月"活动,推动全社会着力提升质量、培育品牌。强化知识产权维权援助举报投诉信息平台建设,完善维权援助举报投诉案件网上受理、案件移送、信息反馈等制度。对农村市场、学校食堂和食品安全开展联合督查。在与社会公众安全密切相关的领域,探索产品质量安全强制责任保险试点。构建电梯安全社会治理机制,加强重点行业领域电梯安全工作。结合"一带一路"战略,推动行业协会、企业开展中国品牌海外宣传推广活动。(发展改革委、教育部、工业和信息化部、住房城乡建设部、水利部、商务部、工商总局、质检总局、食品药品监管总局、知识产权局、旅游局、保监会按职责分工负责)

(十)加强质量工作考核。深入开展省级人民政府质量工作考核,完善考核指标体系,进一步强调质量、品牌考核内容,科学制定考核方案,推动用好考核结果,抓好整改落实。指导地方政府将质量工作纳入市县绩效考核范围。开展消费者保护考核评价工作,督促银行业金融机构切实履行主体责任。组织做好2015－2016年度水利建设质量工作考核。(全国质量工作部际联席会议成员单位、银监会按职责分工负责)

(十一)发挥新闻媒体的宣传监督作用。宣传一批重视质量、产品可靠的典型企业和优秀品牌，增进公众对中国质量的信心。结合质量整治专项行动，组织新闻媒体曝光重大质量违法行为和质量安全问题，发挥负面典型警示教育作用。加强网络销售产品、金融消费品、电子信息产品等质量安全监管报道。组织开展"金融知识进万家"银行业金融知识宣传服务月活动。开展国门生物安全宣传活动。（中央宣传部、工业和信息化部、工商总局、质检总局、新闻出版广电总局、银监会按职责分工负责）

三、培育质量和品牌竞争新优势

（十二）推动外贸优进优出。推进国际贸易"单一窗口"建设，实现"信息互换、监管互认、执法互助"，降低企业进出口成本，加快通关速度。创新服务外包检验监管模式，对承接国际服务外包业务所需的进出口工业产品提供通关便利。加快培育新型贸易方式，做好对跨境电商出口贸易的扶持。实施"一带一路"沿线国家自贸区战略，推进区域全面经济伙伴关系（RCEP）谈判工作。推进自主品牌出口增长计划。（发展改革委、商务部、海关总署、质检总局按职责分工负责）

（十三）促进电子商务产业提质升级。指导电子商务生产企业改进生产工艺，提高标准执行力。完善电子商务产品质量信息公共服务平台，实现信息融合共享。推动落实《国务院办公厅关于加强互联网领域侵权假冒行为治理的意见》（国办发〔2015〕77 号）。加强对跨境网络交易中邮递、快件渠道的监管，严厉打击利用电子商务平台以及跨境电子商务中邮递、快递渠道实施的走私违法活动和通过"蚂蚁搬家"等方式进出口侵权假冒商品的违法行为。制定《电子商务产品质量监督管理办法》，完善"风险监测、网上抽查、源头追溯、属地查处、信用管理"机制。发挥电商产品执法打假维权协作网作用，严查电商产品质量违法案件。在电商平台试点推广互联网"过滤"技术，构建网络销售产品质量的"防火墙"。打击售假、虚假宣传和侵权盗版的网站。（工业和信息化部、商务部、海关总署、质检总局、知识产权局按职责分工负责）

四、夯实质量和品牌提升的基础

（十四）完善法律法规体系。开展质量促进法等立法研究。推动开展标准化法、计量法、农产品质量安全法、药品管理法、食品安全法实施条例、化妆品监督管理条例等法律法规的修订工作。推动《粮食质量安全监管办法》出台。修订完善学校食堂与学生集体用餐卫生管理规定。指导地方积极开展质量促进立法工作。编制《强制性国家标准管理办法》。制定《医疗质量管理办法》，编写 2016 年国家医疗质量管理安全报告。（教育部、农业部、卫生计生委、质检总局、食品药品监管总局、粮食局按职责分工负责）

（十五）充分发挥质量技术基础的支撑作用。出台《关于加强装备制造业标准国际化工作的指导意见》。提出中国装备标准走出去名录，开展优势装备制造业技术标准的翻译、发布、推广以及国际对标工作。推动工程质量管理标准化工作，开展海洋国际标准研究和计量质量控制工作，启动实施农药残留标准制修订计划，完善铁道行业技术标准体系，优化交通运输标准体系，开展旅游标准化试点示范工作。加强国家计量科技创新基地和共享服务平台建设。制定和实施《诚信计量体系建设行动计划(2016－2020年)》。推进与“一带一路”沿线国家的国际计量互认，推动计量标准、装备、服务走出去。与“一带一路”沿线国家开展清真认证、有机认证和注册等领域国际合作。实施自贸区认证认可检验检测制度改革试点。开展中国环境标志产品、环保产品和“绿色之星”认证。(科技部、工业和信息化部、环境保护部、住房城乡建设部、交通运输部、水利部、农业部、商务部、工商总局、质检总局、旅游局、海洋局、铁路局按职责分工负责)

(十六)加强质量和品牌教育及文化建设。围绕弘扬社会主义核心价值观，开展企业诚信宣传教育，推动各类经营者提升质量诚信和品牌保护意识。推进质量和品牌相关学科建设，支持高校自主设置质量品牌相关二级学科和交叉学科，加快与质量品牌相关的人才培养。举办2016年全国职业院校技能大赛。开展消费品质量安全“进社区、进学校、进乡镇”消费者教育活动，增强全社会消费品质量安全意识。(中央宣传部、教育部、工业和信息化部、质检总局、新闻出版广电总局按职责分工负责)

五、实施质量和品牌提升工程

(十七)实施质量和品牌重点工程。把质量提升、培育品牌作为重要内容，启动知名品牌创建示范、品牌价值评价，实施制造业创新中心建设工程、智能制造工程、工业强基工程、绿色制造工程和高端装备创新工程。(发展改革委、教育部、科技部、工业和信息化部、工商总局、质检总局按职责分工负责)

(十八)实施质量和品牌标杆对比提升工程。深入开展全国创建社会信用体系建设示范城市、质量强市示范城市、国家农产品质量安全县、质量安全示范区创建活动。推进林业标准化示范企业、示范基地建设。开展企业品牌培育、产业集群区域品牌建设试点示范等活动，提升企业品牌培育能力和产业集群区域品牌建设水平。开展全国旅游服务质量标杆单位遴选活动。(发展改革委、工业和信息化部、农业部、质检总局、林业局、旅游局按职责分工负责)

地方各级人民政府要加强对质量、品牌工作的组织领导和统筹协调，结合本地实际，参照以上工作安排和部门分工，制定本地区的具体工作方案，细化任务，明确时限和要求，逐级落实责任，确保完成各项任务。

国务院关于印发上海系统推进全面创新改革试验加快建设具有全球影响力科技创新中心方案的通知

（2016年4月12日　国发〔2016〕23号）

国务院批准《上海系统推进全面创新改革试验加快建设具有全球影响力的科技创新中心方案》，现予印发。

一、依托上海市开展全面创新改革试验，是贯彻落实党中央、国务院重大决策，推进全面深化改革，破解制约创新驱动发展瓶颈的重要举措，对促进上海进一步解放思想、大胆探索实践、实现重点突破、发挥改革创新示范带动作用，具有重要意义。

二、上海市系统推进全面创新改革试验，要围绕率先实现创新驱动发展转型，以推动科技创新为核心，以破除体制机制障碍为主攻方向，加快向具有全球影响力的科技创新中心进军。

三、国家发展改革委和科技部要加强统筹，指导并及时协调解决改革试验中出现的新情况、新问题，组织开展试点经验和成效的总结评估，尽快推广一批有力度、有特色、有影响的重大改革举措。相关部门要主动作为，加强与上海市的衔接和协调，使本领域的重大改革举措真正落实落地。

四、本方案实施中的重大问题，以及需要由全国人民代表大会常务委员会授权、相应调整有关行政法规和国务院文件部分规定的事项，上海市人民政府要及时向国务院请示报告，按程序报批。有关重大工程、重大项目、重点产业等部署要与相关部门沟通协调，协同推进。

上海系统推进全面创新改革试验加快建设具有全球影响力的科技创新中心方案

为深入贯彻党的十八大和十八届三中、四中、五中全会精神，全面落实《中共中央　国务院关于深化体制机制改革加快实施创新驱动发展战略的若干意见》和《国家创新驱动发展战略纲要》的要求，支持上海系统推进全面创新改革试验，加快向具有全球影响力的科技创新中心进军，制订本方案。

一、指导思想

按照党中央、国务院决策部署，紧紧抓住全球新一轮科技革命和产业变革带来的重大机遇，当好改革开放排头兵、创新发展先行者，坚持问题导向、企业主体、以人为本、开放合作的原则，以实现创新驱动发展转型为目标，以推动科技创新为核心，以破除体制机制障碍为主攻方向，以长江经济带发展战略为纽带，在国际和国内创新资源、创新链和产业链、中国（上海）自由贸易试验区和上海张江国家自主创新示范区制度改革创新三个方面加强统筹结合，突出改革重点，采取新模式，系统推进全面创新改革试验，充分激发全社会创新活力和动力，把大众创业、万众创新不断引向深入，把“互联网＋”、“＋互联网”植入更广领域，把科技人员与普通群众、企业与科研院所、大中小微企业、线上线下的创业创新活动有机结合起来，推动科技创新与经济社会发展深度融合，加快向具有全球影响力的科技创新中心进军，率先转变经济发展方式，推进供给侧结构性改革，发展新经济、培育新动能、改造提升传统动能，推动形成增长新亮点、发展新优势。

二、总体目标

力争通过3年系统推进全面创新改革试验，基本构建推进全面创新改革的长效机制，在科技金融创新、人才引进、科技成果转化、知识产权、国资国企、开放创新等方面，取得一批重大创新改革成果，形成一批可复制可推广的创新改革经验，破解科技成果产业化机制不顺畅、投融资体制不完善、收益分配和激励机制不合理、创新人才制度不健全等瓶颈问题，持续释放改革红利；推动经济增长动力加快由要素驱动向创新驱动转换，在综合性国家科学中心建设、若干国家亟需的基础科研和关键核心技术领域取得突破，科技创新投入进一步增强，研究与试验发展（R&D）经费支出占全市地区生产总值比例超过3.7%；产业结构进一步优化，战略性新兴产业增加值占全市地区生产总值的比重提高到18%左右；张江国家自主创新示范区进入国际先进高科技园区行列。

通过滚动实施全面创新改革试验，2020年前，形成具有全球影响力的科技创新中心的基本框架体系；R&D经费支出占全市地区生产总值比例超过3.8%；战略性新兴产业增加值占全市地区生产总值的比重提高到20%左右；基本形成适应创新驱动发展要求的制度环境，基本形成科技创新支撑体系，基本形成大众创业、万众创新的发展格局，基本形成科技创新中心城市的经济辐射力，带动长三角区域、长江经济带创新发展，为我国进入创新型国家行列提供有力支撑。

到2030年，着力形成具有全球影响力的科技创新中心的核心功能，在服务国家参与全球经济科技合作与竞争中发挥枢纽作用，为我国经济提质增效升级作出更大贡献，创新驱动发展走在全国前头、走到世界前列。

最终要全面建成具有全球影响力的科技创新中心，成为与我国经济科技实力和综合国力相匹配的全球创新城市，为实现"两个一百年"奋斗目标和中华民族伟大复兴的中国梦，提供科技创新的强劲动力，打造创新发展的重要引擎。

三、主要任务

重点建设一个大科学设施相对集中、科研环境自由开放、运行机制灵活有效的综合性国家科学中心，打造若干面向行业关键共性技术、促进成果转化的研发和转化平台，实施一批能填补国内空白、解决国家"卡脖子"瓶颈的重大战略项目和基础工程，营造激发全社会创新创业活力和动力的环境，形成大众创业、万众创新的局面。

（一）建设上海张江综合性国家科学中心。

国家科学中心是国家创新体系的基础平台。建设上海张江综合性国家科学中心，有助于提升我国基础研究水平，强化源头创新能力，攻克一批关键核心技术，增强国际科技竞争话语权。

1.打造高度集聚的重大科技基础设施群。

依托张江地区已形成的大科学设施基础，加快上海光源线站工程、蛋白质科学设施、软X射线自由电子激光、转化医学等大设施建设；瞄准世界科技发展趋势，根据国家战略需要和布局，积极争取超强超短激光、活细胞成像平台、海底长期观测网、国家聚变能源装置等新一批大设施落户上海，打造高度集聚的重大科技基础设施集群。

2. 建设有国际影响力的大学和科研机构。

依托复旦大学张江校区、上海交通大学张江校区，重点推动复旦大学建设微纳电子、新药创制等国际联合研究中心，重点推动上海交通大学建设前沿物理、代谢与发育科学等国际前沿科学中心。推动同济大学建设海洋科学研究中心、中美合作干细胞医学研究中心。发挥上海科技大学的体制机制优势，加快物质、生命、信息等领域特色研究机构建设，开展系统材料工程、定制量子材料、干细胞与再生医学、新药发现、抗体药物等特色创新研究，建设科研、教育、创业深度融合的高水平、国际化创新型大学。发挥中科院在沪科研机构的科研力量，推动中科院按规定建设微小卫星创新研究院、先进核能创新研究院、脑科学卓越创新中心等机构。大力吸引海内外顶尖实验室、研究所、高校、跨国公司来沪设立全球领先的科学实验室和研发中心。着力增强上海地区高校和科研机构服务和辐射全国的能力，并进一步发挥国际影响力。

3. 开展多学科交叉前沿研究。

聚焦生命、材料、环境、能源、物质等基础科学领域，由国家科学中心在国家支持和预研究基础上，发起多学科交叉前沿研究计划，开展重大基础科学研究、科学家自由探索研究、重大科技基础设施关键技术研究，推动实现多学科交叉前沿领域重大原创性突破，为科技、产业持续发展提供源头创新支撑。

4. 探索建立国家科学中心运行管理新机制。

成立国家有关部委、上海市政府，以及高校、科研院所和企业等组成的上海张江综合性国家科学中心理事会，下设管理中心，探索实施科研组织新体制，研究设立全国性科学基金会，募集社会资金用于科学研究和技术开发活动。建立和完善重大科技基础设施建设协调推进机制和运行保障机制。建立符合科学规律、自由开放的科学研究制度环境。

（二）建设关键共性技术研发和转化平台。

共性技术平台是科技成果转化的重要环节。聚焦国家和上海市经济社会发展重大需求，在信息技术、生命科学、高端装备等领域先行布局一批开放式创新平台，通过政府支持、市场化运作，攻克关键共性技术，支撑战略性新兴产业实现跨越式发展。

1. 关键共性技术研发平台。

在信息技术领域，提升上海集成电路研发中心能级，打造我国技术最先进、辐射能力最强的世界级集成电路共性技术平台，为自主芯片制造提供技术支撑，为国产设备及材料提供验证环境；建设上海微技术工业研究院，形成全球化的微机电系统（MEMS）及先进传感器技术创新网络，发展特色工艺，突破传感器中枢、融合算法、微能源等共性技术，并在物联网领域探索应用模式创新；建设微电子示范学院和微纳电子混合集成技术研发中心，研究硅集成电路技术与非硅材料的融合，开发新型微纳电子材料和器件共性技术；发展数字电视国家工程研究中心，建成面向全球的数字电视标准制订和共性技术研发的未来媒体网络协同创新中心，探索向整机制造商收取合理费用、促进技术标准持续开发升级的市场化运作模式。推动大数据与社会治理深度融合，不断推进社会治理创新，提升维护公共安全、建设平安中国的能力水平。

在生命科学领域，发挥中科院上海药物研究所、中科院上海生命科学研究院、上海医药工业研究院、复旦大学、上海交通大学等单位的研发优势，建设创新药物综合研发平台，攻克治疗恶性肿瘤、心脑血管疾病、神经精神系统疾病、代谢性疾病、自身免疫性疾病等领域创新药物关键技术；促进上海转化医学研究中心、中科院上海生命科学研究院、国家肝癌科学中心、上海医药临床研究中心、上海市质子重离子医院等单位协作，建设精准医疗研发与示范应用平台。开展转化医学和精准医疗前沿基础研究，建立百万例级人群（跟踪）队列和生物信息数据库。

在高端装备领域，发挥中国航空研究院上海分院及相关工程研究中心等的技术优势，建立面向全国的燃气轮机与航空发动机研发平台，形成重型燃气轮机和民用航空发动机设计、关键系统部件研制、总装集成的能力；建设智能型新能源汽车协同创新中心，提升新能源汽车及动力系统国家工程实验室技术服务能级，打造磁浮交通、轨道交通等领域关键共性技术研发平台。突破智能汽车所需的定位导航、辅助驾驶、语音识别等共性技术，开发新能源汽车整车及动力系统集成与匹配、控制等关键技术；开展大型商用压水堆和第四代核电研发及工程设计研究，开发钍基熔盐堆材料、装备、部件等制造技术，以及仿真装置和实验装置工程设计技术。建设微小卫星创新平台。开展海上小型核能海水淡化和供电平台研究。加强机器人产品整机开发和关键零部件研制，提升机器人检测和评定服务水平，形成机器人整机和关键零部件设计、制造和检测服务能力。建设嵌入式控制系统开发服务平台，提升工业智能控制系统技术水平和开发效率。

在质量技术基础领域，加强以标准、计量、检验检测、认证为主要内容的质量技术基础平台建设，建设技术标准创新基地，推进相关国际标准组织分支机构、国家时间频率中心上海计量分支机构、质量发展相关智库等落地，全力构建具有国际水准的支撑保障体系。

2. 科技成果转化和产业化平台。

加快建设国家技术转移东部中心、上海市国际技术进出口促进中心等专业化、市场化技术转移机构，提升上海产业技术研究院、上海紫竹新兴产业技术研究院、中科院上海高等研究院、复旦大学张江研究院、上海交通大学先进产业技术研究院等的技术孵化能力，充分发挥在沪中央部委所属高校和上海市高校作用，推进高校和研究机构技术成果快速转移转化。加强军民融合创新平台建设，支持民用先进技术在国防科技工业领域的应用，推动军用技术成果向民用领域转化和产业化。

（三）实施引领产业发展的重大战略项目和基础工程。

在国家战略布局、上海自身有基础有望突破且能填补国内空白的领域，基于“成熟一项、启动一项”原则，充分发挥企业主体作用，以及科研院所、高校和企业结合的作用，实施一批上海市重大战略项目和基础工程，解决国家战略性新兴产业发展中的瓶颈问题。

在信息技术领域，开发中央处理器（CPU）、控制器、图像处理器等高端芯片设计技术。加快实现12英寸芯片制造先进工艺水平产品量产，开发集成电路装备和材料，建设国内首条8英寸MEMS及先进传感器研发线。打造面向第五代移动通信技术（5G）应用的物联网试验网。布局下一代新型显示技术，研制中小尺寸显示产品并实现量产。开发云计算关键技术，开发一批有国际影响力的大数据分析软件产品。

在生物医药领域，开发满足临床治疗需求的原创新药，实现若干个1.1类新药上市。以攻克严重危害人类健康的多发病、慢性病以及疑难重病为目标，开展致病机理和预防、诊断、治疗、康复等方面技术的联合攻关，在基因诊断和治疗、肿瘤定向治疗、细胞治疗、再生医疗、个性化药物等领域开展个性化精准治疗示范。开发医学影像诊疗、介入支架等重大医疗器械产品，实现关键核心技术重大突破，推动在国内广泛应用，进一步扩大在国际市场的份额。

在高端装备领域，完成窄体客机发动机验证机研制，开展宽体客机发动机关键技术研究；突破重型燃机关键技术，建设燃气轮机试验电站。突破干支线飞机、机载设备、航空标准件、航空材料等关键制造技术，实现ARJ21支线飞机成系列化发展，开展C919大型客机试飞验证工作。开展北斗高精度芯片/主板/天线/模块/软件/解决方案的开发，打造北斗卫星同步授时产业。建设高新船舶与深海开发装备协同创新中心，提升深远海海底资源（特别是油气资源）海洋工程装备的总包建造能力、产品自主研制能力和核心配套能力。

在新能源及智能型新能源汽车领域，加快开发推广智能变电站系统等智能电网设备，研制微型和小型系列化燃气轮机发电机组、储能电池智能模块和大容量储能系统。开发动力电池、电机、电控等核心零部件，研制高性能的新能源汽车整车控制系统产品。

在智能制造领域，开发具有国际先进水平的工业机器人、服务机器人产品，逐步实现高精密减速机、高性能交流伺服电机、高速高性能控制器等核心零部件国产替代。开发三维(3D)打印相关材料和装备技术，推动其与重点制造行业对接应用。

同时，在量子通信、拟态安全、脑科学及人工智能、干细胞与再生医学、国际人类表型组、材料基因组、高端材料、深海科学等方向布局一批重大科学基础工程。

(四)推进建设张江国家自主创新示范区，加快形成大众创业、万众创新的局面。

充分发挥张江国家自主创新示范区与自贸试验区的"双自"联动优势，以制度创新和开放创新推动科技创新，打造若干创新要素集聚、创新特色鲜明、创新功能突出、适宜创新创业、具有较强辐射带动力的创新集聚区。实施"互联网+"行动计划，优化经济发展环境，营造公平参与的民营经济发展环境，推进对内对外开放合作，建设开放共享、融合创新的智慧城市，完善创新创业服务体系，打造开放便捷的众创空间，形成对全社会大众创业、万众创新的有力支撑。

实施"双创"示范基地三年行动计划，结合上海市创业创新优势，打造一批"双创"示范基地，完善创新服务，推动创新成果加快转化为现实生产力，以创新带动创业就业。鼓励发展面向大众、服务中小微企业的低成本、便利化、开放式服务平台，引导各类社会资源支持大众创业。加快发展"互联网+"创业网络体系，促进创业与创新、创业与就业、线上与线下相结合。

上海系统推进全面创新改革试验，加快建设具有全球影响力的科技创新中心，要聚焦关键核心技术领域，提升我国自主创新特别是原始创新能力，推动经济转型升级，解决经济发展中的"卡脖子"问题；要通过体制机制改革试验，破解制约创新驱动发展的瓶颈问题，激发科技创新内生动力，释放全社会创新创业活力，营造良好的制度政策环境，实现经济增长动力由要素驱动向创新驱动的转换。

四、改革措施

聚焦政府管理体制不适应创新发展需要、市场导向的科技成果产业化机制不顺畅、企业为主体的科技创新投融资体制不完善、国有企事业单位创新成果收益分配和激励机制不合理、集聚国际国内一流创新人才的制度不健全等问题，重点在政府创新管理、科技成果转移转化、收益分配和股权激励、市场化投入、人才引进、开放合作等方面作出新的制度安排，着力在创新体制机制上迈出大步子，打破不合理的束缚，推动以科技创新为核心的全面创新。

（一）建立符合创新规律的政府管理制度。

坚持市场导向，以互联网思维创新政府管理和服务模式，减少政府对企业创新活动的行政干预，改革政府创新投入管理方式，充分发挥市场配置资源的决定性作用，加强需求侧政策对创新的引导和支持，释放全社会创新活力和潜能。

1. 最大限度减少政府对企业创新创业活动的干预。

对应由市场作主的事项，政府做到少管、不管，最大限度取消企业资质类、项目类等审批审查事项，消除行政审批中部门互为前置的认可程序和条件。完善事中事后监管，以"管"促"放"，深化商事制度、"多规合一"等改革，进一步完善配套监管措施，探索建立符合创新规律的政府管理制度。根据新兴产业特点，完善企业行业归类规则和经营范围的管理方式。对国有企事业单位技术和管理人员参与国际创新合作交流活动，取消因公出境的批次、公示、时限等限制。

调整现有行业管理制度中不适应"互联网＋"等新兴产业特点的市场准入要求，改进对与互联网融合的金融、医疗保健、教育培训等企业的监管，促进产业跨界融合发展。

主动探索药品审评审批管理制度改革，试点开展创新药物临床试验审批制度改革。试点推进药品上市许可和生产许可分离的创新药物上市许可持有人制度。

2. 改革政府扶持创新活动的机制。

改革以单向支持为主的政府专项资金支持方式。建立健全符合国际规则的支持采购创新产品和服务的政策体系，完善政府采购促进中小企业创新发展的相关措施，加大对创新产品和服务的采购力度，促进创新产品研发和规模化应用。完善相关管理办法，加强对创新产品研制企业和用户方的双向支持，加大支持力度，拓展支持范围，突破创新产品示范应用瓶颈。

3. 改革科研项目经费管理机制。

简化科研项目预算编制，改进科研项目结余资金管理，进一步落实科研项目预算调整审批权下放，适应创新活动资源配置特点；实施科研项目间接费用补偿机制，完善间接费用管理，项目承担单位可以结合一线科研人员实际贡献，公开公正安排绩效支出，充分体现科研人员价值。

完善对基础前沿类科技工作持续稳定的财政支持机制，为科学家静下来潜心研究和自由探索创造条件；对市场需求明确的技术创新活动，通过风险补偿、后补助、创投引导等方式发挥财政资金的杠杆作用，促进科技成果转移转化和资本化、产业化。

4. 建立财政科技投入统筹联动机制。

建立科技创新投入决策和协调机制，加强顶层设计和部门间沟通协调。转变政府科技管理职能，逐步实现依托专业机构管理科研项目，政府相关部门的主要职责是制定科技发展战略、规划、政策，做好评估和监管。建立公开统一的科技管理平台，统筹衔接基础研究、应用开发、成果转化、产业发展等各环节工作，优化科技计划（专项、基金等）布局，梳理整合和动态调整现有各类科技计划（专项、基金等）。

5. 建立上海科技创新评价机制。

在完善现有科技指标体系基础上，参考和借鉴国际、国内主要科技创新评价指标，建立和发布上海科技创新指数，从科技创新资源、科技创新环境、科技创新投入、科技创新产出、科技创新溢出与驱动等 5 个方面，综合评价上海科技创新总体发展情况。

6. 完善促进创新发展的地方性法规。

统筹促进科技创新的地方立法。制修订技术转移等地方性法规。制定促进张江国家自主创新示范区发展的政府规章。在对实施效果进行评估的基础上，及时清理、更新涉及创新的法规、规章和政策文件。对新制订政策是否制约创新进行审查。

（二）构建市场导向的科技成果转移转化机制。

建立科技成果转化、技术产权交易、知识产权运用和保护协同的制度，确立企业、高校、科研机构在技术市场中的主体地位，强化市场在创新要素配置中的决定性作用。

1. 下放高校和科研院所科技成果的管理、使用和处置权。

由高校和科研院所自主实施科技成果转移转化，主管部门和财政部门不再审批或备案，成果转化收益全部留归单位，不再上缴国库；探索建立符合科技成果转化规律的市场定价机制，收益分配向发明人和转移转化人员倾斜，充分调动高校、科研院所及科技人员积极性。对于高校、科研院所由财政资金支持形成的、不涉及国家安全的科技成果，明确转化责任和时限，选择转化主体，实施转化。研究完善专利强制许可制度。

2. 改革高校和科研院所管理体制。

建立现代科研院所分类管理体制，推行章程式管理考核模式。探索理事会制度，推进取消行政级别。推进科研院所编制管理、人员聘用、职称评定等方面创新，探索建立科研事业单位领导人员管理制度。根据科研院所职能定位、特点、收支等情况，对从事基础研究、前沿技术研究和社会公益研究的科研院所，完善财政投入为主、引导社会参与的支持机制，并建立健全稳定支持和竞争性支持相协调的机制,扩大科研院所管理自主权和科研课题选择权,探索体现科研人员劳动价值的收入分配办法。探索建立上海科研院所联盟,统筹配置相关创新资源,组织科研院所开展协同创新。完善高校与企业开展技术开发、技术咨询、技术服务等横向合作项目经费管理制度,鼓励开展产学研合作。

3. 实行严格的知识产权保护制度。

强化权利人维权机制。建立知识产权侵权查处快速反应机制,完善知识产权行政管理和执法“三合一”机制。强化行政执法与司法衔接,加强知识产权综合行政执法。建立健全知识产权多元化纠纷解决机制。为企业“走出去”提供知识产权侵权预警、海外维权援助等服务。依托上海市公共信用信息服务平台,建立知识产权信用体系,强化对侵犯知识产权等失信行为的联动惩戒。

4. 建立知识产权资本化交易制度。

简化知识产权质押融资流程,拓展专利保险业务,建立知识产权评估规范。严格按照国家规定,探索开展知识产权证券化业务。

5. 探索新型产业技术研发机制。

培育新型产业技术研发组织,形成购买服务、后补助、奖励等财政投入与竞争性收入相协调的持续支持机制,采用产业技术创新联盟等市场化机制,探索建立专利导航产业创新发展工作机制,组织推进产学研一体化,在承担政府科技计划、人才引进等方面加大支持力度。

(三)实施激发市场创新动力的收益分配制度。

充分发挥利益导向作用,建立尊重知识、尊重创新、让创新主体获益的创新收益分配制度,完善创新业绩考核、长期激励和职务晋升制度,激发市场主体的创新动力。

1. 完善职务发明法定收益分配制度。

制定职务发明方面的政府规章,建立职务发明法定收益分配制度。支持国有企业按照国家有关法律法规,制定并实施科技成果收益分配具体实施办法,探索建立健全科技成果、知识产权归属和利益分享机制,鼓励国有企业与职务发明人(团队)事先协商,确定科技成果收益分配的方式、数额和比例,适度提高骨干团队和主要发明人的收益比例。

2. 完善股权激励制度。

鼓励符合条件的转制科研院所、高新技术企业和科技服务机构等按照国有科技型企业股权和分红激励相关规定,采取股权出售、股权奖励、股权期权、项目收益分红和岗位分红等多种方式开展股权和分红激励。

3. 完善创新导向的国企经营业绩考核制度。

突出创新驱动发展，完善国有企业经营业绩考核办法，建立鼓励创新、宽容失败的考核机制。在国有企业领导人员任期考核中加大科技创新指标权重。对竞争类企业，实施以创新体系建设和重点项目为主要内容的任期创新转型专项评价，评价结果与任期激励挂钩。落实创新投入视同于利润的鼓励政策，对主动承接国家和上海市重大专项、科技计划、战略性新兴产业领域产业化项目，收购创新资源和境外研发中心，服务业企业加快模式创新和业态转型所发生的相关费用，经认定可视同考核利润。

4. 创新国资创投管理机制。

允许符合条件的国有创投企业建立跟投机制，并按市场化方式确定考核目标及相应的薪酬水平。探索符合条件的国有创投企业在国有资产评估中使用估值报告，实行事后备案。

5. 实施管理、技术“双通道”的国企晋升制度。

改革国有企业技术人员主要依靠职务提升的单一晋升模式，拓宽技术条线晋升渠道，鼓励设立首席研究员、首席科学家等高级技术岗位，给予其与同级别管理岗位相一致的地位和薪酬待遇。

（四）健全企业为主体的创新投入制度。

建立有利于激发市场创新投入动力的制度环境，发挥金融财税政策对科技创新投入的放大作用，形成创业投资基金和天使投资人群集聚活跃、科技金融支撑有力、企业投入动力得到充分激发的创新投融资体系。

1. 强化多层次资本市场的支持作用。

支持科技创新企业通过发行公司债券融资，支持政府性担保机构为中小科技创新企业发债提供担保或者贴息支持。在上海股权托管交易中心设立科技创新专门板块，在符合国家规定的前提下，探索相关制度创新，为挂牌企业提供股权融资、股份转让、债券融资等创新服务。

2. 鼓励创业投资基金和天使投资人群发展。

对包括创业投资基金和天使投资人在内的上海市各类创业投资主体，上海市以不同方式给予有针对性的支持和引导，有效激发各类创业投资主体对处于种子期、初创期创业企业的投入。

3. 创新和健全科技型中小企业融资服务体系。

成立不以盈利为目的的市级信用担保基金，通过融资担保、再担保和股权投资等形式，与上海市现有政府性融资担保机构、商业性融资担保机构合作，为科技型中小企业提供信用增进服务；完善相关考核机制，不进行盈利性指标考核，并设置一定代偿损失容忍度；建立与银行的风险分担机制。

完善上海市科技企业和小型微型企业信贷风险补偿办法，优化补偿比例和门槛设定机制，继续扩大商业银行试点小微企业信贷产品的品种和范围；研究单列商业银行科技支行和科技金融事业部信贷奖励政策，按单户授信一定标准以下、信贷投向对象为科技型小微企业形成的年度信贷余额增量进行专项奖励。

鼓励保险机构通过投资创业投资基金、设立股权投资基金或与国内外基金管理公司合作等方式，服务科技创新企业发展。鼓励在沪保险公司积极推出符合科技创新企业需求的保险产品，针对科技创新企业在产品研发、生产、销售各环节以及数据安全、知识产权保护等方面提供保险保障方案。

（五）建立积极灵活的创新人才发展制度。

建设一支富有创新精神、勇于承担风险的创新型人才队伍，充分发挥市场在人才资源配置中的决定性作用，建立健全集聚人才、培养人才的体制机制，创造人尽其才、才尽其用的政策环境。

1. 打造具有国际竞争力的人才引进制度。

建立更加便捷、更有针对性、更具吸引力的海内外人才引进制度。开展海外人才永久居留、出入境等便利服务试点。健全国际医疗保险境内使用机制，扩大国际医疗保险定点结算医院范围。开展在沪外国留学生毕业后直接留沪就业试点。在稳定非沪籍高校毕业生直接留沪政策的基础上，进一步完善户籍和居住证积分制度，突出人才业绩、实际贡献、薪酬水平等市场评价标准，加大对企业创新创业人才的倾斜力度。

统筹协调上海市各类人才计划，加大企业高层次人才引进力度，取消海外高层次人才引进的年龄限制，允许符合条件的外籍人士担任国有企业部分高层管理职务。建立更便捷的人才引进和服务体系，将人才工作纳入领导干部考核的核心指标。

推进张江国家自主创新示范区建设国际人才试验区，建设海外人才离岸创业基地；开展将申办亚太经合组织（APEC）商务旅行卡审批权下放园区试点，支持企业主动参与全球人才竞争，集聚海内外优秀人才。

2. 打通科研人才双向流动通道。

推进社会保障制度改革，完善社会保险关系转移接续办法，促进科技人才自由流动。改进专家教授薪酬和岗位管理制度；完善科研人员兼职兼薪管理政策，鼓励科研院校人才向企业流动，科研人员可保留人事关系离岗创业，在3－5年的创业孵化期内返回原单位的，待遇和聘任岗位等级不降低。探索支持高校形成专职科研队伍建设机制。探索建立弹性学制，允许在校学生休学创业。具有硕士学位授予权的高校、科研机构可聘任企业的高层次人才担任研究生导师，促进产学研用各环节之间协同创新。

3. 改革高校人才培养模式。

把握“互联网+”、“中国制造2025”背景下全球产业变革和技术融合的大趋势，优化学科设置，在国内率先创设一批前沿交叉型新学科。聚焦微电子、生物医药、高端装备制造、新材料等重点领域，在高校建设若干个标志性学科，试点建立“学科（人才）特区”，力争2020年前20个左右一级学科点和一批学科方向达到国际一流水平，培育一批在国际上有重要影响力的杰出人才。对标国际先进水平，改革本科教学，建设一批具有国际水平的本科专业。推进部分普通本科高校向应用型高校转型，探索校企联合培养模式，提升高校人才培养对产业实际需求的支撑水平。

4. 完善高校和科研机构考核聘用机制。

改革高校和科研机构考核制度，完善人才分类评价体系。对从事基础研究和前沿技术研究的优秀科研人员，弱化中短期目标考核，建立持续稳定的财政支持机制。改革高校和科研机构岗位聘用机制，灵活引进高层次人才及其团队，对高层次人才探索建立协议工资和项目工资等符合人才特点和市场规律、有竞争优势的薪酬制度。支持部分高校推进“长聘教职制度”，实施“非升即走”或“非升即转”的用人机制。

5. 有效配置高校的创新资源。

落实高校办学自主权，逐步将市属高校经常性经费比例提高到70%，实现市属和部属高校的统一。分步推广市属和部属高校综合预算管理制度试点，由高校自主统筹经费使用和分配，让创新主体自主决定科研经费使用、成果转移转化等，更大程度调动科技人员积极性。着力打破创新资源配置的条块分割，赋予高校和科研院所更大自主权，鼓励市属和部属高校协同创新，支持上海市统筹用好各类创新资源。

（六）推动形成跨境融合的开放合作新局面。

坚持扩大对内对外开放与全面增强自主创新能力相结合，发挥自贸试验区制度创新优势，营造更加适于创新要素跨境流动的便利环境，集聚全球创新资源，全面提高上海科技创新的国际合作水平。

1. 加大对境外创新投资并购的支持力度。

探索开展设立境外股权投资企业试点工作，支持上海市企业直接到境外设立基金开展创新投资。鼓励上海市创业投资、股权投资机构加大境外投资并购，支持其与境外知名科技投资机构合作组建国际科技创新基金、并购基金。

探索拓宽上海市产业化专项资金使用范围，允许资金用于支持企业以获取新兴技术、知识产权、研发机构、高端人才和团队为目标的境外投资并购活动,增强创新发展能力。

2. 大力吸引境内外创投机构落户上海。

进一步扩大上海市外商投资的股权投资企业试点工作范围,吸引具有丰富科技企业投资经验的创业投资基金、股权投资基金参与试点。

积极吸引具有国内外综合优势的基金,在自贸试验区开展境内外双向直接投资。积极创造条件,吸引国有金融机构发起设立的国家海外创新投资基金落户上海。

3. 积极发挥外资研发机构溢出效应。

大力吸引外资研发中心集聚,鼓励其转型升级成为全球性研发中心和开放式创新平台。鼓励外资研发中心与上海市高校、科研院所、企业,共建实验室和人才培养基地,联合开展产业链核心技术攻关。在确保对等开放、保障安全、利益共享的前提下,支持外资研发中心参与承担政府科技计划,强化相关成果在本地转化的机制。简化研发用途设备和样本样品进出口、研发及管理人员出入境等手续,优化非贸付汇的办理流程。

4. 加强国内外创新交流服务平台建设。

鼓励国内知名高校、科研机构、企业与上海市相关单位开展科技创新合作,支持本土跨国企业在沪设立和培育全球研发中心和实验室,加强联合攻关,进一步发挥上海市对长江经济带的辐射带动作用。

探索允许国外企业、机构、合伙人或个人参照《民办非企业单位登记管理暂行条例》在自贸试验区内设立提供科技成果转化、科技成果输入或输出以及其他相关科技服务的非企业机构。

鼓励上海市高科技园区创新国际科技合作模式,与重点国家和地区共建合作园、互设分基地、联合成立创业投资基金等,利用两地优势资源孵化创新企业。用好中国(上海)国际技术进出口交易会等国家级科技创新交流平台,吸引全球企业在上海发布最新创新成果。建设国际技术贸易合作平台,发挥上海国际技术进出口促进中心、国家技术转移东部中心、南南全球技术产权交易所等的作用,健全面向国际的科技服务体系,形成国际化的科技创新成果发现、项目储备对接和跟踪服务机制。

(七)授权推进的先行先试改革举措。

全面贯彻落实国家关于深化体制机制改革、加快实施创新驱动发展战略的有关要求,加快实施普惠性财税、创新产品采购、成果转化激励等政策,加强知识产权运用和保护,改革行业准入和市场监管、科研院所和高校科研管理等制度,完善产业技术创新、人才发展等机制,推进开放合作创新。在此基础上,结合上海市特点，在研究探索鼓励创新创业的普惠税制、开展投贷联动等金融服务模式创新、改革药品注册和生产管理制度、建立符合科学规律的国家科学中心运行管理制度等10个方面进行重点突破和先行先试。

1. 研究探索鼓励创新创业的普惠税制。

按照国家税制改革的总体方向与要求，对包括天使投资在内的投向种子期、初创期等创新活动的投资，研究探索相关税收支持政策。（财政部、税务总局）

落实新修订的研发费用加计扣除政策，研究探索鼓励促进研究开发和科研成果转化的便利化措施。（财政部、科技部、税务总局）

2. 探索开展投贷联动等金融服务模式创新。

争取新设以服务科技创新为主的民营银行，建立灵活的运作、考核和分配机制，探索与科技创新企业发展需要相适应的银行信贷产品，开展针对科技型中小企业的金融服务创新。选择符合条件的银行业金融机构，探索试点为企业创新活动提供股权和债权相结合的融资服务方式，与创业投资、股权投资机构实现投贷联动。（银监会、人民银行）

探索设立服务于现代科技类企业的专业证券类机构，为科技企业提供债权融资、股权投资、夹层投资、并购融资等融资服务，在上市培育、并购交易等方面提供专业化服务。（证监会）

支持符合条件的银行业金融机构在沪成立科技企业金融服务事业部，在企业贷款准入标准、信贷审批审查机制、考核激励机制方面建立特别的制度。（银监会、人民银行）

3. 改革股权托管交易中心市场制度。

支持上海股权托管交易中心设立科技创新专门板块。支持上海地区为开展股权众筹融资试点创造条件。（证监会）

4. 落实和探索高新技术企业认定政策。

落实新修订的高新技术企业认定管理办法，积极探索促进高新技术产业发展的便利化措施。（科技部、财政部、税务总局）

5. 完善股权激励机制。

实施股权奖励递延纳税试点政策，对高新技术企业和科技型中小企业转化科技成果给予个人的股权奖励，递延至取得股权分红或转让股权时纳税，并加强和改进相关配套管理措施。（财政部、税务总局、科技部）

6. 探索发展新型产业技术研发组织。

从事科技研发的民办非企业单位，登记开办时允许其国有资产份额突破合法总财产的三分之一，发展国有资本和民间资本共同参与的非营利性新型

产业技术研发组织。(民政部、科技部)

7. 开展海外人才永久居留便利服务等试点。

在上海开展海外人才永久居留、出入境便利服务以及在沪外国留学生毕业后直接留沪就业等政策试点。推进张江国家自主创新示范区建设国际人才试验区,建设海外人才离岸创业基地。(公安部、人力资源社会保障部、国家外专局等)

8. 简化外商投资管理。

支持外资创业投资、股权投资机构创新发展,积极探索外资创业投资、股权投资机构投资项目管理新模式。(国家发展改革委、商务部)

9. 改革药品注册和生产管理制度。

探索开展药品审评审批制度改革。试点实施上市许可和生产许可分离的药品上市许可持有人制度,允许上市许可持有人委托生产企业生产药品。(食品药品监管总局)

10. 建立符合科学规律的国家科学中心运行管理制度。

完善重大科技基础设施运行保障机制。支持国家科学中心发起组织多学科交叉前沿研究计划。探索设立全国性科学基金会,探索实施科研组织新体制,参与承担国家科技计划管理改革任务。建立生命科学研究涉及的动物实验设施建设、临床研究等事项的行政审批绿色通道。(国家发展改革委、科技部、财政部、税务总局、教育部、中科院、民政部、自然科学基金会等)

要强化责任意识,明确年度工作重点,聚焦目标,力争通过2-3年的努力,在上述10个方面先行先试重点突破,形成一批向全国复制推广的改革经验。同时,上海市要进一步加强政策研究,加快制订新一批改革举措,根据"成熟一项,实施一项"的原则,分批争取国家授权实施。要切实加强组织实施,建立部门协同推进工作机制,落实工作责任,按照方案明确的目标和任务,推动各项改革举措和政策措施加快实施。

国务院办公厅关于深入实施"互联网+流通"行动计划的意见

(2016年4月15日　国办发〔2016〕24号)

"互联网+流通"正在成为大众创业、万众创新最具活力的领域,成为经济社会实现创新、协调、绿色、开放、共享发展的重要途径。实施"互联网+流通”行动计划，有利于推进流通创新发展，推动实体商业转型升级，拓展消费新领域，促进创业就业，增强经济发展新动能。为贯彻落实国务院决策部署，深入实施“互联网＋流通”行动计划，进一步推进线上线下融合发展，从供需两端发力，实现稳增长、扩消费、强优势、补短板、降成本、提效益，经国务院同意，现提出以下意见：

一、加快推动流通转型升级。以满足消费者需求为中心，积极开展全渠道经营，支持企业突出商品和服务特色，充分应用移动互联网、物联网、大数据等信息技术，在营销、支付、售后服务等方面线上线下互动，全方位、全天候满足消费需求，降低消费成本。（商务部、国家发展改革委、新闻出版广电总局，地方各级人民政府）大力发展体验消费，引导有条件的企业利用现有商业设施改造发展消费体验示范中心，合理布局购物、餐饮、休闲、娱乐、文化、培训、体育、保健等体验式消费业态，增强实体店体验式、全程式服务能力。（商务部、文化部、新闻出版广电总局、体育总局，地方各级人民政府）着力提高供应链管理控制能力，鼓励百货等零售业态积极发展“买手制”，不断提高自营和自主品牌商品比例，通过发展连锁经营、采购联盟等多种组织形式降本增效，提高利用信息化、网络化、智能化技术实现转型升级的能力。（商务部、国家发展改革委，地方各级人民政府）增强老字号等传统品牌影响力，积极运用互联网，创新生产工艺和商业模式，弘扬民族、技艺等优秀传统文化，开展知名品牌示范区创建工作，线上线下互动传播中国品牌。（商务部、工业和信息化部、文化部、质检总局，地方各级人民政府）推动商品交易市场利用互联网创新商业模式，拓展服务功能，加快平台化发展，以转型升级实现市场结构优化、提质增效，带动产业优化重组，发挥好引导生产、促进消费的作用。（商务部、国家发展改革委、国土资源部，地方各级人民政府）

二、积极推进流通创新发展。鼓励发展分享经济新模式，密切跟踪借鉴国外分享经济发展新特点新趋势，结合部门和地方实际创新政府管理和服务，激发市场主体创业创新活力，鼓励包容企业利用互联网平台优化社会闲置资源配置，拓展产品和服务消费新空间新领域，扩大社会灵活就业。（中央网信办、国家发展改革委、工业和信息化部、人力资源社会保障部、商务部、工商总局、国家旅游局、国家邮政局等有关部门，地方各级人民政府）支持发展协同经济新模式，通过众创、众包、众扶等多种具体形式，围绕产业链、供应链、服务链建立上下游企业、创业者之间的垂直纵深与横向一体化协作关系，提升社会化协作水平和资源优化配置能力。（国家发展改革委、科技部、工业和信息化部、商务部、新闻出版广电总局，地方各级人民政府）大力发展流通创新基地，为中小企业应用互联网创业创新提供集群注册、办公场地、基础通信、运营指导、人才培训、渠道推广、信贷融资等软硬件一体化支撑服务。（商务部、科技部、人力资源社会保障部、工商总局，地方各级人民政府）

三、加强智慧流通基础设施建设。加大对物流基地建设、冷链系统建设等的政策性扶持力度，科学规划和布局物流基地、分拨中心、公共配送中心、末端配送网点，加大流通基础设施投入，支持建设农产品流通全程冷链系统，重点加强全国重点农业产区冷库建设。加大农村宽带建设投入，加快提速降费进程，努力消除城乡“数字鸿沟”。加大流通基础设施信息化改造力度，充分利用物联网等新技术，推动智慧物流配送体系建设，提高冷链设施的利用率。科学发展多层次物流公共信息服务平台，整合各类物流资源，提高物流效率，降低物流成本。（国家发展改革委、商务部、工业和信息化部、财政部、国土资源部、住房城乡建设部、交通运输部、农业部、国务院国资委、质检总局、新闻出版广电总局、国家邮政局，地方各级人民政府）推进电子商务与物流快递协同发展，及时总结协同发展试点成果，形成可复制、可推广的制度、做法和经验，着力解决快递运营车辆规范通行、末端配送、电子商务快递从业人员基本技能培训等难题，补齐电子商务物流发展短板。（商务部、国家邮政局，试点城市人民政府）

四、鼓励拓展智能消费新领域。鼓励具备条件的城市探索构建线上线下融合发展的体验式智慧商圈，促进商圈内不同经营模式和业态优势互补、信息互联互通、消费客户资源共享，抱团向主动服务、智能服务、立体服务和个性化服务转变，提高商圈内资源整合能力和消费集聚水平。（商务部、国家发展改革委、科技部、工业和信息化部、国土资源部、环境保护部、住房城乡建设部，地方各级人民政府）加快实施特色商业街区示范建设工程，发掘地方资源禀赋优势，提高产品和服务特色化、差异化、精准化、数字化营销推广能力，振兴城镇商业。（商务部、住房城乡建设部、国家旅游局，地方各级人民政府）拓展智能消费领域，积极开发虚拟现实、现实增强等人工智能新技术新服务，大力推广可穿戴、生活服务机器人等智能化产品，提高智能化产品和服务的供给能力与水平。（国家发展改革委、工业和信息化部、科技部，地方各级人民政府）

五、大力发展绿色流通和消费。推广绿色商品，限制高耗能、高污染、高环境风险、过度包装产品进入流通和消费环节。开展绿色商场示范活动，大力宣传贯彻绿色商场国家标准、行业标准，创建一批集门店节能改造、节能产品销售和废弃物回收于一体的绿色商场。推动仓储配送与包装绿色化发展，提高商贸物流绿色化发展水平。推动“互联网 + 回收”模式创新，利用大数据、云计算等技术优化逆向物流网点布局，鼓励在线回收，加强生活垃圾分类回收和再生资源回收有机衔接。开展“绿色产品进商场、绿色消费进社区、绿色回收进校园”主题宣传活动，推动形成崇尚节俭、科学、绿色的消费理念和生活方式。（商务部、国家发展改革委、教育部、工业和信息化部、国土资源部、环境保护部、住房城乡建设部、质检总局、新闻出版广电总局、供销合作总社，地方各级人民政府）

六、深入推进农村电子商务。坚持市场运作，充分发挥各类市场主体参与农村电子商务发展的动力和创造力。促进农产品网络销售，以市场需求为导向，鼓励供销合作社等各类市场主体拓展适合网络销售的农产品、农业生产资料、休闲农业等产品和服务，引导电子商务企业与新型农业经营主体、农产品批发市场、连锁超市等建立多种形式的联营协作关系，拓宽农产品进城渠道，突破农产品冷链运输瓶颈，促进农民增收，丰富城市供应。畅通农产品流通，切实降低农产品网上销售的平台使用、市场推广等费用，提高农村互联网和信息化技术应用能力。鼓励电子商务企业拓展农村消费市场，针对农村消费习惯、消费能力、消费需求特点，从供给端提高商品和服务的结构化匹配能力，带动工业品下乡，方便农民消费。鼓励邮政企业等各类市场主体整合农村物流资源，建设改造农村物流公共服务中心和村级网点，切实解决好农产品进城“最初一公里”和工业品下乡“最后一公里”问题。（商务部、国家发展改革委、工业和信息化部、财政部、交通运输部、农业部、质检总局、国家旅游局、国家邮政局、供销合作总社、中国邮政集团公司，地方各级人民政府）

七、积极促进电子商务进社区。大力发展社区电子商务，鼓励发展社区购物服务应用软件，加强电子商务企业与社区商业网点融合互动，开展物流分拨、快件自取、电子缴费等服务，提高社区商业的信息化、标准化、规范化、集约化水平，提升社区居民生活品质。（商务部、国土资源部、住房城乡建设部、质检总局，地方各级人民政府）完善“一站式”便民服务消费功能，支持老旧小区利用闲置房间、地下空间等打造多层次、多形式的便民服务点，将零散的社区服务资源进行线上线下整合，统筹建设和改造餐饮、住宿、家政、洗染、美容美发、维修、物流、金融、文化、娱乐、休闲等生活服务网点，让门店多起来，提高城市居民生活的便利性和城市发展竞争力。（商务部、国土资源部、住房城乡建设部、文化部、新闻出版广电总局，地方各级人民政府）

八、加快完善流通保障制度。组织开展道路货运无车承运人试点工作，允许试点范围内无车承运人开展运输业务。（交通运输部、国家发展改革委）按照新修订的《高新技术企业认定管理办法》，落实“互联网＋流通”企业的申报认定工作。（科技部、财政部、税务总局，地方各级人民政府）推进工商用电同价，允许大型商贸企业参与电力直接交易，开展商业用户自主选择执行商业行业平均电价或峰谷分时电价试点。（国家发展改革委、商务部）发挥政府、行业协会作用，科学规划，合理布局，盘活存量，优化增量，鼓励各地采取先买后租、先建后租等多种有力措施，引导降低实体店铺租金，保障社区菜市场、社区食堂等惠民便民服务设施低成本供给，引导线上企业到线下开设实体店，推动线上线下融合发展。阶段性适当降低困难流通企业住房公积金缴存比例。（住房城乡建设部、财政部、商务部、人民银行，地方各级人民政府）

九、发挥财政资金引导带动作用。积极推进"互联网+流通"行动，着力降低流通成本，提高流通效率，扩大有效供给，鼓励有条件的地方设立"互联网+流通"发展基金，引导社会资本、境外资本加大对流通领域互联网等信息技术应用的投入。（地方各级人民政府）

十、增强流通领域公共服务支撑能力。鼓励整合建设商务公共服务云平台，对接相关部门服务资源，为流通领域提供政策与基础信息服务，为中小微企业提供商业通用技术应用服务。加快建立健全电子商务统计监测体系，建设真实准确的企业、商品、订单、合同、发票、物流运单等电子商务基础信息库，支撑电子商务市场高效规范运行。（商务部、国家统计局、工业和信息化部、工商总局、质检总局、国家邮政局，地方各级人民政府）加大教育培训结构调整力度，加强电子商务人才继续教育，提高线上线下互动实战能力，培养既懂流通又懂创意创新和网络运营的复合型人才。指导支持各类电子商务创新创意创业大赛，对接行业机构、投融资机构，发现优秀的创业创新项目和创业创新人才。（商务部、教育部）

十一、健全流通法规标准体系。抓紧研究商品流通、电子商务等方面的立法，研究建立流通设施建设、商品流通保障、流通秩序维护等基本制度，解决流通发展中的体制机制问题。（商务部、国家发展改革委、农业部、国务院法制办）研究梳理现行法律法规中与互联网在流通领域创新应用和管理不相适应的内容，加快修订完善，推动线上线下规则统一。（有关部门按职责分工分别负责）健全批发、零售、物流、生活服务、商务服务领域标准体系，加强适应电子商务发展需要的农产品生产、采摘、检验检疫、分拣、分级、包装、配送和"互联网+回收"等标准体系建设，加大标准贯彻实施力度，引导企业规范化发展。（商务部、国家发展改革委、农业部、质检总局）

十二、营造诚信经营公平竞争环境。适应"互联网+流通"发展需要，不断创新监管手段，采取合理的监管方式，加强事中事后监管，加大对侵权假冒、无证无照经营、虚假交易等行为的打击力度，保障群众买到质优价廉的商品，放心消费、安全消费。鼓励平台型服务企业利用技术手段加强对违法违规行为的监测、识别和防范，主动与执法部门建立联防联控机制；严厉打击平台型服务企业包庇、纵容违法违规经营行为，营造保障"互联网+流通"行动计划顺利实施的法治化营商环境。(商务部、工商总局、质检总局、食品药品监管总局)推进商务信用体系建设,结合“三证合一、一照一码”登记制度改革,充分利用全国信用信息共享平台和企业信用信息公示系统,健全政府部门信用信息共享机制,并通过“信用中国”网站向社会提供服务,建立基于消费者交易评价和社会公众综合评价的市场化企业信用信息采集、共享与使用机制,不断优化评价标准和方法,形成多方参与、标准统一的商务诚信体系。(商务部、国家发展改革委、工业和信息化部、人民银行、工商总局、质检总局)

各地区、各部门要加强组织领导和贯彻实施,既要切实发挥好市场在资源配置中的决定性作用,也要发挥好政府的引导调控作用;既要立足当前,也要惠及长远。各地区要结合本地实际制定具体实施方案,明确工作分工,落实工作责任。商务部要会同有关部门建立工作联系机制,加强统筹协调、业务指导和督促检查,重大问题和情况及时报告国务院。

国务院办公厅关于印发深化医药卫生体制改革2016年重点工作任务的通知

(2016年4月21日　国办发〔2016〕26号)

《深化医药卫生体制改革2016年重点工作任务》已经国务院同意,现印发给你们,请结合实际,认真组织实施。

深化医药卫生体制改革2016年重点工作任务

新一轮医改启动以来,在党中央、国务院的正确领导下,各地区、各有关部门协力同心推进改革,顶层设计不断完善,重点难点逐步突破,群众看病难、看病贵问题得到明显缓解,深化医改取得重大阶段性成效。2015年,人均预期寿命达到76.34岁,比2010年提高1.51岁,人民健康水平总体上达到中高收入国家平均水平,居民个人卫生支出占卫生总费用比重下降到30%以下,为近20年来的最低水平。医改取得的积极进展和成效,为持续深化改革奠定了坚实基础。

2016年是“十三五”的开局之年，是到2017年实现深化医药卫生体制改革阶段性目标的攻坚之年，也是到2020年实现人人享有基本医疗卫生服务目标的关键之年。要全面贯彻党的十八大和十八届三中、四中、五中全会精神，认真落实党中央、国务院决策部署，牢固树立并切实贯彻创新、协调、绿色、开放、共享的发展理念，坚持保基本、强基层、建机制，进一步突出重点领域和关键环节，增强改革创新力度，进一步推进医疗、医保、医药三医联动，强化改革整体性、系统性和协同性，进一步提高改革行动能力，推进政策落实，为实施“十三五”医改规划确定的各项改革任务布好局、起好步，确保取得更大成效，促进建立覆盖城乡居民的基本医疗卫生制度，切实推进健康中国建设。

一、全面深化公立医院改革

（一）巩固完善县级公立医院综合改革。加强分类指导和示范引领，选择江苏省启东市、安徽省天长市、福建省尤溪县、青海省互助土族自治县，开展县级公立医院综合改革示范工作，带动面上改革完善。（卫生计生委、财政部负责，中央编办、发展改革委、人力资源社会保障部、中医药局参与。排在第一位的部门为牵头部门，下同）

（二）扩大城市公立医院综合改革试点。新增100个试点城市，使全国试点城市达到200个。中央财政对每个新增试点城市按照2000万元的标准予以一次性补助；对所有试点城市有公立医院的市辖区按照每个100万元的标准给予补助。同时，开展公立医院综合改革试点效果评价工作，建立评价结果与中央财政补助资金拨付挂钩机制。先行推动10所国家卫生计生委委属委管医院参加属地公立医院综合改革，并建立绩效考核机制。积极推进国有企业所办医院参与公立医院改革工作。研究制订军队医院参与城市公立医院综合改革试点的指导性文件。（卫生计生委、财政部、国资委、中央军委后勤保障部卫生局分别负责，中央编办、发展改革委、人力资源社会保障部、中医药局参与）

（三）落实政府责任。贯彻执行《国务院办公厅关于印发全国医疗卫生服务体系规划纲要（2015—2020年）的通知》（国办发〔2015〕14号），所有省、市、县分别制定并实施医疗卫生资源配置标准（医疗卫生服务体系规划）、区域卫生规划、县域医疗卫生服务体系规划。全面落实政府对公立医院投入责任。（卫生计生委、发展改革委、财政部分别负责）

（四）健全科学补偿机制。巩固公立医院取消药品加成的改革成果，新增试点城市所有公立医院取消药品加成（中药饮片除外）。健全调整医疗服务价格、增加政府补助、改革支付方式以及医院加强核算、节约运行成本等多方共担的补偿机制。落实国家有关医疗服务价格调整政策，建立以成本和收入结构变化为基础的医疗服务价格动态调整机制，按照“总量控制、结构调整、有升有降、逐步到位”的原则，逐步理顺不同级别医疗机构间和医疗服务项目的比价关系。按照“腾空间、调结构、保衔接”的步骤理顺医疗服务价格：通过集中采购、医保控费、规范诊疗行为等降低药品、器械、耗材等费用，严格控制不合理检查检验费用，为调整医疗服务价格腾出空间；分步调整医疗服务价格，不能仅针对取消药品加成部分调整价格，调整的部分按规定纳入医保支付范围；加强医疗服务价格、医保支付、医疗控费、分级诊疗等政策的统筹衔接，确保医疗机构发展可持续、医保基金可承受、总体上不增加群众负担。公立医院改革试点城市要开展医疗服务价格调整工作，综合医改试点省份要率先落实。（卫生计生委、发展改革委、人力资源社会保障部、财政部、中医药局分别负责）

（五）完善公立医院管理体制。制订建立现代医院管理制度的指导性文件，落实公立医院人事管理、内部分配、运营管理等自主权。试点城市要建立健全公立医院综合性绩效评价指标体系，引入第三方开展绩效评价。推动实现院长职业化、专业化，建立院长培训认证、任期目标责任考核和相应的激励约束机制。加强财务预算管理，对公立医院实行全面预算管理，推动三级公立医院落实总会计师制度。（卫生计生委、人力资源社会保障部、中央编办、财政部、教育部、中医药局负责）

（六）深化编制人事制度改革。在地方现有编制总量内，合理核定开展综合改革的公立医院编制总量。创新编制管理方式，完善编制备案管理办法，逐步实行编制备案制。在条件成熟的地方探索开展公立医院编制管理改革试点。在岗位设置、收入分配、职称评定、管理使用等方面，对编制内外人员待遇统筹考虑。按照国家规定推进养老保险制度改革。进一步完善聘用制度、岗位管理制度和公开招聘制度。对医院紧缺、高层次人才，可按规定由医院采取考察的方式予以招聘，结果公开。（中央编办、人力资源社会保障部、卫生计生委、财政部分别负责，中医药局参与）

（七）加快建立符合医疗卫生行业特点的薪酬制度。组织完善公立医院薪酬制度改革试点工作，加大探索力度，及时总结试点经验。鼓励试点城市探索制订公立医院绩效工资总量核定办法，建立与岗位职责、工作业绩、实际贡献紧密联系的分配激励机制，着力体现医务人员技术劳务价值，规范收入分配秩序，逐步提高医务人员收入待遇，调动医务人员积极性。公立医院院长的绩效工资可由政府办医机构确定。严禁给医务人员设定创收指标，医务人员薪酬不得与医院的药品、耗材、检查、化验等业务收入挂钩。（人力资源社会保障部、财政部、卫生计生委负责）

（八）严格控制医疗费用不合理增长。推动落实卫生计生委等部门《关于控制公立医院医疗费用不合理增长的若干意见》，各省（区、市）根据不同地区医疗费用水平和增长幅度以及不同类别医院的功能定位等，分类确定控费要求并进行动态调整。设定全国医疗费用增长控制目标。2016 年 6 月底前，各地要结合实际合理确定并量化区域医疗费用增长幅度。加强督促检查，定期对各省（区、市）医疗费用控制情况进行排名公示。公立医院改革试点城市要列出具体清单，对辅助性、营养性等高价药品不合理使用情况实施重点监控，初步遏制医疗费用不合理增长的势头。（卫生计生委、发展改革委、人力资源社会保障部、财政部、中医药局、地方各级人民政府负责）

（九）同步推进公立中医医院综合改革。细化落实对中医医院投入倾斜政策，制定实施差别化的价格调整、绩效考核等政策，建立维护公益性、突出中医药特色优势的公立中医医院运行新机制。加强临床路径推广应用，指导各地科学合理调整中医医疗服务价格。（中医药局、卫生计生委、财政部、人力资源社会保障部、发展改革委负责）

（十）大力改善医疗服务。在各级各类医疗机构进一步落实改善医疗服务行动计划，重点做好预约诊疗、日间手术、信息推送、结算服务、药事服务、急诊急救、优质护理等工作，三级医院全面实施预约诊疗，提升医疗服务水平，改善就医感受，增强人民群众获得感。综合医改试点省份率先在城市三级医院试点推进日间手术，不断扩大日间手术病种范围。实施健康扶贫工程，保障贫困人口享有基本医疗卫生服务。建立健全医疗纠纷预防调解机制，依法保护医患双方合法权益，努力构建和谐医患关系。（卫生计生委、中医药局负责，中国残联参与）

（十一）为符合条件的公立医院医务人员就近提供公租房保障，具体条件和办法由县级以上人民政府制定。（住房城乡建设部、发展改革委、财政部、国土资源部、卫生计生委负责）

二、加快推进分级诊疗制度建设

（一）加快开展分级诊疗试点。按照“基层首诊、双向转诊、急慢分治、上下联动”的要求，以综合医改试点省份和公立医院综合改革试点城市为重点，加快推进分级诊疗，在 70% 左右的地市开展试点。试点地区高血压、糖尿病患者规范化诊疗和管理率达到 30% 以上。（卫生计生委、人力资源社会保障部、中医药局、试点地区人民政府负责，中国残联参与）

（二）扩大家庭医生签约服务。总结推广地方推进家庭医生签约服务的成熟经验，制订关于健全签约服务和管理的政策文件，建立健全全科医生制度。在 200 个公立医院综合改革试点城市开展家庭医生签约服务，鼓励其他有条件的地区积极开展试点。到2016年底,城市家庭医生签约服务覆盖率达到15%以上,重点人群签约服务覆盖率达到30%以上。明确签约服务内涵和标准,规范签约服务收费,完善签约服务激励约束机制。签约服务费用由医保基金、基本公共卫生服务经费和签约居民个人分担。(卫生计生委、人力资源社会保障部、财政部、发展改革委、中医药局负责,中国残联参与)

(三)提升基层服务能力。继续加强基层医疗卫生机构和县级医院能力建设,围绕县外转出率较高的病种,加强适宜技术推广工作,提升县级医院疾病诊疗能力。鼓励城市二级以上医院医师到基层医疗卫生机构多点执业。促进医疗资源向基层和农村流动。进一步完善基层医疗卫生机构绩效工资制度,可按照财务制度规定在核定的收支结余中提取职工福利基金和奖励基金。落实基层医疗卫生机构核定任务、核定收支、绩效考核补助的财务管理办法,加强绩效考核,采取有效措施,既调动基层医疗卫生机构和医务人员的积极性,又防止出现新的逐利行为。(卫生计生委、发展改革委、财政部、人力资源社会保障部、科技部、中医药局负责)

(四)完善配套政策。探索建立包括医疗联合体、对口支援在内的多种分工协作模式,完善推进和规范城市及县域内医疗联合体建设的政策措施。完善不同级别医疗机构的医保差异化支付政策,适当拉开不同级别医疗机构的起付线和支付比例差距,探索基层医疗卫生机构慢性病患者按人头打包付费,对医疗机构落实功能定位、患者合理选择就医机构形成有效的激励引导。制定常见肿瘤、冠心病和脑血管疾病分级诊疗以及独立设置的病理、检验、影像、血液透析机构相关技术文件,明确常见病种出入院标准和双向转诊规范,落实二三级综合医院功能定位,明确医疗服务能力标准。推动急慢分治。新制修订50个疾病的临床路径,扩大临床路径覆盖面,提高管理质量。力争全部三级医院、80%以上的二级医院开展临床路径管理工作。(卫生计生委、人力资源社会保障部、中医药局负责)

三、巩固完善全民医保体系

(一)推进建立稳定可持续的筹资和保障水平调整机制。基本医疗保险参保率稳定在95%以上,城乡居民医保人均政府补助标准提高到420元,人均个人缴费相应增加。新增筹资主要用于提高基本医疗保障水平,并加大对城乡居民大病保险的支持力度。城乡居民医保政策范围内住院费用报销比例稳定在75%左右。结合医保基金预算管理全面推进付费总额控制。加快建立健全基本医疗保险稳定可持续的筹资和报销比例调整机制。积极推进基本医保统筹层次提升至地市级,鼓励有条件的地区实行省级统筹。加快推进基本医保全国联网和异地就医结算工作,建立完善国家级异地就医结算平台,逐步与各省份异地就医结算系统实现对接，基本实现跨省异地安置退休人员住院费用直接结算。到2017年，基本实现符合转诊规定的异地就医住院费用直接结算。推动基本医疗保险与生育保险合并实施的相关工作。研究改进职工医保个人账户。（人力资源社会保障部、卫生计生委、财政部分别负责）

（二）推进整合城乡居民基本医疗保险制度。根据国家统筹安排，2016年6月底前，各省（区、市）要完成统筹推进城乡居民医保制度整合工作的总体部署。年内各统筹地区要出台具体实施方案并组织实施。鼓励有条件的地区理顺管理体制。创新经办管理，提高管理效率和服务水平。支持具有资质的商业保险机构等社会力量参与各地基本医保经办服务。（国务院医改办、人力资源社会保障部、卫生计生委、各省〔区、市〕人民政府分别负责，保监会参与）

（三）巩固完善城乡居民大病保险和医疗救助制度。实现大病保险全覆盖，让更多大病患者减轻负担。完善大病保险政策，对包括建档立卡贫困人口、五保供养对象和低保对象等在内的城乡贫困人口实行倾斜性支付政策，进一步扩大受益面，提高受益水平。鼓励各省（区、市）结合实际合理确定合规医疗费用范围，进一步减轻大病患者负担，有条件的地区实行大病保险省级统筹。规范大病保险经办业务，加强监督检查和考核评估，落实承办主体责任。中央财政安排城乡医疗救助补助资金160亿元。全面开展重特大疾病医疗救助，积极引导社会力量参与医疗救助。推动完善基本医保、大病保险、医疗救助、疾病应急救助、商业健康保险和慈善救助有效衔接的政策。完善疾病应急救助制度，指导地方规范开展工作。完善职工补充医疗保险措施。组织开展多层次、多形式的职工医疗互助活动。（国务院医改办、人力资源社会保障部、卫生计生委、民政部、保监会、财政部分别负责，全国总工会、中国残联参与）

（四）进一步深化医保支付方式改革。制订深化医保支付方式改革的政策措施，加快推进支付方式改革，控制医疗费用不合理增长。推广地方成功经验，系统推进按人头付费、按病种付费、按床日付费、总额预付等多种付费方式相结合的复合支付方式改革。逐步将医保对医疗机构服务的监管延伸到对医务人员医疗服务行为的监管。支持开展日间手术等。（人力资源社会保障部、卫生计生委、财政部负责，中医药局参与）

（五）推进发展商业健康保险。指导保险业加强产品创新，丰富健康保险产品，提升服务水平。开展健康保险个人所得税优惠政策试点，不断完善优化试点方案。修订健康保险管理办法，健全健康保险相关监管制度，规范商业健康保险市场秩序。（保监会、人力资源社会保障部、财政部、卫生计生委负责）

四、健全药品供应保障机制

（一）巩固完善基本药物制度。研究基本药物目录、生产、标识、价格、配送、配备使用等方面实行政策统一的工作，鼓励地方先行开展探索。研究儿童基本用药适宜剂型、规格，加强基本药物临床应用和处方集培训，加大对贫困地区药事服务帮扶力度。推进仿制药质量和疗效一致性评价，做好基本药物全品种抽验工作。继续加强对国家基本药物品种的不良反应监测，及时向社会发布药品安全性信息。开展专项检查、飞行检查等多种形式的监督检查，对基本药物生产、经营过程中存在的违法违规行为，予以立案查处。增加艾滋病等特殊药物免费供给。推进保障老年人基本用药工作。（卫生计生委、财政部、发展改革委、科技部、工业和信息化部、食品药品监管总局、中医药局分别负责）

（二）全面推进公立医院药品集中采购。继续落实《国务院办公厅关于完善公立医院药品集中采购工作的指导意见》（国办发〔2015〕7 号），实行分类采购，每种药品采购的剂型原则上不超过 3 种，每种剂型对应的规格原则上不超过 2 种。推广地方经验做法，鼓励和引导省际跨区域联合采购，综合医改试点省份内可鼓励一定区域间的带量联合采购。优化药品购销秩序，压缩流通环节，综合医改试点省份要在全省范围内推行“两票制”（生产企业到流通企业开一次发票，流通企业到医疗机构开一次发票），积极鼓励公立医院综合改革试点城市推行“两票制”，鼓励医院与药品生产企业直接结算药品货款、药品生产企业与配送企业结算配送费用，压缩中间环节，降低虚高价格。总结评估国家药品价格谈判试点工作，逐步增加谈判药品品种数量，合理降低专利药品和独家生产药品价格。总结地方经验，推进完善政策措施，进一步推进高值医用耗材集中采购、网上公开交易等。综合医改试点省份要选择地区开展高值医用耗材集中采购，率先取得突破。进一步完善国家药品供应保障综合管理信息平台和省级药品集中采购平台规范化建设，完善药品采购数据共享机制。（卫生计生委、食品药品监管总局、发展改革委、工业和信息化部、商务部、人力资源社会保障部、综合医改试点省份人民政府负责）

（三）健全药品价格形成机制。进一步完善药品价格形成机制。强化药品价格行为监管，健全药品价格监测体系，依法查处价格欺诈和垄断行为，切实维护药品市场价格秩序。根据国家有关政策要求，开展基本医保药品支付标准制定工作。采取多种形式推进医药分开，禁止医院限制处方外流，患者可自主选择在医院门诊药房或凭处方到零售药店购药。（发展改革委、卫生计生委、人力资源社会保障部分别负责）

（四）构建药品生产流通新秩序。进一步完善药品生产质量管理规范和药品经营质量管理规范等政策体系,并严格监督实施。严格药品经营企业准入,规范药品流通秩序。严厉打击药品购销中的违法违规行为,预防和遏制药品、医疗器械与耗材采购中的不正之风和腐败行为。试行零售药店分类分级管理,鼓励连锁药店发展,组织医疗机构处方信息、医保结算信息与药品零售消费信息共享试点,推动医药分开。(食品药品监管总局、商务部分别负责,人力资源社会保障部、卫生计生委、工业和信息化部参与)

(五)提高药品供应保障能力。强化短缺药品供应保障和预警,建立多部门会商联动机制,以省(区、市)为单位选择若干医院和基层医疗卫生机构作为短缺药品监测点,完善短缺药品信息报送制度。建立以基本药物为重点的临床用药综合评价体系。推动建立常态短缺药品储备制度。对已完成定点生产的4个品种,组织公立医疗机构按规定从定点生产企业采购,对中标企业的生产供应情况进行监测,及时解决出现的问题。扩大定点生产试点品种范围,新增5个左右品种。支持建设小品种生产基地。加大科技创新力度,实施促进我国医疗器械和医药产业发展的指导性政策。加快推进重大新药的自主创新与产业化,加快推进医疗器械国产化和品牌化发展。深化药品医疗器械审评审批制度改革。进一步畅通儿童、老年人等特殊人群用药以及罕见病用药、临床急需药品的审评审批专门通道,加快注册审评进度。建立生产、配送企业约谈制度,重点提高乡村、边远地区药品配送管理水平,完善短缺药品配送管理。(卫生计生委、工业和信息化部、发展改革委、食品药品监管总局、科技部负责)

(六)成立专题工作组,研究制订以深化药品审评审批制度改革为重点,完善药品生产、流通、使用政策文件,着力解决药品规范生产和流通秩序问题。强化部门合作,支持建立完善信息系统,加强不同信息系统对接。强化药品质量监管,启动建立药品出厂价格信息可追溯机制,相关价格信息要提供给价格、卫生计生、工业和信息化、医保管理等部门。推动建立药品出厂价格信息可追溯机制、“两票制”和医务人员激励机制等之间的联动机制,综合施策降低药品虚高价格。加大力度,推进药品生产流通企业优化整合,规范药品流通秩序。(食品药品监管总局、工业和信息化部、发展改革委、财政部、商务部、卫生计生委、中医药局负责)

(七)制订深化药品流通领域改革的意见。(卫生计生委、商务部、食品药品监管总局负责)

五、建立健全综合监管体系

(一)健全医药卫生监管法律体系。积极转变政府职能,进一步健全综合监管工作机制。加强事中事后监管,组织开展经常性督导检查。加强医疗质

量监管，强化医疗服务收费和价格监督检查。（卫生计生委、法制办、食品药品监管总局、发展改革委、中医药局负责）

（二）建立医疗卫生机构医疗费用等信息公开机制。加强卫生全行业监管，将区域内所有医疗机构纳入所在地卫生计生行政部门的统一规划、统一监管。（卫生计生委、中医药局负责）

（三）加大医疗卫生行业监督执法力度，严厉打击各种形式的非法行医，严肃查处违法违规行为，加快推动医药卫生行业信用体系建设，促进各类医疗卫生机构依法执业。（卫生计生委、食品药品监管总局、中医药局负责）

六、加强卫生人才队伍建设

（一）继续加强以全科医生为重点的基层卫生人才培养。完善农村订单定向免费医学生就业、履约管理等相关政策。继续做好免费医学本科生的招生录取培养工作，计划招收5000名左右免费医学本科生。（卫生计生委、教育部、财政部、中医药局负责，人力资源社会保障部参与）

（二）全面组织实施住院医师规范化培训。新增规范化培训住院医师7万名，在培总量达到19万人。强化住院医师规范化培训基地内涵建设与动态管理，深入开展第三方评估，严格执行退出机制。开展专科医师规范化培训制度试点。（卫生计生委、财政部、发展改革委、中医药局负责，人力资源社会保障部参与）

（三）支持有条件的医学院校加强儿科、精神医学、助产等紧缺专业人才培养。采取推进高等院校儿科医学人才培养、住院医师规范化培训招生适当向儿科专业倾斜、开展县市级儿科医师转岗培训、增加全科医生儿科专业技能培训等措施，加强儿科医务人员队伍建设。根据毕业生数量和岗位需求，规范化培训儿科住院医师5000名。加大老年医学、康复、健康管理等方面的专门人才培养力度。创新高层次医学人才培养机制。（卫生计生委、教育部、财政部、中医药局、中国残联负责）

（四）各省（区、市）要制订完善基层卫生专业技术人员职称评审的实施细则。（各省〔区、市〕人民政府、人力资源社会保障部、卫生计生委负责）

（五）继续开展全科医生特设岗位试点。开展乡村医生队伍建设重大政策措施落实情况的监督检查，推动政策落实。启动乡村全科执业助理医师资格考试试点。加强医院院长职业化培训。继续推进中医药传承与创新人才工程。（卫生计生委、人力资源社会保障部、财政部、中医药局、试点地区人民政府负责）

七、稳固完善基本公共卫生服务均等化制度

（一）人均基本公共卫生服务经费财政补助标准提高到45元。优化现有

服务项目，扩大服务覆盖面。（财政部、卫生计生委、中医药局负责）

（二）健全分工协作机制，落实专业公共卫生机构对基层医疗卫生机构实施基本公共卫生服务的业务管理与指导。加强项目绩效考核，完善考核方式，强化县区级考核，实行考核结果与经费拨付挂钩。加强项目进展监测评价工作，完善项目资金管理和支付方式，按照服务数量和质量拨付资金。对基本公共卫生服务项目实施情况进行综合督查评估。（卫生计生委、财政部、中医药局负责）

（三）加强健康促进工作，制订加强健康促进与教育工作的指导性文件。继续实施妇幼健康行动计划等重大公共卫生服务项目。进一步强化出生缺陷综合防治，继续实施国家免费孕前优生健康检查项目。启动实施流动人口健康促进行动计划，全面推进流动人口基本公共卫生计生服务均等化工作。提供从婚检、孕前检查到孕产期保健、儿童保健等覆盖生育全过程的基本医疗保健服务。（卫生计生委、中医药局、中国残联负责）

（四）推进基层计生服务机构与妇幼机构整合。（卫生计生委、中央编办负责）

八、推进卫生信息化建设

（一）统筹推进国家、省、市、县级人口健康信息平台建设，加快建设公共卫生、计划生育、医疗服务、医疗保障、药品管理、综合管理等业务应用信息系统并实现互联互通。推动实现电子健康档案和电子病历的连续记录以及不同级别、不同类别医疗机构间的信息授权使用。（卫生计生委、发展改革委、财政部、中医药局负责，工业和信息化部、网信办、统计局参与）

（二）选择具备条件的地区和领域先行推进健康医疗大数据应用试点。整合健康管理及医疗信息资源，推动预约诊疗、线上支付、在线随访以及检查检验结果在线查询等服务，积极发展远程医疗、疾病管理、药事服务等业务应用。加强临床医学大数据应用发展工作。（卫生计生委、发展改革委、财政部、中医药局负责，工业和信息化部、网信办、统计局参与）

（三）选择部分省（市）开展医疗机构、医师、护士电子证照试点工作。（卫生计生委、中医药局、试点省〔市〕人民政府负责）

九、加快发展健康服务业

（一）抓好社会办医政策落实，开展《国务院办公厅印发关于促进社会办医加快发展若干政策措施的通知》（国办发〔2015〕45号）落实情况督查。（发展改革委、卫生计生委负责，商务部、中医药局参与）

（二）稳步推进和规范医师多点执业，加快转变政府职能，放宽条件、简化程序，优化医师多点执业政策环境，发挥“鲶鱼效应”，搞活用人机制。鼓励医师到基层、边远地区、医疗资源稀缺地区和其他有需求的医疗机构多点执业，推进形成分级诊疗格局。医师与第一执业地点医疗机构在协商一致的基础上，签订聘用(劳动)合同，明确人事(劳动)关系和权利义务，并按照国家有关规定参加社会保险。第一执业地点医疗机构应当支持医师多点执业并完善内部管理。试点放开公立医院在职或退休主治以上医师到基层医疗卫生机构执业或开设工作室。(卫生计生委、中医药局负责，人力资源社会保障部参与)

(三)贯彻落实《国务院关于印发中医药发展战略规划纲要(2016—2030年)的通知》(国发〔2016〕15号)和《国务院办公厅关于印发中医药健康服务发展规划(2015—2020年)的通知》(国办发〔2015〕32号)，积极发展中医药、民族医药事业，大力发展中医药健康服务。(中医药局、发展改革委、卫生计生委负责)

(四)贯彻落实《国务院办公厅转发卫生计生委等部门关于推进医疗卫生与养老服务相结合指导意见的通知》(国办发〔2015〕84号)，建立健全医疗卫生机构与养老机构合作机制，促进中医药与养老服务结合。鼓励社会力量举办医养结合机构以及老年康复、老年护理等专业医疗机构。推动医疗卫生服务延伸至社区、家庭。(卫生计生委、民政部、发展改革委、财政部、人力资源社会保障部、中医药局负责，商务部参与)

(五)完善政策措施，积极推进发展医疗旅游。(卫生计生委、中医药局负责)

十、加强组织实施

(一)建立健全强有力的医改组织领导体制和工作推进机制。深化医改是一项复杂的系统工程，当前改革进入深水区和攻坚期，各地区、各有关部门要树立大局意识，积极参与和支持医改，综合施策，形成合力攻坚克难。进一步加强组织领导，充分发挥医改领导小组的统筹协调作用，支持和鼓励建立医疗、医保、医药统一的管理体制。落实政府的领导责任、保障责任、管理责任、监督责任。建立将医改纳入对地方政府的考核要求等约束机制。紧扣改革目标，细化工作方案，强化政策落实，明确地方各级政府、各有关部门责任，制定时间表和路线图，推进改革政策和任务落实。加大督促指导力度，对工作不力或进展缓慢的，强化督查和问责。(卫生计生委、地方各级人民政府负责)

(二)进一步总结推广综合医改试点省份的经验做法。总结完善福建省三明市改革做法和经验，在安徽、福建等综合医改试点省份推广。新增若干综合医改试点省份，区域联动推进综合改革，进一步增强改革的整体性、系统性和协同性。(卫生计生委、财政部、综合医改试点省份人民政府负责)

(三)加强医改宣传等工作。坚持正确的舆论导向，加大医改政策解读和正面宣传力度，及时解疑释惑，回应社会关切，引导群众合理预期和就医行为。及时总结推广基层成熟经验。各省（区、市）要结合实际，强化经验总结，努力提炼可复制推广的改革模式。加强对三医联动及公共卫生等重大政策问题研究。推进科技与医疗协同，进一步完善国家临床医学研究中心和重大疾病协同研究网络布局，加强医改科技支撑。（卫生计生委、中央宣传部、科技部、各省〔区、市〕人民政府负责）

附件 部分重点工作任务分工及进度安排表

附件

部分重点工作任务分工及进度安排表

序号	工作任务	牵头部门	时间进度
	制订“十三五”医改规划	国务院医改办	2016年6月底前完成
	启动扩大城市公立医院综合改革试点和新增省级综合医改试点	国务院医改办	2016年5月底前完成
	制订建立现代医院管理制度的指导性文件	卫生计生委	2016年9月底前完成
	制订深化医保支付方式改革的政策措施	人力资源社会保障部、卫生计生委、财政部	2016年6月底前完成
	修订健康保险管理办法	保监会	2016年10月底前完成
	制订关于健全家庭医生签约服务和管理的政策文件	国务院医改办	2016年10月底前完成
	完善推进和规范城市及县域内医疗联合体建设的政策措施	卫生计生委	2016年9月底前完成
	研究制订以深化药品审评审批制度改革为重点，完善药品生产、流通、使用政策文件	食品药品监管总局、发展改革委、工业和信息化部、商务部、卫生计生委	2016年12月底前完成
	制订健全药品供应保障机制的政策措施	卫生计生委	2016年10月底前完成

国务院关于印发全面推开营改增试点后调整中央与地方增值税收入划分过渡方案的通知

（2016年4月29日　国发〔2016〕26号）

现将《全面推开营改增试点后调整中央与地方增值税收入划分过渡方案》印发给你们，请认真遵照执行。

全面推开营改增试点后调整中央与地方增值税收入划分过渡方案

全面推开营改增试点将于2016年5月1日实施。按照党的十八届三中全会关于“保持现有中央和地方财力格局总体稳定，结合税制改革，考虑税种属性，进一步理顺中央和地方收入划分”的要求，同时考虑到税制改革未完全到位，推进中央与地方事权和支出责任划分改革还有一个过程，国务院决定，制定全面推开营改增试点后调整中央与地方增值税收入划分的过渡方案。

一、基本原则

（一）保持现有财力格局不变。既要保障地方既有财力，不影响地方财政平稳运行，又要保持目前中央和地方财力大体“五五”格局。

（二）注重调动地方积极性。适当提高地方按税收缴纳地分享增值税的比例，有利于调动地方发展经济和培植财源的积极性，缓解当前经济下行压力。

（三）兼顾好东中西部利益关系。以2014年为基数，将中央从地方上划收入通过税收返还方式给地方，确保既有财力不变。调整后，收入增量分配向中西部地区倾斜，重点加大对欠发达地区的支持力度，推进基本公共服务均等化。

同时，在加快地方税体系建设、推进中央与地方事权和支出责任划分改革过程中，做好过渡方案与下一步财税体制改革的衔接。

二、主要内容

（一）以2014年为基数核定中央返还和地方上缴基数。

（二）所有行业企业缴纳的增值税均纳入中央和地方共享范围。

（三）中央分享增值税的50%。

（四）地方按税收缴纳地分享增值税的50%。

（五）中央上划收入通过税收返还方式给地方，确保地方既有财力不变。

（六）中央集中的收入增量通过均衡性转移支付分配给地方，主要用于加大对中西部地区的支持力度。

三、实施时间和过渡期限

本方案与全面推开营改增试点同步实施，即自2016年5月1日起执行。过渡期暂定2－3年，届时根据中央与地方事权和支出责任划分、地方税体系建设等改革进展情况，研究是否适当调整。

国务院部门规章

艺术品经营管理办法

(2016年1月18日文化部令第56号公布　自2016年3月15日起施行)

第一章　总　则

第一条　为了加强对艺术品经营活动的管理,规范经营行为,繁荣艺术品市场,保护创作者、经营者、消费者的合法权益,制定本办法。

第二条　本办法所称艺术品,是指绘画作品、书法篆刻作品、雕塑雕刻作品、艺术摄影作品、装置艺术作品、工艺美术作品等及上述作品的有限复制品。本办法所称艺术品不包括文物。

本办法规范的艺术品经营活动包括:

(一)收购、销售、租赁;

(二)经纪;

(三)进出口经营;

(四)鉴定、评估、商业性展览等服务;

(五)以艺术品为标的物的投资经营活动及服务。

利用信息网络从事艺术品经营活动的适用本办法。

第三条　文化部负责制定艺术品经营管理政策,监督管理全国艺术品经营活动,建立艺术品市场信用监管体系。

省、自治区、直辖市人民政府文化行政部门负责艺术品进出口经营活动审批,建立专家委员会,为文化行政部门开展的内容审查、市场监管相关工作提供专业意见。

县级以上人民政府文化行政部门负责本行政区域内艺术品经营活动的日常监督管理工作,县级以上人民政府文化行政部门或者依法授权的文化市场综合执法机构对从事艺术品经营活动违反国家有关规定的行为实施处罚。

第四条　加强艺术品市场社会组织建设。鼓励和引导行业协会等社会组织制定行业标准,指导、监督会员依法开展经营活动,依照章程,加强行业自律,推动诚信建设,促进行业公平竞争。

第二章 经营规范

第五条 设立从事艺术品经营活动的经营单位,应当到其住所地县级以上人民政府工商行政管理部门申领营业执照,并在领取营业执照之日起 15 日内,到其住所地县级以上人民政府文化行政部门备案。

其他经营单位增设艺术品经营业务的,应当按前款办理备案手续。

第六条 禁止经营含有以下内容的艺术品:

(一)反对宪法确定的基本原则的;

(二)危害国家统一、主权和领土完整的;

(三)泄露国家秘密、危害国家安全或者损害国家荣誉和利益的;

(四)煽动民族仇恨、民族歧视,破坏民族团结,或者侵害民族风俗、习惯的;

(五)破坏国家宗教政策,宣扬邪教、迷信的;

(六)宣扬恐怖活动,散布谣言,扰乱社会秩序,破坏社会稳定的;

(七)宣扬淫秽、色情、赌博、暴力或者教唆犯罪的;

(八)侮辱或者诽谤他人,侵害他人合法权益的;

(九)违背社会公德或者民族优秀文化传统的;

(十)蓄意篡改历史、严重歪曲历史的;

(十一)有法律、法规和国家规定禁止的其他内容的。

第七条 禁止经营以下艺术品:

(一)走私、盗窃等来源不合法的艺术品;

(二)伪造、变造或者冒充他人名义的艺术品;

(三)除有合法手续、准许经营的以外,法律、法规禁止交易的动物、植物、矿物、金属、化石等为材质的艺术品;

(四)国家规定禁止交易的其他艺术品。

第八条 艺术品经营单位不得有以下经营行为:

(一)向消费者隐瞒艺术品来源,或者在艺术品说明中隐瞒重要事项,误导消费者的;

(二)伪造、变造艺术品来源证明、艺术品鉴定评估文件以及其他交易凭证的;

(三)以非法集资为目的或者以非法传销为手段进行经营的;

（四）未经批准，将艺术品权益拆分为均等份额公开发行，以集中竞价、做市商等集中交易方式进行交易的；

（五）法律、法规和国家规定禁止的其他经营行为。

第九条 艺术品经营单位应当遵守以下规定：

（一）对所经营的艺术品应当标明作者、年代、尺寸、材料、保存状况和销售价格等信息；

（二）保留交易有关的原始凭证、销售合同、台账、账簿等销售记录，法律、法规要求有明确期限的，按照法律、法规规定执行；法律、法规没有明确规定的，保存期不得少于5年。

第十条 艺术品经营单位应买受人要求，应当对买受人购买的艺术品进行尽职调查，提供以下证明材料之一：

（一）艺术品创作者本人认可或者出具的原创证明文件；

（二）第三方鉴定评估机构出具的证明文件；

（三）其他能够证明或者追溯艺术品来源的证明文件。

第十一条 艺术品经营单位从事艺术品鉴定、评估等服务，应当遵守以下规定：

（一）与委托人签订书面协议，约定鉴定、评估的事项，鉴定、评估的结论适用范围以及被委托人应当承担的责任；

（二）明示艺术品鉴定、评估程序或者需要告知、提示委托人的事项；

（三）书面出具鉴定、评估结论，鉴定、评估结论应当包括对委托艺术品的全面客观说明，鉴定、评估的程序，做出鉴定、评估结论的证据，鉴定、评估结论的责任说明，并对鉴定、评估结论的真实性负责；

（四）保留书面鉴定、评估结论副本及鉴定、评估人签字等档案不得少于5年。

第十二条 文化产权交易所和以艺术品为标的物的投资经营单位，非公开发行艺术品权益或者采取艺术品集中竞价交易的，应当执行国家有关规定。

第三章 艺术品进出口经营活动

第十三条 艺术品进出口经营活动包括：

（一）从境外进口或者向境外出口艺术品的经营活动；

（二）以销售、商业宣传为目的在境内公共展览场所举办的，有境外艺术品创作者或者境外艺术品参加的各类展示活动。

第十四条 从境外进口或者向境外出口艺术品的，应当在艺术品进出口前，向艺术品进出口口岸所在地省、自治区、直辖市人民政府文化行政部门提出申请并报送以下材料：

（一）营业执照、对外贸易经营者备案登记表；

（二）进出口艺术品的来源、目的地；

（三）艺术品图录；

（四）审批部门要求的其他材料。

文化行政部门应当自受理申请之日起 5 日内作出批准或者不批准的决定。批准的，发给批准文件，申请单位持批准文件到海关办理手续；不批准的，书面通知申请人并说明理由。

第十五条 以销售、商业宣传为目的在境内公共展览场所举办有境外艺术品创作者或者境外艺术品参加的展示活动，应当由举办单位于展览日 45 日前，向展览举办地省、自治区、直辖市人民政府文化行政部门提出申请，并报送以下材料：

（一）主办或者承办单位的营业执照、对外贸易经营者备案登记表；

（二）参展的境外艺术品创作者或者境外参展单位的名录；

（三）艺术品图录；

（四）审批部门要求的其他材料。

文化行政部门应当自受理申请之日起 15 日内作出批准或者不批准的决定。批准的，发给批准文件，申请单位持批准文件到海关办理手续；不批准的，书面通知申请人并说明理由。

第十六条 艺术品进出口口岸所在地省、自治区、直辖市人民政府文化行政部门在艺术品进出口经营活动审批过程中，对申报的艺术品内容有疑义的，可提交专家委员会进行复核。复核时间不超过 15 日，复核时间不计入审批时限。

第十七条 同一批已经文化行政部门内容审核的艺术品复出口或者复进口，进出口单位可持原批准文件到进口或者出口口岸海关办理相关手续，文化行政部门不再重复审批。

第十八条 任何单位或者个人不得销售或者利用其他商业形式传播未经文化行政部门批准进口的艺术品。

个人携带、邮寄艺术品进出境，不适用本办法。个人携带、邮寄艺术品超过海关认定的自用、合理数量，海关要求办理进出口手续的，应当参照本办法第十四条办理。

以研究、教学参考、馆藏、公益性展览等非经营性用途为目的的艺术品进出境，应当参照本办法第十四条或者第十五条办理进出口手续。

第四章 法律责任

第十九条 违反本办法第五条规定的，由县级以上人民政府文化行政部门或者依法授权的文化市场综合执法机构责令改正，并可根据情节轻重处10000元以下罚款。

第二十条 违反本办法第六条、第七条规定的，由县级以上人民政府文化行政部门或者依法授权的文化市场综合执法机构没收非法艺术品及违法所得，违法经营额不足10000元的，并处10000元以上20000元以下罚款；违法经营额10000元以上的，并处违法经营额2倍以上3倍以下罚款。

第二十一条 违反本办法第八条规定的，由县级以上人民政府文化行政部门或者依法授权的文化市场综合执法机构责令改正，没收违法所得，违法经营额不足10000元的，并处10000元以上20000元以下罚款；违法经营额10000元以上的，并处违法经营额2倍以上3倍以下罚款。

第二十二条 违反本办法第九条、第十一条规定的，由县级以上人民政府文化行政部门或者依法授权的文化市场综合执法机构责令改正，并可根据情节轻重处30000元以下罚款。

第二十三条 违反本办法第十四条、第十五条规定，擅自开展艺术品进出口经营活动，及违反第十八条第一款规定的，由县级以上人民政府文化行政部门或者依法授权的文化市场综合执法机构责令改正，违法经营额不足10000元的，并处10000元以上20000元以下罚款；违法经营额10000元以上的，并处违法经营额2倍以上3倍以下罚款。

第五章 附 则

第二十四条 本办法规定的行政许可、备案、专家委员会复核的期限以工作日计算，不含法定节假日。

第二十五条 本办法由文化部负责解释。

第二十六条 本办法自2016年3月15日起施行。2004年7月1日公布的《美术品经营管理办法》同时废止。

保健食品注册与备案管理办法

（2016年2月26日国家食品药品监督管理总局令第22号公布 自2016年7月1日起施行）

第一章 总 则

第一条 为规范保健食品的注册与备案，根据《中华人民共和国食品安全法》，制定本办法。

第二条 在中华人民共和国境内保健食品的注册与备案及其监督管理适用本办法。

第三条 保健食品注册，是指食品药品监督管理部门根据注册申请人申请，依照法定程序、条件和要求，对申请注册的保健食品的安全性、保健功能和质量可控性等相关申请材料进行系统评价和审评，并决定是否准予其注册的审批过程。

保健食品备案，是指保健食品生产企业依照法定程序、条件和要求，将表明产品安全性、保健功能和质量可控性的材料提交食品药品监督管理部门进行存档、公开、备查的过程。

第四条 保健食品的注册与备案及其监督管理应当遵循科学、公开、公正、便民、高效的原则。

第五条 国家食品药品监督管理总局负责保健食品注册管理，以及首次进口的属于补充维生素、矿物质等营养物质的保健食品备案管理，并指导监督省、自治区、直辖市食品药品监督管理部门承担的保健食品注册与备案相关工作。

省、自治区、直辖市食品药品监督管理部门负责本行政区域内保健食品备案管理，并配合国家食品药品监督管理总局开展保健食品注册现场核查等工作。

市、县级食品药品监督管理部门负责本行政区域内注册和备案保健食品的监督管理，承担上级食品药品监督管理部门委托的其他工作。

第六条 国家食品药品监督管理总局行政受理机构（以下简称受理机构）负责受理保健食品注册和接收相关进口保健食品备案材料。

省、自治区、直辖市食品药品监督管理部门负责接收相关保健食品备案材料。

国家食品药品监督管理总局保健食品审评机构（以下简称审评机构）负责组织保健食品审评，管理审评专家，并依法承担相关保健食品备案工作。

国家食品药品监督管理总局审核查验机构（以下简称查验机构）负责保健食品注册现场核查工作。

第七条 保健食品注册申请人或者备案人应当具有相应的专业知识，熟悉保健食品注册管理的法律、法规、规章和技术要求。

保健食品注册申请人或者备案人应当对所提交材料的真实性、完整性、可溯源性负责，并对提交材料的真实性承担法律责任。

保健食品注册申请人或者备案人应当协助食品药品监督管理部门开展与注册或者备案相关的现场核查、样品抽样、复核检验和监督管理等工作。

第八条 省级以上食品药品监督管理部门应当加强信息化建设，提高保健食品注册与备案管理信息化水平，逐步实现电子化注册与备案。

第二章 注 册

第九条 生产和进口下列产品应当申请保健食品注册：

（一）使用保健食品原料目录以外原料（以下简称目录外原料）的保健食品；

（二）首次进口的保健食品（属于补充维生素、矿物质等营养物质的保健食品除外）。

首次进口的保健食品，是指非同一国家、同一企业、同一配方申请中国境内上市销售的保健食品。

第十条 产品声称的保健功能应当已经列入保健食品功能目录。

第十一条 国产保健食品注册申请人应当是在中国境内登记的法人或者其他组织；进口保健食品注册申请人应当是上市保健食品的境外生产厂商。

申请进口保健食品注册的，应当由其常驻中国代表机构或者由其委托中国境内的代理机构办理。

境外生产厂商，是指产品符合所在国（地区）上市要求的法人或者其他组织。

第十二条 申请保健食品注册应当提交下列材料：

（一）保健食品注册申请表，以及申请人对申请材料真实性负责的法律责任承诺书；

（二）注册申请人主体登记证明文件复印件；

（三）产品研发报告，包括研发人、研发时间、研制过程、中试规模以上的验证数据，目录外原料及产品安全性、保健功能、质量可控性的论证报告和相关科学依据，以及根据研发结果综合确定的产品技术要求等；

（四）产品配方材料，包括原料和辅料的名称及用量、生产工艺、质量标准，必要时还应当按照规定提供原料使用依据、使用部位的说明、检验合格证明、品种鉴定报告等；

（五）产品生产工艺材料，包括生产工艺流程简图及说明，关键工艺控制点及说明；

（六）安全性和保健功能评价材料，包括目录外原料及产品的安全性、保健功能试验评价材料，人群食用评价材料；功效成分或者标志性成分、卫生学、稳定性、菌种鉴定、菌种毒力等试验报告，以及涉及兴奋剂、违禁药物成分等检测报告；

（七）直接接触保健食品的包装材料种类、名称、相关标准等；

（八）产品标签、说明书样稿；产品名称中的通用名与注册的药品名称不重名的检索材料；

（九）3 个最小销售包装样品；

（十）其他与产品注册审评相关的材料。

第十三条 申请首次进口保健食品注册，除提交本办法第十二条规定的材料外，还应当提交下列材料：

（一）产品生产国（地区）政府主管部门或者法律服务机构出具的注册申请人为上市保健食品境外生产厂商的资质证明文件；

（二）产品生产国（地区）政府主管部门或者法律服务机构出具的保健食品上市销售一年以上的证明文件，或者产品境外销售以及人群食用情况的安全性报告；

（三）产品生产国（地区）或者国际组织与保健食品相关的技术法规或者标准；

（四）产品在生产国（地区）上市的包装、标签、说明书实样。

由境外注册申请人常驻中国代表机构办理注册事务的，应当提交《外国企业常驻中国代表机构登记证》及其复印件；境外注册申请人委托境内的代理机构办理注册事项的，应当提交经过公证的委托书原件以及受委托的代理机构营业执照复印件。

第十四条 受理机构收到申请材料后，应当根据下列情况分别作出处理：

（一）申请事项依法不需要取得注册的，应当即时告知注册申请人不受理；

（二）申请事项依法不属于国家食品药品监督管理总局职权范围的，应当即时作出不予受理的决定，并告知注册申请人向有关行政机关申请；

（三）申请材料存在可以当场更正的错误的，应当允许注册申请人当场更正；

（四）申请材料不齐全或者不符合法定形式的，应当当场或者在5个工作日内一次告知注册申请人需要补正的全部内容，逾期不告知的，自收到申请材料之日起即为受理；

（五）申请事项属于国家食品药品监督管理总局职权范围，申请材料齐全、符合法定形式，注册申请人按照要求提交全部补正申请材料的，应当受理注册申请。

受理或者不予受理注册申请，应当出具加盖国家食品药品监督管理总局行政许可受理专用章和注明日期的书面凭证。

第十五条 受理机构应当在受理后3个工作日内将申请材料一并送交审评机构。

第十六条 审评机构应当组织审评专家对申请材料进行审查，并根据实际需要组织查验机构开展现场核查，组织检验机构开展复核检验，在60个工作日内完成审评工作，并向国家食品药品监管管理总局提交综合审评结论和建议。

特殊情况下需要延长审评时间的，经审评机构负责人同意，可以延长20个工作日，延长决定应当及时书面告知申请人。

第十七条 审评机构应当组织对申请材料中的下列内容进行审评，并根据科学依据的充足程度明确产品保健功能声称的限定用语：

（一）产品研发报告的完整性、合理性和科学性；

（二）产品配方的科学性，及产品安全性和保健功能；

（三）目录外原料及产品的生产工艺合理性、可行性和质量可控性；

（四）产品技术要求和检验方法的科学性和复现性；

（五）标签、说明书样稿主要内容以及产品名称的规范性。

第十八条 审评机构在审评过程中可以调阅原始资料。

审评机构认为申请材料不真实、产品存在安全性或者质量可控性问题，或者不具备声称的保健功能的，应当终止审评，提出不予注册的建议。

第十九条 审评机构认为需要注册申请人补正材料的，应当一次告知需要补正的全部内容。注册申请人应当在3个月内按照补正通知的要求一次提供补充材料；审评机构收到补充材料后，审评时间重新计算。

注册申请人逾期未提交补充材料或者未完成补正，不足以证明产品安全性、保健功能和质量可控性的,审评机构应当终止审评,提出不予注册的建议。

第二十条 审评机构认为需要开展现场核查的,应当及时通知查验机构按照申请材料中的产品研发报告、配方、生产工艺等技术要求进行现场核查,并对下线产品封样送复核检验机构检验。

查验机构应当自接到通知之日起30个工作日内完成现场核查,并将核查报告送交审评机构。

核查报告认为申请材料不真实、无法溯源复现或者存在重大缺陷的,审评机构应当终止审评,提出不予注册的建议。

第二十一条 复核检验机构应当严格按照申请材料中的测定方法以及相关说明进行操作,对测定方法的科学性、复现性、适用性进行验证,对产品质量可控性进行复核检验,并应当自接受委托之日起60个工作日内完成复核检验,将复核检验报告送交审评机构。

复核检验结论认为测定方法不科学、无法复现、不适用或者产品质量不可控的,审评机构应当终止审评,提出不予注册的建议。

第二十二条 首次进口的保健食品境外现场核查和复核检验时限,根据境外生产厂商的实际情况确定。

第二十三条 保健食品审评涉及的试验和检验工作应当由国家食品药品监督管理总局选择的符合条件的食品检验机构承担。

第二十四条 审评机构认为申请材料真实,产品科学、安全、具有声称的保健功能,生产工艺合理、可行和质量可控,技术要求和检验方法科学、合理的,应当提出予以注册的建议。

审评机构提出不予注册建议的,应当同时向注册申请人发出拟不予注册的书面通知。注册申请人对通知有异议的,应当自收到通知之日起20个工作日内向审评机构提出书面复审申请并说明复审理由。复审的内容仅限于原申请事项及申请材料。

审评机构应当自受理复审申请之日起30个工作日内作出复审决定。改变不予注册建议的,应当书面通知注册申请人。

第二十五条 审评机构作出综合审评结论及建议后,应当在5个工作日内报送国家食品药品监督管理总局。

第二十六条 国家食品药品监督管理总局应当自受理之日起20个工作日内对审评程序和结论的合法性、规范性以及完整性进行审查,并作出准予注册或者不予注册的决定。

第二十七条 现场核查、复核检验、复审所需时间不计算在审评和注册决定的期限内。

第二十八条 国家食品药品监督管理总局作出准予注册或者不予注册的决定后,应当自作出决定之日起 10 个工作日内,由受理机构向注册申请人发出保健食品注册证书或者不予注册决定。

第二十九条 注册申请人对国家食品药品监督管理总局作出不予注册的决定有异议的,可以向国家食品药品监督管理总局提出书面行政复议申请或者向法院提出行政诉讼。

第三十条 保健食品注册人转让技术的,受让方应当在转让方的指导下重新提出产品注册申请,产品技术要求等应当与原申请材料一致。

审评机构按照相关规定简化审评程序。符合要求的,国家食品药品监督管理总局应当为受让方核发新的保健食品注册证书,并对转让方保健食品注册予以注销。

受让方除提交本办法规定的注册申请材料外,还应当提交经公证的转让合同。

第三十一条 保健食品注册证书及其附件所载明内容变更的,应当由保健食品注册人申请变更并提交书面变更的理由和依据。

注册人名称变更的,应当由变更后的注册申请人申请变更。

第三十二条 已经生产销售的保健食品注册证书有效期届满需要延续的,保健食品注册人应当在有效期届满 6 个月前申请延续。

获得注册的保健食品原料已经列入保健食品原料目录,并符合相关技术要求,保健食品注册人申请变更注册,或者期满申请延续注册的,应当按照备案程序办理。

第三十三条 申请变更国产保健食品注册的,除提交保健食品注册变更申请表(包括申请人对申请材料真实性负责的法律责任承诺书)、注册申请人主体登记证明文件复印件、保健食品注册证书及其附件的复印件外,还应当按照下列情形分别提交材料:

(一)改变注册人名称、地址的变更申请,还应当提供该注册人名称、地址变更的证明材料;

(二)改变产品名称的变更申请,还应当提供拟变更后的产品通用名与已经注册的药品名称不重名的检索材料;

(三)增加保健食品功能项目的变更申请,还应当提供所增加功能项目的功能学试验报告;

(四)改变产品规格、保质期、生产工艺等涉及产品技术要求的变更申请,还应当提供证明变更后产品的安全性、保健功能和质量可控性与原注册内容实质等同的材料、依据及变更后 3 批样品符合产品技术要求的全项目检验报告;

（五）改变产品标签、说明书的变更申请，还应当提供拟变更的保健食品标签、说明书样稿。

第三十四条 申请延续国产保健食品注册的，应当提交下列材料：

（一）保健食品延续注册申请表，以及申请人对申请材料真实性负责的法律责任承诺书；

（二）注册申请人主体登记证明文件复印件；

（三）保健食品注册证书及其附件的复印件；

（四）经省级食品药品监督管理部门核实的注册证书有效期内保健食品的生产销售情况；

（五）人群食用情况分析报告、生产质量管理体系运行情况的自查报告以及符合产品技术要求的检验报告。

第三十五条 申请进口保健食品变更注册或者延续注册的，除分别提交本办法第三十三条、第三十四条规定的材料外，还应当提交本办法第十三条第一款（一）、（二）、（三）、（四）项和第二款规定的相关材料。

第三十六条 变更申请的理由依据充分合理，不影响产品安全性、保健功能和质量可控性的，予以变更注册；变更申请的理由依据不充分、不合理，或者拟变更事项影响产品安全性、保健功能和质量可控性的，不予变更注册。

第三十七条 申请延续注册的保健食品的安全性、保健功能和质量可控性符合要求的，予以延续注册。

申请延续注册的保健食品的安全性、保健功能和质量可控性依据不足或者不再符合要求，在注册证书有效期内未进行生产销售的，以及注册人未在规定时限内提交延续申请的，不予延续注册。

第三十八条 接到保健食品延续注册申请的食品药品监督管理部门应当在保健食品注册证书有效期届满前作出是否准予延续的决定。逾期未作出决定的，视为准予延续注册。

第三十九条 准予变更注册或者延续注册的，颁发新的保健食品注册证书，同时注销原保健食品注册证书。

第四十条 保健食品变更注册与延续注册的程序未作规定的，可以适用本办法关于保健食品注册的相关规定。

第三章 注册证书管理

第四十一条 保健食品注册证书应当载明产品名称、注册人名称和地址、注册号、颁发日期及有效期、保健功能、功效成分或者标志性成分及含量、产品规格、保质期、适宜人群、不适宜人群、注意事项。

保健食品注册证书附件应当载明产品标签、说明书主要内容和产品技术要求等。

产品技术要求应当包括产品名称、配方、生产工艺、感官要求、鉴别、理化指标、微生物指标、功效成分或者标志性成分含量及检测方法、装量或者重量差异指标(净含量及允许负偏差指标)、原辅料质量要求等内容。

第四十二条 保健食品注册证书有效期为5年。变更注册的保健食品注册证书有效期与原保健食品注册证书有效期相同。

第四十三条 国产保健食品注册号格式为:国食健注 G+4 位年代号 +4 位顺序号;进口保健食品注册号格式为:国食健注 J+4 位年代号+4 位顺序号。

第四十四条 保健食品注册有效期内,保健食品注册证书遗失或者损坏的,保健食品注册人应当向受理机构提出书面申请并说明理由。因遗失申请补发的,应当在省、自治区、直辖市食品药品监督管理部门网站上发布遗失声明;因损坏申请补发的,应当交回保健食品注册证书原件。

国家食品药品监督管理总局应当在受理后 20 个工作日内予以补发。补发的保健食品注册证书应当标注原批准日期,并注明“补发”字样。

第四章 备 案

第四十五条 生产和进口下列保健食品应当依法备案:

(一)使用的原料已经列入保健食品原料目录的保健食品;

(二)首次进口的属于补充维生素、矿物质等营养物质的保健食品。

首次进口的属于补充维生素、矿物质等营养物质的保健食品,其营养物质应当是列入保健食品原料目录的物质。

第四十六条 国产保健食品的备案人应当是保健食品生产企业,原注册人可以作为备案人;进口保健食品的备案人,应当是上市保健食品境外生产厂商。

第四十七条 备案的产品配方、原辅料名称及用量、功效、生产工艺等应当符合法律、法规、规章、强制性标准以及保健食品原料目录技术要求的规定。

第四十八条 申请保健食品备案,除应当提交本办法第十二条第(四)、(五)、(六)、(七)、(八)项规定的材料外,还应当提交下列材料:

(一)保健食品备案登记表,以及备案人对提交材料真实性负责的法律责任承诺书;

（二）备案人主体登记证明文件复印件；

（三）产品技术要求材料；

（四）具有合法资质的检验机构出具的符合产品技术要求全项目检验报告；

（五）其他表明产品安全性和保健功能的材料。

第四十九条 申请进口保健食品备案的，除提交本办法第四十八条规定的材料外，还应当提交本办法第十三条第一款（一）、（二）、（三）、（四）项和第二款规定的相关材料。

第五十条 食品药品监督管理部门收到备案材料后，备案材料符合要求的，当场备案；不符合要求的，应当一次告知备案人补正相关材料。

第五十一条 食品药品监督管理部门应当完成备案信息的存档备查工作，并发放备案号。对备案的保健食品，食品药品监督管理部门应当按照相关要求的格式制作备案凭证，并将备案信息表中登载的信息在其网站上公布。

国产保健食品备案号格式为：食健备 G +4 位年代号 +2 位省级行政区域代码 +6 位顺序编号；进口保健食品备案号格式为：食健备 J +4 位年代号 +00 +6 位顺序编号。

第五十二条 已经备案的保健食品，需要变更备案材料的，备案人应当向原备案机关提交变更说明及相关证明文件。备案材料符合要求的，食品药品监督管理部门应当将变更情况登载于变更信息中，将备案材料存档备查。

第五十三条 保健食品备案信息应当包括产品名称、备案人名称和地址、备案登记号、登记日期以及产品标签、说明书和技术要求。

第五章 标签、说明书

第五十四条 申请保健食品注册或者备案的，产品标签、说明书样稿应当包括产品名称、原料、辅料、功效成分或者标志性成分及含量、适宜人群、不适宜人群、保健功能、食用量及食用方法、规格、贮藏方法、保质期、注意事项等内容及相关制定依据和说明等。

第五十五条 保健食品的标签、说明书主要内容不得涉及疾病预防、治疗功能，并声明“本品不能代替药物”。

第五十六条 保健食品的名称由商标名、通用名和属性名组成。

商标名，是指保健食品使用依法注册的商标名称或者符合《商标法》规定的未注册的商标名称，用以表明其产品是独有的、区别于其他同类产品。

通用名，是指表明产品主要原料等特性的名称。

属性名,是指表明产品剂型或者食品分类属性等的名称。

第五十七条　保健食品名称不得含有下列内容:

(一)虚假、夸大或者绝对化的词语;

(二)明示或者暗示预防、治疗功能的词语;

(三)庸俗或者带有封建迷信色彩的词语;

(四)人体组织器官等词语;

(五)除"®"之外的符号;

(六)其他误导消费者的词语。

保健食品名称不得含有人名、地名、汉语拼音、字母及数字等,但注册商标作为商标名、通用名中含有符合国家规定的含字母及数字的原料名除外。

第五十八条　通用名不得含有下列内容:

(一)已经注册的药品通用名,但以原料名称命名或者保健食品注册批准在先的除外;

(二)保健功能名称或者与表述产品保健功能相关的文字;

(三)易产生误导的原料简写名称;

(四)营养素补充剂产品配方中部分维生素或者矿物质;

(五)法律法规规定禁止使用的其他词语。

第五十九条　备案保健食品通用名应当以规范的原料名称命名。

第六十条　同一企业不得使用同一配方注册或者备案不同名称的保健食品;不得使用同一名称注册或者备案不同配方的保健食品。

第六章　监督管理

第六十一条　国家食品药品监督管理总局应当及时制定并公布保健食品注册申请服务指南和审查细则,方便注册申请人申报。

第六十二条　承担保健食品审评、核查、检验的机构和人员应当对出具的审评意见、核查报告、检验报告负责。

保健食品审评、核查、检验机构和人员应当依照有关法律、法规、规章的规定,恪守职业道德,按照食品安全标准、技术规范等对保健食品进行审评、核查和检验,保证相关工作科学、客观和公正。

第六十三条　参与保健食品注册与备案管理工作的单位和个人,应当保守在注册或者备案中获知的商业秘密。

属于商业秘密的,注册申请人和备案人在申请注册或者备案时应当在提交的资料中明确相关内容和依据。

第六十四条 食品药品监督管理部门接到有关单位或者个人举报的保健食品注册受理、审评、核查、检验、审批等工作中的违法违规行为后，应当及时核实处理。

第六十五条 除涉及国家秘密、商业秘密外，食品药品监督管理部门应当自完成注册或者备案工作之日起20个工作日内根据相关职责在网站公布已经注册或者备案的保健食品目录及相关信息。

第六十六条 有下列情形之一的，国家食品药品监督管理总局根据利害关系人的请求或者依据职权，可以撤销保健食品注册证书：

（一）行政机关工作人员滥用职权、玩忽职守作出准予注册决定的；

（二）超越法定职权或者违反法定程序作出准予注册决定的；

（三）对不具备申请资格或者不符合法定条件的注册申请人准予注册的；

（四）依法可以撤销保健食品注册证书的其他情形。

注册人以欺骗、贿赂等不正当手段取得保健食品注册的，国家食品药品监督管理总局应当予以撤销。

第六十七条 有下列情形之一的，国家食品药品监督管理总局应当依法办理保健食品注册注销手续：

（一）保健食品注册有效期届满，注册人未申请延续或者国家食品药品监管总局不予延续的；

（二）保健食品注册人申请注销的；

（三）保健食品注册人依法终止的；

（四）保健食品注册依法被撤销，或者保健食品注册证书依法被吊销的；

（五）根据科学研究的发展，有证据表明保健食品可能存在安全隐患，依法被撤回的；

（六）法律、法规规定的应当注销保健食品注册的其他情形。

第六十八条 有下列情形之一的，食品药品监督管理部门取消保健食品备案：

（一）备案材料虚假的；

（二）备案产品生产工艺、产品配方等存在安全性问题的；

（三）保健食品生产企业的生产许可被依法吊销、注销的；

（四）备案人申请取消备案的；

（五）依法应当取消备案的其他情形。

第七章 法律责任

第六十九条 保健食品注册与备案违法行为，食品安全法等法律法规已有规定的，依照其规定。

第七十条 注册申请人隐瞒真实情况或者提供虚假材料申请注册的，国家食品药品监督管理总局不予受理或者不予注册，并给予警告；申请人在1年内不得再次申请注册该保健食品；构成犯罪的，依法追究刑事责任。

第七十一条 注册申请人以欺骗、贿赂等不正当手段取得保健食品注册证书的，由国家食品药品监督管理总局撤销保健食品注册证书，并处1万元以上3万元以下罚款。被许可人在3年内不得再次申请注册；构成犯罪的，依法追究刑事责任。

第七十二条 有下列情形之一的，由县级以上人民政府食品药品监督管理部门处以1万元以上3万元以下罚款；构成犯罪的，依法追究刑事责任。

（一）擅自转让保健食品注册证书的；

（二）伪造、涂改、倒卖、出租、出借保健食品注册证书的。

第七十三条 食品药品监督管理部门及其工作人员对不符合条件的申请人准予注册，或者超越法定职权准予注册的，依照食品安全法第一百四十四条的规定予以处理。

食品药品监督管理部门及其工作人员在注册审评过程中滥用职权、玩忽职守、徇私舞弊的，依照食品安全法第一百四十五条的规定予以处理。

第八章　附　则

第七十四条 申请首次进口保健食品注册和办理进口保健食品备案及其变更的，应当提交中文材料，外文材料附后。中文译本应当由境内公证机构进行公证，确保与原文内容一致；申请注册的产品质量标准（中文本），必须符合中国保健食品质量标准的格式。境外机构出具的证明文件应当经生产国（地区）的公证机构公证和中国驻所在国使领馆确认。

第七十五条 本办法自2016年7月1日起施行。2005年4月30日公布的《保健食品注册管理办法（试行）》（原国家食品药品监督管理局令第19号）同时废止。

食品生产经营日常监督检查管理办法

（2016年3月4日国家食品药品监督管理总局令第23号公布 自2016年5月1日起施行）

第一章 总 则

第一条 为加强对食品生产经营活动的日常监督检查，落实食品生产经营者主体责任，保证食品安全，根据《中华人民共和国食品安全法》等法律法规，制定本办法。

第二条 食品药品监督管理部门对食品（含食品添加剂）生产经营者执行食品安全法律、法规、规章以及食品安全标准等情况实施日常监督检查，适用本办法。

第三条 食品生产经营日常监督检查应当遵循属地负责、全面覆盖、风险管理、信息公开的原则。

第四条 国家食品药品监督管理总局负责监督指导全国食品生产经营日常监督检查工作。

省级食品药品监督管理部门负责监督指导本行政区域内食品生产经营日常监督检查工作。

市、县级食品药品监督管理部门负责实施本行政区域内食品生产经营日常监督检查工作。

第五条 市、县级食品药品监督管理部门实施食品生产经营日常监督检查，在全面覆盖的基础上，可以在本行政区域内随机选取食品生产经营者、随机选派监督检查人员实施异地检查、交叉互查。

第六条 食品生产经营者及其从业人员应当配合食品药品监督管理部门实施食品生产经营日常监督检查，保障监督检查人员依法履行职责。

第七条 省级以上食品药品监督管理部门应当加强食品生产经营日常监督检查信息化建设，市、县级食品药品监督管理部门应当记录、汇总、分析食品生产经营日常监督检查信息，完善日常监督检查措施。

食品生产经营者应当按照食品药品监督管理部门的要求提供食品生产经营相关数据信息。

第二章　监督检查事项

第八条　食品生产环节监督检查事项包括食品生产者的生产环境条件、进货查验结果、生产过程控制、产品检验结果、贮存及交付控制、不合格品管理和食品召回、从业人员管理、食品安全事故处置等情况。

除前款规定的监督检查事项外,保健食品生产环节监督检查事项还包括生产者资质、产品标签及说明书、委托加工、生产管理体系等情况。

第九条　食品销售环节监督检查事项包括食品销售者资质、从业人员健康管理、一般规定执行、禁止性规定执行、经营过程控制、进货查验结果、食品贮存、不安全食品召回、标签和说明书、特殊食品销售、进口食品销售、食品安全事故处置、食用农产品销售等情况,以及食用农产品集中交易市场开办者、柜台出租者、展销会举办者、网络食品交易第三方平台提供者、食品贮存及运输者等履行法律义务的情况。

第十条　餐饮服务环节监督检查事项包括餐饮服务提供者资质、从业人员健康管理、原料控制、加工制作过程、食品添加剂使用管理及公示、设备设施维护和餐饮具清洗消毒、食品安全事故处置等情况。

第三章　监督检查要求

第十一条　市、县级食品药品监督管理部门应当按照市、县人民政府食品安全年度监督管理计划,根据食品类别、企业规模、管理水平、食品安全状况、信用档案记录等因素,编制年度日常监督检查计划,实施食品安全风险管理。

日常监督检查计划应当包括检查事项、检查方式、检查频次以及抽检食品种类、抽查比例等内容。检查计划应当向社会公开。

第十二条　国家食品药品监督管理总局根据法律、法规、规章和食品安全国家标准有关食品生产经营者义务的规定,制定日常监督检查要点表。

省级食品药品监督管理部门可以根据需要,对日常监督检查要点表进行细化、补充。

市、县级食品药品监督管理部门应当按照日常监督检查要点表,对食品生产经营者实施日常监督检查。

第十三条　县级以上地方食品药品监督管理部门应当对监督检查人员进行食品安全法律、法规、规章、标准、专业知识以及监督检查要点的培训与考核。

第十四条 市、县级食品药品监督管理部门实施日常监督检查，应当由2名以上（含2名）监督检查人员参加。

监督检查人员应当由食品药品监督管理部门随机选派。

监督检查人员应当当场出示有效执法证件。

第十五条 根据日常监督检查计划，市、县级食品药品监督管理部门可以随机抽取日常监督检查要点表中的部分内容进行检查，并可以随机进行抽样检验。相关检查内容应当在实施检查前由食品药品监督管理部门予以明确，检查人员不得随意更改检查事项。

第十六条 市、县级食品药品监督管理部门每年对本行政区域内食品生产经营者的日常监督检查，原则上应当覆盖全部项目。

第十七条 实施食品生产经营日常监督检查，对重点项目应当以现场检查方式为主，对一般项目可以采取书面检查的方式。

第十八条 鼓励食品生产经营者选择食品安全第三方专业机构对自身的食品生产经营管理体系进行评价，评价结果作为日常监督检查的参考。

第十九条 监督检查人员应当按照日常监督检查要点表和检查结果记录表的要求，对日常监督检查情况如实记录，并综合进行判定，确定检查结果。

监督检查结果分为符合、基本符合与不符合3种形式。

日常监督检查结果应当记入食品生产经营者的食品安全信用档案。

第二十条 食品生产经营者应当按照食品药品监督管理部门的要求，开放食品生产经营场所，回答相关询问，提供相关合同、票据、账簿和其他有关资料，协助生产经营现场检查和抽样检验。

第二十一条 食品生产经营者应当按照监督检查人员要求，在现场检查、询问和抽样检验等文书上签字或者盖章。

被检查单位拒绝在日常监督检查结果记录表上签字或者盖章的，监督检查人员应当在日常监督检查结果记录表上注明原因，并可以邀请有关人员作为见证人签字、盖章，或者采取录音、录像等方式进行记录，作为监督执法的依据。

第二十二条 市、县级食品药品监督管理部门应当于日常监督检查结束后2个工作日内，向社会公开日常监督检查时间、检查结果和检查人员姓名等信息，并在生产经营场所醒目位置张贴日常监督检查结果记录表。

食品生产经营者应当将张贴的日常监督检查结果记录表保持至下次日常监督检查。

第二十三条 对日常监督检查结果属于基本符合的食品生产经营者，市、县级食品药品监督管理部门应当就监督检查中发现的问题书面提出限期整改要求。

被检查单位应当按期进行整改，并将整改情况报告食品药品监督管理部门。

监督检查人员可以跟踪整改情况，并记录整改结果。

第二十四条 日常监督检查结果为不符合，有发生食品安全事故潜在风险的，食品生产经营者应当立即停止食品生产经营活动。

第二十五条 市、县级食品药品监督管理部门在日常监督检查中发现食品生产经营者存在食品安全隐患，未及时采取有效措施消除的，可以对食品生产经营者的法定代表人或者主要负责人进行责任约谈。

责任约谈情况和整改情况应当记入食品生产经营者食品安全信用档案。

第二十六条 市、县级食品药品监督管理部门实施日常监督检查，有权采取下列措施，被检查单位不得拒绝、阻挠、干涉：

(一)进入食品生产经营等场所实施现场检查；

(二)对被检查单位生产经营的食品进行抽样检验；

(三)查阅、复制有关合同、票据、账簿以及其他有关资料；

(四)查封、扣押有证据证明不符合食品安全标准或者有证据证明存在安全隐患以及用于违法生产经营的食品、工具和设备；

(五)查封违法从事生产经营活动的场所；

(六)法律法规规定的其他措施。

第二十七条 市、县级食品药品监督管理部门在日常监督检查中发现食品安全违法行为的，应当进行立案调查处理。

立案调查制作的笔录，以及拍照、录像等的证据保全措施，应当符合食品药品行政处罚程序相关规定。

第二十八条 市、县级食品药品监督管理部门在日常监督检查中发现违法案件线索，对不属于本部门职责或者超出管辖范围的，应当及时移送有权处理的部门；涉嫌构成犯罪的，应当及时移送公安机关。

第四章 法律责任

第二十九条 食品生产经营者撕毁、涂改日常监督检查结果记录表，或者未保持日常监督检查结果记录表至下次日常监督检查的，由市、县级食品药品监督管理部门责令改正，给予警告，并处2000元以上3万元以下罚款。

第三十条 食品生产经营者违反本办法第二十四条规定的，由县级以上食品药品监督管理部门按照食品安全法第一百二十六条第一款的规定进行处理。

第三十一条 食品生产经营者有下列拒绝、阻挠、干涉食品药品监督管理部门进行监督检查情形之一的，由县级以上食品药品监督管理部门按照食品安全法第一百三十三条第一款的规定进行处理：

（一）拒绝、拖延、限制监督检查人员进入被检查场所或者区域的，或者限制检查时间的；

（二）拒绝或者限制抽取样品、录像、拍照和复印等调查取证工作的；

（三）无正当理由不提供或者延迟提供与检查相关的合同、记录、票据、账簿、电子数据等材料的；

（四）声称主要负责人、主管人员或者相关工作人员不在岗，或者故意以停止生产经营等方式欺骗、误导、逃避检查的；

（五）以暴力、威胁等方法阻碍监督检查人员依法履行职责的；

（六）隐藏、转移、变卖、损毁监督检查人员依法查封、扣押的财物的；

（七）伪造、隐匿、毁灭证据或者提供虚假证言的；

（八）其他妨碍监督检查人员履行职责的。

第三十二条 食品生产经营者拒绝、阻挠、干涉监督检查，违反治安管理处罚法有关规定的，由食品药品监督管理部门依法移交公安机关处理。

第三十三条 食品生产经营者以暴力、威胁等方法阻碍监督检查人员依法履行职责，涉嫌构成犯罪的，由食品药品监督管理部门依法移交公安机关处理。

第三十四条 监督检查人员在日常监督检查中存在失职渎职行为的，由任免机关或者监察机关依法对相关责任人追究行政责任；涉嫌构成犯罪的，依法移交司法机关处理。

第五章 附 则

第三十五条 市、县级食品药品监督管理部门对食品生产加工小作坊、食品摊贩等的日常监督检查，可以参照本办法执行。

第三十六条 本办法自 2016 年 5 月 1 日起施行。

放射性物品运输安全监督管理办法

（2016年3月14日环境保护部令第38号公布　自2016年5月1日起施行）

第一章　总　　则

第一条　为加强对放射性物品运输安全的监督管理，依据《放射性物品运输安全管理条例》，制定本办法。

第二条　本办法适用于对放射性物品运输和放射性物品运输容器的设计、制造和使用过程的监督管理。

第三条　国务院核安全监管部门负责对全国放射性物品运输的核与辐射安全实施监督管理，具体职责为：

（一）负责对放射性物品运输容器的设计、制造和使用等进行监督检查；

（二）负责对放射性物品运输过程中的核与辐射事故应急给予支持和指导；

（三）负责对放射性物品运输安全监督管理人员进行辐射防护与安全防护知识培训。

第四条　省、自治区、直辖市环境保护主管部门负责对本行政区域内放射性物品运输的核与辐射安全实施监督管理，具体职责为：

（一）负责对本行政区域内放射性物品运输活动的监督检查；

（二）负责在本行政区域内放射性物品运输过程中的核与辐射事故的应急准备和应急响应工作；

（三）负责对本行政区域内放射性物品运输安全监督管理人员进行辐射防护与安全防护知识培训。

第五条　放射性物品运输单位和放射性物品运输容器的设计、制造和使用单位，应当对其活动负责，并配合国务院核安全监管部门和省、自治区、直辖市环境保护主管部门进行监督检查，如实反映情况，提供必要的资料。

第六条　监督检查人员应当依法实施监督检查，并为被检查者保守商业秘密。

第二章　放射性物品运输容器设计活动的监督管理

第七条　放射性物品运输容器设计单位应当具备与设计工作相适应的设计人员、工作场所和设计手段，按照放射性物品运输容器设计的相关规范和标准从事设计活动，并为其设计的放射性物品运输容器的制造和使用单位提供必要的技术支持。从事一类放射性物品运输容器设计的单位应当依法取得设计批准书。

放射性物品运输容器设计单位应当在设计阶段明确首次使用前对运输容器的结构、包容、屏蔽、传热和核临界安全功能进行检查的方法和要求。

第八条　放射性物品运输容器设计单位应当加强质量管理，建立健全质量保证体系，编制质量保证大纲并有效实施。

放射性物品运输容器设计单位对其所从事的放射性物品运输容器设计活动负责。

第九条　放射性物品运输容器设计单位应当通过试验验证或者分析论证等方式，对其设计的放射性物品运输容器的安全性能进行评价。

安全性能评价应当贯穿整个设计过程，保证放射性物品运输容器的设计满足所有的安全要求。

第十条　放射性物品运输容器设计单位应当按照国务院核安全监管部门规定的格式和内容编制设计安全评价文件。

设计安全评价文件应当包括结构评价、热评价、包容评价、屏蔽评价、临界评价、货包(放射性物品运输容器与其放射性内容物)操作规程、验收试验和维修大纲，以及运输容器的工程图纸等内容。

第十一条　放射性物品运输容器设计单位对其设计的放射性物品运输容器进行试验验证的，应当在验证开始前至少二十个工作日提请国务院核安全监管部门进行试验见证，并提交下列文件：

(一)初步设计说明书和计算报告；

(二)试验验证方式和试验大纲；

(三)试验验证计划。

国务院核安全监管部门应当及时组织对设计单位的试验验证过程进行见证，并做好相应的记录。

开展特殊形式和低弥散放射性物品设计试验验证的单位，应当依照本条第一款的规定提请试验见证。

第十二条　国务院核安全监管部门应当对放射性物品运输容器设计活动

进行监督检查。

申请批准一类放射性物品运输容器的设计，国务院核安全监管部门原则上应当对该设计活动进行一次现场检查；对于二类、三类放射性物品运输容器的设计，国务院核安全监管部门应当结合试验见证情况进行现场抽查。

国务院核安全监管部门可以结合放射性物品运输容器的制造和使用情况，对放射性物品运输容器设计单位进行监督检查。

第十三条 国务院核安全监管部门对放射性物品运输容器设计单位进行监督检查时，应当检查质量保证大纲和试验验证的实施情况、人员配备、设计装备、设计文件、安全性能评价过程记录、以往监督检查发现问题的整改落实情况等。

第十四条 一类放射性物品运输容器设计批准书颁发前的监督检查中，发现放射性物品运输容器设计单位的设计活动不符合法律法规要求的，国务院核安全监管部门应当暂缓或者不予颁发设计批准书。

监督检查中发现经批准的一类放射性物品运输容器设计确有重大设计安全缺陷的，国务院核安全监管部门应当责令停止该型号运输容器的制造或者使用，撤销一类放射性物品运输容器设计批准书。

第三章 放射性物品运输容器制造活动的监督管理

第十五条 放射性物品运输容器制造单位应当具备与制造活动相适应的专业技术人员、生产条件和检测手段，采用经设计单位确认的设计图纸和文件。一类放射性物品运输容器制造单位应当依法取得一类放射性物品运输容器制造许可证后，方可开展制造活动。

放射性物品运输容器制造单位应当在制造活动开始前，依据设计提出的技术要求编制制造过程工艺文件，并严格执行；采用特种工艺的，应当进行必要的工艺试验或者工艺评定。

第十六条 放射性物品运输容器制造单位应当加强质量管理，建立健全质量保证体系，编制质量保证大纲并有效实施。

放射性物品运输容器制造单位对其所从事的放射性物品运输容器制造质量负责。

第十七条 放射性物品运输容器制造单位应当按照设计要求和有关标准，对放射性物品运输容器的零部件和整体容器进行质量检验，编制质量检验报告。未经质量检验或者经检验不合格的放射性物品运输容器，不得交付使用。

第十八条 一类、二类放射性物品运输容器制造单位,应当按照本办法规定的编码规则,对其制造的一类、二类放射性物品运输容器进行统一编码。

一类、二类放射性物品运输容器制造单位,应当于每年 1 月 31 日前将上一年度制造的运输容器的编码清单报国务院核安全监管部门备案。

三类放射性物品运输容器制造单位,应当于每年 1 月 31 日前将上一年度制造的运输容器的型号及其数量、设计总图报国务院核安全监管部门备案。

第十九条 一类放射性物品运输容器制造单位应当在每次制造活动开始前至少三十日,向国务院核安全监管部门提交制造质量计划。国务院核安全监管部门应当根据制造活动的特点选取检查点并通知制造单位。

一类放射性物品运输容器制造单位应当根据制造活动的实际进度,在国务院核安全监管部门选取的检查点制造活动开始前,至少提前十个工作日书面报告国务院核安全监管部门。

第二十条 国务院核安全监管部门应当对放射性物品运输容器的制造过程进行监督检查。

对一类放射性物品运输容器的制造活动应当至少组织一次现场检查;对二类放射性物品运输容器的制造,应当对制造过程进行不定期抽查;对三类放射性物品运输容器的制造,应当根据每年的备案情况进行不定期抽查。

第二十一条 国务院核安全监管部门对放射性物品运输容器制造单位进行现场监督检查时,应当检查以下内容:

(一)一类放射性物品运输容器制造单位遵守制造许可证的情况;

(二)质量保证体系的运行情况;

(三)人员资格情况;

(四)生产条件和检测手段与所从事制造活动的适应情况;

(五)编制的工艺文件与采用的技术标准以及有关技术文件的符合情况;

(六)工艺过程的实施情况以及零部件采购过程中的质量保证情况;

(七)制造过程记录;

(八)重大质量问题的调查和处理,以及整改要求的落实情况等。

第二十二条 国务院核安全监管部门在监督检查中,发现一类放射性物品运输容器制造单位有不符合制造许可证规定情形的,由国务院核安全监管部门责令限期整改。

监督检查中发现放射性物品运输容器制造确有重大质量问题或者违背设计要求的,由国务院核安全监管部门责令停止该型号运输容器的制造或者使用。

第二十三条 一类放射性物品运输容器的使用单位在采购境外单位制造

的运输容器时,应当在对外贸易合同中明确运输容器的设计、制造符合我国放射性物品运输安全法律法规要求,以及境外单位配合国务院核安全监管部门监督检查的义务。

采购境外单位制造的一类放射性物品运输容器的使用单位,应当在相应制造活动开始前至少三个月通知国务院核安全监管部门,并配合国务院核安全监管部门对境外单位一类放射性物品运输容器制造活动实施监督检查。

采购境外单位制造的一类放射性物品运输容器成品的使用单位,应当在使用批准书申请时提交相应的文件,证明该容器质量满足设计要求。

第四章 放射性物品运输活动的监督管理

第二十四条 托运人对放射性物品运输的核与辐射安全和应急工作负责,对拟托运物品的合法性负责,并依法履行各项行政审批手续。托运一类放射性物品的托运人应当依法取得核与辐射安全分析报告批复后方可从事运输活动。托运人应当对直接从事放射性物品运输的工作人员进行运输安全和应急响应知识的培训和考核,并建立职业健康档案。

承运人应当对直接从事放射性物品运输的工作人员进行运输安全和应急响应知识的培训和考核,并建立职业健康档案。对托运人提交的有关资料,承运人应当进行查验、收存,并配合托运人做好运输过程中的安全保卫和核与辐射事故应急工作。

放射性物品运输应当有明确并且具备核与辐射安全法律法规规定条件的接收人。接收人应当对所接收的放射性物品进行核对验收,发现异常应当及时通报托运人和承运人。

第二十五条 托运人应当根据拟托运放射性物品的潜在危害建立健全应急响应体系,针对具体运输活动编制应急响应指南,并在托运前提交承运人。

托运人应当会同承运人定期开展相应的应急演习。

第二十六条 托运人应当对每个放射性物品运输容器在制造完成后、首次使用前进行详细检查,确保放射性物品运输容器的包容、屏蔽、传热、核临界安全功能符合设计要求。

第二十七条 托运人应当按照运输容器的特点,制定每次启运前检查或者试验程序,并按照程序进行检查。检查时应当核实内容物符合性,并对运输容器的吊装设备、密封性能、温度、压力等进行检测和检查,确保货包的热和压力已达到平衡、稳定状态,密闭性能完好。

对装有易裂变材料的放射性物品运输容器,还应当检查中子毒物和其他临界控制措施是否符合要求。

每次检查或者试验应当由获得托运人授权的操作人员进行，并制作书面记录。

检查不符合要求的，不得启运。

第二十八条 托运一类放射性物品的，托运人应当委托有资质的辐射监测机构在启运前对其表面污染和辐射水平实施监测，辐射监测机构应当出具辐射监测报告。

托运二类、三类放射性物品的，托运人应当对其表面污染和辐射水平实施监测，并编制辐射监测报告，存档备查。

监测结果不符合国家放射性物品运输安全标准的，不得托运。

第二十九条 托运人应当根据放射性物品运输安全标准，限制单个运输工具上放射性物品货包的数量。

承运人应当按照托运人的要求运输货包。放射性物品运输和中途贮存期间，承运人应当妥善堆放，采取必要的隔离措施，并严格执行辐射防护和监测要求。

第三十条 托运人和承运人应当采取措施，确保货包和运输工具外表面的非固定污染不超过放射性物品运输安全标准的要求。

在运输途中货包受损、发生泄漏或者有泄漏可能的，托运人和承运人应当立即采取措施保护现场，限制非专业人员接近，并由具备辐射防护与安全防护知识的专业技术人员按放射性物品运输安全标准要求评定货包的污染程度和辐射水平，消除或者减轻货包泄漏、损坏造成的后果。

经评定，货包泄漏量超过放射性物品运输安全标准要求的，托运人和承运人应当立即报告事故发生地的县级以上环境保护主管部门，并在环境保护主管部门监督下将货包移至临时场所。货包完成修理和去污之后，方可向外发送。

第三十一条 放射性物品运输中发生核与辐射安全事故时，托运人和承运人应当根据核与辐射事故应急响应指南的要求，做好事故应急工作，并立即报告事故发生地的县级以上环境保护主管部门。相关部门应当按照应急预案做好事故应急响应工作。

第三十二条 一类放射性物品启运前，托运人应当将放射性物品运输的核与辐射安全分析报告批准书、辐射监测报告，报启运地的省、自治区、直辖市环境保护主管部门备案。

启运地的省、自治区、直辖市环境保护主管部门收到托运人的备案材料后，应当将一类放射性物品运输辐射监测备案表及时通报途经地和抵达地的省、自治区、直辖市环境保护主管部门。

第三十三条 对一类放射性物品的运输，启运地的省、自治区、直辖市环境保护主管部门应当在启运前对放射性物品运输托运人的运输准备情况进行监督检查。

对运输频次比较高、运输活动比较集中的地区，可以根据实际情况制定监督检查计划，原则上检查频次每月不少于一次；对二类放射性物品的运输，可以根据实际情况开展抽查，原则上检查频次每季度不少于一次；对三类放射性物品的运输，可以根据实际情况实施抽查，原则上检查频次每年不少于一次。

途经地和抵达地的省、自治区、直辖市环境保护主管部门不得中途拦截检查；发生特殊情况的除外。

第三十四条 省、自治区、直辖市环境保护主管部门应当根据运输货包的类别和数量，按照放射性物品运输安全标准对本行政区域内放射性物品运输货包的表面污染和辐射水平开展启运前的监督性监测。监督性监测不得收取费用。

辐射监测机构和托运人应当妥善保存原始记录和监测报告，并配合省、自治区、直辖市环境保护主管部门进行监督性监测。

第三十五条 放射性物品从境外运抵中华人民共和国境内，或者途经中华人民共和国境内运输的，应当根据放射性物品的分类，分别按照法律法规规定的一类、二类、三类放射性物品运输的核与辐射安全监督管理要求进行运输。

第三十六条 放射性物品运输容器使用单位应当按照放射性物品运输安全标准和设计要求制定容器的维修和维护程序，严格按照程序进行维修和维护，并建立维修、维护和保养档案。放射性物品运输容器达到设计使用年限，或者发现放射性物品运输容器存在安全隐患的，应当停止使用，进行处理。

第三十七条 一类放射性物品运输容器使用单位应当对其使用的一类放射性物品运输容器每两年进行一次安全性能评价。安全性能评价应当在两年使用期届满前至少三个月进行，并在使用期届满前至少两个月编制定期安全性能评价报告。

定期安全性能评价报告，应当包括运输容器的运行历史和现状、检查和检修及发现问题的处理情况、定期检查和试验等内容。使用单位应当做好接受监督检查的准备。必要时，国务院核安全监管部门可以根据运输容器使用特点和使用情况，选取检查点并组织现场检查。

一类放射性物品运输容器使用单位应当于两年使用期届满前至少三十日，将安全性能评价结果报国务院核安全监管部门备案。

第三十八条　放射性物品启运前的监督检查包括以下内容：

（一）运输容器及放射性内容物：检查运输容器的日常维修和维护记录、定期安全性能评价记录（限一类放射性物品运输容器）、编码（限一类、二类放射性物品运输容器）等，确保运输容器及内容物均符合设计的要求；

（二）托运人启运前辐射监测情况，以及随车辐射监测设备的配备；

（三）表面污染和辐射水平；

（四）标记、标志和标牌是否符合要求；

（五）运输说明书，包括特殊的装卸作业要求、安全防护指南、放射性物品的品名、数量、物理化学形态、危害风险以及必要的运输路线的指示等；

（六）核与辐射事故应急响应指南；

（七）核与辐射安全分析报告批准书、运输容器设计批准书等相关证书的持有情况；

（八）直接从事放射性物品运输的工作人员的运输安全、辐射防护和应急响应知识的培训和考核情况；

（九）直接从事放射性物品运输的工作人员的辐射防护管理情况。

对一类、二类放射性物品运输的监督检查，还应当包括卫星定位系统的配备情况。

对重要敏感的放射性物品运输活动，国务院核安全监管部门应当根据核与辐射安全分析报告及其批复的要求加强监督检查。

第三十九条　国务院核安全监管部门和省、自治区、直辖市环境保护主管部门在监督检查中发现放射性物品运输活动有不符合国家放射性物品运输安全标准情形的，应当责令限期整改；发现放射性物品运输活动可能对人体健康和环境造成核与辐射危害的，应当责令停止运输。

第五章　附　　则

第四十条　本办法自 2016 年 5 月 1 日起施行。

附

放射性物品运输容器统一编码规则

1.1 一类、二类放射性物品运输容器编码规则

C　N　/　X　X　X　/　X　-　X　X　-　(NNSA)

其中：

第1-2位:国家或地区代码,CN代表中国。

第3位:"/",隔离符。

第4-6位:主管部门为该设计指定的设计批准编号或备案编号。

第7位:"/",隔离符。

第8位:批准书类型或容器类型:

一类放射性物品运输容器设计批准书类型:

AF:易裂变A型运输容器设计批准书

B(U):B(U)型运输容器设计批准书

B(U)F:易裂变材料B(U)型运输容器设计批准书

B(M):B(M)型运输容器设计批准书

B(M)F:易裂变材料B(M)型运输容器设计批准书

C:C型运输容器设计批准书

CF:易裂变材料C型运输容器设计批准书

IF:易裂变材料工业运输容器设计批准书

H:非易裂变物质或除六氟化铀以外的易裂变物质运输容器的设计批准书。

二类放射性物品运输容器类型有A,IP3等。

第9位:" - "。

第10-11位:依据IAEA标准的版本,用年份后2位数字表示。如1996年版本,则填写96。

第12位:" - "。

第13位:(NNSA)作为一位,代表国务院核安全监管部门批准的一类放射性物品运输容器和备案的二类放射性物品运输容器。

一类、二类运输容器编码规则,应当在国务院核安全监管部门设计批准或备案编号的基础上增加制造单位名称(用代码表示,按照申请的顺序从001开始,以此类推,100代表境外单位制造)和流水号(No. 01、No. 02、No. 03…依次类推)。

1.2 一类、二类放射性物品运输容器编码卡格式

1. 字体均为宋体,应当为刻印,不得手写。

2. 编码卡材料要适合存档和长期保存。

3. 编码卡尺寸可根据容器大小按比例调整尺寸,但应当以便于识别为准。

一类、二类放射性物品运输容器制造编码卡应当至少包括下列内容:

容器名称	
容器编码	
容器外形尺寸	
制造单位	
出厂日期	

填写说明：

1. 容器编码为按一类、二类放射性物品运输容器编码规则进行的编码。

2. 容器外形尺寸填写容器的最大形状尺寸。如：圆柱体，Φ4m×10m，长方体，2m×3m×5m。

3. 本卡不能留空，不清楚的项目填“未知”。

中国民用航空应急管理规定

（2016 年 3 月 17 日交通运输部令 2016 年第 10 号公布　自 2016 年 4 月 17 日起施行）

第一章　总　　则

第一条　为加强和规范民航应急工作，保障民用航空活动安全和有秩序地进行，依据《中华人民共和国突发事件应对法》、《中华人民共和国民用航空法》，制定本规定。

第二条　中国民用航空局（以下简称“民航局”）、民航地区管理局（以下统称为“民航管理部门”）和企事业单位为履行以下责任和义务而开展的预防与应急准备、预测与预警、应急处置、善后处理等民航应急工作遵守本规定：

（一）防范突发事件对民用航空活动的威胁与危害，控制、减轻和消除其对民用航空活动的危害。

（二）防止民用航空活动发生、引发突发事件，控制、减轻和消除其危害。

（三）协助和配合国家、地方人民政府及相关部门的应急处置工作。

第三条　民航建立应对突发事件分级响应制度。根据突发事件对民用航空活动的威胁与危害，民用航空活动发生、引发的突发事件性质、严重程度、可控性和影响范围，以及协助和配合国家、地方人民政府及相关部门应急处置工作的需要等因素，实行分级响应，在相应的范围内组织、指挥或协调民航相关单位采取相应的应急处置措施。

民航应对突发事件分级响应等级划分标准由民航局制定。

第四条 民航管理部门组织采取的应急处置措施，应当与突发事件危害的性质、程度和范围相适应。有多种措施可以选择时，应当选择有利于最大程度保护公民、法人和其他组织权益的措施。

第二章 管理体制与组织机构

第五条 民航应急工作建立统一领导、综合协调、分类管理、分级负责的管理体制。

第六条 民航管理部门成立应急工作领导机构，统一领导全国或所辖地区的民航应急工作，监督、检查和指导下级民航管理部门、企事业单位的民航应急工作。

企事业单位的民航应急工作应当接受民航管理部门的监督、检查和指导。

第七条 民航管理部门设立应急工作办事机构，协助应急工作领导机构组织开展民航应急工作，与国家、地方人民政府及相关部门的应急工作办事机构建立必要的工作联系，履行信息汇总与综合协调职责。

民航应急工作办事机构的人员配备应当满足本部门应急工作的需要。

第八条 民航管理部门设立或者指定应急值守机构，负责接报、报告和通报突发事件的预警与发生信息，协助组织、指挥和协调应急处置。

应急值守机构与国家、地方人民政府及相关部门的应急值守机构建立必要、可靠的工作联系。

第九条 企事业单位应当设立或者指定应急工作机构，负责联系民航管理部门应急工作办事机构，向民航管理部门应急值守机构报送突发事件信息。

第十条 民航管理部门的各个职能部门根据工作职责负责具体管理相关民航应急工作。

第十一条 突发事件对民用航空活动造成严重威胁、危害，民用航空活动发生、引发突发事件，或者国家、地方人民政府及相关部门要求民航协助和配合应急处置工作时，民航管理部门可以视情成立现场应急指挥机构，组织、指挥或协调应急处置。

民航管理部门不能有效控制、减轻或消除突发事件的危害，需要上级行政主管部门采取措施时，应当及时向上级行政主管部门报告。

第十二条 民航管理部门可以聘请有关专家组成专家组，为民航应急工作提供决策建议,参与应急处置指挥。

第三章　预防与应急准备

第十三条　民航管理部门应当根据有关法律、行政法规、规章,上级行政主管部门及相关部门的应急预案,结合民航运行实际情况,制定应急预案。

第十四条　民航管理部门建立健全应急预案体系,主要包括总体应急预案、专项应急预案、地区应急预案。

第十五条　企事业单位及其分支机构应当依据相关法律、法规、规章和民航管理部门应急预案的相关内容,制定相应的应急预案。

民航局空中交通管理局和跨地区运营的航空服务保障公司的应急预案应当报民航局备案,其他企事业单位及其分支机构的应急预案应当报所在地民航地区管理局备案。

第十六条　应急预案应当明确适用的情境条件,并根据其性质、特点、影响、应对需要,明确工作原则、组织体系与职责分工、指挥与运行机制,规定预防与应急准备、预测与预警、应急处置与救援、善后处理等工作环节的操作程序、相关标准和保障措施。

第十七条　应急预案的制定单位在制定应急预案时应当加强与国家、地方人民政府及相关部门、相关民航管理部门、企事业单位的沟通、协调,确保相关应急预案之间形成良好的衔接。

民航管理部门应当加强对企事业单位编制应急预案的工作指导。

第十八条　应急预案的制定单位应当根据实际需要和情况变化,适时修订应急预案。

第十九条　应急预案的制定单位应当定期组织预案演练,演练的周期应当在预案中明确规定。

企事业单位组织开展的预案演练应当接受民航管理部门的监督、检查。

第二十条　民用机场与民航重要设施的规划应当符合预防、处置突发事件的需要。民航管理部门、企事业单位在制定规划时,应当统筹安排应对突发事件所必需的设备配备和基础设施建设,采取必要的容灾备份措施。

第二十一条　企事业单位应当保证重要保障系统的安全运行水平,加强运行管理,及时发现影响民用航空安全与正常的不利因素,采取措施及时消除可能导致突发事件发生的风险隐患,防止和减少由于民航原因导致的突发事件发生。

第二十二条　民航管理部门应当组织、协调相关部门和企事业单位,共同建立民航协助和配合国家、地方人民政府及相关部门应急处置的工作机制。

第二十三条 民航管理部门和企事业单位应当建立健全民航应急工作培训制度。

第二十四条 企事业单位应当根据民航有关法律、法规、规章要求，建立专职或者兼职应急救援队伍。

第二十五条 民航管理部门和企事业单位应当开展民航应急工作知识宣传普及活动。

第二十六条 民航局鼓励、扶持具备相应条件的科研教学机构组织开展民航应急工作教育、培训活动；鼓励、扶持教学科研机构和相关企事业单位研究、开发用于民航应急工作的新技术、新设备和新工具。

第四章 预测与预警

第二十七条 民航局建立统一的民航应急工作信息系统，汇集、储存、分析和传输有关突发事件信息，并在上、下级之间，相关单位、部门之间实现互联互通，加强信息交流与情报合作。

第二十八条 民航管理部门应当及时收集对辖区内民用航空活动具有潜在重大影响的突发事件信息，分析影响民用航空安全与正常的主要因素。

第二十九条 民航管理部门在收到国家、地方人民政府及相关部门发布的突发事件预警信息，预计突发事件将对民用航空活动构成严重威胁时，应当及时向相关民航管理部门、企事业单位通报预警信息，并要求下级民航管理部门、相关企事业单位预先做好应对准备。

第三十条 民航管理部门和企事业单位收到突发事件预警信息后，应当针对突发事件的特点、发展趋势和可能造成的危害，及时采取相关措施，避免或减少损失的发生。

第三十一条 民航管理部门收到突发事件预警信息后，可以组织相关部门和企事业单位采取下列部分或全部措施：

（一）启动相关应急预案；

（二）组织对突发事件相关信息进行进一步的收集、分析和评估，预测突发事件发生的可能性、危害的严重程度与范围；

（三）向相关机构和人员宣传避免、减轻突发事件危害的常识；

（四）组织、协调相关应急处置人员、机构进入待命状态，动员后备人员、机构做好参加应急处置的准备；

（五）了解应急处置所需的物资、设备、工具及相关设施、场所准备情况，做好投入使用的准备；

（六）加强对民航重要基础设施的防护，增强民航关键设备、设施的容灾备份能力；

（七）转移、疏散或撤离易遭受突发事件危害的人员与重要财产，并给予妥善安置；

（八）关闭或者限制使用易遭受突发事件危害的民航工作、服务场所；

（九）检查本单位民航应急工作信息系统与相关部门、单位的互联互通情况，启用信息系统与相关部门、单位建立联系；

（十）其他能够防止突发事件发生或防范、控制和减轻突发事件危害的必要措施。

第三十二条 有事实证明突发事件对民用航空活动的危害不可能发生或者危险已经解除时，民航管理部门应当立即终止已经采取的有关措施，尽快恢复民用航空活动的正常。

第五章 应急处置

第三十三条 突发事件对民用航空活动造成严重危害，或者民用航空活动发生、引发突发事件时，获悉相关信息的企事业单位应当及时向民航管理部门报告，并依据事件的性质、严重程度和影响范围，及时采取应急处置措施控制事态发展。

民航管理部门应当按照有关规定向上级行政主管部门、有关地方人民政府及相关部门、企事业单位报告或通报。

报告和通报相关信息时，应当做到及时、客观、真实，不得迟报、谎报、瞒报、漏报。

第三十四条 报告与通报相关信息的内容应当包括突发事件发生的时间、地点、信息来源、突发事件的性质、危害程度、影响范围、突发事件发展趋势和已经采取的措施等内容。在时间紧迫的情况下，可以先报告部分内容，但应尽快补充、完善信息内容。

第三十五条 突发事件对民用航空活动造成严重危害，或者民用航空活动发生、引发突发事件时，民航管理部门应当依据职责、权限，突发事件的性质、严重程度与影响范围，立即启动相关等级应急响应，根据应急预案组织、指挥或协调应急处置。

发生专项应急预案未涉及的情况时，民航管理部门应当依据总体应急预案与地区应急预案规定的工作原则、职责分工、指挥与运行机制、程序、标准，组织、指挥或协调应急处置。

相关企事业单位应当接受民航管理部门的组织、指挥或协调，积极参与应急处置工作。

第三十六条 民航管理部门在组织、指挥或协调应急处置时，可以组织相关企事业单位采取下列部分或全部应急处置措施：

（一）组织、协调有关单位、部门、应急救援队伍和专业技术人员实施民航应急处置；

（二）搜寻、援救受到突发事件危害的航空器与人员，开展必要的医疗救护和卫生防疫，妥善安置受到突发事件威胁或影响的人员；

（三）控制危险源，划定并有效控制民航应急处置区域；

（四）启用备份设备、设施或工作方案；

（五）抢修被损坏的民航关键设备与重要设施；

（六）禁止或者限制使用民航有关设备、设施，关闭或者限制使用民航有关工作、服务场所，中止或者限制民用航空活动；

（七）制定并采取必要的次生、衍生灾害应对措施；

（八）调集应急处置所需的民航专业人员、物资、设备、工具及其他资源；

（九）组织优先运送应急处置所需的人员、物资、设备、工具和受到突发事件危害的人员；

（十）其他有利于控制、减轻和消除突发事件危害的必要措施。

第三十七条 国家、地方人民政府及相关部门要求民航管理部门协助和配合应急处置时，民航管理部门应当依据相关规定、应急处置所需要的行动规模、民航运行情况与相关应急预案，启动相关等级应急响应，组织、协调相关企事业单位给予协助和配合。

企事业单位应当依据民航管理部门的部署和本单位相关应急预案，迅速制定落实方案并组织实施。

企事业单位有义务协助和配合国家、地方人民政府及相关部门的应急处置工作。

第三十八条 民航管理部门在组织、指挥或协调应急处置过程中，应当准确、及时地发布民航应急处置信息。

企事业单位在应急处置过程中，可以发布有关本单位遭受突发事件影响和采取应对措施的信息。

第三十九条 任何单位和个人不得编造、传播有关突发事件或者民航应急处置工作的虚假信息。发布的信息应当避免干扰或者妨碍民航应急处置工作。

第四十条 参加应急处置的企事业单位应当及时向组织、指挥或协调应急处置的民航管理部门报告工作情况。组织、指挥或协调应急处置的民航管理部门应当及时向上级行政主管部门报告工作情况。

第四十一条 参加应急处置的民航管理部门、企事业单位应当详细记录应急处置工作过程。

第四十二条 突发事件的威胁和危害得到控制、消除,或者协助和配合国家、地方人民政府及相关部门的应急处置的任务完成时,负责组织、指挥或协调应急处置的民航管理部门应当根据应急预案的规定终止应急处置。

第六章 善后处理

第四十三条 应急处置结束后,负责组织、指挥或协调应急处置的民航管理部门应当按照国家有关规定尽快组织、协调损失评估、受损设备与设施修复、受影响民用航空活动恢复、补助、补偿、抚恤和费用结算等工作。

第四十四条 民航局根据突发事件造成的损失,制定或向有关部门申请扶持受到突发事件危害的企事业单位发展的优惠政策。

第四十五条 应急处置结束后,负责组织、指挥或协调应急处置的民航管理部门应当组织开展总结、评估工作,查明突发事件发生的经过与原因,总结应急处置的经验教训,制定改进措施。

第七章 法律责任

第四十六条 民航管理部门工作人员未按本规定履行职责的,由民航管理部门依法给予行政处分。

第四十七条 企事业单位违反本规定,有下列行为之一的,由民航管理部门责令改正,并给予警告;拒不改正的,处以1000元以上10000元以下罚款:

(一)违反本规定第九条,未设立或指定民航应急工作相关机构。

(二)违反本规定第十五、十八、十九条,未制定应急预案、未及时修订应急预案或未按规定组织预案演练。

(三)违反本规定第二十一条,未及时消除突发事件发生隐患。

第四十八条 企事业单位违反本规定,有下列行为之一的,由民航管理部门给予警告;情节严重的,处以5000元以上,30000元以下罚款:

(一)违反本规定第三十一条,收到突发事件预警信息后未按民航管理部门要求及时采取措施。

（二）违反本规定第三十三条，迟报、谎报、瞒报、漏报突发事件信息，或未及时采取应急处置措施。

（三）违反本规定第三十六条，未按照民航管理部门要求及时采取应急处置措施。

（四）违反本规定第三十七条，无正当理由拒绝执行民航管理部门关于协助和配合突发事件应急处置的工作部署。

（五）违反本规定第三十九条，编造、传播有关突发事件或者民航应急处置工作的虚假信息，或发布的信息干扰或者妨碍民航应急处置工作。

第八章　附　　则

第四十九条　本规定部分用语定义如下：

（一）突发事件，是指突然发生，造成或者可能造成严重社会危害，需要采取应急处置措施予以应对的自然灾害、事故灾难、公共卫生事件和社会安全事件。

（二）企事业单位，是指直接从事、参与或保障民用航空活动的民航企事业单位。

（三）应急预案，是指为有效应对突发事件，协助和配合国家、地方人民政府及相关部门应急处置工作，依据相关法律、法规、规章、规范性文件预先制定的行动计划或方案。

（四）总体应急预案，是指民航局为组织、指挥或协调民航管理部门、企事业单位应对突发事件，协助和配合国家、地方人民政府及相关部门突发事件应急处置工作而制定的综合性应急预案。它是组织、指挥或协调相关应急资源和突发事件应对工作的整体计划和程序规范；是指导制定民航专项、地区应急预案的规范性文件；是民航管理部门应急预案体系的总纲。

（五）专项应急预案，是指民航局为组织、指挥或协调应对某种具体突发事件，或为国家、地方人民政府及相关部门突发事件应急处置工作提供具体协助和配合而预先制定的应急预案。

（六）地区应急预案，是指民航地区管理局为在辖区内组织、指挥或协调突发事件应对工作，协助和配合地方人民政府及相关部门突发事件应急处置工作而制定的，经民航局批准的综合性应急预案。

第五十条　本规定颁布前施行的其他民用航空规章对民航应急工作的具体内容另有规定的，从其规定。

第五十一条　本规定自2016年4月17日起施行。

民用航空飞行签派员执照管理规则

（2016年3月17日交通运输部令2016年第11号公布　自2016年4月17日起施行）

目　录

A 章　总　　则

第 65.1 条　目的和依据

为规范中国民用航空飞行签派员执照管理，依据《中华人民共和国民用航空法》和《国务院对确需保留的行政审批项目设定行政许可的决定》制定本规则。

第 65.3 条　适用范围

本规则适用于民用航空飞行签派员执照和飞行签派员训练机构资格证书的申请、颁发和管理。

本规则所称飞行签派员训练机构是指对飞行签派员执照申请人实施执照课程训练的机构。

第 65.9 条　管理职责

(a) 中国民用航空局（以下简称民航局）对考试合格的飞行签派员执照申请人统一颁发飞行签派员执照。

(b)民航局飞行标准职能部门负责组织、指导飞行签派员执照和飞行签派员训练机构资格的审定工作,制定飞行签派员执照考试标准,发放飞行签派员执照。

(c)民航地区管理局负责受理本地区飞行签派员执照和飞行签派员训练机构资格的申请,审查申请材料,组织飞行签派员执照申请人考试,颁发飞行签派员临时执照,负责本地区飞行签派员执照管理,飞行签派员训练机构的合格审定,颁发飞行签派员训练机构资格证书,监督检查飞行签派员训练机构的训练课程和训练质量。

B章　飞行签派员执照的申请、考试与颁发

第65.11条　取得执照的资格要求

飞行签派员执照申请人应当满足下列要求:

(1)年满21周岁,身体健康;

(2)具有大学专科(含)以上学历;

(3)能够读、说、写并且理解汉语;

(4)通过本规则第65.13条规定的理论考试;

(5)满足本规则第65.15条规定的经历和训练要求;

(6)通过本规则第65.17条规定的实践考试;

(7)根据本规则第65.49条(b)款规定颁发的书面毕业证明的颁发日期距申请之日不超过24个日历月。如若逾期,申请人需重新参加200学时的课程训练。

第65.13条　理论考试要求

(a)参加飞行签派员执照理论考试的申请人应当在获得本规则第65.49条(b)款规定的有效书面毕业证明之后完成理论考试。理论考试成绩有效期为24个日历月。

(b)理论考试应当包含以下航空知识内容:

(1)与航线运输驾驶员权力、限制和飞行运行相关的中国民用航空规章中适用的规定;

(2)气象,包括锋的知识和影响、锋的特性、云的形成、结冰和高空资料;

(3)气象和航行通告资料的收集、分析、分发和使用;

(4)气象图表、地图、预报、顺序报告、缩写和符号的理解和使用;

(5)当其在相应的空域系统内运行时,有关的气象服务职能;

(6)风切变和下沉气流的认识、识别和避让;

(7)仪表气象条件下的空中导航；

(8)与航路运行、终端区和雷达环境下有关的运行以及与仪表进离场和进近程序相关的空中交通管制程序和驾驶员的职责；

(9)航空器的载重与平衡、航图、图表、表格、公式和计算的应用，以及对航空器性能的影响；

(10)与正常和非正常飞行状态下的航空器飞行特性和性能有关的空气动力学；

(11)人为因素；

(12)决策与判断；

(13)签派资源管理和机组资源管理，包括机组交流和协调等。

第 65.15 条　经历和训练要求

飞行签派员执照申请人必须在申请执照考试前 12 个月内，在合格的飞行签派员监视下，在签派放行岗位上实习至少 90 天；同时还应当符合下列(a)款或(b)款规定的要求：

(a)申请人在申请理论考试前 3 年中至少有 2 年的如下任意经历或任意组合，并圆满完成按照本规则附件 A《飞行签派员执照训练课程》要求设置的至少 200 小时的课程训练。申请时应当提供了符合本规则第 65.49 条(b)款规定的有效书面毕业证明：

(1)在国家航空器运行中担任驾驶员。

(2)在 CCAR121 部航空承运人的运行中，担任驾驶员、航空气象分析人员、飞机性能工程师、航行情报人员。

(3)在航空器运行中担任空中交通管制员或民用航空情报员。

(4)在航空器运行中，履行局方认为能够提供同等经历的其他职责。

(b)如果申请人不具备本条(a)款要求的经历，则应当按照本规则附件 A 的要求完成至少 800 小时的课程训练，并提供符合本规则第 65.49 条(b)款规定的有效书面毕业证明。

第 65.17 条　实践考试要求

(a)理论考试合格，并满足本规则第 65.15 条规定的经历和训练要求的，执照申请人可以持理论考试合格成绩单参加实践考试。

(b)飞行签派员执照申请人应当通过针对航空运输中使用的任何一种大型飞机的实践考试。内容应当基于本规则附件 A 和《飞行签派员实践考试标准》中的规定要求。

第 65.19 条　理论和实践考试的程序

(a)飞行签派员执照申请人申请参加理论或实践考试的，应当向民航地区管理局提交以下材料：

(1)填写本规则附件B中规定的《飞行签派员执照申请和审查表》；

(2)提供符合本规则第65.13条、第65.15条或者第65.17条规定的证明材料复印件、身份证复印件和两寸标准白底正面免冠彩色照片两张及其电子版，并按照要求在飞行签派员执照管理系统上填写相关资料；

(b)执照考试申请人按照(a)款要求提交的申请材料齐全、符合本规则要求的，民航地区管理局应当在20个工作日之内，安排考试的时间，指定考试地点和考试员，并将前述决定通知申请人，向其发放准考证。

(1)执照考试申请人在接到考试通知后，应当按照指定的时间、地点参加考试。

(2)飞行签派员的执照理论和实践考试合格成绩均为百分制的80分。

第65.21条　补考

(a)未通过执照考试的申请人，可以在考试结束30天后向民航地区管理局提交补考申请。

(b)理论考试成绩合格，实践考试未通过的，在理论考试成绩有效期内只需申请实践考试部分的补考，实践考试补考的重点内容为上次未通过的部分。

(c)理论考试补考连续2次未通过的，自最后一次考试之日起12个日历月内不得再次申请理论考试。实践考试补考连续2次未通过的，理论考试成绩失效。

第65.23条　考试作弊行为

在考试中有下列行为者视为作弊：

(1)复制理论考试内容；

(2)从他人处接受或者向他人传递考卷的副本或任何部分；

(3)在考试过程中，抄袭他人答案或者同意、默许、帮助他人抄袭的；

(4)顶替别人或由他人顶替参加考试；

(5)在考试期间使用未经许可的任何资料或者辅助设备；

(6)其他作弊行为。

第65.25条　执照申请、受理与颁发

(a)符合本规则第65.11条规定资格要求的飞行签派员执照申请人可以向民航地区管理局提交相关证明材料申请颁发飞行签派员执照。

(b)民航地区管理局应当在自接到执照申请人的申请材料之日起5个工作日内书面告知申请人是否受理其申请，申请人提供的资料不全或者不符合本规则要求的，应当一并告知申请人补正。

(c)民航地区管理局应当在受理后20个工作日内完成审核，并填写本规则附件B表格中的考试成绩部分,报民航局审批。民航局应当在20个工作日内做出决定,对符合本规则第65.11条资格要求的执照申请人,由民航局做出准予许可决定并颁发执照。不予许可的,应当书面说明理由。

第65.27条　申请材料的真实性

执照申请人按照本规则提交的申请材料应当真实有效,出现下列情况,其申请行为无效。

(1)在申请材料、记录、证明和履历中做虚假描述;

(2)伪造、篡改证件或者证书。

C章　飞行签派员执照管理

第65.29条　执照要求

飞行签派员执照持有人应当满足下列执照要求,否则不得履行运行控制职责:

(a)完成CCAR121部所规定的训练。

(b)在前36个日历月内至少完成一次执照认证检查。

(c)在连续12个日历月内,在签派放行岗位上至少工作30天。

第65.30条　受到刑事处罚后的执照处理

执照持有人受到刑事处罚期间不得行使执照赋予的权利。

第65.31条　执照检查

飞行签派员在履行运行控制职责时应当携带飞行签派员执照,在民用航空飞行标准监察员或者授权的局方代表提出要求时,应当出示飞行签派员执照,接受检查。

航空承运人不得指定未取得飞行签派员执照的人员履行运行控制职责。

第65.33条　执照的有效期

(a)按照本规则颁发的执照长期有效, 除非执照持有人自愿放弃,或者依法被暂扣、吊销。

(b)执照失效的,执照持有人应当将执照交回民航地区管理局。

第65.35条　执照的换发、补办和迁转

(a)执照持有人因更换姓名需要换发执照的,应当向民航地区管理局提出书面申请,申请材料应当附有申请人当时持有的执照和能够证明其更改姓名合法性的法律文件。民航地区管理局在审查后,应当将前述法律文件退还申请人。

(b)执照持有人因执照遗失或者损坏而重新申请补办执照的,应当向民航地区管理局提交书面申请，并提供下列材料：

（1）姓名、性别、出生日期、通信地址、邮政编码、执照号码、颁发日期等信息和材料；

（2）颁发其执照的民航局文件；

（c）民航地区管理局受理并审核通过申请的，应当报民航局审查办理执照。申请人在换发、补办执照期间，可向民航地区管理局申请领取有效期不超过120天的临时执照，并持该执照履行运行控制职责。

（d）执照持有人跨民航地区管理局辖区调动工作的，应当按照《飞行签派员执照管理程序》规定的程序填写附件C《飞行签派员执照迁转表》办理执照迁转手续。

D章　飞行签派员训练机构

第65.37条　飞行签派员训练机构的申请要求

申请飞行签派员训练机构资格的，应当满足以下条件：

（a）具备本规则第65.13条要求航空知识内容的训练课程大纲；

（b）具备相应的飞行签派员教学设备、设施；

（c）具备相应的飞行签派员训练教员；

（d）民航局认为需要满足的其他条件。

第65.39条　飞行签派员执照课程训练科目和时间要求

（a）获得批准的飞行签派员执照课程授课内容应当包括本规则附件A中的知识范围及其项目，授课时间按照本规则第65.15条的规定不得少于200小时或者800小时。

（b）飞行签派员训练机构应当提交描述所有项目和分项目内容的大纲和每个部分的计划课时数。

（c）飞行签派员训练机构可以在课程中包含涉及飞行签派员执照课程的其他教学项目，对于没有包含在本规则附件A中的项目，申请人应当在本条（a）款所要求的最低200小时或者800小时的基础上增加额外的授课时间。

（d）如果学员能够提供适当的证明材料，并经飞行签派员训练机构批准，可以用以前的经历和训练代替部分课程的训练。训练机构决定代替的课时数应当以学员已有的经历和训练与批准的课程大纲相一致的部分所占用的计划课时数为依据。允许替代的课时数，包括课时总数和替代理由的说明应当填入本规则第65.49条（a）款要求的学员训练记录。

第 65.41 条　飞行签派员训练机构资格的申请、受理与颁发

(a)飞行签派员训练机构资格申请人应当向其所在地的民航地区管理局提交书面申请。书面申请包括按照本规则附件 C《飞行签派员训练机构资格证书申请表》填写的表格和下列申请材料：

(1)本规则第 65.39 条(b)款要求的课程大纲；

(2)教学设备、设施清单和说明；

(3)教员名单及其教学资格证明；

(4)民航地区管理局认为需要的其他材料。

(b)民航地区管理局收到申请后，应当参照本规则第 65.25 条(b)款规定的程序和期限受理申请，并在受理后 20 个工作日内做出决定。经审查符合条件的，由民航地区管理局作出颁发飞行签派员执照训练机构资格证书的决定；不符合条件的，由民航地区管理局做出不予许可决定，应当书面说明理由。对于需要组成审查组实地检查、检测申请人设施、设备的，检验、检测所需的时间可以不计入规定的期限。

(c)民航地区管理局做出颁发飞行签派员训练机构资格证书决定的，应当在 10 个工作日内向飞行签派员训练机构申请人颁发飞行签派员训练机构资格证书并向民航局飞行标准职能部门备案；对于不予发放资格证书的，应当书面告知理由。

第 65.43 条　飞行签派员训练机构的资格证书和一般要求

(a)除非依法被暂扣、吊销，飞行签派员训练机构资格证书的有效期为 24 个日历月。训练机构可以以书面形式向所在地的民航地区管理局提出放弃资格证书，并向该管理局提供要求的训练记录。

(b)符合下列要求的飞行签派员训练机构申请延续其资格证书有效期的，应当在其资格证书的有效期终止前至少 30 个工作日向其所在地的民航地区管理局提出申请：

(1)毕业于该飞行签派员训练机构的学员，在参加按照本规则第 65.17 条要求的实践考试中，第一次测试合格率达到 80%；

(2)飞行签派员训练机构持续符合本规则对其初始批准的要求；

(c)民航地区管理局对延续飞行签派员训练机构资格证书有效期申请的受理和审查按照本规则第 65.41 条(b)款和(c)款规定的程序和期限要求办理。

(d)飞行签派员训练机构申请修订批准的课程大纲、设施和设备清单及说明，应当按照本规则第 65.41 条(a)款(1)和(2)的要求以完整修订页的形式提交备案材料，以便完整地替换所批准的修订页内容。飞行签派员训练机构修订教员名单的,应当满足本规则第 65.47 条要求,以书面形式向所在地的民航地区管理局申请,并取得批准。

(e)当批准的飞行签派员训练机构不能持续满足本规则有关批准的要求或者实施执照训练的要求时,由其所在地的民航地区管理局责令其停止飞行签派员教学活动,限期整改,并向民航局飞行标准职能部门备案。飞行签派员训练机构整改满足条件后,可以向民航地区管理局申请重新开展教学活动。

(f)当飞行签派员训练机构的所有权发生变更时,其资格证书失效。但是,此变更不涉及设备、设施、人员和飞行签派员执照课程的,训练机构可以在所有权变更之日起 10 个工作日内向民航地区管理局提出变更申请。经民航地区管理局批准的,其资格不受影响。批准的附件 A 中的飞行签派员执照训练课程教学仍可继续进行。

(g)当批准的飞行签派员训练机构的名称和地点发生变更时,飞行签派员训练机构自变更之日起 10 个工作日内,将此变更以书面形式通知了其所在地的民航地区管理局的,其资格证书保持有效。

第 65.45 条　飞行签派员训练机构的设施要求

飞行签派员训练机构应当具备足够的用于理论和实践教学并且校验合格的设备、设施和用具,以满足每一个学员在飞行签派员理论学习和实践训练中的使用要求。用于训练的教室应当符合国家的建筑、卫生和健康标准,确保温控、照明和通风,教室位置应当确保教学不会受到外界干扰。

第 65.47 条　飞行签派员训练机构的人员要求

(a)飞行签派员训练机构应当符合下列人员要求:

(1)有足够的教学人员,至少有一名持有飞行签派员执照,并能够协调所有训练课程教学的人员。

(2)学员与教员的比例不得超过 25:1,每个教学班不得超过 45 人。

(b)讲授本规则附件 A 中签派实践应用内容的教员应当持有飞行签派员执照。在 12 个日历月内有不少于 5 个工作日的在按 CCAR121 部实施运行航空公司进行教学实践,并保存相关记录以供局方检查。

第 65.49 条　飞行签派员训练记录要求

(a)飞行签派员训练机构应当为每个学员建立执照课程的训练记录,包括:按时间顺序排列的所有教员名单、涵盖的学科课程和考试成绩。该记录在学员毕业后应当至少保存三年。训练机构应当在培训班毕业后 2 个月之内将训练情况报送其所在地的民航地区管理局备案,报告应当包含以下内容:

(1)所有毕业学员的名单和成绩表。

(2)所有未毕业学员和退学学员的名单、成绩表或者退学原因。

(b)飞行签派员训练机构应当为圆满完成附件 A 课程训练的合格学员颁发书面毕业证明。

E 章　法律责任

第 65.51 条　执照申请的不受理

在执照申请或考试中出现本规则第 65.23 条和第 65.27 条行为的，由民航地区管理局取消其执照申请资格，并在 12 个日历月内不再受理其新的申请。

第 65.53 条　执照持有人违法行为的法律责任

执照持有人有下列行为的，由民航地区管理局处以 500 元以上 1000 元以下的罚款；情节严重的，按照有关法律法规予以处罚：

(1)违反本规则第 65.23 条规定顶替他人参加考试的；

(2)伪造和篡改签派员训练记录的。

第 65.57 条　使用未取得执照的人员

(a)违反本规则规定，未取得飞行签派员执照在国内、国际定期载客运输飞行中履行运行控制责任的个人，在 12 个日历月之内不得申请飞行签派员执照，由民航地区管理局责令其停止飞行签派工作，并可以处以警告或者人民币 500 元以上 1000 元以下罚款。

(b)航空承运人违反本规则规定，指定未取得飞行签派员执照的人员履行运行控制责任的，由民航地区管理局责令停止违法行为并可以处以警告或者 3 万元以上 10 万元以下的罚款。

第 65.59 条　在检查中未能提供执照

飞行签派员违反本规则第 65.31 条规定，在检查中未能提供飞行签派员执照的，由民航地区管理局责令改正并可以处以警告或人民币 500 元以上 1000 元以下罚款。

第 65.61 条　未取得资格证书擅自训练飞行签派员

未按照本规则 D 章取得飞行签派员训练机构资格证书，擅自从事飞行签派员执照课程训练的，其颁发的成绩表和毕业证明无效，由民航地区管理局责令其停止飞行签派员教学活动，并可以处以 1 万元以上 3 万元以下的罚款。

第 65.63 条　违反本规则实施教学

飞行签派员训练机构有下列行为之一的，由民航地区管理局责令改正违法行为，并可以处以警告或 1 万元以上 3 万元以下的罚款：

(a)未按照本规则附件 A 的要求设置训练大纲；

(b)教学用的设备、设施和用具未经校验合格；

(c)教学人员未达到本规则第 65.47 条规定的要求；

(d)训练记录未达到本规则第 65.49 条规定的要求；

(e)为培训不合格的学员颁发证明。

第 65.65 条　民航行政机关以及工作人员的法律责任

民航行政机关及其工作人员办理飞行签派员执照和飞行签派员训练机构资格证书违反法律、行政法规或本规则规定的，或者不依法履行本规则规定的监察职责，造成严重后果的，依法给予行政处分。

F 章　附　则

第 65.67 条　施行与废止

本规则自 2016 年 4 月 17 日起施行，2004 年 12 月 16 日公布的《中国民用航空飞行签派员执照管理规则》（民航总局令第 136 号）同时废止。

附件 A

飞行签派员执照训练课程

本附件规定了从事飞行签派专业所需要的基本知识内容，列出的最低课程应当全部包含在一个完整的飞行签派员执照训练课程内。飞行签派员训练机构可以根据教学要求确定下列内容的顺序。

Ⅰ. 航空规章及相关文件

A. 本规则 CCAR65 部；

B. CCAR25 部、71 部、91 部、97 部、121 部、135 部等航空规章；

C. 公司总运行手册。

Ⅱ. 气象学

A、基本天气知识

(1)地球的运动及其对天气的影响。

(2)分析下列地区的气候类型、特征和结构以及综合情况：

(a)海洋

(b)陆地

(c)极地

(d)热带

(3)分析下列局部地区的天气类型、特征和结构以及综合情况：

(a)沿海
(b)山地
(c)岛屿
(d)平原
(4)大气特性：
(a)成分
(b)分层(对流层、平流层)
(5)气压
(a)量度单位
(b)气压梯度力
(c)气压分布
(d)温度对气压的影响
(e)高度表
(6)风
(a)全球风模式
(b)科里奥利(Coriolis)力
(c)急流及其特性
(d)局地风和相关术语
(7)大气状态
(a)固体、液体和气体
(b)导致状态改变的原因
(8)云
(a)成分、形成和消散
(b)类型和与其相联系的降水
(c)云的预测方法
(9)雾
(a)产生原因、形成和消散
(b)类型
(10)积冰
(a)产生原因、形成和消除
(b)类型
(11)大气的稳定性/不稳定性
(a)温度垂直递减率、对流
(b)绝热过程

(c)抬升过程
(d)辐散
(e)辐合
(12)湍流(颠簸)
(a)急流
(b)气压系统
(c)风切变
(d)山岳波
(e)雷暴
(f)晴空颠簸
(13)气团:
(a)分类和特征
(b)源地
(c)气团天气的判断
(14)锋:
(a)锋面空间分布特点
(b)锋的类型
(c)锋面天气与飞行
(15)风暴系统的知识
(a)雷暴
(b)龙卷风
(c)强热带风暴
(d)微下击暴流
(e)产生原因,形成和消散
B、天气、分析和预报
(1)观测
(a)地面观测
(ⅰ)人工观测
(ⅱ)自动观测
(b)航站预报
(c)重要的航路报告和预报
(ⅰ)驾驶员报告
(ⅱ)区域预报
(ⅲ)Sigmets, Airmets 报

(ⅳ)气象咨询服务
(d)天气图
(ⅰ)地面天气图
(ⅱ)天气描述图
(ⅲ)重要天气预告图
(ⅳ)高空风和温度预报图
(ⅴ)温度对数压力图
(ⅵ)雷达描述图
(ⅶ)卫星云图
(ⅷ)其他可利用的图
(e)气象信息数据收集系统
(2)数据收集,分析和预报机构
(3)提供航空气象产品的服务机构
C、危害航空器的天气
(1)侧风和阵风
(2)受污染的跑道
(3)视程障碍
(4)颠簸和风切变
(5)积冰
(6)雷暴和微下击暴流
(7)火山灰
Ⅲ.导航
A.地球知识
(1)时间基准和位置(0度经向线,UTC)
(2)定义
(3)投影
(4)地图
B.航图的阅读、应用和使用
C.国家空域规划
D.导航系统
E.机载导航仪表
F.仪表进近程序
(1)仪表进离场程序
(2)精密进近程序

(3)非精密进近程序
(4)最低标准和与天气的关系
G. 特殊导航和运行
(1)国内、地区
(2)国际
(3)全球差异
Ⅳ. 航空器
A. 飞机飞行手册(AFM)
B. 系统综述:
(1)飞行控制系统
(2)液压系统
(3)电气系统
(4)空调和增压系统
(5)防冰和排雨系统
(6)航空电子、通信和导航
(7)动力装置和 APU
(8)紧急和非正常程序
(9)燃油系统
C. 最低设备清单/构形偏离清单(MEL/CDL)及其应用
D. 性能
(1)航空器概述
(2)飞行原理
(a)组类Ⅰ航空器
(b)组类Ⅱ航空器
(3)航空器限制
(4)载重和平衡
(5)飞机仪表误差
(6)航空器性能
(a)起飞性能
(b)巡航性能
(c)着陆性能
Ⅴ. 通信
A. 规章要求
B. 通信协议

C. 语音和数据通讯
D. 航行通告
E. 公布的资料
F. 非正常程序
Ⅵ. 空中交通管制
A. 职责
B. 设施、设备
C. 空域划分和航路结构
D. 飞行计划
(1)国内
(2)国际
E. 最小间隔
F. 优先处理
G. 等待程序
H. 交通管理
Ⅶ. 紧急和非正常程序
A. 地面安全措施
B. 空中安全措施
C. 民用航空管理部门职责和服务
D. 对延迟和失踪航空器信息的收集与发布
E. 宣布紧急状态的方法
F. 宣布紧急状态的责任
G. 要求的紧急情况报告
Ⅷ. 签派实践应用
A. 人的因素
(1)决策
(a)环境评估
(b)备份方案的制定和评估
(ⅰ)权衡和优先
(ⅱ)应急计划
(c)支援工具和技术
(2)人为差错
(a)原因
(ⅰ)个人和组织的因素

(ⅱ)技术导致的错误

(b)预防

(c)发现和纠正

(3)协作

(a)信息和情报交流

(b)共同和分散解决问题

(c)资源管理

(ⅰ)空中交通管制员的行为和工作负荷

(ⅱ)机组行为和工作负荷

(ⅲ)维修人员行为和工作负荷

(ⅳ)运行控制人员行为和工作负荷

B. 签派实施

(1)签派员向驾驶员作飞行前简介

(2)签派放行前对飞行条件的评估

(a)安全

(b)天气分析

(ⅰ)卫星云图

(ⅱ)高空和低空图

(ⅲ)重要航路报告和预报

(ⅳ)地面图

(ⅴ)地面观察资料

(c)航行通告和机场情况

(d)机组

(ⅰ)资格

(ⅱ)限制

(e)航空器

(ⅰ)系统

(ⅱ)导航仪表和电子系统

(ⅲ)飞行仪表

(ⅳ)操作手册和 MEL/CDL

(ⅴ)性能和限制

(f)飞行计划

(ⅰ)飞行航路

1. 标准仪表离场和进场(SID/STAR)

2. 航路图
3. 运行高度
4. 进离场图
（ⅱ）最低起飞油量
1. 爬升
2. 巡航
3. 下降
(g)载重和平衡
(h)经济飞行概算(性能、燃油差价)
(i)实施飞行的决策
(j)ATC 飞行计划的填报
(k)飞行文件
（ⅰ）飞行计划
（ⅱ）签派/飞行放行单
(3)与机长共同做出放行决定
(4)飞行中的运行控制：
(a)当前情况的掌握
(b)信息交换
(c)必要时,更改初始签派放行
(5)飞行后：
(a)到达确认
(b)听取天气汇报
(c)报告飞行不正常情况。

附件 B

飞行签派员执照申请和审查表

<table>
<tr><td colspan="5">Ⅰ. 基本信息(Base Information)</td></tr>
<tr><td>1. 姓名(汉语和全拼)
(Name)</td><td>2. 国籍
(Nationality)</td><td>3. 出生日期
(Date of Birth)</td><td>4. 性别(Sex)
□男(Male)
□女(Female)</td><td rowspan="2">照　片</td></tr>
<tr><td>5. 出生地(Place of Birth)</td><td>6. 民族(Nation)</td><td colspan="2">7. 联系电话(Telephone)</td></tr>
<tr><td colspan="3">8. 有效通信地址(current Address)</td><td colspan="2">9. 邮政编码(Zip Code)</td></tr>
<tr><td colspan="2">10. 工作单位(Service Organization)(如适用)</td><td colspan="3">11. 电子邮箱(E - Mail Address)</td></tr>
<tr><td colspan="2">12. 证件名称(Type of Identification Document)
□身份证 ID　　□其他证件 Others</td><td colspan="3">13. 身份证号码或其他证件号码
(Identification Number)
□□□□□□□□□□□□□□□□□□□□</td></tr>
<tr><td colspan="5">Ⅱ. 培训及经历(Training and Experience information)</td></tr>
<tr><td colspan="2">14. 接受培训情况(Training Information)</td><td colspan="3">15. 从业经历情况(Experience Information)</td></tr>
<tr><td colspan="2">16. 申请人单位意见(Department notes)(如适用)</td><td colspan="3">17. 申请人(Application)</td></tr>
<tr><td colspan="5">Ⅲ. 考试记录(Tests Information)</td></tr>
<tr><td>18. 理论考试成绩
(Tests Grade)</td><td>19. 考试时间
(Exam Date)</td><td>20. 考试地点
(Tests Address)</td><td colspan="2">21. 考试员签字
(Examiner Signature)</td></tr>
<tr><td>22. 实践考试成绩
(Tests Grade)</td><td>23. 考试时间
(Exam Date)</td><td>24. 考试地点
(Tests Adress)</td><td colspan="2">25. 考试员签字
(Examiner Signature)</td></tr>
<tr><td colspan="5">26. 备注(Notes):</td></tr>
</table>

续表

Ⅳ. 执照信息(License Information)			
27. 持照人公司性质(Company)		28. 执照编号(License Number) □□□□□□□□□□□□□□	
29. 批准文号(Approve Number)		30. 执照状态(License State)	
Ⅴ. 执照变更情况(Change Information)			
31. 持照人姓名 (Holder Name)	32. 新更姓名 (Change Name)	33. 持照人地址 (Holder Address)	34. 新更地址 (Change Adress)
35. 持照人执业单位(Company)		36. 新更执业单位(Change Company)	
37. 申请人签字(Application Signature)		38. 签派监察员签字(Inspector signature)	
39. 民航地区管理局航务管理部门意见(Local Administrator Notes)			

注:表中Ⅰ项和Ⅱ项,Ⅴ项,除38、39项外由申请人填写,Ⅲ项,Ⅳ项,由局方填写。

附件 C

飞行签派员执照迁转表

<table>
<tr><td colspan="6">Ⅰ. 基本信息(Base Information)</td></tr>
<tr><td>1. 姓名(汉语和全拼)
(Name)</td><td>2. 国籍
(Nationality)</td><td>3. 出生日期
(Date of Birth)</td><td colspan="2">4. 性别(Sex)
□男(Male)
□女(Female)</td><td rowspan="2">照　片</td></tr>
<tr><td>5. 出生地(Place of Birth)</td><td>6. 民族(Nation)</td><td colspan="3">7. 联系电话(Telephone)
电子邮箱(E - mail Address)</td></tr>
<tr><td colspan="4">8. 有效通信地址(current Address)</td><td colspan="2">9. 邮政编码(Zip Code)</td></tr>
<tr><td colspan="3">10. 执照的批准文号(Approve Number)</td><td colspan="3"></td></tr>
<tr><td colspan="3">Ⅱ. 如下证明材料的编号及其复印件
(Materials number and copies)</td><td colspan="3"></td></tr>
<tr><td colspan="3">11. 原单位相关证明材料编号及原件
(Original Company materials number and the document)</td><td colspan="3">12. 现工作单位相关证明材料
(Change Company materials)</td></tr>
<tr><td colspan="3">13. 证件名称(Type of Identification)
□身份证 ID　□其他证件 Others</td><td colspan="3">14. 身份证号码或其他证件号码
(Identification Number)
□□□□□□□□□□□□□□□□□□</td></tr>
<tr><td colspan="6">15. 执照编号(License Number)　□□□□□□□□□□□□□□□</td></tr>
<tr><td colspan="3">17. 执照现状(License State)</td><td colspan="3">18. 其他材料(Other materials)</td></tr>
<tr><td colspan="3">19. 迁出管理局在管理系统中录入调离情况
(Authority Management System move out of the situation Entry)</td><td colspan="3">是□(Yes)　否□(No)</td></tr>
<tr><td colspan="3">20. 迁入管理局书面通知执照持有人及相应监管局
(License holder written notice of the Authority)</td><td colspan="3">是□(Yes)　否□(No)</td></tr>
</table>

注:表中Ⅰ项由申请人填写,Ⅱ项由局方填写,申请人提供相关的复印件材料。

民航局飞行标准司监制

附件 D

飞行签派员训练机构资格证书申请表

1. 申请单位名称:______________________________

2. 单位通信地址:______________________________

3. 电话:____________ 传真:____________

4. 申请内容:

□(1)初次申请。

____

□(2)延续或重新申请。

□(3)根据本规则第 65.15 和第 65.39 条规定,对于具备经历的申请人提供至少 200 小时的飞行签派员执照训练课程。

□(4)根据本规则第 65.47 和第 65.39 条规定,提供至少 800 小时飞行签派员执照训练课程。

□(5)申请更改教学大纲。

□(6)申请更改教学地址或设施。

□(7)申请更改训练机构名称

5. 附件:本规则第 65.41 条规定的资料

6. 训练机构责任人:

姓名:____________ 职务:____________

签名盖章:____________ 日期:____________

民航局飞行标准司监制

附件 E

飞行签派员执照样本

CAAC

民用航空

飞行签派员执照

Civil Aviation Flight Dispatcher License

中国民用航空局

General Administration of Civil Aviation of China

封 1

Ⅰ 中华人民共和国
People's Republic of China

Ⅱ 飞行签派员执照
Flight Dispatcher License

标准护照照片

Ⅲ 执照编号 License No.

Ⅳ 姓名 Name
性别 Sex
出生日期
Date of Birth

Ⅴ 地址 Address
邮政编码 Zip Code

Ⅵ 国籍
Nationality

Ⅸ 有效期 Validity
本执照长期有效。This License is issued without a specific expiration date.

Ⅹ 局长授权签字
For the Minister of CAAC ______
签发日期
Date of Issue

Ⅺ 签发单位盖章 Stamp of Issuing Authority

Ⅷ 颁发条件
Conditions of Issuance
本执照根据中国民用航空规章第 65 部的有关规定颁发。This license is issued in accordance with the provisions of Part 65 of Chinese Civil Aviation Regulations as amended.

Ⅶ 持照人签字
Signature of Holder ______ - ______

封2

正面：飞行签派员临时执照

←96MM→

55MM

中国民用航空飞行签派员临时执照

Temporary Flight Dispatcher License Of CAAC

Ⅰ 姓名(Name) | Ⅱ 性别(Sex) | Ⅲ 国籍(Nationality) | Ⅳ 出生日期(Date Of Birth)

/ /

Ⅴ 通信地址(Address):

反面：

Ⅵ 执照号 (Licence NO.)

Ⅶ 有效期至(Period Of Validity To)：

年　月　日止

Ⅷ (执照管理用章 Stamp)

Ⅸ 持证人(Signature Of Holder)

Ⅹ 签发人(Signature Of Administration Director)

Ⅺ 签发日期(Date Of Issue)：/ /

使 用 说 明

一、临时执照是民航地区管理局飞行签派员执照管理部门根据CCAR 65FS—R2规定，为申请换发或者补办执照的执照持有人签发的执照。

二、在正式执照下发前，飞行签派员可以持临时执照在运行控制中心履行职责。飞行签派员在履行运行控制职责和跟班飞行时要随身携带该执照，以备局方签派监察员或局方授权代表检查。

三、临时执照格式由中国民用航空局统一规定，由各民航地区管理局飞行签派员执照管理部门负责签发，有效期为120天。

四、持有人必须对该临时执照妥善保管，不得损毁、涂改或转让。如果临时执照遗失，应立即到签发部门补发。

五、本临时执照需与工作证（牌）同时使用。

民用航空情报工作规则

（2016 年 3 月 17 日交通运输部令 2016 年第 12 号公布　自 2016 年 4 月 17 日起施行）

第一章　总　则

第一条　为规范民用航空情报工作，保障空中航行的安全、正常和效率，依据《中华人民共和国民用航空法》和《中华人民共和国飞行基本规则》，制定本规则。

第二条　本规则适用于中华人民共和国领域内的民用航空情报工作。提供民用航空情报服务以及其他与民用航空情报工作有关的单位和个人应当遵守本规则。

第三条　民用航空情报服务的任务是收集、整理、编辑民用航空资料，设计、制作、发布有关中华人民共和国领域内以及根据我国缔结或者参加的国际条约规定区域内的航空情报服务产品，提供及时、准确、完整的民用航空活动所需的航空情报。

第四条　中国民用航空局（以下简称民航局）负责统一管理全国民用航空情报工作，民航地区管理局（以下简称地区管理局）负责监督管理本地区民用航空情报工作。

第五条　中华人民共和国领域内以及根据我国缔结或者参加的国际条约规定，由中华人民共和国提供空中交通服务的飞行情报区的民用航空情报服务由民航局空中交通管理局（以下简称民航局空管局）负责组织实施。

第六条　民用航空活动应当接受和使用统一有效的民用航空情报。

第七条　民航局鼓励和支持民用航空情报的技术研究与创新。

第八条　本规则所用术语的含义在本规则附件一《定义》中规定。

第二章　一般规定

第九条　民用航空情报工作的基本内容包括：

（一）收集、整理、审核民用航空情报原始资料和数据；

（二）编辑出版一体化航空情报资料和各种航图等；

（三）制定、审核机场使用细则；

（四）接收处理、审核发布航行通告；

（五）提供飞行前和飞行后航空情报服务以及空中交通管理工作所必需的航空资料与服务；

（六）负责航空地图、航空资料及数据产品的提供工作；

（七）组织实施航空情报人员的技术业务培训。

第十条 民用航空情报服务机构应当建立航空情报质量管理制度，并对运行情况实施持续监控。

航空情报质量管理制度应当包括航空情报工作各阶段实施质量管理所需的资源、程序和方法等，确保航空情报的可追溯性、精确性、清晰度和完整性。

第十一条 依法发布的一体化民用航空情报系列资料是实施空中航行的基本依据。一体化民用航空情报系列资料由下列内容组成：

（一）航空资料汇编、航空资料汇编修订、航空资料汇编补充资料；

（二）航行通告及飞行前资料公告；

（三）航空资料通报；

（四）有效的航行通告校核单和明语摘要。

第十二条 民用航空情报工作中应当采用国家法定计量单位，根据需要可在公布的航空情报服务产品中添加英制注释。

第十三条 民用航空情报所涉及的地理位置坐标和高程数据应当基于国家规定或者批准的大地坐标系统及高程系统。

对外提供的地理坐标和所采用的坐标系统应当经国家测绘主管部门核准。

第十四条 对外提供的民用航空情报所涉及的时间参考系统应当采用协调世界时。

第十五条 民用航空情报工作涉及国家秘密的，应当按照国家法律、行政法规和有关规定执行。

第十六条 依法发布的民用航空资料，未经民航局批准，任何单位和个人不得翻印、交换、转售和转让。

第三章 民用航空情报服务机构与职责

第十七条 民用航空情报服务机构包括：

（一）全国民用航空情报中心；

（二）地区民用航空情报中心；

(三)机场民用航空情报单位。

第十八条 民用航空情报服务机构由民航局设立或者批准设立。民用航空情报服务工作由民用航空情报服务机构实施,民用航空情报服务机构应当在指定的职责范围内提供民用航空情报服务。

第十九条 全国民用航空情报中心应当履行下列职责:

(一)协调全国民用航空情报的运行工作;

(二)负责与联检单位、民航局有关部门、民航局空管局有关部门等原始资料提供单位建立联系,收集航空情报原始资料;

(三)审核、整理、发布《中国民航国内航空资料汇编》、《中华人民共和国航空资料汇编》、航空资料汇编补充资料、航空资料通报、《军用备降机场手册》,负责航图的编辑出版和修订工作;

(四)提供有关航空资料和信息的咨询服务;

(五)负责我国航空情报服务产品的发行;

(六)负责国内、国际间航行通告、航空资料和航空数据的交换工作,审核指导全国民航航行通告的发布;

(七)负责航行通告预定分发制度的建立与实施;

(八)承担全国航空情报自动化系统的运行监控;

(九)向各地区民用航空情报中心提供航空情报业务运行、人员培训等技术支持。

第二十条 地区民用航空情报中心应当履行下列职责:

(一)协调本地区民用航空情报的运行工作;

(二)收集、初步审核、上报本地区各有关业务部门提供的航空情报原始资料;

(三)接收、处理、发布航行通告,指导检查本地区航行通告的发布工作;

(四)组织实施本地区航空资料和数据的管理;

(五)负责本地区航空情报自动化系统的运行监控;

(六)向本地区机场航空情报单位提供航空情报业务运行、人员培训等技术支持。

地区民用航空情报中心可同时承担所在机场民用航空情报单位的职责。

第二十一条 机场民用航空情报单位应当履行下列职责:

(一)收集、初步审核、上报本机场及与本机场有关业务单位提供的航空情报原始资料;

(二)接收、处理、发布航行通告;

(三)组织实施本机场飞行前和飞行后航空情报服务;

（四）负责本单位及本机场空中交通管理部门所需的航空资料、航空地图的管理和供应工作。

第二十二条 全国民用航空情报中心、地区民用航空情报中心、国际机场民用航空情报单位应当提供24小时航空情报服务；其他航空情报服务机构应当在其负责区域内航空器飞行的整个期间及前后各90分钟的时间内提供航空情报服务。民用航空情报服务机构应当安排航空情报员在规定的服务时间内值勤。

第二十三条 航空情报服务机构应当制定相应的应急预案，并应当每年组织应急演练。

第二十四条 航空情报服务机构应当建立工作差错追究制度。

第二十五条 航空情报服务机构应当具备下列基本条件：

（一）航空情报服务机构应使用配置统一的航空情报自动化处理系统和连接航空固定电信网的计算机终端；

（二）配备符合提供航空情报服务工作需要的，持有有效航空情报员执照的专业技术人员；

（三）设有值班、飞行准备和资料存储等功能的基本工作场所；

（四）配备满足工作所需的办公、通讯和资料存储等基本设施设备和工具；

（五）配备本单位所需的民用航空情报服务产品，与航空情报工作紧密相关的法规标准和规定，供咨询和飞行前讲解使用的参考图表和文件等；

（六）国际机场及其他对外开放机场的航空情报服务机构应当配备与之通航国家的航空资料以及相关的国际民航组织出版物；

（七）配备航空情报服务需要的其他设施和设备。

第二十六条 航空情报服务机构的办公场所应当设在便于机组接受航空情报服务的位置。

第四章 航空情报人员资质与培训

第二十七条 从事航空情报服务工作的人员，应当按照《民用航空情报员执照管理规则》的要求，取得航空情报员执照，并按规定保持有效。未持有有效执照的人员，不得在航空情报服务机构独立从事航空情报服务工作。

第二十八条 航空情报人员所在单位应当按照规定组织对航空情报人员的专业培训，航空情报人员应当按照规定接受培训和考核。航空情报人员的培训工作，按照民用航空情报培训相关规定执行。

第二十九条 承担民用航空情报专业培训任务的机构应当具备下列基本条件:

(一)具有民航局规定数量的教员;

(二)具有民航局认可的教材;

(三)具有相应的教学设施。

第三十条 航空情报人员所在单位应当有计划地补充、培养专业技术人才,不断提高航空情报人员的业务素质。

第三十一条 民用航空情报员应当加入飞行机组进行一年不少于两次的航线实习。

第五章 航空情报原始资料的提供和收集

第三十二条 航空情报原始资料分为基本资料和临时资料。

基本资料是有效期在半年(含)以上较为稳定的资料,主要用于编辑《中华人民共和国航空资料汇编》、《中国民航国内航空资料汇编》、各种航图以及航空资料通报。

临时资料是有效期在半年以内和临时有变更的资料,主要用于发布航行通告和航空资料汇编补充资料。

第三十三条 下列有关业务部门或者单位,应当向所在地的航空情报服务机构提供及时、准确、完整的航空情报原始资料:

(一)空域规划和空中交通管制部门:

空中规则和空中交通服务的规定,以及与国际民航公约附件的差异;

空中交通服务空域和航路的设立、变动或者撤消;

空中交通管制、搜寻援救服务的规定及变动;

空中走廊、禁区、限制区、危险区等特殊空域的设立、改变或者撤消;

炮射、气球、跳伞、航空表演等影响飞行的活动;

航路的关闭、开放;

机场的进场和离场飞行程序;

机场的仪表和目视进近程序;

主要临近机场;

噪声限制规定和减噪程序;

机场地面运行规定;

飞行限制和警告。

(二)航务管理部门:

机场运行标准和航务管理的有关规定;

机场起飞和着陆最低标准。

(三)通信导航监视部门:

通信导航监视规定,以及与国际民航公约附件的差异;

机场或者航路的导航和地空通信设施的建立、撤消、工作中断和恢复,频率、识别信号、位置、发射种类和工作时间的改变及工作不正常等情况;

地名代码,部门代号的增减或者改变。

(四)机场管理机构:

机场地理位置和管理资料;

机场地勤服务和设施;

机场服务单位工作时间;

跑道、滑行道、机坪、停机位的布局、数量、物理特性及其变化;

机场、跑道、滑行道、机坪、停机位的全部或者部分的关闭、恢复或者运行限制;

直升机着陆区域;

目视导航设施、机场助航灯光系统、风向标的设置及其主要部分的改变、中断和恢复、撤消;

跑道、滑行道、机坪、飞机等待位置等道面标志和障碍物位置标志的设置、改变或者撤消;

飞行区和障碍物限制面内影响起飞、爬升、进近、着陆、复飞安全的障碍物的增加、排除或者变动,障碍灯或者危险灯标设置、中断和恢复;

飞行区内不停航施工及其影响跑道、滑行道、机坪、停机位使用的,其开工和计划完工时间、每日施工开始和结束时间、施工区域的安全标志和灯光的设置发生变化;

机场救援和消防设施保障等级及其重要变动;

跑道、滑行道、停机坪积雪、积水情况及其清除和可用状况等发布雪情通告的情报;

扫雪计划,扫雪设备和顺序;

鸟群活动。

(五)机场油料供应部门:

机场航空油料牌号和加油设备的可用情况。

(六)气象服务机构:

气象规定,以及与国际民航公约附件的差异;

机场气象特征和气候资料;

气象设施(包括广播)及程序的建立、更改或者撤消。

(七)国际运输管理部门:

简化手续规定,以及与国际民航公约附件的差异;

国际运输规定;

海关、出入境有关规定;

卫生检疫的规定。

(八)航行收费管理部门:

国际飞行的收费规定。

(九)其他相关业务部门:

与国际民航公约附件的差异。

第三十四条 航空情报原始资料提供部门或者单位应当指定机构或者专人,负责向航空情报服务机构提供航空情报原始资料,并与航空情报服务机构保持直接的、固定的联系。

第三十五条 航空情报原始资料提供部门或者单位应当按照下述的时间要求,提前将原始资料通知航空情报服务机构:

(一)按航空资料定期颁发制生效的航空情报,应当在共同生效日期表中选择适当的生效日期,并在预计生效日期 80 天前提供原始资料。

(二)不按照航空资料定期颁发制生效的航空情报,应当至少在生效日期 56 天前提供原始资料,但用于拍发航行通告的除外。

(三)以航行通告发布的航空情报,应当在生效时间 24 小时以前提供原始资料。临时性的禁区、危险区、限制区以及有关空域限制的,应当在生效日期 7 天前提供原始资料。不可预见的临时性资料应当立即提供。

第三十六条 向航空情报服务机构提供原始资料时,应当填写本规则附件二《航空情报原始资料通知单》。提交航空情报原始资料的方式包括直接送达、特快专递、传真等。向同级航空情报服务机构提供原始资料时,通常采用直接送达的方式。

需对外公布的法律、法规、规章和专用技术名词等航空情报原始资料应当附有英文译稿。

第三十七条 航空情报服务机构应当依据《航空情报原始资料通知单》编辑修订航空情报服务产品,签发航行通告。《航空情报原始资料通知单》应作为正式记录存档备查。

原始资料提供部门或者单位应当详细、准确地填写《航空情报原始资料通知单》,必要时,应当增加附图。

第三十八条 原始资料提供部门或者单位应当对所提供的航空情报原始

资料核证和审批，对原始资料的真实性和准确性负责，并保持资料的可追溯性；涉及多个提供部门或者单位的，由主办部门协调一致后，统一提供给航空情报服务机构。

第三十九条 全国民用航空情报中心和地区民用航空情报中心应当设立专门部门，负责航空情报原始资料的收集和管理。

第四十条 航空情报服务机构应当对收到的航空情报原始资料及时进行审核，审核的主要内容包括：

（一）来源于规定的原始资料提供部门；

（二）符合规定的格式；

（三）正确执行航空资料定期颁发制；

（四）满足航空情报原始资料的质量要求；

（五）有必要发布一体化民用航空情报系列资料。

经审核不符合以上要求的航空情报原始资料，航空情报服务机构应当将其退回并说明原因。

第四十一条 航空情报服务机构与航空情报原始资料提供部门或者单位应当建立定期协调、定期培训和资料定期符合性检查机制。

航空情报服务机构应当将航空情报原始资料采用情况反馈给航空情报原始资料提供部门或者单位。

第六章 航空情报服务产品

第一节 一般规定

第四十二条 民用航空情报服务产品分为基本服务产品和非基本服务产品。

基本服务产品包括：《中华人民共和国航空资料汇编》、《中国民航国内航空资料汇编》和《军用备降机场手册》及其修订，航空资料汇编补充资料和航空资料通报。

非基本服务产品是指根据民航发展和用户需要制作或者发布的专用航空资料。

第四十三条 航空情报服务产品由全国民用航空情报中心编印发行。航空情报服务产品应当综合配套，并保证准确和完整。

第四十四条 采用航空资料定期颁发制颁发的航空资料，其执行日期应当从航空资料定期颁发制的共同生效日期表（以下简称共同生效日期表）中选定。共同生效日期表见本规则附件三。

全国民用航空情报中心一般按照共同生效日期表挑选相近的日期发行资料。

采用航空资料定期颁发制颁发的航空资料具体见本规则附件四。

第四十五条 按航空资料定期颁发制颁发的航空情报基本服务产品,应当遵守下列规定:

(一)生效日期应当从共同生效日期表中挑选;

(二)生效后的28天内不得进行更改,除非持续时间不超过28天;

(三)至少在生效日期前42天颁发;

(四)以纸张印刷形式颁发的,应当标注"AIRAC"。

共同生效日期无资料颁发的,应当在该生效日期的前一个周期内,以航行通告或者其他适宜的方式,颁发"无资料"通知。

第四十六条 航空情报服务产品应当逐步实行电子媒介和互联网分发,减少纸张发行。

第四十七条 航空情报服务产品应当以快捷、可靠的方式直接分发至用户指定的地址,并建立用户记录和分发反馈记录。

第四十八条 根据我国与有关国家签订的国际航空运输协定,需双方相互提供航空情报服务产品的,由全国民用航空情报中心负责组织实施。

第四十九条 航空情报服务产品应当按照规定使用、修订、更换和销毁。航空情报服务产品用户,应当建立完善的资料管理制度,确保资料的可靠、准确、完整。

第二节 中华人民共和国航空资料汇编

第五十条 《中华人民共和国航空资料汇编》是外国民用航空器在我国境内飞行必备的综合性资料。

第五十一条 《中华人民共和国航空资料汇编》应当根据我国民用航空法律、法规和规章,并应参照国际民用航空组织有关文件的规定和要求,用中、英两种文字编辑出版。

第五十二条 《中华人民共和国航空资料汇编》应当符合本规则附件五的要求,包括经批准国际机场及其他对外开放机场、航路、设施以及有关的规章制度等内容。

第五十三条 《中华人民共和国航空资料汇编》应当采用活页资料形式,每页资料上印有易于查找的页码标志,并且在资料下方注明出版日期、生效日期。

第五十四条 需要对外提供未编入《中华人民共和国航空资料汇编》的资料，应当由民航局报经国家有关主管部门批准。

第三节 中国民航国内航空资料汇编

第五十五条 《中国民航国内航空资料汇编》是我国民用航空器进行境内飞行必备的综合性资料，应当使用中文编辑出版。

第五十六条 《中国民航国内航空资料汇编》应当符合本规则附件六的要求，包括民用机场和军民合用机场的民用部分、航路、设施以及有关的规章制度等内容。

机场需要编印和提供使用的航图种类，应当符合本章第四节的要求。

第五十七条 《中国民航国内航空资料汇编》应当采用活页资料形式，分成若干分册出版。每页资料印有易于查找的页码标志、资料的出版日期和生效日期。

第五十八条 为保证我国民用航空器在军用机场备降的需要，应当出版《军用备降机场手册》，作为《中国民航国内航空资料汇编》的补充。

编入《军用备降机场手册》的军用机场资料应当经有关军事单位批准。

第五十九条 仅用于通用航空的民用机场航空资料可以由地区民用航空情报中心根据需要参照《中国民航国内航空资料汇编》的要求编辑、分发，并向全国民用航空情报中心备案。

第六十条 《中国民航国内航空资料汇编》、《军用备降机场手册》不得向外国任何单位或者个人提供。

第四节 航 图

第六十一条 航图是保证航空器运行以及其他航空活动所需要的有关规定、限制、标准、数据和地形等，以一定的图表形式集中编绘、提供使用的各种图的总称。

第六十二条 航图分为特种航图和航空地图。

特种航图包括机场障碍物 A 型图、机场障碍物 B 型图、精密进近地形图、航路图、区域图、标准仪表进场图、标准仪表离场图、仪表进近图、目视进近图、机场图、机场地面活动图、停机位置图、空中走廊图、放油区图等。

航空地图包括世界航图、航空图和小比例尺航空领航图等，航空地图按照规定和实际需要绘制、使用。

第六十三条 编辑制作航图应当符合《民用航空图编绘规范》要求。

第六十四条 绘制航图应采用国家测绘主管部门提供的航空地图或者地

形图作为参照图或者底图。绘制的航图比例尺应当等于或者小于参照图或者底图的比例尺。航图一般使用高斯—克吕格投影,其中航路图、区域图使用等角正割圆锥投影。

第六十五条 航图应当标绘与其飞行阶段相关的资料,标绘的资料应当符合下列要求:

(一)资料的标绘应当准确、清晰、不变形、不杂乱,在所有的正常使用条件下均易于判读;

(二)航图的着色或者色调和字体大小,便于驾驶员在不同的自然或者人工光线的条件下判读;

(三)不同航图上标绘的资料,应当按相应的飞行阶段,从一幅图平稳地过渡到另一幅图。

第六十六条 航图上应当标注航图的种类名称、地名和机场名、航图代号、出版单位、出版日期、生效日期、磁北、真北、磁差、比例尺等要素。

第六十七条 航空地图为特别制定的航图补充基础资料,主要用于目视飞行及制定飞行计划。

第六十八条 航路图主要用于机组仪表飞行时,沿规定的空中交通服务航路和程序实施领航。

航路图标绘的资料密集,难以清晰表示时,应当绘制区域图。

第六十九条 提供仪表飞行的机场及其跑道,应当绘制标准仪表进场图、标准仪表离场图。

第七十条 提供仪表飞行的跑道,应当绘制包括进近、着陆、复飞、等待程序及机场运行最低标准等内容的仪表进近图。

提供Ⅱ、Ⅲ类精密仪表进近的跑道,还应当绘制精密进近地形图。

第七十一条 提供目视飞行的跑道,应当绘制目视进近图。

第七十二条 对于民用机场,应当绘制机场图。

机场图中无法清晰表示滑行道与停机位置之间的滑行路线的,应当补充绘制机场地面活动图;需要进一步清楚地表示停机位置的,应当补充绘制停机位置图。

第七十三条 对于民用机场,应当绘制机场障碍物 A 型图,起飞航径区内无重要障碍物的机场可以不绘制,但应当在《中华人民共和国航空资料汇编》和《中国民航国内航空资料汇编》中予以说明。

机场周围净空条件复杂的,应当绘制机场障碍物 B 型图。

第七十四条 空中走廊图、放油区图等按照国家有关主管部门的规定绘制。

第五节　航空资料汇编补充资料

第七十五条　航空资料汇编补充资料应当公布有效期在3个月以上的临时变更,或者有效期不到3个月但篇幅大、图表多的临时性数据资料。

第七十六条　航空资料汇编补充资料以黄色纸张印刷,补充资料的全部内容或者部分内容有效的,该补充资料应保留在航空资料汇编中。

第七十七条　航空资料汇编补充资料不定期出版,按照日历年顺序编号。航空资料汇编补充资料发布后应当以触发性航行通告的形式予以提示。

第六节　航空资料汇编修订

第七十八条　《中华人民共和国航空资料汇编》、《中国民航国内航空资料汇编》和《军用备降机场手册》内容的变更,应当发布《中华人民共和国航空资料汇编》修订、《中国民航国内航空资料汇编》修订和《军用备降机场手册》修订等航空资料汇编修订,以保持汇编资料的准确和完整。

航空资料汇编修订发布后,应当以触发性航行通告的形式予以提示。

第七十九条　每期航空资料汇编修订单中,应当标明修订资料汇编的名称、编号、出版部门、出版日期和生效日期等。

修订应当采用固定、统一的格式,便于用户识别换页。

第八十条　以航行通告方式发布过的航空情报,需要纳入或者修订相应的航空资料汇编时,应当及时印发航空资料汇编修订,并在修订单中注明被编入的航行通告编号。

第八十一条　航空资料汇编修订页中主要内容的变动,应当以明显的符号或者文字注释予以提示。

第八十二条　全国民用航空情报中心应当定期印发航空资料汇编校核单,校核单应当列出全部有效资料的页码编号和出版日期。

第七节　航空资料通报

第八十三条　涉及法律法规、空中航行、技术与管理、飞行安全等方面内容,但不适宜以航空资料汇编或者航行通告形式公布的,应当以航空资料通报方式公布(具体内容见本规则附件七),主要包括:

(一)有关法律、法规、程序、设施的任何重大变更的长期预报;

(二)有关可能影响飞行安全的解释性和咨询性资料;

(三)有关技术、法律、行政性事务的解释性和咨询性资料或者通知。

第八十四条　航空资料通报不定期印发,航空资料通报应当按日历年连续编号,每年至少发布一次现行有效的航空资料通报校核单。

第七章 航行通告

第八十五条 航行通告是有关航行的设施、服务、程序等的设立、状况、变化,以及涉及航行安全的危险情况及其变化的通知。

航行通告的收集整理、审核发布工作,应当由民用航空情报服务机构负责实施,其他任何单位和个人不得发布航行通告。

第八十六条 航行通告分为国际、国内和地区系列的航行通告,S 系列的雪情通告,以及 V 系列的火山通告:

(一)国际系列航行通告,用于国际分发,由全国民用航空情报中心国际航行通告室发布。

(二)国内系列航行通告,用于国内分发,由全国民用航空情报中心、地区民用航空情报中心发布。

(三)地区系列航行通告,用于本地区内分发,由各机场民用航空情报单位发布至所在地的地区民用航空情报中心。

(四)S 系列的雪情通告,由各机场民用航空情报单位直接发至全国民用航空情报中心、地区民用航空情报中心以及与本场航班运行有关的机场民用航空情报单位。对外开放机场的雪情通告,由全国民用航空情报中心国际航行通告室向国外转发。雪情通告自每年 7 月 1 日起至次年 6 月 30 日止,从 0001 号开始编发。

(五)V 系列的火山通告,由火山所在地的地区民用航空情报中心或者机场民用航空情报单位,负责发至全国民用航空情报中心及有关机场民用航空情报单位,全国民用航空情报中心国际通告室负责对国外转发。

第八十七条 遇有下列情况之一的,航空情报服务机构应当及时发布航行通告:

(一)机场或者跑道的设立、关闭或者运行重要变化;

(二)机场、航空情报、空中交通、通信、气象、搜寻救援等航空服务的设立、撤消或者运行的重要变化;

(三)无线电导航和地空通信服务的设置、撤消及工作能力的重大变化,包括:无线电导航和地空通信服务的中断或者恢复、频率的更改、服务时间的变化、识别信号的变化、方向性助航设施的方向调整、设施位置的改变、总发射功率 50% 以上的增减、广播时间或者内容的变化,以及任何无线电导航和地空通信发生异常或者不可靠的情况;

（四）目视助航设施的设置、撤消或者重要变动；

（五）机场灯光系统的主要组成部分的中断或者恢复；

（六）空中航行服务程序的设立，撤消或者重要变化；

（七）机动区内重大缺陷或者运行障碍的出现或者清除；

（八）燃油、滑油和氧气供应的限制和改变；

（九）可用搜寻援救设施和服务的重要改变；

（十）标志空中航行重要障碍物的危险灯标的设置、撤消和恢复；

（十一）有关规定中出现更改或者变化而且需要立即执行的；

（十二）超出公布范围的障碍物、军事活动、航空表演、航空竞赛、大型跳伞活动等影响空中航行的危险情况的出现；

（十三）起飞、爬升、复飞、进近区和跑道升降带内影响空中航行的障碍物的设置、移除或者变动；

（十四）禁区、限制区和危险区的设立或者中止，包括生效和停止时间及使用状况的变化；

（十五）存在拦截可能并且需要在 VHF 紧急频率 121.5MHz 长守的区域、航路或航段的设立或者中止；

（十六）地名代码的分配、取消或者更改；

（十七）机场救援和消防设施常规保障水平的重要变动。只有涉及改变保障等级时，方可签发航行通告，并说明变化的等级；

（十八）活动区内因雪、雪浆、冰和积水导致危险情况的出现、消除或者重要变化；

（十九）由于发生流行病而需要更改防疫注射和检疫要求；

（二十）太阳宇宙射线预报；

（二十一）火山活动有关的动态重要变化，火山爆发的地点、日期和时间，火山灰云的水平范围、垂直范围，包括移动方向以及可能受影响的飞行高度层、航路或者航段；

（二十二）在核子或者化学活动中，向大气层释放辐射物质或者有毒物质的事发地点、日期、时间，受影响的飞行高度层、航路、航段以及活动方向；

（二十三）人道主义救援任务的实施以及由此受到影响的空中航行的各种程序或者限制；

（二十四）空中交通服务和有关支持服务中断或者部分中断所采取的短期紧急措施；

（二十五）发生可能影响航空器运行的其他情况。

第八十八条　遇有下列情况之一的，航空情报服务机构不得以航行通告

形式发布,应在飞行前讲解或者通知驻地航空公司:

(一)停机坪和滑行道上的例行维修工作,不影响航空器安全活动的;

(二)施划跑道标志的工作,但航空器可以在其他可用跑道上安全运行,或者施工设备可以随时移开的;

(三)机场附近有临时障碍物,但不影响航空器运行的;

(四)机场灯光设施局部故障,但不直接影响航空器运行的;

(五)地空通信出现局部、暂时的故障,但有适当备用频率可用的;

(六)缺少停机坪信号指挥服务及道路交通管制的;

(七)机场活动区有关位置标记牌、目的地标记牌或者其他指令标记牌不适用时;

(八)其他类似的临时性情况。

第八十九条 航空情报服务机构应当建立航行通告的校核制度。

航空情报服务机构应当每个日历月至少拍发一次规定格式的航行通告校核单,校核单应当列出现行有效的航行通告清单。

第九十条 全国民用航空情报中心应当定期印发有效航行通告明语摘要。

第九十一条 航行通告应当按照标准格式,通过航空固定通信网络发布。

第九十二条 航行通告的发布应当采用航行通告预定分发制度,将航行通告直接分发给预先指定的收报单位。

第九十三条 全国民用航空情报中心应当就航空资料汇编修订、航空资料汇编补充资料、航空资料通报的发布,签发提示生效信息的触发性航行通告。

触发性航行通告的生效日期应当与航空资料汇编修订、航空资料汇编补充资料、航空资料通报的生效日期相同,并保持14天有效。

第九十四条 机场民用航空情报单位,收到有关跑道、停止道、滑行道、停机坪上有积雪、结冰、雪浆或者跑道灯被积雪覆盖的报告时,应当及时发布雪情通告。

第九十五条 雪情通告的最长有效时间为24小时。当雪情有下列重要变化时,应当及时发布新的雪情通告:

(一)摩擦系数变化约0.05;

(二)堆积物深度变化大于:干雪20毫米,湿雪10毫米,雪浆3毫米;

(三)跑道可用长度、宽度变化大于10%(含);

(四)堆积物类别或者覆盖范围有变化;

(五)跑道一侧或者两侧有临界雪堆时,雪堆的高度或者离中心线的距离有变化；

（六）跑道灯被遮盖，灯光亮度有明显变化；

（七）根据经验或者当地环境，任何其他已知的重要变化。

第九十六条 地区民用航空情报中心或者机场民用航空情报单位收到火山活动的报告应当发布火山通告。火山通告最长有效时间为24小时，当告警等级发生变化时应当发布新的火山通告。

第八章 飞行前和飞行后航空情报服务

第一节 飞行前航空情报服务

第九十七条 机场民用航空情报单位的飞行前航空情报服务主要包括：飞行前资料公告、讲解服务及资料查询。

第九十八条 接受飞行前航空情报服务的单位，应当与有关机场民用航空情报单位签订服务协议。服务协议应当明确双方的责任与义务、服务内容与方式等。

第九十九条 机场民用航空情报单位的航空情报员，应当于每日本机场飞行活动开始前90分钟，完成提供飞行前航空情报服务的各项准备工作，主要包括：

（一）了解当日的飞行计划和动态；

（二）检查处理航行通告；

（三）了解机场、航路、设施的变化情况和有关的气象资料；

（四）检查必备的各种资料、规章是否完整、准确；

（五）检查本单位设备的工作情况。

第一百条 机场民用航空情报单位应当提供飞行前资料公告，提供飞行前资料公告应当遵守以下规定：

（一）飞行前资料公告至少包括制作时间、发布单位、有效期、起飞站、第一降落站及其备降场、航路以及与本次飞行有关的航行通告和其他紧急资料；

（二）提供的飞行前资料公告不得早于预计起飞前90分钟从航行通告处理系统中提取；

（三）飞行前资料公告的提供情况应有相应记录。

第一百零一条 航空情报员认为有必要或者机组有要求时，应当提供讲解服务。

第一百零二条 航空情报员在提供讲解服务时，应当按照讲解服务清单，

逐项进行提示或者检查,结合不同飞行的要求,对有关项目进行重点讲解。讲解服务清单的内容应当包括:

(一)法规与程序,包括航空资料及其修订、航空资料补充资料、空域使用的程序、空中交通服务程序、高度表拨正程序;

(二)气象服务简况,包括气象设施、预报和报告的可用情况以及其他获得有效气象情报的规定;

(三)航路及目的地信息,包括可用航路的建议,保证航路安全高度的航迹、距离、地理和地形特征,机场和机场设施的可用性,导航设施的可用性,搜寻援救的组织、程序和设施;

(四)通讯设施和程序,包括地空通信设施的可用性、通信程序、无线电频率和工作时间;

(五)航行中的危险情况;

(六)其他影响飞行的重要信息。

第一百零三条 为我国机组提供飞行前航空情报服务时,航空情报员应当讲解和受理查询与该机组飞行任务有关的资料。为外国机组提供飞行前航空情报服务时,航空情报员只能讲解和受理查询《中华人民共和国航空资料汇编》、批准对外提供的航行规定以及国际航行规定和资料。

第一百零四条 向机组提供自我准备所需要的规定和资料,包括:

(一)设立地图板,张挂航空地图。航空地图上,应当标画飞行情报区、管制区界线和航路、机场的有关数据。对外开放机场,还应当张挂或者展示适当比例尺的、标有国际航路、国际机场的世界挂图或者世界区域图。

(二)备有供机组查阅的航空资料,包括《中华人民共和国航空资料汇编》、《中国民用航空国内航空资料汇编》、《军用备降机场手册》、通信和导航资料以及其他与飞行有关的资料。对外开放机场,还应当备有供国际飞行机组查阅的其他资料。

(三)备有供机组查阅的规章、文件。对外开放机场,还应当备有国际民航组织的有关文件。

第二节 飞行后航空情报收集

第一百零五条 机场民用航空情报单位,应当收集机组飞行后对有关飞行保障设施工作情况的意见、鸟群活动等信息,以及机组填写的《空中交通服务设施服务状况及鸟情状况报告单》,具体内容见附件八。

第一百零六条 机场民用航空情报单位收集到《空中交通服务设施服务状况及鸟情状况报告单》或者其他相关信息后,应当根据信息内容及时转告有关部门处理。

第一百零七条 收到《空中交通服务设施服务状况及鸟情状况报告单》或者其他相关信息的有关部门，应当及时核实有关情况，并将处理情况反馈机场民用航空情报单位。

第九章 航空情报自动化系统管理

第一百零八条 航空情报自动化系统是用于航空情报原始资料的收集、整理、审核以及航空情报服务产品的设计、制作与发布的信息系统。

第一百零九条 航空情报自动化系统包括民用航空情报数据库管理系统、航空情报动态信息管理系统、航空情报原始资料采集系统、航空情报发布系统等。

第一百一十条 航空情报自动化系统由民航局空管局统一管理。

航空情报服务机构应当按照规定统一配置航空情报自动化系统。

第一百一十一条 航空情报自动化系统应当由航空情报服务机构的专职人员负责监控和维护。

第一百一十二条 具有独立数据库的航空情报服务机构的航空情报自动化系统，应当建立本地的系统备份。

第一百一十三条 全国民用航空情报中心及地区民用航空情报中心应当建立航空情报自动化系统异地备份机制。

第一百一十四条 地区民用航空情报中心应当在本辖区内指定一个机场民用航空情报单位的系统作为本地区异地备份系统。

第一百一十五条 航空情报服务机构以外的用户，需要接入航空情报自动化系统的，应当由民航局空管局批准。

第十章 法律责任

第一百一十六条 民用航空情报服务机构违反本规则第十条规定，未按本规则要求建立航空情报质量管理制度的，地区管理局应当责令限期改正，并给予警告；逾期未改正的，对其主要负责人处以200元以上1000元以下罚款，并对单位处以5000元以上1万元以下罚款。

第一百一十七条 航空情报服务机构违反本规则第二十五条规定，不符合设置条件或者不能满足提供航空情报服务要求的，地区管理局应当责令限期改正，并给予警告；逾期未改正的，对其主要负责人处以200元以上1000元以下罚款,并对单位处以 1 万元以上 3 万元以下罚款。

第一百一十八条 航空情报服务机构未按本规则规定履行工作职责的,地区管理局应当责令限期改正,并给予警告;逾期未改正或者造成严重后果的,对其主要负责人处以 200 元以上 1000 元以下罚款,并对单位处以 1 万元以上 3 万元以下罚款。

第一百一十九条 航空情报原始资料提供单位未按照要求提供资料的,地区管理局应当责令限期改正,并给予警告;逾期未改正或者情节严重的,对其主要负责人处以 200 元以上 1000 元以下罚款,并对单位处以 1 万元以上 3 万元以下罚款。

第一百二十条 违反本规则规定获得或者使用航空情报的个人和单位应当由民航地区管理局责令限期改正,并给予警告;逾期未改正或者情节严重的,对个人或者其主要负责人处以 200 元以上 1000 元以下罚款,并对单位处以 1 万元以上 3 万元以下罚款。

第十一章 附 则

第一百二十一条 本规则自 2016 年 4 月 17 日起施行。1988 年 5 月 16 日民航局发布的《民用航空航行情报工作规则》(CCAR – 175 TM)同时废止。

附件:1. 定义

2. 航空情报原始资料通知单
3. 航空资料定期颁发制的共同生效日期表
4. 航空资料定期颁发制发布的航空情报资料
5. 中华人民共和国航空资料汇编
6. 中国民航国内航空资料汇编
7. 航空资料通报内容
8. 空中交通服务设施服务状况及鸟情状况报告单

附件 1

定 义

一、航空资料(Aeronautical Information):对航空数据进行收集、分析和整理后形成的资料。

二、航空情报服务(Aeronautical Information Service,AIS):提供规定区域内航行安全、正常和效率所必需的航空资料和数据的服务。

三、航空情报服务产品(AIS Product):以一体化航空情报系列资料为主要内容(其中包括航图,不包括航行通告及飞行前资料公告),采用印刷品或者相应的电子媒介方式提供的航空资料。

四、航空资料汇编(Aeronautical Information Publication,AIP):由国家或者国家授权发行的,载有空中航行所必需的具有持久性质的航空资料出版物。

五、航空资料汇编补充资料(AIP Supplement):以彩色纸张公布的,对航空资料汇编中的资料所做的临时性变更。

六、航空资料汇编修订(AIP Amendment):对航空资料汇编的永久性变更。

七、航空资料通报(Aeronautical Information Circular,AIC):按规定不需要签发航行通告或者编入航空资料汇编,但涉及安全、航行、技术、管理或者法律问题的资料通报。

八、航行通告(NOTAM):飞行人员和与飞行业务有关的人员必须及时了解的,以电信方式发布的,关于航行设施、服务、程序的建立、情况或者变化,以及对航行有危险的情况的出现和变化的通知。

九、雪情通告(SNOWTAM):航行通告的一个专门系列,是以特定格式拍发的,针对机场活动区内有雪、冰、雪浆及其相关的积水导致危险的出现和排除情况的通告。

十、火山通告(ASHTAM):航行通告的一个专门系列,是以特定的格式拍发的,针对可能影响航空器运行的火山活动变化、火山爆发和火山烟云的通告。

十一、国际航行通告室(International NOTAM Office,NOF):由国家指定负责进行国际间交换航行通告的单位。

十二、航空资料定期颁发制(Aeronautical Information Regulation and Control,AIRAC):对运行活动需要做出重大调整的情况,应当按照共同生效日期提前发布通知的制度。

十三、飞行前资料公告(Pre-flight Information Bulletin,PIB):在飞行前准备的、对运行有重要意义的有效航行通告资料。

附件 2

航空情报原始资料通知单

<table>
<tr><th colspan="2">1. 航空情报原始资料提供人</th></tr>
<tr><td>提供人：</td><td>联系电话：</td></tr>
<tr><td>提供单位：</td><td>提供日期和时间：</td></tr>
<tr><th colspan="2">2. 航空情报原始资料收集人</th></tr>
<tr><td>收集人：</td><td>联系电话：</td></tr>
<tr><td>收集单位：</td><td>联系传真：</td></tr>
<tr><th colspan="2">3. 提供内容</th></tr>
<tr><td>提供序列号：</td><td>生产日期和时间：</td></tr>
<tr><td>共　　页</td><td>失效日期和时间：</td></tr>
<tr><td colspan="2">公布方式□航行通告　　□航空资料汇编修订
□航空资料汇编补充资料　　□航空资料通报</td></tr>
<tr><td colspan="2">内容：</td></tr>
<tr><th colspan="2">4. AIRAC 事宜</th></tr>
<tr><td colspan="2">应采用 AIRAC 但未能实施的原因：</td></tr>
<tr><th colspan="2">5. 声明</th></tr>
<tr><td colspan="2">提供的航空情报原始数据内容真实、数据准确、全面。</td></tr>
<tr><td colspan="2">负责人签字</td></tr>
<tr><th colspan="2">6. 回执</th></tr>
<tr><td colspan="2">提供序列号：
收集单位：
收集人：
收集时间：
备注：</td></tr>
</table>

附件 3

航空资料定期颁发制的共同生产日期表

2011 年 航空资料共同 生产日期	2012 年 航空资料共同 生产日期	2013 年 航空资料共同 生产日期	2014 年 航空资料共同 生产日期
1 月 13 日	1 月 12 日	1 月 10 日	1 月 9 日
2 月 10 日	2 月 9 日	2 月 7 日	2 月 6 日
3 月 10 日	3 月 8 日	3 月 7 日	3 月 6 日
4 月 7 日	4 月 5 日	4 月 4 日	4 月 3 日
5 月 5 日	5 月 3 日	5 月 2 日	5 月 1 日
6 月 2 日	5 月 31 日	5 月 30 日	5 月 29 日
6 月 30 日	6 月 28 日	6 月 27 日	6 月 26 日
7 月 28 日	7 月 26 日	7 月 25 日	7 月 24 日
8 月 25 日	8 月 23 日	8 月 22 日	8 月 21 日
9 月 22 日	9 月 20 日	9 月 19 日	9 月 18 日
10 月 20 日	10 月 18 日	10 月 17 日	10 月 16 日
11 月 17 日	11 月 15 日	11 月 14 日	11 月 13 日
12 月 15 日	12 月 13 日	12 月 12 日	12 月 11 日

备注:共同生产日期从 1998 年 1 月 29 日开始,以 28 天为间隔计算得到。其他各年度航空资料共同生产日期由此推算。

附件 4

航空资料定期颁发制发布的航空情报资料

航空资料定期颁发制(AIRAC)发布的航空情报资料包括下列各项的设置、撤销和预定的重要变更,含运行试验:

一、涉及下列各项的水平和垂直界限、规章和程序的资料:

1. 飞行情报区;

2. 管制区;

3. 管制地带;

4. 空中交通服务航路;

5. 永久性危险区、禁区和限制区,包括已知活动的类别和期限;

6. 存在拦截可能的永久性区域或者航路、航段;

7. 影响航行的险情、军事演习和航空器的大规模活动。

二、无线电助航设备和通信设施的位置、频率、呼号、已知不正常情况和维修期。

三、等待和进近程序、进场和离场程序、减噪程序以及有关空中交通服务的其他程序。

四、气象服务程序和设备,包括气象广播。

五、机场、设施和服务的时间。

六、跑道、停止道、滑行道和停机坪。

七、过渡高度层、过渡高度和最低扇区高度。

八、机场地面运行程序,包括低能见度程序。

九、进近灯光和跑道灯光。

十、机场运行最低标准。

十一、航行障碍物的位置、高度和灯光。

十二、海关、移民和卫生服务。

附件 5

中华人民共和国航空资料汇编

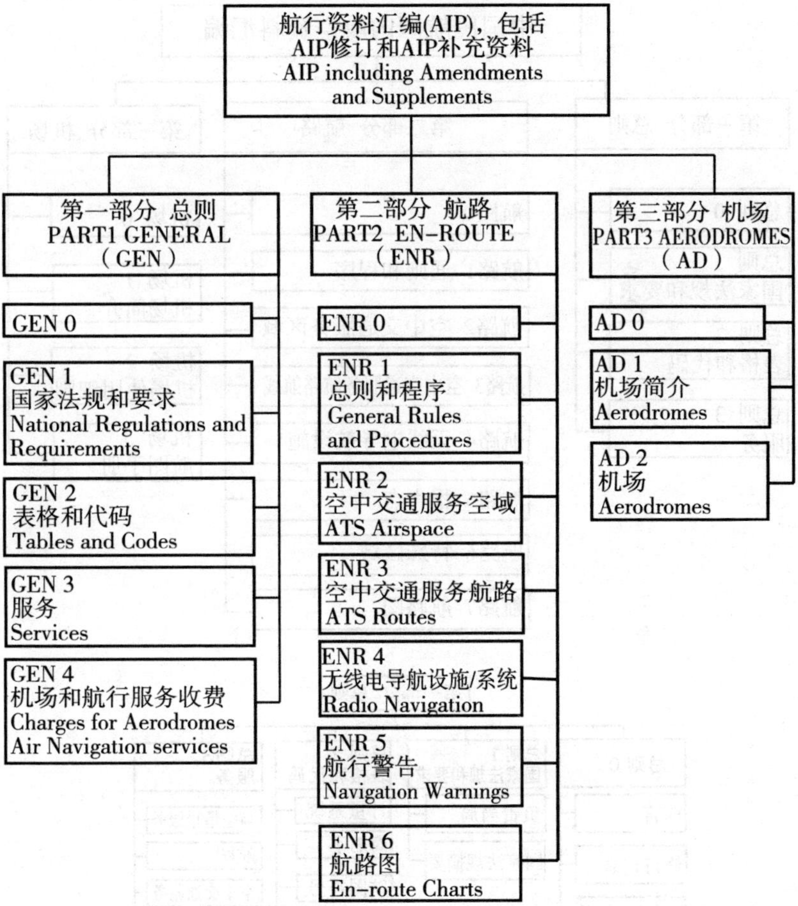

附件 6

中国民航国内航空资料汇编

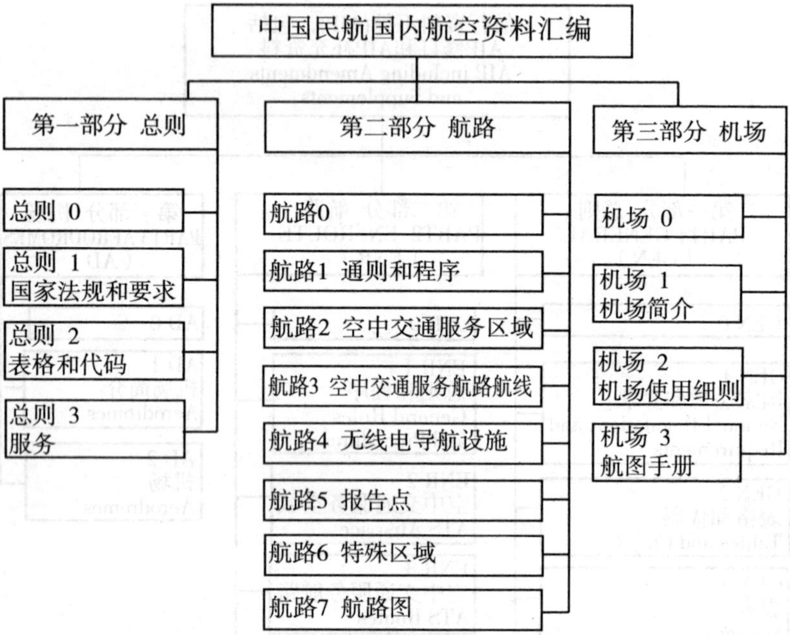

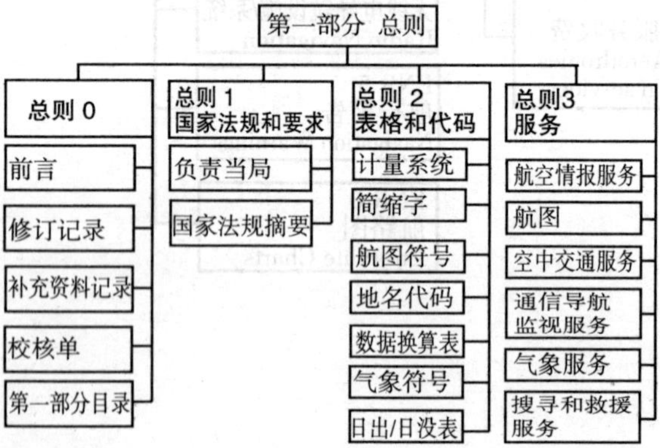

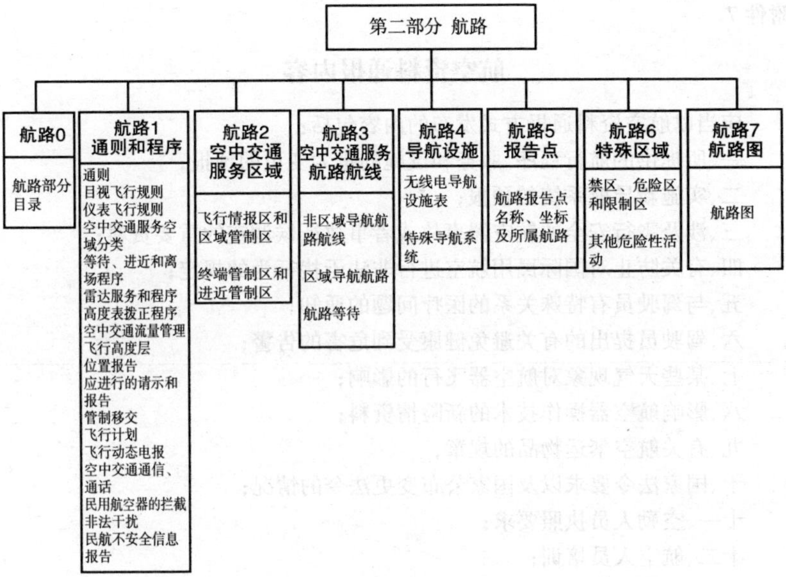
第二部分 航路
航路0
航路部分目录
航路1
通则和程序
通则
目视飞行规则
仪表飞行规则
空中交通服务空域分类
等待、进近和离场程序
雷达服务和程序
高度表拨正程序
空中交通流量管理
飞行高度层
位置报告
应进行的请示和报告
管制移交
飞行计划
飞行动态电报
空中交通通信、通话
民用航空器的拦截
非法干扰
民航不安全信息报告
航路2
空中交通服务区域
飞行情报区和区域管制区
终端管制区和进近管制区
航路3
空中交通服务航路航线
非区域导航航路航线
区域导航航路
航路等待
航路4
导航设施
无线电导航设施表
特殊导航系统
航路5
报告点
航路报告点名称、坐标及所属航路
航路6
特殊区域
禁区、危险区和限制区
其他危险性活动
航路7
航路图
航路图

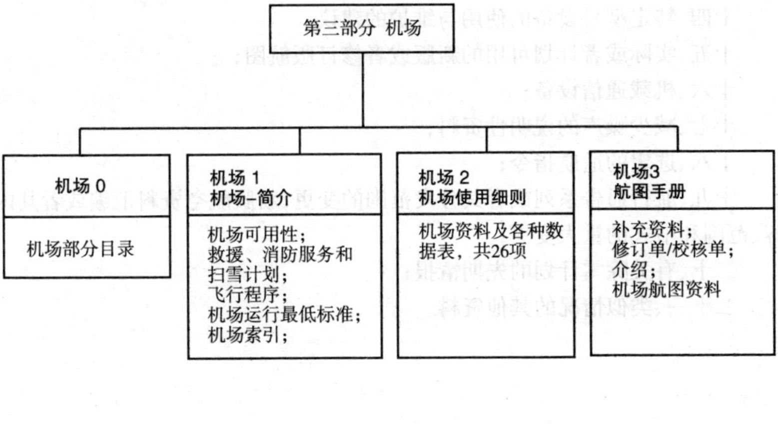
第三部分 机场
机场 0
机场部分目录
机场 1
机场–简介
机场可用性；
救援、消防服务和扫雪计划；
飞行程序；
机场运行最低标准；
机场索引；
机场 2
机场使用细则
机场资料及各种数据表，共26项
机场3
航图手册
补充资料；
修订单/校核单；
介绍；
机场航图资料

附件 7

航空资料通报内容

应当以航空资料通报方式发布的内容包括：

一、所提供的航行程序、服务和设施的重大变更的预报；

二、实施新导航系统的预报；

三、涉及飞行安全的航空器事故或者事故征候调查的重要资料；

四、有关防止对国际民用航空进行非法干扰行为的规定；

五、与驾驶员有特殊关系的医疗问题的通知；

六、驾驶员提出的有关避免健康受到危害的告警；

七、某些天气现象对航空器飞行的影响；

八、影响航空器操作技术的新险情资料；

九、有关航空禁运物品的规章；

十、国家法令要求以及国家公布变更法令的情况；

十一、空勤人员执照要求；

十二、航空人员培训；

十三、国家法律规定的适用或者豁免；

十四、特定型号设备的使用与维护的建议；

十五、实际或者计划可用的新版或者修订版航图；

十六、机载通信设备；

十七、减少噪声的说明性资料；

十八、选定的适航指令；

十九、航行通告系列或者其分发范围的变更，新版航空资料汇编或者其内容、范围和格式的重大变更；

二十、有关除雪计划的先期情报；

二十一、类似情况的其他资料。

附件 8

空中交通服务设施服务状况及鸟情状况报告单

<table>
<tr><td colspan="4">航空器国籍及注册标记：</td></tr>
<tr><td colspan="4">营运人及航班号：</td></tr>
<tr><td colspan="3">起飞机场：</td><td>起飞时间（UTC）：</td></tr>
<tr><td colspan="3">着陆机场：</td><td>着陆时间（UTC）：</td></tr>
<tr><td>设施</td><td>位置</td><td>缺陷的详细情况</td><td>观察时间</td></tr>
<tr><td></td><td></td><td></td><td></td></tr>
<tr><td>鸟情</td><td>位置</td><td>详细情况</td><td>观察时间</td></tr>
<tr><td></td><td></td><td></td><td></td></tr>
<tr><td colspan="4">日期：____年____月____日　机组签字：________</td></tr>
</table>

民用航空情报员执照管理规则

（2016年3月17日交通运输部令2016年第13号公布　自2016年4月17日起施行）

第一章　总　　则

第一条　为了规范民用航空情报员执照的管理，根据《中华人民共和国行政许可法》和《国务院对确需保留的行政审批项目设定行政许可的决定》，制定本规则。

第二条　本规则适用于民用航空情报员执照的申请、颁发、管理和监督。

第三条　民用航空情报员实行执照管理制度。执照经注册方为有效执照。持有有效民用航空情报员执照的，方可在民用航空情报服务机构独立从事民用航空情报服务工作。

第四条　民用航空情报员执照由中国民用航空局（以下简称民航局）统一颁发和管理。

民用航空地区管理局（以下简称地区管理局）负责本辖区民用航空情报员执照的具体管理工作。

依照本规则规定承担执照管理相关工作的其他单位和个人应当根据授权范围做好相关工作，并接受民航局和地区管理局监督。

第五条　本规则中所用部分术语的定义如下：

（一）民用航空情报员，是指从事收集、整理、编辑民用航空资料，设计、制作、发布航空情报产品，提供及时、准确、完整的民用航空活动所需的航空情报服务工作的人员。

（二）民用航空情报员执照，是指情报员执照持有人（以下简称持照人）具有符合要求的知识、技能和经历，有资格从事航空情报服务工作的证明文件。

（三）民用航空情报检查员（以下简称情报检查员），是指由民航局委任，依据规定代表民航局从事有关民用航空情报人员资质管理和航空情报服务机构技术检查等工作的专业技术人员。

（四）情报员执照培训合格证（以下简称培训合格证），是表明合格证持有人在专业培训机构为获取执照而完成专门训练的证明文件。

（五）情报员理论考试合格证（以下简称理论考试合格证），是表明合格证持有人具备从事航空情报服务工作所需专业知识的证明文件。

（六）情报员技能考核合格证（以下简称技能考核合格证），是表明合格证持有人具备从事航空情报服务工作所需专业技能的证明文件。

（七）作用于精神的物品，是指酒精、鸦片、大麻、可卡因及其他兴奋剂，安眠药及其他镇静剂，幻觉剂，但咖啡和烟草除外。

第二章　执照申请与颁发

第六条　情报员执照申请人（以下简称申请人）在提出申请前应当完成规定的专业培训，通过理论考试和技能考核，获得必要的申请经历，并取得相应的证明文件。

第七条　申请人应当在情报员专业培训机构完成规定的专业培训，通过培训机构的考核，并取得培训机构颁发的培训合格证。

第八条　情报员专业培训机构应当详细记录申请人培训情况，妥善保存人员培训的技术资料，保存期限不少于10年。

第九条　申请人应当在申请执照前完成本规则第二十八条所规定的岗位培训，并且获得在持照情报员监督下见习工作的经历。

第十条　根据规定取得培训合格证，并满足规定的申请经历要求后，申请人方可参加理论考试。

申请人的理论考试由工作单位所在地的地区管理局组织。

第十一条　情报员执照理论考试内容应当符合本规则对申请人应当具备知识的要求。

第十二条　情报员执照理论考试可以通过笔试或者计算机辅助考试实现。

理论考试为百分制，成绩在80分（含）以上的申请人方可获得理论考试合格证。

第十三条　理论考试合格者由工作单位所在地的地区管理局颁发合格证。理论考试合格证有效期3年。

第十四条　根据规定取得培训合格证，并满足规定的申请经历要求后，申请人方可参加技能考核。

申请人的技能考核由工作单位所在地的地区管理局组织，并安排情报检查员主持考核。

第十五条　情报员执照技能考核内容应当符合本规则对申请人应当具备技能的要求。

第十六条 情报员执照技能考核可以通过在实际运行环境中或者模拟环境中了解申请人技术能力的方式进行。

情报员执照技能考核按优、良、中、差评定。考核评定在良(含)以上者为考核合格。

主持技能考核的检查员应当详细记录考核情况,分析申请人技术水平,并评定技能考核结果。

第十七条 经主持技能考核的情报检查员评定,情报员执照技能考核合格者由地区管理局签发技能考核合格证。技能考核合格证有效期为1年。

第十八条 申请人应当具备下列条件:

(一)具有中华人民共和国国籍;

(二)热爱民航事业,具有良好的品行;

(三)具有大学专科(含)以上文化程度;

(四)口齿清楚,无色盲等缺陷;

(五)完成规定的专业培训,取得有效的执照培训合格证;

(六)通过理论考试,取得有效的理论考试合格证;

(七)通过技能考核,取得有效的技能考核合格证;

(八)符合本规则规定的申请人经历要求。

第十九条 符合本规则第十八条规定条件的申请人应当向工作单位所在地的地区管理局提交本规则附件一规定的《民用航空情报员执照申请表》以及申请人身份证明、学历证明、培训合格证、理论考试合格证、技能考核合格证、岗位培训和工作经历证明及近期照片等申请材料。

第二十条 对于申请材料不齐全或者不符合格式要求的,地区管理局应当在收到申请之后的5个工作日内一次性通知申请人需要补正的全部内容。逾期不通知视为在收到申请材料之日起受理。

第二十一条 地区管理局应当对申请人是否具备条件进行初步审查,并将申请材料及初步审查意见于受理后20个工作日内报送民航局。

第二十二条 民航局自收到地区管理局报送的执照申请材料及初步审查意见后20个工作日内,对申请材料进行审核并做出决定。符合条件的,应当予以批准,并自批准之日起10个工作日内颁发情报员执照;不符合条件的,应当不予批准,并通知地区管理局和申请人,说明不予批准的原因。

第二十三条 情报员执照由民航局局长或者其授权人员签署颁发。

第二十四条 情报员执照基本信息变更(范围见附件一第I项)时,持照人应当向所在地的地区管理局提出书面申请并提交相关证明材料。对于需要在执照上体现的信息,由地区管理局审核后报民航局换发执照。

第二十五条 情报员执照遗失或者损坏后，持照人应当向工作单位所在地的地区管理局以书面形式申请补发，由地区管理局审核后报民航局补发。

第三章 申请人应当具备的知识、技能和经历

第二十六条 申请人应当具备下列知识：

（一）与情报员管理、航空情报服务、航空数据管理、航图有关的法律、法规、规章和标准；国际民用航空公约及其附件、文件的相关内容；

（二）航空情报服务的组织与实施；

（三）航图的制作、识别和使用；

（四）航空情报服务工作中所用设备的原理、使用与限制；

（五）与航空情报服务工作有关的人的因素；

（六）飞行原理，航空器、动力装置与系统的操作原理与功能；

（七）航空气象学，气象文件与资料的使用与判读，影响飞行运行及安全的天气现象的起源与特征，测高法；

（八）空中导航的原理，导航系统与目视助航设备的原理、限制及精度，主要航空通信设备的工作原理及运用；

（九）领航学，推测和无线电领航方法、航图作业、航线飞行计划拟定、高度表拨正程序；

（十）目视与仪表飞行程序设计、机场最低运行标准制定的基本知识；

（十一）所在机场的航空资料、航图，机场净空及机场有关设施；

（十二）机场范围或者半径50公里范围内的各类通信、导航设施的类别、位置、有效距离、呼号、频率及使用程序；

（十三）机场范围内空中交通特点、航线结构及飞行程序；

（十四）有关航线的地形、走向、高度层配备及气象特点；

（十五）机场范围内的气象特征和危险天气的演变规律及对飞行的影响；

（十六）各种性质的飞行组织保障工作程序；

（十七）各种飞行勤务保障单位的联络程序、保障设施和能力；

（十八）与有关空中交通服务单位的工作关系、协调程序和手段；

（十九）航空专业英语；

（二十）质量管理系统相关知识；

（二十一）空中交通管理和航空信息管理概念、政策、技术；

（二十二）应当具备的其他相关知识。

第二十七条 申请人应当具备下列技能：

（一）熟练进行各类航行通告、飞行动态电报的编发和处理；

（二）熟练掌握民用航空固定通信电报拍发程序，正确使用通信设备收发电报；

（三）熟练编辑审核原始技术资料，处理静态航空数据；

（四）熟练使用各种航空情报资料和航图；

（五）能够正确使用航行通告代码和简缩字；

（六）能够独立主持提供飞行前和飞行后航空情报服务，向机组或者其他用户讲解飞行需要的航空情报，回答机组和其他用户在飞行准备中提出的问题；

（七）能够制定和受理飞行计划；

（八）能够利用航图进行地图作业，并进行一般领航计算；

（九）能看懂天气图并能进行天气形势的一般分析，择优选择航线和有利飞行高度层；

（十）能够对机型、机场、航线的性能进行分析；

（十一）能够正确实施紧急处置程序；

（十二）能够用英语就本专业范围内的工作进行会话、阅读、编写电报；

（十三）能够独立编写机场使用细则；

（十四）熟练操作航空情报自动化系统；

（十五）其他表现出与履行岗位职责相适应的能力和水平。

第二十八条 申请人应当符合下列申请经历要求：

（一）按照民用航空情报培训的相关规定，完成岗位培训并达到相关要求；

（二）在持照人的监督下，完成至少3个月的岗位见习工作。

第四章 执照管理

第二十九条 持照人应当满足下列近期经历要求：

（一）每6个月内在航空情报工作岗位的工作时间不少于60小时，或者少于60小时但是完成了至少1个月岗位熟练培训；

（二）熟悉与履行执照工作职责相关、现行有效的规则、程序和资料；

（三）按照规定完成有关岗位培训并达到相关要求。

第三十条 持照人有下列情形之一的，不得从事航空情报服务工作：

（一）在饮用任何含酒精饮料之后的8小时之内或者处在酒精作用之下、血液中酒精含量等于或者大于0.04%，或者受到任何作用于精神的物品影响损及工作能力时；

（二）持照人被依法暂停行使执照权利期间。

第三十一条 持照人所在单位应当建立民用航空情报员技术档案，如实记录持照人岗位培训、理论考试、技能考核、执照检查、岗位工作等技术经历。

第三十二条 持照人从事执照相应的岗位工作时，应当携带执照或者将执照保存在岗位所在单位，便于接受执照检查。

第三十三条 持照人应当在其工作单位所在地的地区管理局进行执照注册，注册的有效期为3年。颁发执照时，地区管理局应当进行首次注册。

持照人执照未经注册或者注册无效的，不得独立从事航空情报服务工作。

第三十四条 持照人工作单位跨地区管理局辖区变更时，应当到变更后工作单位所在地的地区管理局重新注册。地区管理局办理相关的执照管理档案转移，并报民航局备案。重新注册后，执照仍适用原注册有效期。

第三十五条 持照人所在单位每年应当对其知识和技能进行考试、考核，做出是否掌握工作岗位所需知识和技能的结论，并将考试、考核情况记入民用航空情报员技术档案。

第三十六条 持照人符合以下条件的，可以申请注册：

（一）符合本规则第二十九条规定的近期经历要求；

（二）通过所在单位组织的知识考试和技能考核，具备情报服务工作岗位应掌握的知识和技能。

第三十七条 持照人在执照注册有效期满前2个月向所在地的地区管理局提交执照注册申请，并将所在单位出具的岗位培训等近期经历证明、所在单位知识考试和技能考核情况等注册材料提交所在地的地区管理局。

第三十八条 地区管理局对持照人执照注册材料进行审核，对于符合执照注册条件的，地区管理局应在执照注册有效期满前予以注册。

必要时，地区管理局可以进行情报员执照注册检查，核实持照人岗位培训等近期经历情况，考核持照人的知识和技能。

第三十九条 逾期未注册的持照人申请重新注册时，由地区管理局对其进行情报员执照注册检查，对于符合条件的予以重新注册。

第四十条 情报员执照注册检查中技能考核由情报检查员具体实施。

第四十一条 经工作单位所在地的地区管理局批准，持照人注册条件要求可视情况降低，但应当对其提供航空情报服务的范围做出相应的限制。

第四十二条 地区管理局应当将执照注册的情况上报民航局备案。

第五章　法律责任

第四十三条　从事执照管理工作的单位及其工作人员有下列情形之一的，对直接负责的主管人员和其他直接责任人员依法给予行政处分：

（一）对不符合本规则规定条件的申请人准予颁发执照的；

（二）对符合本规则规定条件的申请人不予颁发执照或者不在规定期限内做出准予颁发执照决定的；

（三）在办理执照和实施监督检查过程中，索取他人财物或者谋取其他利益的；

（四）不依法履行监督职责，造成严重后果的。

第四十四条　从事航空情报员技能考核的检查员违反规定不正确履行职责，情节严重的，由民航局取消其检查员资格。

第四十五条　情报员专业培训机构违反规定颁发或者不颁发培训合格证的，由民航局或者地区管理局处以警告或者 1 万元以上 3 万元以下罚款。

第四十六条　申请人以欺骗、贿赂等不正当手段取得执照的，由民航局撤销其执照，3 年内不得再次申请执照。同时，由地区管理局对当事人处以警告或者 500 元以上 1000 元以下罚款。

第四十七条　违反本规则规定，未取得执照而独立从事民用航空情报服务工作的，由地区管理局对当事人处以 500 元以上 1000 元以下罚款；情节严重的，2 年内不得申请航空情报员执照。

第四十八条　违反本规则规定，持照人执照未经有效注册而独立从事民用航空情报服务工作的，由地区管理局责令限期改正，并对当事人处以警告，可同时处以 200 元以上 1000 元以下罚款；情节严重的，暂停其执照权利 3 个月至 6 个月。

第四十九条　航空情报服务机构违反本规则规定，安排未取得执照的人员从事民用航空情报服务工作的，由地区管理局责令改正，并处以 1 万元以上 3 万元以下罚款。

第五十条　航空情报服务机构违反本规则规定，安排执照未经有效注册的航空情报员独立从事民用航空情报服务工作的，由地区管理局责令改正，并且对航空情报服务机构处以警告；情节严重的，处以 5000 元以上 1 万元以下罚款。

第五十一条　航空情报服务机构未按本规则规定管理持照人技术档案的，由地区管理局责令限期改正，情节严重的，处以警告。

第五十二条　持照人违反本规则第三十条规定从事航空情报服务工作的，由地区管理局责令改正，对持照人给予警告或者200元以上1000元以下罚款；情节严重的，暂停其执照权利3个月至6个月。

第五十三条　持照人违反民用航空法律、法规、规章，未按规定履行职责，对事故征候、严重事故征候或者事故负有直接责任的，地区管理局应当取消其现行有效的注册，在3个月至1年内不予注册，并对违法当事人处以1000元以下罚款；造成严重后果的，应当取消现行有效的注册并不再予以注册。

第五十四条　持照人与事故征候、严重事故征候或者事故有直接关系的，调查期间地区管理局可以暂停其执照权利。

第六章　附　　则

第五十五条　本规则所称航空情报服务机构不包括航空器运营人航行情报部门。

第五十六条　本规则自2016年4月17日起施行。1986年3月15日发布，2006年6月21日中国民航总局令第169号修订的《民用航空情报员执照管理规则》（CCAR－65TM－Ⅲ－R3）同时废止。

第五十七条　在本规则施行前按照《民用航空情报员执照管理规则》（CCAR－65TM－Ⅲ－R3）获得的执照继续有效，其注册、换证和其他管理事项自本规则施行之日起按照本规则执行。

附件：

民用航空情报员执照申请表

本部分由申请人填写

Ⅰ 基 本 信 息			
1 姓名(汉语及全拼)	2 性别	3 国籍	8 照片
4 出生日期	5 出生地	6 民族	
7 身份证明编号			

9 工作单位	10 联系电话
11 通信地址	12 邮政编码

13 学历	14 毕业院校和专业	15 毕业时间

16 工作简历	起止年月	在何单位、任何职务及职称

Ⅱ 申 请 信 息	
17 培训合格证信息	
编　　号____________	颁发单位____________
颁发日期____________	有效日期____________
18 理论考试合格证信息	
编　　号____________	颁发单位____________
颁发日期____________	有效日期____________

本部分由申请人填写

19 技能考核合格证信息		
编　　号________ 颁发单位________		
颁发日期________ 有效日期________		

20 岗位培训经历

起止日期	岗位培训项目、名称	岗位培训教员

21 岗位工作经历

起止日期	岗位工作经历	情报单位负责人

22 附下述文件

□身份证明复印件　　　　□学历证书复印件

□培训合格证复印件　　　□理论考试合格证复印件

□技能考核合格证复印件　□岗位培训和工作经历证明复印件

□其他________

Ⅲ声明：我保证上述填写内容属实，如有不实后果本人负责。

23 申请人签字	24 申请日期
	年　月　日

本部分由民航地区管理局填写

Ⅳ地区管理局受理及初审	
25 地区管理局 □华北　□东北　□华东　□中南　□西南　□西北　□新疆	
26 受理决定	
□该申请人申请事项属于本机关职权范围，提供的申请材料齐全、符合法定形式，予以受理。 □不予受理，退回申请人。并告知申请人如下事项： ______________________________ ______________________________	
27 受理人	28 受理日期 年　月　日
29 初审事项	
□核实申请人身份。 □核实申请人学历背景、工作单位等基本信息。 □检查申请人培训合格证的有效性。 □检查申请人理论考试合格证的有效性。 □检查申请人技能考核合格证的有效性。 □核实申请人是否满足要求的申请经历，包括岗位培训经历和工作经历。	
30 初审结论	
□经初步审查，该申请人符合颁发情报员执照的条件，上报民航局最终审核。 □经初步审查，该申请人不符合颁发情报员执照的条件，上报民航局最终审核。 理由：______________________________	
31 初审人签字： 年　月　日	32 负责人签字： （加盖行政印章） 年　月　日

本部分由民航局填写

<table>
<tr><td colspan="2">Ⅴ民航局审核</td></tr>
<tr><td colspan="2">33 审核意见</td></tr>
<tr><td>□经审核,该申请人符合颁发情报员执照的条件,建议为其颁发情报员执照。</td><td>□经审核,该申请人不符合颁发情报员执照的条件,建议不予颁发情报员执照。
理由如下:
____
____
____
________________</td></tr>
<tr><td>34 审核人</td><td>35 审核日期

年　月　日</td></tr>
<tr><td>36 执照管理部门负责人</td><td>37 签发日期

年　月　日</td></tr>
<tr><td colspan="2">38 □同意颁发情报员执照。
□不予颁发情报员执照。

(加盖行政印章)
年　月　日</td></tr>
<tr><td colspan="2">39 执照档案编号</td></tr>
<tr><td colspan="2">□□□□□□□□□□□□□□□□□□□□□</td></tr>
</table>

民用航空电信人员执照管理规则

（2016年3月17日交通运输部令2016年第14号公布　自2016年4月17日起施行）

第一章　总　　则

第一条　为了规范民用航空电信人员执照的管理，根据《中华人民共和国行政许可法》和《国务院对确需保留的行政审批项目设定行政许可的决定》，制定本规则。

第二条　本规则适用于民用航空电信人员执照（以下简称电信人员执照）的申请、颁发、管理和监督。

第三条　民用航空电信人员（以下简称电信人员）实行执照管理制度，执照经注册方为有效执照。持有有效电信人员执照的，方可独立从事其执照载明的通信导航监视服务保障工作。

第四条　电信人员执照由中国民用航空局（以下简称民航局）统一颁发和管理。

民用航空地区管理局（以下简称地区管理局）负责本辖区电信人员执照管理的具体工作。

依照本规则规定承担执照管理相关工作的其他单位和个人应当根据授权范围做好相关工作，并接受民航局和地区管理局监督。

第五条　电信人员执照分为通信专业、导航专业和监视专业等三类。各专业所对应的岗位参见附件一。

电信人员执照类别和岗位在执照中以签注标明。

电信人员所从事的岗位工作应当与其执照类别和岗位签注相一致。

第六条　本规则中所用部分术语的含义如下：

（一）民用航空电信人员，是指从事民用航空通信导航监视服务保障工作的技术人员。

（二）电信人员执照，是指执照持有人具有符合要求的知识、技能和经历，有资格从事通信导航监视服务保障工作的证明文件。

（三）航空电信检查员（以下简称检查员），是由民航局委任，依据规定代表民航局从事有关民用航空电信人员执照管理和通信导航监视服务保障单位技术检查等工作的专业技术人员。

（四）电信人员理论考试合格证（以下简称理论考试合格证），是表明合格证持有人具备从事通信导航监视服务保障工作所需专业知识的证明文件。

（五）电信人员技能考核合格证（以下简称技能考核合格证），是表明合格证持有人具备从事通信导航监视服务保障工作所需专业技能的证明文件。

（六）作用于精神的物品，是指酒精、鸦片、大麻、可卡因及其他兴奋剂，安眠药及其他镇静剂，幻觉剂，但咖啡和烟草除外。

第二章　执照申请与颁发程序

第七条　执照申请人在提出申请前应当完成规定的培训，获得必要的申请经历，通过理论考试和技能考核，并取得相应的证明文件。

第八条　执照申请人和执照签注申请人的理论考试由其工作单位所在地的地区管理局组织。

第九条　理论考试的内容应当符合本规则对申请人应当具备知识的要求。

第十条　理论考试可以通过笔试或者计算机考试来实现。

理论考试为百分制，成绩在80分（含）以上的执照申请人方可获得理论考试合格证。

第十一条　理论考试合格证由地区管理局颁发并注明考试的专业类别。理论考试合格证有效期为2年。

第十二条　执照申请人和执照签注申请人的技能考核由其工作单位所在地的地区管理局组织，并安排检查员进行考核。

第十三条　技能考核针对申请人申请的专业类别和岗位进行。技能考核的内容应当符合本规则对申请人应当具备技能的要求。

第十四条　技能考核应当通过在实际运行环境中或者模拟环境中演示操作的方式进行。

技能考核按优、良、中、差评定。考核结果在良（含）以上的执照申请人方可获得技能考核合格证。

主持技能考核的检查员应当详细记录考核情况，分析申请人技术水平，评定技能考核结果。

第十五条　技能考核合格证由地区管理局签发。技能考核合格证应注明考核的专业类别和岗位。技能考核合格证有效期为2年。

第十六条 电信人员执照申请人应当具备下列条件：

（一）具有大学专科（含）以上文化程度；

（二）通过理论考试，取得有效的理论考试合格证；

（三）通过技能考核，取得有效的技能考核合格证；

（四）符合本规则规定的申请人培训和经历要求；

（五）符合通信导航监视服务保障工作岗位应当具备的身体条件。

第十七条 符合本规则第十六条规定条件的申请人应当按照所申请的执照类别及岗位，向地区管理局提交规定的下列申请材料：

（一）本规则附件二规定的《民用航空电信人员执照/专业类别签注申请表》；

（二）身份证明复印件；

（三）学历证明复印件；

（四）理论考试合格证复印件；

（五）技能考核合格证复印件；

（六）培训和经历证明；

（七）一寸标准白底正面免冠彩色照片两张及其电子版；

（八）其他规定的申请材料。

第十八条 对于申请材料不齐全或者不符合格式要求的，地区管理局应当在收到申请之后的5个工作日内一次性通知申请人需要补正的全部内容。逾期不通知视为在收到申请材料之日起受理。

第十九条 地区管理局应当对申请人是否具备条件进行初步审查，并将申请材料及初步审查意见于受理之日起20个工作日内报送民航局。

第二十条 民航局自收到地区管理局报送的执照申请材料及初步审查意见后20个工作日内，对申请材料进行审核并做出决定。符合条件的，应当予以批准，并自批准之日起10个工作日内颁发执照；不符合条件的，应当不予批准，并通知地区管理局和申请人，同时说明不予批准的原因。

第二十一条 电信人员执照由民航局局长或者其授权人员签署颁发。

第二十二条 持照人可以在现有执照的基础上申请增加或者变更专业类别签注和岗位签注。

第二十三条 持照人申请变更或增加执照专业类别签注的，申请条件、材料和程序按照本规则规定的执照申请条件、材料和程序办理。

第二十四条 持照人申请变更或增加执照岗位签注，不涉及执照专业类别发生变化的，应当向地区管理局提出申请，申请条件应当符合本规则第十六条（一）、（三）、（四）、（五）项要求，提交第十七条规定的除理论考试合格证之外的材料，并填写本规则附件三规定的《民用航空电信人员岗位签注申请表》。

地区管理局应当在受理后20个工作日内，对申请材料进行审核并做出决定。符合条件的，应当予以批准；不符合条件的，应当不予批准，并通知申请人，说明不予批准的原因。

第二十五条 电信人员执照基本信息(范围见附件二第I项)的变更，由持照人向地区管理局提出申请并提交相关证明材料。对于需要在执照上体现的信息，由地区管理局审核后报民航局换发执照。

第二十六条 电信人员执照遗失或者损坏后，持照人应当向地区管理局以书面形式申请补发，由地区管理局审核后报民航局补发执照。

第三章 申请人应当具备的知识、技能和经历

第二十七条 申请人应当具备与民用航空通信导航监视服务保障工作相关的下列知识：

(一)国际民用航空公约及其附件、文件的相关内容；

(二)法律、法规、规章，行业标准或规范；

(三)民用航空通信导航监视服务工作程序；

(四)空中交通服务规则和工作程序；

(五)设备的详细工作原理、信号流程图；

(六)设备的电路原理、重要元器件的功能；

(七)设备的性能及技术指标；

(八)配套设备的工作原理、技术功能。

第二十八条 申请人应当具备与民用航空通信导航监视服务保障工作相关的下列技能：

(一)掌握一般单套设备的安装，具有调试能力。对大型系统，可协助配合安装调试；

(二)熟练掌握设备的操作，如更改频率、改变工作方式、校正工作参数、更改参数设置；

(三)能熟练地运用仪器仪表测量工作参数；

(四)能熟练地判断设备的工作状态；

(五)能熟练地判断设备常见故障并予排除；

(六)熟悉设备日常维护、月维护、季维护、年维护的内容和程序，并能正常实施；

（七）熟悉设备维修程序；

（八）熟悉应急处置程序。

第二十九条 申请人应当符合下列申请经历要求：

（一）申请人在持相应有效执照岗位签注的电信人员带领下，参加不少于4个月的专业实习；

（二）对于同时申请电信人员执照同一专业类别多个岗位的申请人，其专业实习时间可以合并，但其总实习时间不得少于5个月；

（三）对于同时申请电信人员执照不同专业类别多个岗位的申请人，其专业实习时间可以合并，但其总实习时间不得少于6个月。

第四章 执照管理

第三十条 已获得执照的电信人员应当满足下列近期经历要求：

（一）最近6个月内在执照签注岗位的工作时间不少于1个月，或者少于1个月但是完成了1个月以上岗位熟练培训；

（二）熟悉所有与履行执照签注岗位工作职责相关的、现行有效的维护维修规程和资料。

持照人持有两个以上岗位签注的，应当结合现行岗位工作满足其中至少一个岗位签注的近期经历要求。

第三十一条 持照人有下列情形之一的，不得从事通信导航监视服务保障岗位工作：

（一）在饮用任何含酒精饮料之后的8小时之内或处在酒精作用之下、血液中酒精含量等于或者大于0.04%，或受到任何作用于精神的物品影响损及工作能力时；

（二）持照人被暂停行使执照权利期间。

第三十二条 持照人所在单位应当为航空电信人员建立规范统一的人员技术档案，完整、如实地记录持照人岗位培训、理论考试、技能考核、执照检查、岗位工作等技术经历。

第三十三条 持照人从事执照载明的岗位工作时，应当随身携带执照或将执照保存在所在岗位，便于接受执照检查。

第三十四条 电信人员工作单位跨地区变更时，应当到变更后工作单位所在地的地区管理局重新注册。地区管理局办理相关的执照管理档案转移，并报民航局备案。重新注册后，执照仍适用原注册有效期。

第三十五条 变更、增加专业类别签注或岗位签注的申请获得批准的，持照人应当在20个工作日内将执照送回地区管理局,由地区管理局在执照上变更或者增加相应签注。

第三十六条 持照人所在单位每年应当对其进行培训和考核,做出是否掌握工作岗位所需知识和技能的结论,并将培训、考核情况记入人员技术档案。

第三十七条 电信人员应当在其工作单位所在地地区管理局进行执照注册,注册的有效期为3年。颁发执照时,地区管理局应当进行首次注册。

持照人执照未经注册或者注册无效的,不得独立从事其执照载明的工作。

第三十八条 持照人符合以下条件的应当予以注册:

(一)完成规定的岗位培训;

(二)符合本规则规定的近期经历要求;

(三)通过所在单位组织的知识考试和技能考核,具备工作岗位应掌握的知识和技能。

第三十九条 持照人应在执照注册有效期满前3个月内向地区管理局提交执照注册申请,并将持照人所在单位出具的岗位培训和近期经历证明、所在单位的知识考试和技能考核情况等注册材料提交地区管理局。

第四十条 地区管理局对持照人执照注册材料进行审核,对于符合执照注册条件的,地区管理局应在执照注册有效期满前予以注册。

必要时,地区管理局可以进行电信人员执照注册检查,核实持照人岗位培训情况、近期经历,考核持照人的知识和技能,对检查合格者,予以注册。

第四十一条 逾期未注册的持照人申请重新注册时,由管理局对其进行电信人员执照注册检查,对于符合条件的,予以重新注册。

第四十二条 本规则第四十条和第四十一条中的电信人员执照注册检查中技能考核由检查员具体实施。

第四十三条 地区管理局应当将执照注册的情况上报民航局备案。

第四十四条 在执照注册有效期内,持照人连续6个月以上未在签注的岗位工作的,返回该岗位前应当完成1个月以上的由持照人单位组织的岗位熟练培训。

第五章 法律责任

第四十五条 从事执照管理工作的单位及其工作人员有下列情形之一的,对直接负责的主管人员和其他直接责任人员依法给予行政处分:

(一)对不符合本规则规定条件的申请人准予颁发执照的;

（二）对符合本规则规定条件的申请人不予颁发执照或者不在规定期限内做出准予颁发执照决定的；

（三）在办理执照和实施监督检查过程中，索取他人财物或者谋取其他利益的；

（四）不依法履行监督职责，造成严重后果的。

第四十六条 从事电信人员技能考核的检查员违反本规则规定不正确履行职责，情节严重的，由民航局取消其检查员资格。

第四十七条 执照申请人以欺骗、贿赂等不正当手段取得执照的，由民航局撤销其执照，3 年内不得再次申请。同时，由地区管理局对当事人处以警告或者 500 元以上 1000 元以下罚款。

第四十八条 违反本规则规定，未取得电信人员执照而独立从事通信导航监视服务保障工作的，由地区管理局对当事人处以 500 元以上 1000 元以下罚款；情节严重的，2 年内不得提出电信人员执照申请。

第四十九条 违反本规则规定，持照人执照未经有效注册或者不具备相应签注而独立从事通信导航监视服务保障工作的，由地区管理局责令限期改正，并对当事人处以警告；情节严重的，处以 200 元以上 1000 元以下罚款或者暂停其执照权利 3 个月至 6 个月。

第五十条 通信导航监视服务保障单位违反本规则规定，安排未取得电信人员执照的人员独立从事通信导航监视服务保障工作的，由地区管理局责令改正，并处以 1 万元以上 3 万元以下罚款。

第五十一条 通信导航监视服务保障单位违反本规则规定，安排执照未经有效注册或者不具备相应签注的持照人独立从事通信导航监视服务保障工作的，由地区管理局责令改正，并且对通信导航监视服务保障单位处以警告；情节严重的，处以 5000 元以上 1 万元以下罚款。

第五十二条 通信导航监视服务保障单位未按本规则规定管理持照人技术档案的，由地区管理局责令限期改正，情节严重的，对通信导航监视服务保障单位处以警告。

第五十三条 持照人违反本规则第三十一条规定从事通信导航监视服务保障岗位工作的，由地区管理局责令改正，对持照人给予警告或者 200 元以上 1000 元以下罚款；情节严重的，暂停其执照权利 3 个月至 6 个月。

第五十四条 持照人违反民用航空法律、法规、规章，未按规定履行职责，对事故征候、严重事故征候或者事故负有直接责任的，地区管理局应当取消其现行有效的注册，在 3 个月至 1 年内不予注册，并对违法当事人处以 1000 元以下罚款；造成严重后果的，应当取消现行有效的注册并不再予以注册。

第五十五条 持照人与发生的安全生产责任事故有直接关系的，在事故调查期间，地区管理局可以暂停其执照权利。

第六章 附 则

第五十六条 本规则自2016年4月17日起施行。2006年12月31日发布，2007年5月1日起施行的《民用航空电信人员执照管理规则》（中国民航总局令第175号，CCAR－65TM－I－R2）同时废止。

第五十七条 在本规则施行前按照《民用航空电信人员执照管理规则》（中国民航总局令第175号，CCAR－65TM－I－R2）获得的执照继续有效，其注册、换证和其他管理事项自本规则施行之日起按照本规则执行。

附件：1. 民用航空电信人员执照专业类别所对应的岗位

2. 民用航空电信人员执照/专业类别签注申请表

3. 民用航空电信人员岗位签注申请表

附件1

民用航空电信人员执照专业类别所对应的岗位

一、通信专业：

1. 甚高频地空通信系统、高频地空通信系统、数据链系统；

2. 语音通信交换系统、记录仪；

3. 自动转报系统、航空信息处理系统（AMHS）；

4. 卫星通信；

5. 数据通信；

6. 集群通信；

7. 信息网络。

二、导航专业：

1. 全向信标/测距设备；

2. 无方向性信标/指点信标；

3. 仪表着陆系统/测距设备；

4. 卫星导航地面设备。

三、监视专业：

1. 一/二次监视雷达；

2. 场面监视设备；

3. 多点相关定位系统；

4. 自动相关监视系统；

5. 空中交通管制自动化系统。

附件2

民用航空电信人员执照/专业类别注申请表

本部分由申请人填写

<table>
<tr><td colspan="4">Ⅰ基本信息</td></tr>
<tr><td>1. 姓名(汉语及全拼)</td><td>2. 性别</td><td>3. 国籍</td><td rowspan="4">7. 照片</td></tr>
<tr><td>4. 出生日期</td><td>5. 出生地</td><td>6. 民族</td></tr>
<tr><td>8. 身份证明编号</td><td colspan="2"></td></tr>
<tr><td>9. 原有执照编号</td><td colspan="2"></td></tr>
<tr><td colspan="2">10. 工作单位</td><td colspan="2">11. 联系电话</td></tr>
<tr><td colspan="2">12. 通信地址</td><td colspan="2">13. 邮政编码</td></tr>
<tr><td>14. 学历</td><td colspan="2">15. 毕业院校和专业</td><td>16. 毕业时间</td></tr>
<tr><td rowspan="5">17. 工作简历</td><td>起止年月</td><td colspan="2">在何单位、任何职务及职称</td></tr>
<tr><td></td><td colspan="2"></td></tr>
<tr><td></td><td colspan="2"></td></tr>
<tr><td></td><td colspan="2"></td></tr>
<tr><td></td><td colspan="2"></td></tr>
<tr><td colspan="4">Ⅱ申请信息</td></tr>
<tr><td colspan="4">18. 申请类别： □执照　□增加或变更专业类别签注</td></tr>
<tr><td>□通信专业</td><td colspan="3">□甚高频地空通信系统、高频地空通信系统、数据链系统
□语音通信交换系统、记录仪
□自动转报系统、航空信息处理系统(AMHS)
□卫星通信　□数据通信
□集群通信　□信息网络</td></tr>
<tr><td>□导航专业</td><td colspan="3">□全向信标/测距设备　□无方向性信标/指点信标
□仪表着陆系统/测距设备　□卫星导航地面设备</td></tr>
<tr><td>□监视专业</td><td colspan="3">□一/二次监视雷达　□场面监视设备
□多点相关定位系统　□自动相关监视系统
□空中交通管制自动化系统</td></tr>
</table>

本部分由申请人填写

<table>
<tr><td colspan="3">19. 理论考试合格证信息</td></tr>
<tr><td colspan="3">编　　号＿＿＿＿＿＿＿＿　颁发单位＿＿＿＿＿＿＿＿
颁发日期＿＿＿＿＿＿＿＿　有效日期＿＿＿＿＿＿＿＿</td></tr>
<tr><td colspan="3">20. 技能考核合格证信息</td></tr>
<tr><td colspan="3">编　　号＿＿＿＿＿＿＿＿　颁发单位＿＿＿＿＿＿＿＿
颁发日期＿＿＿＿＿＿＿＿　有效日期＿＿＿＿＿＿＿＿</td></tr>
<tr><td colspan="3">21. 岗位培训经历</td></tr>
<tr><td>起止日期</td><td>岗位培训项目、名称</td><td>岗位培训教员</td></tr>
<tr><td></td><td></td><td></td></tr>
<tr><td></td><td></td><td></td></tr>
<tr><td></td><td></td><td></td></tr>
<tr><td></td><td></td><td></td></tr>
<tr><td></td><td></td><td></td></tr>
<tr><td colspan="3">22. 岗位工作经历</td></tr>
<tr><td>起止日期</td><td>岗位工作经历</td><td>证明人</td></tr>
<tr><td></td><td></td><td></td></tr>
<tr><td></td><td></td><td></td></tr>
<tr><td></td><td></td><td></td></tr>
<tr><td></td><td></td><td></td></tr>
<tr><td></td><td></td><td></td></tr>
<tr><td colspan="3">23. 附下述文件</td></tr>
<tr><td colspan="3">□身份证明复印件　□学历证书复印件
□理论考试合格证复印件　□技能考核合格证复印件
□培训和工作经历证明复印件
其他＿＿＿＿＿＿＿＿＿＿＿＿＿＿＿＿＿＿</td></tr>
<tr><td colspan="3">Ⅲ声明：我保证上述填写内容属实，如有不实后果本人负责。</td></tr>
<tr><td colspan="2">24. 申请人签字</td><td>25. 申请日期

年　　月　　日</td></tr>
</table>

本部分由民航地区管理局填写

<table>
<tr><td colspan="2">Ⅳ地区管理局受理及初审</td></tr>
<tr><td colspan="2">26. 地区管理局
□华北　□东北　□华东　□中南　□西南　□西北　□新疆</td></tr>
<tr><td colspan="2">27. 受理决定</td></tr>
<tr><td colspan="2">□该申请人申请事项属于本机关职权范围,提供的申请材料齐全、符合法定形式,予以受理。
□不予受理,退回申请人。并告知申请人如下事项:
____
______________________________</td></tr>
<tr><td>28. 受理人</td><td>29. 受理日期

年　月　日</td></tr>
<tr><td colspan="2">30. 初审事项</td></tr>
<tr><td colspan="2">□核实申请人身份。
□核实申请人学历背景、工作单位等基本信息。
□检查申请人理论考试合格证的有效性。
□检查申请人技能考核合格证的有效性。
□核实申请人是否满足要求的申请经历,包括培训经历和工作经历。</td></tr>
<tr><td colspan="2">31. 初审结论</td></tr>
<tr><td colspan="2">□经初步审查,该申请人符合颁发电信人员执照/专业类别签注的条件,上报民航局最终审核。
□经初步审查,该申请人不符合颁发电信人员执照/专业类别签注的条件,上报民航局最终审核。
理由:______________________________</td></tr>
<tr><td>32. 初审人签字:

年　月　日</td><td>33. 负责人签字:

(加盖行政印章)
年　月　日</td></tr>
</table>

本部分由民航局填写

<table>
<tr><td colspan="2">V民航局审核</td></tr>
<tr><td colspan="2">34. 审核意见</td></tr>
<tr><td>□经审核，该申请人符合颁发电信人员执照/专业类别签注的条件，建议为其颁发电信人员执照/专业类别签注。</td><td>□经审核，该申请人不符合颁发电信人员执照/专业类别签注的条件，建议不予颁发电信人员执照/专业类别签注。理由如下：
____
____
____
____
________________</td></tr>
<tr><td>35. 审核人</td><td>36. 审核日期
年 月 日</td></tr>
<tr><td>37. 执照管理部门负责人</td><td>38. 签发日期
年 月 日</td></tr>
<tr><td colspan="2">39. □同意颁发电信人员执照/专业类别签注。
□不予颁发电信人员执照/专业类别签注。
（加盖行政印章）
年 月 日</td></tr>
<tr><td colspan="2">40. 执照档案编号
C N S</td></tr>
</table>

附件3

民用航空电信人员岗位签注申请表

本部分由申请人填写

Ⅰ基本信息

1. 姓名(汉语及全拼)	2. 性别	3. 国籍	7. 照片
4. 出生日期	5. 出生地	6. 民族	
8. 身份证明编号			
9. 原有执照编号			
10. 工作单位		11. 联系电话	
12. 通信地址		13. 邮政编码	
14. 学历	15. 毕业院校和专业	16. 毕业时间	

17. 工作简历	起止年月	在何单位、任何职务及职称

Ⅱ申请信息

18. 申请类别:

原专业类别及岗位	拟申请岗位
□通信专业岗位:	□甚高频地空通信系统、高频地空通信系统、数据链系统 □语音通信交换系统、记录仪 □自动转报系统、航空信息处理系统(AMHS) □卫星通信 □数据通信 □集群通信 □信息网络
□导航专业岗位:	□全向信标/测距设备 □无方向性信标/指点信标 □仪表着陆系统/测距设备□卫星导航地面设备
□监视专业岗位:	□一/二次监视雷达 □场面监视设备 □多点相关定位系统 □自动相关监视系统 □空中交通管制自动化系统

本部分由申请人填写

19. 理论考试合格证信息		
编　　号＿＿＿＿＿＿　颁发单位＿＿＿＿＿＿ 颁发日期＿＿＿＿＿＿　有效日期＿＿＿＿＿＿		
20. 技能考核合格证信息		
编　　号＿＿＿＿＿＿　颁发单位＿＿＿＿＿＿ 颁发日期＿＿＿＿＿＿　有效日期＿＿＿＿＿＿		
21. 岗位培训经历		
起止日期	岗位培训项目、名称	岗位培训教员
22. 岗位工作经历		
起止日期	岗位工作经历	证明人
23. 附下述文件		
□身份证明复印件　□学历证书复印件 □技能考核合格证复印件　□培训和工作经历证明复印件 其他＿＿＿＿＿＿		
Ⅲ声明：我保证上述填写内容属实，如有不实后果本人负责。		
24. 申请人签字	25. 申请日期 年　月　日	

本部分由民航地区管理局填写

Ⅳ地区管理局受理及初审

26. 地区管理局

□华北 □东北 □华东 □中南 □西南 □西北 □新疆

27. 受理决定

□该申请人申请事项属于本机关职权范围，提供的申请材料齐全、符合法定形式，予以受理。

□不予受理，退回申请人。并告知申请人如下事项：

____

____

28. 受理人	29. 受理日期
	年 月 日

30. 初审事项

□核实申请人身份。

□核实申请人学历背景、工作单位等基本信息。

□检查申请人理论考试合格证的有效性。

□检查申请人技能考核合格证的有效性。

□核实申请人是否满足要求的申请经历，包括培训经历和工作经历。

31. 审核意见

□经审核，该申请人符合颁发电信人员执照/专业类别签注的条件，建议为其颁发电信人员执照/专业类别签注。	□经审核，该申请人不符合颁发电信人员执照/专业类别签注的条件，建议不予颁发电信人员执照/专业类别签注。理由如下： ____________ ____________ ____________ ____________ ____________

本部分由民航地区管理局填写

32. 审核人	33. 审核日期 年　月　日
34. 执照管理部门负责人	35. 签发日期 年　月　日
36. □同意颁发电信人员执照/专业类别签注。 □不予颁发电信人员执照/专业类别签注。 （加盖行政印章） 年　月　日	

民用航空空中交通管制员执照管理规则

（2016 年 3 月 17 日交通运输部令 2016 年第 15 号公布　自 2016 年 4 月 17 日起施行）

第一章　总　　则

第一条　为了规范民用航空空中交通管制员执照的管理，根据《中华人民共和国民用航空法》、《中华人民共和国行政许可法》和《中华人民共和国飞行基本规则》，制定本规则。

第二条　本规则适用于民用航空空中交通管制员（以下简称管制员）执照的申请、颁发、管理和监督。

第三条　管制员实行执照管理制度，执照经注册方为有效执照。持有有效管制员执照的，方可独立从事其执照载明的空中交通服务工作。

第四条　管制员执照由中国民用航空局（以下简称民航局）统一颁发和管理。

民用航空地区管理局（以下简称地区管理局）负责本辖区管制员执照的具体管理工作。

依照本规则规定承担执照管理相关工作的其他单位和个人应当根据授权范围做好相关工作，并接受民航局和地区管理局监督。

第五条 管制员执照类别（以下简称执照类别）、英语无线电陆空通信资格（以下简称英语资格）、特殊技能水平（以下简称特殊技能）、从事管制工作的地点（以下简称工作地点）等以签注标明。

管制员所从事的工作应当与其执照签注相符合。

第六条 管制员执照类别包括机场管制、进近管制、区域管制、进近雷达管制、精密进近雷达管制、区域雷达管制、飞行服务和运行监控等八类。

第七条 本规则中所用部分术语的定义如下：

（一）管制员执照，是指管制员执照持有人（以下简称持照人）具有符合要求的知识、技能和经历，有资格从事特定空中交通管制工作的证明文件。

（二）空中交通管制检查员（以下简称管制检查员），是由民航局委任，依据规定代表民航局从事有关空中交通管制人员资质管理和空中交通管制单位技术检查等工作的专业技术人员。

（三）体检合格证，是指依据民航局规章，由民用航空卫生管理部门颁发的，表明体检合格证持有人的身体状况符合相应医学标准的证明文件。

（四）管制员执照培训合格证（以下简称培训合格证），是表明合格证持有人在专业培训机构为获取执照或者执照签注而完成专门训练的证明文件。

（五）管制员理论考试合格证（以下简称理论考试合格证），是表明合格证持有人具备从事空中交通管制工作所需专业知识的证明文件。

（六）管制员技能考核合格证（以下简称技能考核合格证），是表明合格证持有人具备从事空中交通管制工作所需专业技能的证明文件。

（七）作用于精神的物品，是指酒精、鸦片、大麻、可卡因及其他兴奋剂，安眠药及其他镇静剂，幻觉剂，但咖啡和烟草除外。

第二章 执照申请与颁发

第八条 管制员执照或者签注申请人在提出申请前应当按照规定参加体检鉴定，完成规定的专业培训，通过理论考试和技能考核，获得必要的申请经历，并取得相应的证明文件。

第九条 管制员执照或者签注申请人应当在管制员专业培训机构完成规定的专业培训，通过培训机构的考核，并取得培训机构颁发的培训合格证。

第十条 管制员专业培训机构应当详细记录申请人培训情况，妥善保存人员培训的技术资料，保存期限不少于10年。

第十一条 申请管制员执照或者签注前应当完成本规则第三十六条所规定的岗位培训，并且获得在持照管制员监督下见习工作的经历。

第十二条 根据规定取得培训合格证，并满足规定的申请经历要求后，管制员执照或者签注申请人方可参加理论考试。

管制员执照或者签注申请人的理论考试由工作单位所在地的地区管理局组织。

第十三条 管制员执照或者签注理论考试内容应当符合本规则对申请人应当具备知识的要求。

第十四条 管制员执照或者签注理论考试可以通过笔试或者计算机辅助考试实现。

理论考试为百分制，成绩在 80 分(含)以上的申请人方可获得理论考试合格证。

第十五条 管制员执照或者签注理论考试合格者由地区管理局颁发理论考试合格证。理论考试合格证有效期 3 年。

第十六条 根据规定取得培训合格证，并满足规定的申请经历要求后，管制员执照或者签注申请人方可参加技能考核。

管制员执照或者签注申请人的技能考核由工作单位所在地的地区管理局组织，并安排管制检查员主持考核。

第十七条 管制员执照或者签注技能考核内容应当符合本规则对申请人应当具备技能的要求。

第十八条 管制员执照或者签注技能考核可以通过在实际运行环境中或者模拟环境中了解申请人技术能力的方式进行。

管制员执照或者签注技能考核按优、良、中、差评定。考核评定在良(含)以上者为考核合格。

主持考核的管制检查员应当详细记录考核情况，分析申请人技术水平，并评定技能考核结果。

第十九条 经主持考核的管制检查员评定，管制员执照或者签注技能考核合格者由地区管理局签发技能考核合格证。技能考核合格证有效期 1 年。

第二十条 管制员执照申请人应当具备下列条件：

(一)具有中华人民共和国国籍；

(二)热爱民航事业，具有良好的品行；

(三)年满 21 周岁；

(四)具有大学专科(含)以上文化程度；

(五)能正确读、听、说、写汉语，口齿清楚，无影响双向无线电通话的口吃和口音；

（六）通过规定的体检，取得有效的体检合格证；

（七）完成规定的专业培训，取得有效的培训合格证；

（八）通过理论考试，取得有效的理论考试合格证；

（九）通过技能考核，取得有效的技能考核合格证；

（十）符合本规则规定的管制员执照申请人经历要求。

第二十一条 符合本规则第二十条规定条件的管制员执照申请人应当向工作单位所在地的地区管理局提交本规则附件一规定的《民用航空空中交通管制员执照申请表》以及申请人身份证明、学历证明、体检合格证、培训合格证、理论考试合格证、技能考核合格证、岗位培训和工作经历证明及近期照片等申请材料。

第二十二条 对于申请材料不齐全或者不符合格式要求的，地区管理局应当在收到申请之后的5个工作日内一次性通知申请人需要补正的全部内容。逾期不通知视为在收到申请之日起受理。

第二十三条 地区管理局应当对申请人是否具备条件进行初步审查，并将申请材料及初步审查意见于受理后20个工作日内报送民航局。

第二十四条 民航局自收到地区管理局报送的执照申请材料及初步审查意见后20个工作日内，对申请材料进行审核并做出决定。符合条件的，应当准予批准，并自批准之日起10个工作日内颁发管制员执照；不符合条件的，应当不予批准，并通知地区管理局和申请人，说明不予批准的原因。

第二十五条 管制员执照由民航局局长或者其授权人员签署颁发。

第二十六条 管制员取得英语资格相应等级签注的，方可使用英语进行无线电陆空通信。

申请英语资格签注的，除了符合本规则第二十条规定的条件，还应当通过民航局规定的管制英语等级考核，并获得有效的英语无线电陆空通信考核等级证明文件。申请程序参照执照申请程序办理。

第二十七条 民航局根据空管新技术发展应用情况以及采用的空中交通管制方式和手段，增加管制员执照特殊技能签注，以表明持照人有从事特殊管制岗位工作的能力。

第二十八条 管制员工作地点应当与其执照上的地点签注保持一致。

第二十九条 符合第二十条规定条件的持照人可以申请增加或者变更执照类别、特殊技能或者工作地点签注。申请程序参照执照申请程序办理。

第三十条 管制员执照基本信息（范围见附件一第Ⅰ项）变更时，持照人应当向工作单位所在地的地区管理局提出书面申请并提交相关证明材料。对于需要在执照上体现的信息,由地区管理局审核后报民航局换发执照。

第三十一条 管制员执照遗失或者损坏后,持照人应当向工作单位所在地的地区管理局以书面形式申请补发,由地区管理局审核后报民航局补发。

第三章 申请人应当具备的知识、技能和经历

第三十二条 管制员执照申请人应当具备下列与管制员执照及其工作职责相适应的知识:

(一)与空中交通管制员、空中交通管制工作有关的法律、法规、规章、标准和规定;

(二)工作中所用设备的一般原理、使用与限制;

(三)飞行原理,航空器、动力装置与系统的操作原理与功能,与空中交通管制运行相关的航空器性能;

(四)与空中交通管制有关的人的因素;

(五)航空气象学,有关天气现象的起源与特征,测高法;

(六)空中导航的原理,导航系统与目视助航设备的原理、限制及精度;

(七)空中交通管制、通信、无线电通话(正常、非正常及应急)用语程序,相关航空文件的使用,与飞行有关的安全措施;

(八)机场飞行程序设计、最低运行标准制定的基本知识;

(九)飞行动态电报、航行通告的拍发;

(十)有关航行资料、航图;

(十一)飞行组织保障;

(十二)负责区域的空域结构、机场飞行程序、地形和显著地标、天气现象、导航设施和空中交通服务的特点;

(十三)适用的规则、程序和资料;

(十四)应急、搜寻与援救的计划和程序;

(十五)与有关单位之间的协调;

(十六)与航空情报服务、航图有关的法律、法规、规章、标准和规定;

(十七)飞行流量管理;

(十八)飞行计划的受理、处理、审批;

(十九)航空情报服务的组织与实施。

第三十三条 机场管制、进近管制、区域管制、进近雷达管制、区域雷达管制、精密进近雷达管制类别签注的申请人应当具备如下技能:

(一)掌握各类工作程序,正确实施管制,合理调配飞行间隔;

（二）熟练使用各种工作设备；

（三）熟练进行地/地、地/空通信；

（四）正确使用航行通告、航行资料、航图、气象资料、航空电码简字简语；

（五）正确实施紧急处置程序；

（六）提供安全、有序和高效的管制服务所需的技能、判断力与表现，达到与所授予权利与履行岗位职责相适应的能力和水平。

第三十四条 飞行服务类别签注申请人应当具备如下技能：

（一）熟练进行飞行动态电报、航行通告的编发和处理；

（二）熟练处理飞行计划；

（三）熟练提供飞行服务；

（四）熟练处理航空数据；

（五）正确使用航空情报资料和航图；

（六）正确实施紧急处置程序；

（七）能够看懂气象报文、天气图，能够进行天气形势的一般分析，能够择优选择航路航线和有利飞行高度层；

（八）能够对机型的性能、机场、航路航线情况进行分析；

（九）能够独立主持提供飞行前和飞行后航空情报服务；

（十）能够正确使用航行通告代码和简缩字，掌握民用机场使用细则的内容和编写所需的原始资料；

（十一）提供及时、准确和完整的飞行服务所需的其他技能，达到与履行岗位职责相适应的能力和水平。

第三十五条 运行监控类别签注申请人应当具备如下技能：

（一）能够熟练地组织和协调所辖区域内各空管保障单位的空管运行工作；

（二）掌握空中领航计算；

（三）能够看懂气象报文、天气图，能够进行天气形势的一般分析，能够择优选择航路航线和有利飞行高度层；

（四）掌握无线电、电子设备的使用；

（五）掌握各类航空电报的编发；

（六）熟练地进行地/地、地/空通信；

（七）掌握所辖区域内紧急处置程序的实施；

（八）能够对航空器性能、机场、航线情况进行分析；

（九）熟练地制定飞行计划；

（十）掌握各类飞行保障设备的服务程序和组织程序；

（十一）航图的使用，航行通告的应用；

（十二）熟悉飞行组织工作，能够拟定飞行和各保障部门在飞行工作中的协同方案；

（十三）与履行岗位职责相适应的其他能力和水平。

第三十六条 管制员执照和签注申请人应当符合下列申请经历要求：

（一）完成空中交通管制培训管理规则规定的岗位培训并达到相关要求；

（二）机场管制、进近管制、区域管制、飞行服务、运行监控类别签注申请人，在具有相应类别签注持照人的监督下，完成至少3个月的管制见习工作；

（三）进近雷达管制、区域雷达管制、精密进近雷达管制类别签注申请人，在具有相应类别签注持照人的监督下，完成至少4个月的管制见习工作；

（四）精密进近雷达类别签注的申请人，还应当在雷达模拟机上实施不少于200次精密进近，在所在单位使用的设备上实施不少于100次精密进近；

（五）增加或者变更工作地点签注的申请人，应当于新工作地点在持照人监督下，完成至少1个月的管制见习工作，增加或者变更的工作地点为新设立管制单位的情况除外。

申请人的（二）、（三）、（四）项经历要求应当在申请前的6个月内完成，但可以同时进行。

第三十七条 申请人已经持有军方管制员执照或者已经持有另一类别签注的管制员执照的，经地区管理局批准，其申请经历要求可视情降低，但不得低于规定时间和次数要求的二分之一。

民航管理部门和事业单位从事空中交通管制相关工作的人员、院校空中交通管制专业教师申请执照的，经民航局批准其申请经历要求可视情降低，并对其执照权利做出必要的限制。

第三十八条 遇有自然灾害或者紧急情况时，为了保证空中交通管制单位的运行，经地区管理局审查批准后申请地点签注的经历要求可视情降低，并报民航局备案。

第四章 执照管理

第三十九条 已获得执照的管制员应当满足下列近期经历要求：

（一）每6个月内在管制员执照载明工作地点履行工作职责的时间不少于80小时；

（二）熟悉与履行空中交通管制工作职责相关、现行有效的规则、程序和资料；

（三）按照空中交通管制培训管理规则的规定完成有关岗位培训并达到相关要求；

持照人持有两个（含）以上类别签注的，应当结合现岗位工作，满足其中至少一个类别签注的近期经历要求。

第四十条 持照人有下列情形之一的，不得从事空中交通管制工作：

（一）持照人身体状况发生变化，出现不符合所持体检合格证相应医学标准的情况时；

（二）在饮用任何含酒精饮料之后的 8 小时之内或者处在酒精作用之下、血液中酒精浓度含量等于或者大于 0.04%，或者受到任何作用于精神的物品影响损及工作能力时；

（三）持照人被依法暂停行使执照权利期间。

第四十一条 持照人所在单位应当建立管制员技术档案，如实记录持照人岗位培训、理论考试、技能考核、执照检查、岗位工作等技术经历。

第四十二条 持照人从事执照相应的岗位工作时应当携带执照或者将执照保存在岗位所在单位，便于接受执照检查。

第四十三条 持照人应当在其工作单位所在地的地区管理局进行执照注册，注册的有效期为 1 年。颁发执照时，地区管理局应当进行首次注册。

持照人执照未经注册或者注册无效的，不得独立从事其执照载明的工作。

第四十四条 持照人的工作单位跨地区管理局辖区变更时，应当在变更后的工作单位所在地的地区管理局办理重新注册。地区管理局办理相关的执照管理档案转移，并报民航局备案。重新注册后，执照仍适用原注册有效期。

第四十五条 持照人所在工作单位每年应当对其知识和技能进行考试、考核，做出是否掌握工作岗位所需知识和技能的结论，并将考试、考核情况记入管制员技术档案。

第四十六条 持照人符合以下条件的，可以申请注册：

（一）持有有效的体检合格证；

（二）符合本规则的近期经历要求；

（三）通过所在单位组织的知识考试和技能考核，具备管制工作岗位需要掌握的知识和技能。

第四十七条 持照人在执照注册有效期满前 2 个月向工作单位所在地的地区管理局提交执照注册申请，并将持照人体检合格证、所在单位出具的岗位培训和近期经历证明、所在单位知识考试和技能考核情况等注册材料提交地区管理局。

第四十八条 地区管理局对持照人执照注册材料进行审核，对于符合执照注册条件的,地区管理局应在执照注册有效期满前予以注册。

必要时,地区管理局可以进行管制员执照注册检查,核实体检合格证,持照人岗位培训、近期经历的情况,考核持照人的知识和技能。

第四十九条 逾期未注册的持照人申请重新注册时,由地区管理局对其进行管制员执照注册检查,对于符合条件的予以重新注册。

第五十条 管制员执照注册检查中的技能考核由管制检查员具体实施。

第五十一条 经工作单位所在地的地区管理局批准,持照人注册条件要求可视情况降低,但应当对其提供管制服务的范围做出相应的限制。

第五十二条 地区管理局应当将执照注册的情况上报民航局备案。

第五章 法律责任

第五十三条 从事执照管理工作的单位及其工作人员有下列情形之一的,对直接负责的主管人员和其他直接责任人员依法给予行政处分:

(一)对不符合本规则规定条件的申请人准予颁发执照的;

(二)对符合本规则规定条件的申请人不予颁发执照或者不在规定期限内做出准予颁发执照决定的;

(三)在办理执照和实施监督检查过程中,索取他人财物或者谋取其他利益的;

(四)不依法履行监督职责,造成严重后果的。

第五十四条 从事管制员技能考核的检查员违反本规则规定不正确履行职责,情节严重的,由民航局取消其检查员资格。

第五十五条 管制员专业培训机构违反本规则规定颁发或者不颁发培训合格证的,由民航局或者地区管理局处以警告或者 1 万元以上 3 万元以下罚款。

第五十六条 执照申请人以欺骗、贿赂等不正当手段取得执照的,由民航局撤销其相应执照,3 年内不得再次申请执照。同时,由地区管理局对当事人处以警告或者 500 元以上 1000 元以下罚款。

第五十七条 违反本规则规定,未取得执照而独立从事民用航空空中交通管制工作的,由地区管理局对当事人处以 500 元以上 1000 元以下罚款,情节严重的,2 年内不得申请管制员执照。

第五十八条 违反本规则规定,持照人执照未经有效注册或者不具备相应签注而独立从事民用航空空中交通管制工作的,由地区管理局责令限期改正,并对当事人处以警告;情节严重的,处以 200 元以上 1000 元以下罚款或者暂停其执照权利3个月至6个月。

第五十九条 管制单位违反本规则规定，安排未取得执照的人员独立从事民用航空空中交通管制工作的，由地区管理局责令改正，并处以5万元以上10万元以下罚款。

第六十条 管制单位违反本规则规定，安排执照未经有效注册或者不具备相应签注的持照人独立从事民用航空空中交通管制工作的，由地区管理局责令改正，并且对管制单位处以警告；情节严重的，处以5000元以上3万元以下罚款。

第六十一条 持照人所在单位未按规定管理持照人技术档案的，由地区管理局责令限期改正，情节严重的，处以警告。

第六十二条 持照人违反本规则第四十条规定从事民用航空空中交通管制工作的，由地区管理局对持照人给予警告或者200元以上1000元以下罚款；情节严重的，由地区管理局暂停其执照权利3个月至6个月。

第六十三条 持照人违反民用航空法律、法规、规章，未按规定履行职责，对事故征候、严重事故征候或者事故负有直接责任的，由民航局或者地区管理局对持照人处以500元以上1000元以下罚款或者暂停其执照权利3个月至12个月；情节严重的，由民航局依照《中华人民共和国飞行基本规则》吊销其执照。

第六十四条 持照人与事故征候、严重事故征候或者事故有直接关系的，调查期间地区管理局可以暂停其执照权利。

第六章 附　　则

第六十五条 本规则自2016年4月17日起施行。

1986年4月14日发布，2006年6月21日中国民航总局令第168号修订的《民用航空空中交通管制员执照管理规则》(CCAR－66TM－R3)同时废止。

第六十六条 在本规则施行前按照《民用航空空中交通管制员执照管理规则》(CCAR－66TM－R3)获得的执照继续有效，其注册、换证和其他管理事项自本规则施行之日起按照本规则执行。

附件

民用航空空中交通管制员执照申请表

本部分由申请人填写

<table>
<tr><td colspan="6">Ⅰ基 本 信 息</td></tr>
<tr><td colspan="2">1 姓名(汉语及全拼)</td><td>2 性别</td><td colspan="2">3 国籍</td><td rowspan="3">8 照片</td></tr>
<tr><td colspan="2">4 出生日期</td><td>5 出生地</td><td colspan="2">6 民族</td></tr>
<tr><td colspan="5">7 身份证明编号</td></tr>
<tr><td colspan="4">9 工作单位</td><td colspan="2">10 联系电话</td></tr>
<tr><td colspan="4">11 通信地址</td><td colspan="2">12 邮政编码</td></tr>
<tr><td>13 学历</td><td colspan="3">14 毕业院校和专业</td><td colspan="2">15 毕业时间</td></tr>
<tr><td rowspan="5">16 工作简历</td><td>起止年月</td><td colspan="4">在何单位、任何职务及职称</td></tr>
<tr><td></td><td colspan="4"></td></tr>
<tr><td></td><td colspan="4"></td></tr>
<tr><td></td><td colspan="4"></td></tr>
<tr><td></td><td colspan="4"></td></tr>
<tr><td colspan="6">Ⅱ申请信息</td></tr>
<tr><td colspan="6">17 申请何种签注管制员执照</td></tr>
<tr><td colspan="6">□机场管制 □进近管制 □进近雷达管制 □精密进近雷达管制
□区域管制 □区域雷达管制 □飞行服务 □运行监控
□工作地点＿＿＿＿＿＿ □其他</td></tr>
<tr><td colspan="6">18 体检合格证信息</td></tr>
<tr><td colspan="6">编　　号＿＿＿＿＿＿＿＿ 颁发单位＿＿＿＿＿＿＿＿
颁发日期＿＿＿＿＿＿＿＿ 有效日期＿＿＿＿＿＿＿＿</td></tr>
</table>

本部分由申请人填写

19 培训合格证信息	
编　　号__________	颁发单位__________
颁发日期__________	有效日期__________

20 理论考核合格证信息	
编　　号__________	颁发单位__________
颁发日期__________	有效日期__________

21 技能考核合格证信息	
编　　号__________	颁发单位__________
颁发日期__________	有效日期__________

22 岗位培训经历

起止日期	培训项目、名称	培训教员

23 岗位见习工作经历

起止日期	岗位见习工作经历	管制单位主任

24 附下述文件

□身份证明复印件　□学历证书复印件　□体检合格证复印件

□培训合格证复印件　□理论考试合格证复印件　□技能考核合格证复印件

□岗位培训和工作经历证明复印件　其他__________

Ⅲ声明：我保证上述填写内容属实，如有不实后果本人负责。

25 申请人签字	26 申请日期 年　　月　　日

本部分由民航地区管理局填写

Ⅳ地区管理局受理及初审	
27 地区管理局 □华北 □东北 □华东 □中南 □西南 □西北 □新疆	
28 受理决定	
□该申请人申请事项属于本机关职权范围，提供的申请材料齐全、符合法定形式，予以受理。 □不予受理，退回申请人。并告知申请人如下事项： __________ __________	
29 受理人	30 受理日期 年　月　日
31 初审事项	
□核实申请人身份。 □核实申请人学历背景、工作单位等基本信息。 □确定申请人所持有的体检合格证是否现行有效，审查合格证上的信息。 □检查申请人培训合格证的有效性。 □检查申请人理论考试合格证的有效性。 □检查申请人技能考核合格证的有效性。 □核实申请人是否满足要求的申请经历，包括培训经历和工作经历。	
32 初审结论	
□经初步审查，该申请人符合颁发管制员执照的条件，上报民航局最终审核。 □经初步审查，该申请人不符合颁发管制员执照的条件，上报民航局最终审核。 理由：__________	
33 初审人签字 年　月　日	34 负责人签字： （加盖行政印章） 年　月　日

本部分由民航局填写

<table>
<tr><th colspan="2">Ⅴ民航局审核</th></tr>
<tr><td colspan="2">35 审核意见</td></tr>
<tr><td>□经审核，该申请人符合颁发管制员执照的条件，建议为其颁发管制员执照。</td><td>□经审核，该申请人不符合颁发管制员执照的条件，建议不予颁发管制员执照。理由如下：
____
____
____
____
____________</td></tr>
<tr><td>36 审核人</td><td>37 审核日期
年　月　日</td></tr>
<tr><td>38 执照管理部门负责人</td><td>39 签发日期
年　月　日</td></tr>
<tr><td colspan="2">40 □同意颁发管制员执照。
□不予颁发管制员执照。
（加盖行政印章）
年　月　日</td></tr>
<tr><td colspan="2">41 执照档案编号</td></tr>
</table>

民用航空气象人员执照管理规则

（2016 年 3 月 17 日交通运输部令 2016 年第 16 号公布　自 2016 年 4 月 17 日起施行）

第一章　总　　则

第一条　为了规范民用航空气象人员执照的管理，根据《中华人民共和国行政许可法》和《国务院对确需保留的行政审批项目设定行政许可的决定》，制定本规则。

第二条　本规则适用于民用航空气象人员执照的申请、颁发、管理和监督。

第三条　民用航空气象人员（以下简称气象人员）实行执照管理制度，执照经注册方为有效执照。持有有效民用航空气象人员执照的，方可在航空气象服务机构独立从事其执照载明的航空气象服务工作。

第四条　民用航空气象人员执照由中国民用航空局（以下简称民航局）统一颁发和管理。

民用航空地区管理局（以下简称地区管理局）负责本辖区民用航空气象人员执照的具体管理工作。

依照本规则规定承担执照管理相关工作的单位和个人应当根据授权范围做好相关工作，并接受民航局和地区管理局监督。

第五条　民用航空气象人员执照类别分为气象观测、气象预报、自动气象观测设备保障、气象雷达设备保障、气象信息系统设备保障五类。

气象人员执照类别在执照中以签注标明。

气象人员从事岗位工作应当与其执照类别一致。

第六条　本规则中所用部分术语的含义如下：

（一）民用航空气象人员，是指从事民用航空气象观测、气象预报、气象设备保障的人员。

（二）气象观测员，是指从事民用航空气象观测工作的人员。

（三）气象预报员，是指从事民用航空气象预报工作的人员。

（四）气象设备保障人员，是指从事民用航空自动气象观测系统、气象雷达等探测设备和气象信息系统运行保障工作的人员。

（五）气象检查员（以下简称检查员），是由民航局委任，依据规定代表民航局从事有关气象人员资质管理和民用航空气象服务机构技术检查等工作的专业技术人员。

（六）气象人员执照理论考试合格证（以下简称理论考试合格证），是表明合格证持有人具备从事航空气象服务工作所需专业知识的证明文件。

（七）气象人员执照技能考核合格证（以下简称技能考核合格证），是表明合格证持有人具备从事航空气象服务工作所需专业技能的证明文件。

第二章　执照申请与颁发

第七条　气象人员执照申请人、签注申请人应当完成规定的专业培训，通过规定的理论考试、技能考核，获得必要的工作经历，并取得相应的证明文件。

第八条　气象人员执照理论考试由申请人工作单位所在地地区管理局组织。

第九条　气象人员执照理论考试内容应当符合本规则对申请人应当具备知识的要求。

第十条　气象人员执照理论考试可以通过笔试或者计算机考试的方式实现。

理论考试为百分制，成绩在 80 分（含）以上的执照申请人方可获得理论考试合格证。

第十一条　理论考试合格者由申请人工作单位所在地地区管理局颁发理论考试合格证。理论考试合格证有效期为 3 年。

第十二条　气象人员执照技能考核由申请人工作单位所在地地区管理局组织，并安排检查员主持考核。

第十三条　气象人员执照技能考核的内容应当符合本规则对申请人应当具备技能的要求。

第十四条　气象人员执照技能考核在实际运行环境中或者模拟环境中进行。

技能考核按优、良、中、差四个等级评定。考核评定在良（含）以上者为考核合格。

主持技能考核的检查员应当详细记录考核情况，分析申请人技术水平，并评定技能考核结果。

第十五条　气象人员执照技能考核合格者由地区管理局颁发技能考核合格证。技能考核合格证有效期为 3 年。

第十六条　气象人员执照申请人应当具备下列条件：

（一）通过理论考试，取得有效的理论考试合格证；

（二）通过技能考核，取得有效的技能考核合格证；

（三）完成规定的培训并符合实习经历的要求；

（四）气象观测执照申请人应当具有气象专业大专（含）以上文化程度；气象预报执照申请人应当具有气象专业本科（含）以上文化程度；气象设备保障执照申请人应当具有相关专业本科（含）以上文化程度。

第十七条 执照持有人符合第十六条规定条件的，可以申请在执照上增加类别签注。增加签注的程序参照执照申请程序办理。

第十八条 符合本规则第十六条规定条件的执照申请人应当按照所申请的执照类别，向工作单位所在地地区管理局提交本规则附件一规定的《民用航空气象人员执照申请表》以及申请人身份证明、学历证明、理论考试合格证、技能考核合格证、培训证明、实习经历证明和近期照片等申请材料。

第十九条 对于申请材料不齐全或者不符合格式要求的，地区管理局应当在收到申请之后的5个工作日内一次性通知申请人需要补正的全部内容。逾期不通知视为在收到申请材料之日起受理。

第二十条 地区管理局应当对申请人是否具备条件进行初步审查，并将申请材料及初步审查意见于受理后20个工作日内报送民航局。

第二十一条 民航局自收到地区管理局报送的申请材料及初步审查意见后20个工作日内，对申请材料进行审核并做出决定。符合条件的，应当予以批准，并自批准之日起10个工作日内颁发气象人员执照；不符合条件的，应当不予批准，并通知地区管理局和申请人，同时说明不予批准的原因。

第二十二条 气象人员执照由民航局局长或者其授权人员签署颁发。

第二十三条 气象人员执照基本信息（范围见附件一第Ⅰ项）变更时，持照人应当向工作单位所在地地区管理局提出书面申请并提交相关证明材料。对于需要在执照上体现的信息，由地区管理局审核后报民航局换发执照。

第二十四条 气象人员执照遗失或者损坏后，持照人应当向工作单位所在地地区管理局以书面形式申请补发，由地区管理局审核后报民航局补发。

第三章　申请人应当具备的知识、技能和经历

第二十五条 气象观测执照申请人、签注申请人应当掌握下列理论知识：

（一）与气象观测有关的法律、法规、规章和标准，国际民用航空公约及其附件、文件的相关内容；

（二）气象学、天气学、气候学；

（三）航空气象、地面气象观测知识；

（四）航空气候特征、地方性天气特点；

（五）地理自然环境对航空气象要素的影响；

（六）观测设备的性能参数及气象条件对其性能的影响；

（七）气象服务相关的航空器运行与管理知识；

（八）应当具备的其他相关知识。

第二十六条 气象观测执照申请人、签注申请人应当具备下列技能：

（一）掌握航空气象观测工作程序；

（二）准确观测，正确记录各类航空气象要素；

（三）按规定的格式和时间制作例行、特殊天气报告；

（四）熟练利用计算机编发报告和查询数据，并能利用计算机制作气象观测月总簿和年总簿；

（五）能完成各类气压仪的安装调试；

（六）能正确、熟练使用观测仪器，简单维护常规仪器。

第二十七条 气象预报执照申请人、签注申请人应当掌握下列理论知识：

（一）气象预报有关的法律、法规、规章和标准，国际民用航空公约及其附件、文件的相关内容；

（二）气象学、天气学、动力气象学、航空气象学；

（三）航空气候特征、地方性天气特点；

（四）天气形势预报、要素预报；

（五）中尺度系统及短时天气预报技术、数值预报产品释用；

（六）气象卫星资料、气象雷达资料的识别和分析；

（七）主要气象设备的基本性能和工作原理；

（八）气象服务相关的航空器运行与管理知识；

（九）应当具备的其他相关知识。

第二十八条 气象预报执照申请人、签注申请人应当具备下列技能：

（一）掌握航空气象预报工作程序；

（二）能独立使用各类气象资料进行气象预报分析；

（三）能独立制作区域预报和机场预报；

（四）能独立制作重要气象情报、低空气象情报、机场警报、风切变警报；

（五）能利用民航气象业务系统进行资料的检索与使用；

（六）能独立制作飞行气象文件，为航空用户提供咨询、讲解等气象服务；

（七）了解空中交通服务规则和工作程序。

第二十九条 气象设备保障执照申请人、签注申请人应当掌握下列理论知识：

（一）航空气象服务有关的法律、法规、规章和标准；国际民用航空公约及其附件、文件的相关内容；

（二）航空气象学基础知识；

（三）电工技术、电子线路（模拟、数字）、微波技术；

（四）计算机、数字通讯、网络的基础知识；

（五）相应的自动气象观测设备、气象雷达等探测设备和气象信息系统的性能和工作原理；

（六）气象服务相关的航空器运行与管理知识；

（七）应当具备的其他相关知识。

第三十条 气象设备保障执照申请人、签注申请人应当具备下列技能：

（一）了解气象服务工作的流程；

（二）熟练阅读一般的电路图；

（三）会使用所需要的测试仪表和工具；

（四）熟悉计算机操作，熟悉网络、各服务器的配置和管理；

（五）掌握一般单套设备的软硬件安装，对大型系统，可协助配合安装调试；

（六）能够借助不同的方式了解系统的工作状态，判断可能的故障部位（原因），并采取有效措施修复；

（七）熟悉设备日常维护、月维护、季维护、年维护的内容和程序，并能正常实施。

第三十一条 气象人员执照申请人和签注申请人应当符合下列实习经历要求：

（一）气象观测执照申请人和签注申请人在持照气象观测员带领下，参加不少于6个月的航空气象观测实习。

（二）气象预报执照申请人和签注申请人在持照气象观测员带领下，参加不少于2个月的航空气象观测实习；在持照气象预报员带领下，参加不少于6个月的航空气象预报实习。

（三）气象设备保障执照申请人和签注申请人在相应类别持照人员带领下，参加不少于6个月的设备保障实习。

第四章 执照管理

第三十二条 气象人员所在单位应当建立气象人员技术档案，如实记录持照人岗位培训、理论考试、技能考核、执照检查、岗位工作等技术经历。

第三十三条 持照人从事执照相应的岗位工作时，应当携带执照或将执照保存在岗位所在单位，便于接受执照检查。

第三十四条 持照人被暂停行使执照权利期间不得从事相应工作。

第三十五条 气象人员应当在其工作单位所在地地区管理局进行执照注册,注册的有效期为3年。颁发执照时,地区管理局应当进行首次注册。

气象人员执照逾期未注册或者注册无效的,持照人不得独立从事其执照载明的工作。

第三十六条 气象人员工作单位跨地区变更时,应当到变更后工作单位所在地地区管理局重新注册。地区管理局办理相关的执照管理档案转移手续,并报民航局备案。重新注册后,执照仍适用原注册有效期。

第三十七条 持照人符合以下条件的,可以申请注册:

(一)完成规定的岗位培训;

(二)持有有效的理论考试合格证和技能考核合格证;

(三)申请注册前连续半年以上在其执照所载明的民用航空气象工作岗位工作。

第三十八条 持照人在执照注册有效期满前2个月向工作单位所在地地区管理局提交执照注册申请,并将持照人培训和近期工作经历证明、理论考试合格证、技能考核合格证等材料提交地区管理局。

第三十九条 地区管理局对持照人执照注册材料进行审核,对于符合执照注册条件的,地区管理局应在执照注册有效期满前予以注册。

第四十条 地区管理局应当将执照注册的情况上报民航局备案。

第五章 法律责任

第四十一条 从事执照管理工作的单位及其工作人员有下列情形之一的,对直接负责的主管人员和其他直接责任人员依法给予行政处分:

(一)对不符合本规则规定条件的申请人准予颁发执照的;

(二)对符合本规则规定条件的申请人不予颁发执照或者不在规定期限内做出准予颁发执照决定的;

(三)在办理执照和实施监督检查过程中,索取他人财物或者谋取其他利益的;

(四)不依法履行监督职责,造成严重后果的。

第四十二条 从事气象人员技能考核的检查员违反本规则规定不正确履行职责、情节严重的,由民航局取消其检查员资格。

第四十三条 执照申请人以欺骗、贿赂等不正当手段取得执照的,由民航局撤销其执照,3年内不得再次申请执照。同时,由地区管理局对当事人处以警告或者500元以上1000元以下罚款。

第四十四条 违反本规则规定,未取得执照而独立从事航空气象服务工作的,由地区管理局对当事人处以500元以上1000元以下罚款,情节严重的,2年内不得申请气象人员执照。

第四十五条 违反本规则规定,持照人执照未经有效注册或者不具备相应签注而独立从事航空气象服务工作的,由地区管理局责令限期改正,并对当事人处以警告。情节严重的,处以200元以上1000元以下罚款或者暂停其执照权利3个月至6个月。

第四十六条 航空气象服务机构违反本规则规定,安排未取得执照的人员独立从事民用航空气象服务工作的,由地区管理局责令改正,并处以1万元以上3万元以下罚款。

第四十七条 航空气象服务机构违反本规则规定,安排执照未经有效注册或者不具备相应签注的持照人独立从事民用航空气象服务工作的,由地区管理局责令改正,并且对航空气象服务机构处以警告;情节严重的,处以5000元以上1万元以下罚款。

第四十八条 航空气象服务机构未按本规则规定管理持照人技术档案的,由地区管理局责令限期改正,情节严重的,处以警告。

第四十九条 持照人违反法律、法规、规章,未按规定履行职责,对事故征候、严重事故征候或者事故负有直接责任的,地区管理局应当取消其现行有效的注册,在3个月至1年内不予注册,并对违法当事人处以1000元以下罚款;造成严重后果的,应当取消现行有效的注册并不再予以注册。

第五十条 持照人与事故征候、严重事故征候或者事故有直接关系的,调查期间地区管理局可以暂停其执照权利。

第六章 附 则

第五十一条 本规则自2016年4月17日起施行。2006年9月4日中国民用航空总局令第171号公布的《民用航空气象人员执照管理规则》(CCAR-65TM-Ⅱ-R2)同时废止。

第五十二条 在本规则施行前按照《民用航空气象人员执照管理规则》(CCAR-65TM-Ⅱ-R2)获得的执照继续有效,其注册、换证和其他管理事项自本规则施行之日起按照本规则执行。

附件:民用航空气象人员执照申请表

附件

民用航空气象人员执照申请表

本部分由申请人填写

<table>
<tr><td colspan="6">Ⅰ基本信息</td></tr>
<tr><td colspan="2">1 姓名(汉语及全拼)</td><td colspan="2">2 性别</td><td>3 国籍</td><td rowspan="4">8 照片</td></tr>
<tr><td colspan="2">4 出生日期</td><td colspan="2">5 出生地</td><td>6 民族</td></tr>
<tr><td colspan="5">7 身份证明编号</td></tr>
<tr><td colspan="5"></td></tr>
<tr><td colspan="4">9 工作单位</td><td colspan="2">10 联系电话</td></tr>
<tr><td colspan="4">11 通信地址</td><td colspan="2">12 邮政编码</td></tr>
<tr><td>13 学历</td><td colspan="3">14 毕业院校和专业</td><td colspan="2">15 毕业时间</td></tr>
<tr><td rowspan="5">16 工作简历</td><td>起止年月</td><td colspan="4">在何单位、任何职务及职称</td></tr>
<tr><td></td><td colspan="4"></td></tr>
<tr><td></td><td colspan="4"></td></tr>
<tr><td></td><td colspan="4"></td></tr>
<tr><td></td><td colspan="4"></td></tr>
<tr><td colspan="6">Ⅱ申请信息</td></tr>
<tr><td colspan="6">17 申请何种类别执照
□气象观测 □气象预报 □自动气象观测设备保障
□气象雷达设备保障 □气象信息系统设备保障</td></tr>
<tr><td colspan="6">18 理论考试合格证信息
编　　号________________ 颁发单位________________
颁发日期________________ 有效日期________________</td></tr>
</table>

本部分由申请人填写

<table>
<tr><td colspan="3">19 技能考核合格证信息
编　　号________________　　颁发单位________________
颁发日期________________　　有效日期________________</td></tr>
<tr><td colspan="3">20 培训经历</td></tr>
<tr><td>起止日期</td><td>培训项目、名称</td><td>培训教员</td></tr>
<tr><td></td><td></td><td></td></tr>
<tr><td></td><td></td><td></td></tr>
<tr><td></td><td></td><td></td></tr>
<tr><td></td><td></td><td></td></tr>
<tr><td></td><td></td><td></td></tr>
<tr><td colspan="3">21 岗位见习经历</td></tr>
<tr><td>起止日期</td><td>实习岗位</td><td>实习单位</td></tr>
<tr><td></td><td></td><td></td></tr>
<tr><td></td><td></td><td></td></tr>
<tr><td></td><td></td><td></td></tr>
<tr><td></td><td></td><td></td></tr>
<tr><td></td><td></td><td></td></tr>
<tr><td colspan="3">22 附下述文件</td></tr>
<tr><td colspan="3">□身份证明复印件　　□学历证书复印件
□理论考试合格证复印件　　□技能考核合格证复印件
□培训经历证明复印件　　□实习经历证明复印件
其他____________________</td></tr>
<tr><td colspan="3">Ⅲ声明:我保证上述填写内容属实,如有不实后果本人负责。</td></tr>
<tr><td>23 申请人签字</td><td colspan="2">24 申请日期

年　　月　　日</td></tr>
</table>

本部分由民航地区管理局填写

Ⅳ地区管理局受理及初审	
25 地区管理局 □华北 □东北 □华东 □中南 □西南 □西北 □新疆	
26 受理决定	
□该申请人申请事项属于本机关职权范围,提供的申请材料齐全、符合法定形式,予以受理。 □不予受理,退回申请人。并告知申请人如下事项: ____________________ ____________________	
27 受理人	28 受理日期 年 月 日
29 初审事项	
□核实申请人身份。 □核实申请人学历背景、工作单位等基本信息。 □检查申请人理论考试合格证的有效性。 □检查申请人技能考核合格证的有效性。 □核实申请人是否满足要求的培训经历和工作经历。	
30 初审结论	
□经初步审查,该申请人符合颁发气象人员执照的条件,上报民航局最终审核。 □经初步审查,该申请人不符合颁发气象人员执照的条件,上报民航局最终审核。 理由:____________________	
31 初审人签字: 年 月 日	32 负责人签字: (加盖行政印章) 年 月 日

本部分由民航局填写

<table>
<tr><td colspan="2">V民航局审核</td></tr>
<tr><td colspan="2">33 审核意见</td></tr>
<tr><td>□经审核,该申请人符合颁发气象人员执照的条件,建议为其颁发气象人员执照。</td><td>□经审核,该申请人不符合颁发气象人员执照的条件,建议不予颁发气象人员执照。理由如下:
______
______
______
______
______</td></tr>
<tr><td>34 审核人</td><td>35 审核日期
年 月 日</td></tr>
<tr><td>36 执照管理部门负责人</td><td>37 签发日期
年 月 日</td></tr>
<tr><td colspan="2">38 □同意颁发气象人员执照。
□不予颁发气象人员执照。
(加盖行政印章)
年 月 日</td></tr>
<tr><td colspan="2">39 执照档案编号</td></tr>
<tr><td colspan="2">M | E | T | | | | | | | | | | | | | | | | | |</td></tr>
</table>

民用航空空中交通管理运行单位安全管理规则

（2016年3月17日交通运输部令2016年第17号公布　自2016年4月17日起施行）

第一章　总　　则

第一条　为了规范对民用航空空中交通管理（以下简称民航空管）运行单位的安全监督和管理，降低空中交通安全风险，提高空中交通运行安全水平，保障飞行安全，依据《中华人民共和国安全生产法》、《中华人民共和国民用航空法》和《中华人民共和国飞行基本规则》等法律法规，制定本规则。

第二条　在中华人民共和国领域内从事民用航空空中交通服务、航空情报服务、通信导航监视服务、航空气象服务的单位（以下简称民航空管运行单位）和个人，应当遵守本规则。

本规则所指的民航空管运行单位包括中国民用航空局空中交通管理局及其所属的地区空中交通管理局、空中交通管理分局、空中交通管理站和机场管理机构及其下属的民航空管运行部门。

第三条　民航空管运行单位安全管理应当坚持安全第一、预防为主、综合治理的工作方针。

第四条　中国民用航空局（以下简称民航局）负责监督管理全国民航空管安全管理工作，民航地区管理局（以下简称地区管理局）负责监督管理本地区民航空管安全管理工作。

第五条　民航空管运行单位负责组织与实施本单位民航空管运行安全管理工作。

第六条　民航空管安全管理工作实行安全事故责任追究制度，依据有关法律、法规和本规则的规定，追究安全生产事故责任人的责任。

第七条　民航局鼓励和支持民航空管安全管理的科学技术研究、先进技术和先进管理方式的推广应用，提高民航空管安全管理水平。

第二章　机构和人员

第八条　民航局负责统一制定民航空管安全管理的政策、规章和标准，制定安全工作规划，确定安全管理目标，组织实施民航空管安全审计，指导监督民航空管安全管理体系建设，监督、检查和指导民航空管安全工作及安全管理措施的落实情况。

第九条　地区管理局负责监督检查本地区民航空管运行单位贯彻落实民航空管安全管理的政策、法规、规章和标准；监督检查安全工作规划和安全管理措施落实、安全管理目标执行和安全管理体系建设的情况，监督检查民航空管运行单位的安全评估工作，承办民航空管安全审计工作。

第十条　民航空管运行单位贯彻落实民航空管安全管理的政策、法规、规章和标准，落实安全工作规划、安全管理目标，建立健全安全管理体系，实施对本单位运行状况的经常性检查，定期评价安全状况，组织落实安全管理措施，收集、统计、分析本单位的安全信息，对民航空管不安全事件制定并落实整改措施，制定本单位安全培训计划，组织开展安全生产教育、培训工作，记录培训考核情况；组织实施民航空管安全评估；按规定上报本单位的安全状况和信息。

第十一条　民航空管运行单位应当根据下列要求设置运行安全管理部门或者配备安全管理人员。

（一）从业人员超过 150 人（含）的，应当设置专门的安全管理部门；

（二）从业人员少于 150 人的，应当按照不小于 50 比 1 的比例设置专职安全管理人员；

（三）从业人员少于 50 人的，应当至少有一名专职或兼职的安全管理人员。

民航空管运行单位安全管理部门或安全管理人员负责本单位的安全管理体系的组织与实施工作。

第十二条　民航空管运行单位的主要负责人对本单位运行安全管理全面负责，组织实施下列安全管理工作：

（一）建立健全本单位安全生产责任制；

（二）组织制定本单位安全管理的规章制度和操作规程；

（三）保证本单位的安全管理投入；

（四）督促、检查本单位的安全管理工作，及时消除民航空管运行安全隐患；

（五）组织制定并实施本单位的应急预案；

（六）及时、如实地报告民航空管不安全事件。

第十三条 民航空管运行单位应当倡导积极的安全文化，采取多种形式加强对民航空管安全的法律、法规、规章、标准和民航空管安全知识的宣传，向从业人员充分告知安全风险，教育和督促从业人员严格遵守安全生产规章制度，执行操作规程，提高职工的安全意识。

第十四条 民用航空空中交通管制员、航空情报员、航空电信人员、航空气象人员等专业人员应当按照有关规定取得相应的专业人员执照，并保持有效。

前款所述从业人员在身体不适合履行岗位职责时，应当主动向本单位报告，民航空管运行单位应当及时予以调整工作岗位。

第十五条 民航空管运行单位的从业人员应当服从安全管理，严格遵守本单位的安全生产规章制度和操作规程，有权拒绝违章操作。

从业人员有义务对民航空管安全管理工作提出建议，发现安全隐患或者其他不安全因素，应当立即向安全管理部门或者安全管理人员报告。

第十六条 民航空管运行中凡涉及人员派遣、工作代理、设备租赁和信息服务的，相关单位和人员应当以协议的形式明确安全责任。

第十七条 在同一运行区域内或在相邻运行区域运行时，各民航空管运行单位之间，民航空管运行单位与航空营运人、机场管理机构等有关单位之间，应当通过协议明确各自的安全职责和措施。

第三章　民航空管安全管理

第十八条 民航空管运行单位应当建立和健全民航空管安全管理体系。民航空管安全管理体系应当包括安全管理的组织机构、人员及其职责，安全管理的方针、政策和目标，安全管理的标准以及规章制度，安全绩效考核制度，安全监督和检查机制，安全评估制度，应急管理制度，安全教育和培训制度，安全信息报告制度，安全风险管理机制，安全奖惩机制，安全问责制度，文档管理要求等。民航空管安全管理体系应当做到有计划、有落实、有检查、有跟踪的闭环管理。

第十九条 民航空管运行单位应当定期召开安全形势分析会，分析和判断安全生产形势，对前一阶段的工作进行总结，并对以后的工作进行部署。

当出现不利于民航空管安全运行的因素或者已经发生影响民航空管运行的严重事件时，民航空管运行单位应当及时召开会议，研究制定针对性措施。

第二十条 民航空管运行单位应当建立安全评估机制。安全评估分为事前评估和跟踪评估。事前评估是对预计实施事项的可行性、安全性和可靠性以及安全应对措施是否满足可接受的安全风险水平的评估;跟踪评估是对评估事项实施后是否满足预定的安全指标水平以及未来的安全发展态势所进行的评估。

民航空管运行单位在遇有下列情况之一,应当进行安全评估:

(一)降低最低飞行间隔;

(二)变更管制方式;

(三)新技术首次应用;

(四)实施新的飞行程序或管制程序;

(五)调整空域范围或空域结构;

(六)新建、改建、扩建民航空管运行设施设备等建设项目;

(七)其他可能影响安全风险水平的情况。

民航空管运行单位应当对运行环境或方式改变后的运行安全情况进行持续监控。

第二十一条 民航空管运行单位应当将评估情况报所在地的地区管理局备案。

第二十二条 民航空管运行单位应当建立定期和不定期的内部安全检查制度,对检查中发现的问题,制定切实可行的安全措施。

第二十三条 民航空管运行单位应当建立健全风险管理机制,将影响民航空管运行安全的风险降低到可接受的程度。民航空管运行单位应当对在运行中可能发生或者出现的下列情况进行分析和控制:

(一)小于最小飞行间隔;

(二)低于最低安全高度;

(三)民航空管雷达自动化系统出现低高度告警或短时飞行冲突告警;

(四)非法侵入跑道;

(五)地空通信失效;

(六)无线电干扰;

(七)影响民航空管运行安全的设备故障;

(八)其他可能危及民航空管运行安全的情况。

第二十四条 民航空管运行单位应当按照民航安全目标,确立民航空管运行安全指标。民航空管运行安全指标应当包括:

(一)民航空管原因航空器事故征候和严重事故征候的事件数量和万架次率;

（二）民航空管通信、导航、监视、航空气象和航空情报等设备的运行正常率和完好率；

（三）民航空管设施设备故障等原因影响民航空管运行的不正常事件以及其持续时间、影响范围和程度；

（四）重要天气预报准确率和气象地面观测错情率；

（五）航空情报资料发布以及更新的准确率；

（六）其他可能影响实现民航安全目标的工作指标。

第二十五条 民航空管运行单位应当按照规定制定应急处置预案，并定期组织演练。

第二十六条 民航空管运行单位应当建立安全建议和意见的收集、分析及反馈制度，鼓励民航空管从业人员主动提出安全建议和意见。

第四章 民航空管不安全事件的报告、调查和处理

第二十七条 发生或者发现民航空管不安全事件，事件发生地的民航空管运行单位应当按照规定及时报告。

第二十八条 民航空管运行单位应当按规定制定民航空管不安全事件的报告程序。

第二十九条 民航空管不安全事件调查应当客观公正，全面深入地查找、分析事件发生的原因，明确责任，提出并落实改进建议和措施，防止类似事件再次发生。

第三十条 对民航局或者地区管理局组织的民航空管不安全事件调查，民航空管运行单位应当积极配合。民航空管运行单位应当将本单位组织的民航空管不安全事件的调查情况，按规定及时报告所在地的地区管理局。

第三十一条 未经民航局许可，民航空管运行单位及其从业人员不得对外发布民航空管不安全事件信息。

第五章 安全教育和培训

第三十二条 民航空管运行单位的主要负责人和安全管理人员应当经过相应的民航局安全管理培训，取得相应培训证书，具备相应的安全知识和安全管理能力。

第三十三条 民航空管运行单位应当制定安全教育和培训计划，对从业人员进行安全教育、培训和考核。

安全教育和培训可以单独或者与相关培训机构联合进行。

第三十四条 民航空管运行单位应当将安全教育和培训经费纳入本单位年度计划,为安全教育和培训提供所需条件。

第三十五条 民航空管从业人员应当接受安全教育和培训,未经安全教育和培训,或者经教育和培训后考核不合格的从业人员,不得上岗作业。

第三十六条 民航空管安全培训分为岗前、年度、专项培训。

岗前培训是对民航空管新从业人员和转岗人员的安全培训;年度培训是每年对民航空管从业人员的安全培训;专项培训是针对采用新技术或使用新设备等特定目的所进行的安全培训。

上述培训可以单独或者结合相关专业培训一并进行。

第三十七条 对民航空管新从业人员和转岗人员应当进行岗前培训。岗前安全培训主要内容:

(一)国家、民航的安全生产方针、政策;

(二)有关安全生产的法律、法规、规章和标准;

(三)安全管理概念和安全管理体系知识;

(四)专业安全生产管理和安全生产技术;

(五)民用航空器事故、事故征候、民航空管不安全事件的报告以及处理;

(六)典型航空不安全事件的案例分析;

(七)岗位安全职责和操作规程;

(八)其他履行岗位安全职责所需的内容。

第三十八条 民航空管从业人员年度培训应当在岗前培训内容的基础上,根据年度安全管理工作特点和要求,结合本单位实际,增加有关风险管理、应急处置、案例分析、安全形势等培训事项。

第三十九条 当出现下列情况时,民航空管运行单位应当进行专项安全培训:

(一)管理体制和生产任务发生重大变化;

(二)相关法律、法规、规章、标准、程序发生重大变化;

(三)采用新技术、使用新设备;

(四)运行环境变化且存在安全风险。

第四十条 民航空管从业人员岗前安全培训的时间不得少于 24 小时,年度培训的时间不得少于 12 小时,专项培训时间根据实际情况确定。

第六章 安全信息和文档的管理

第四十一条 民航空管运行单位应当建立安全信息和文档管理制度,对涉及安全管理工作的情况、运行状况和相关数据、民航空管不安全事件以及资料等应当分类归档，妥善保存。

民航空管运行单位不得擅自修改相关数据和文档记录。

第四十二条 民航空管运行单位应当对下列涉及民航空管安全管理工作的数据和文档保存不得少于6年：

(一)年度安全工作管理目标、指标、计划及完成情况；

(二)安全教育和培训及其考核档案；

(三)安全管理会议的有关记录；

(四)安全审计、安全评估、安全检查及整改情况；

(五)本单位发生的民航空管不安全事件；

(六)安全奖励和处罚。

第四十三条 民航空管运行单位对超过保存期限的安全信息和文档，应当按照规定处理。

第七章 监督检查

第四十四条 地区管理局对民航空管运行单位遵守有关法律、法规、规章和标准等情况进行定期和不定期监督检查。

民航空管运行单位以及个人对监督检查活动应当予以配合，不得拒绝、阻挠。

监督检查不得妨碍被监督检查单位的正常工作。

第四十五条 地区管理局履行监督检查职责时可以依法采取下列措施：

(一)制止违法行为；

(二)巡视、检查民航空管运行现场(包括证件、资料、设施、设备等)和民航空管从业人员的工作过程；

(三)约见或者询问民航空管运行单位主要负责人和其他有关人员；

(四)调阅、摘抄、复制、封存、扣押有关资料、物品；

(五)抽样取证。

第四十六条 地区管理局对民航空管运行单位进行监督检查中发现的重大安全隐患，应当责令有关单位立即排除；对监督检查中发现的安全管理缺陷或安全隐患，应当向有关单位提出限期整改建议；对监督检查中发现的违法行为，应当立即制止，依法进行处罚。

第八章　法律责任

第四十七条　民航空管运行单位违反本规则第十条规定的，由地区管理局责令限期改正；逾期未改正的，对其主要负责人处以警告或者人民币二百元以上一千元以下罚款，并对单位处以警告或者一万元以上三万元以下罚款。

第四十八条　相关单位违反本规则第十六条、第十七条规定的，由地区管理局责令限期改正；逾期未改正的，对其主要负责人处以警告或者人民币二百元以上一千元以下罚款，并对单位处以警告或者一万元以上三万元以下罚款。

第四十九条　民航空管运行单位违反本规则第四十一条规定的，由地区管理局责令限期改正；逾期未改正的，对单位处以警告或者五千元以上一万元以下罚款。

第九章　附　　则

第五十条　本规则自2016年4月17日起施行。

民用航空人员体检合格证管理规则

（2016年3月17日交通运输部令2016年第21号公布　自2016年4月17日起施行）

目　　录

A章　总　　则

第67.1条　目的和依据

为了保证从事民用航空活动的空勤人员和空中交通管制员身体状况符合履行职责和飞行安全的要求，根据《中华人民共和国民用航空法》制定本规则。

第67.3条　适用范围

本规则适用于空勤人员和空中交通管制员的体检鉴定以及体检合格证的申请、颁发和监督管理。

第67.5条　机构与职责

(a)中国民用航空局(以下简称民航局)负责制定空勤人员和空中交通管制员体检鉴定医学标准、体检鉴定程序要求和体检合格证的管理规定，负责全国体检鉴定和体检合格证的申请、审查、颁发和管理工作。

(b)中国民用航空地区管理局(以下简称地区管理局)负责办理本地区空勤人员和空中交通管制员体检合格证申请、审查、颁发和管理工作，对本地区体检鉴定工作实施监督检查。

(c)民航局民用航空人员体检鉴定专家委员会(以下简称专家委员会)主要承担空勤人员和空中交通管制员疑难或者特殊病例的体检鉴定、特许颁发体检合格证的体检鉴定(以下称特许颁证体检鉴定)、体检鉴定标准和专业技术研究等任务，对民用航空人员体检鉴定机构实施技术支持、指导，并受民航局委托对体检鉴定机构进行技术检查。

(d)民用航空人员体检鉴定机构(以下简称体检机构)根据民航局批准的业务范围承担申请办理体检合格证的体检鉴定任务。

第67.7条　体检合格证的要求

申请人通过体检鉴定证明其符合本规则附件A《空勤人员和空中交通管制员体检合格证医学标准》规定的相应医学标准，方可申请办理《民用航空人员体检合格证》(以下简称体检合格证)。

空勤人员、空中交通管制员履行职责时，应当持有依照本规则取得的有效体检合格证，或者体检合格证认可证书，满足体检合格证或认可证书上载明的限制要求。

任何人不得擅自涂改、伪造体检合格证或者认可证书。

第67.9条　定义

本规则使用如下定义：

(a) 体检文书是指记录体检合格证申请人体检鉴定信息的所有材料，包括体检鉴定表和体检鉴定结论通知书。

(b) 医学资料是指与体检合格证申请人健康有关的诊疗记录（包括门诊、住院以及用药记录）、医学检查结果报告以及医学（数字）影像资料、身体状况资料和疗养记录等。

B章 体检鉴定

第67.11条 体检鉴定一般要求

(a) 申请人向体检机构提交体检鉴定申请时，应当出示本人身份证明，提供本人医学资料、既往体检文书，接受体检机构按照本规则附件A《空勤人员和空中交通管制员体检合格证医学标准》和体检鉴定辅助检查项目要求实施的各项医学检查，以及必要的相关检查。

申请人在首次申请体检鉴定时还应当如实提供本人及家族病史信息及相关医学资料。

(b) 体检机构受理体检鉴定申请时，应当核对申请人身份，审查其申请材料。申请材料符合要求的，体检机构应当受理体检鉴定申请，并根据所申请体检合格证的类别，按照本规则的要求，组织对其进行体检鉴定。

(c)各科体检医师对申请人进行体格检查，并根据其申请材料、身体状况和有效辅助检查结果（辅助检查结果有效期为90日），如实做出并签署是否符合本规则相应医学标准的单科体检鉴定结论；主检医师综合各科鉴定结论如实做出并签署体检鉴定结论。

(d) 记录体检鉴定各项检查结果和鉴定结论等信息应当及时准确。

(e)体检机构应当在受理体检鉴定申请后5个工作日内作出体检鉴定结论，但是因申请人原因无法完成体检鉴定的除外。

(f)需要对申请人进行补充检查、医学观察或者专家鉴定等的，体检机构应当及时通知申请人所在单位暂停其履行职责。补充检查、医学观察或者专家鉴定所需时间不计入前款时限。补充检查和医学观察时间自本次体检鉴定之日起不得超过30日。

(g) 申请人在体检鉴定时应当如实反映健康状况，不得隐瞒病史、病情。体检机构发现申请人可能冒名顶替、提供虚假生物标本、隐瞒病史、病情或擅自涂改、伪造体检文书及医学资料时，应当立即停止体检鉴定，并及时书面报告所在地地区管理局。

(h) 体检医师和体检机构的其他医务人员在对申请人实施体检鉴定和医

学检查时，应当尊重申请人的人格和权利，不得恶意造成其身体伤害，不得泄露和传播其身体状况和体检鉴定信息，不得利用职权索取或收受申请人的财物。

第 67.13 条　体检鉴定结论

(a)体检鉴定结论为：

(1)合格。经过辅助检查和体检鉴定，申请人身体状况符合本规则附件 A 相应类别体检合格证医学标准的体检鉴定结论为合格。

(2)暂时不合格。经过辅助检查和体检鉴定，申请人身体状况不符合本规则附件 A 相应类别体检合格证医学标准，但体检医师认为通过补充医学资料、进行短期疾病治疗或者医学观察，可以满足相应类别体检合格证医学标准的，体检鉴定结论为暂时不合格。

(3)不合格。经过辅助检查和体检鉴定，申请人身体状况不符合本规则附件 A 相应类别体检合格证医学标准的体检鉴定结论为不合格。

(b)合格的体检鉴定结论作出后的 3 个工作日内，体检机构应当书面通知申请人及其所在单位。

(c)暂时不合格的体检鉴定结论作出后，体检机构应当签署体检鉴定暂时不合格结论通知书，在 24 小时内通知申请人及其所在单位，并报告所在地地区管理局。

在暂时不合格的体检鉴定结论作出后 90 日内，申请人按照体检医师的要求补充相应医学资料、接受相应疾病治疗或者医学观察，并接受体检医师的单科检查的，体检机构应当作出相应体检鉴定结论。超过 90 日未进行补充相应医学资料、进行相应疾病治疗或者医学观察的，应当重新申请体检鉴定。重新进行体检鉴定时，体检医师不得以同一原因再次作出暂时不合格结论。

(d)体检鉴定不合格结论作出后，体检机构应当签署体检鉴定结论通知书，并在 24 小时内通知申请人及其所在单位，同时报告所在地地区管理局备案。

第 67.15 条　特许颁证体检鉴定

(a) 按照本规则第 67.43 条的规定申请特许颁发体检合格证的申请人应当接受特许颁证体检鉴定。

(b)特许颁证体检鉴定由专家委员会组织实施。

(c) 特许颁证体检鉴定的检查项目除按照本规则附件 A 相应类别体检合格证医学标准要求的检查项目外，还可以根据申请人的身体状况，增加必要的医学检查项目。必要时，可以在模拟履行职责的状态下进行医学检查、健康检查和岗位能力测试。

(d) 特许颁证体检鉴定结论为：

(1)合格。经过审查或者特许颁证体检鉴定，认为申请人身体状况符合本规则附件 A 相应类别体检合格证医学标准，无需特许即可合格的，其鉴定结论为合格。

(2)特许鉴定合格。经过特许颁证体检鉴定，认为申请人身体状况在满足相应限制条件下，能够安全履行职责的，其鉴定结论为特许鉴定合格。

(3)特许鉴定不合格。经过特许颁证体检鉴定，认为申请人身体状况不能够安全履行职责，或者没有充分证据证明可以安全履行职责的，其鉴定结论为特许鉴定不合格。

(e)特许颁证体检鉴定应当在 30 个工作日内完成。鉴定结论应当书面通知申请人及其所在单位，并报告民航局及申请人所在地地区管理局。

第 67.17 条　疑难或特殊病例体检鉴定

(a) 体检机构在体检鉴定中发现疑难或特殊病例时，应当及时报告所在地地区管理局，并送交专家委员会进行专家鉴定。

(b)专家委员会应当按照专家委员会章程规定的程序组织专家对疑难或特殊病例实施体检鉴定，作出体检鉴定结论，并书面通知申请人及其所在单位，同时报告所在地地区管理局。

C 章　体检合格证

第 67.19 条　体检合格证类别

体检合格证分下列类别：

(1)Ⅰ级体检合格证；

(2)Ⅱ级体检合格证；

(3)Ⅲ级体检合格证，包括Ⅲa、Ⅲb 级体检合格证；

(4)Ⅳ级体检合格证，包括Ⅳa、Ⅳb 级体检合格证。

各级体检合格证适用的医学标准见附件 A《空勤人员和空中交通管制员体检合格证医学标准》。

第 67.21 条　体检合格证适用人员

(a)航线运输驾驶员执照、飞机和直升机商用驾驶员执照申请人或者持有人应当取得并持有Ⅰ级体检合格证。

(b)除(a)款之外的其他航空器驾驶员、领航员、飞行机械员、飞行通信员执照申请或者持有人应当取得并持有Ⅱ级体检合格证。

(c)机场管制员、进近管制员、区域管制员、进近雷达管制员、精密进近雷达管制员、区域雷达管制员应当取得并持有Ⅲa级体检合格证；飞行服务管制员、运行监控管制员应当取得并持有Ⅲb级体检合格证。

(d)客舱乘务员应当取得并持有Ⅳa级体检合格证。

(e)航空安全员应当取得并持有Ⅳb级体检合格证。

第67.23条 体检合格证申请条件

体检合格证申请人应当符合本规则附件A《空勤人员和空中交通管制员体检合格证医学标准》规定的相应医学标准，并取得民航局认可的体检机构出具的体检鉴定合格结论。

第67.25条 申请与受理

(a)体检合格证申请人应当在获得体检鉴定合格结论后15日内向所在地地区管理局提出申请，提交与本次申请办理体检合格证有关的体检文书和医学资料等。特许颁发体检合格证的申请人和民航局的体检合格证申请人应当向民航局提出申请。

(b) 受理机关在收到申请人办理体检合格证的申请后，应当进行初步审查，并根据下列情况分别作出是否受理申请的决定：

(1)不需要取得体检合格证的，应当即时告知申请人不受理；

(2)不属于本机关职权范围的，应当即时作出不予受理的决定，并告知申请人向有关行政机关申请；

(3)申请材料不齐全或者不符合法定形式的，能够当场补正的，要求申请人当场补正。不能够当场补正的，在5个工作日内一次性告知申请人需要补正的全部内容。逾期不告知的，自收到申请材料之日起即为受理；

(4)申请事项属于本机关职权范围的，且材料齐全、符合法定形式，或者申请人按照要求提交全部补正材料的，应当受理，并告知申请人。

(c)以信函方式提出体检合格证申请的，受理时间以受理机关签收为准；以传真、电子数据交换和电子邮件提出申请的，受理时间以进入接收设备记录时间为准；申请材料不齐全或者不符合法定形式的，受理时间以收到全部补正材料时间为准。

第67.27条 审查

(a) 受理机关应当在受理申请人办证申请之日起20个工作日内，完成办证审查并作出处理决定。20个工作日内不能作出决定的，经受理机关负责人批准，可以延长10个工作日，并应当将延长理由告知申请人。

(b)审查的主要内容：

(1)申请人的基本信息；

(2)体检文书和医学资料；

(3)体检项目和辅助检查项目的符合性;

(4)体检鉴定结论的符合性;

(5)其他必要的内容。

(c)受理机关根据审查结果作出下列处理决定,并书面通知相关机构和人员:

(1)认为体检文书和医学资料齐全、体检项目和辅助检查项目符合本规则要求、鉴定结论符合本规则相应医学标准的,应当作出体检合格证颁发许可决定;

(2)认为体检鉴定没有针对申请人申请的体检合格证类别相应医学标准和辅助检查项目及频度等要求进行的,应当作出不予许可决定;

(3)经2名以上人员审查认为体检医师适用医学标准不当,做出错误结论的,应当作出不予许可决定;

(4)经2名以上人员审查认为需要对体检鉴定结论符合性进行进一步认定的,送请专家委员会进行专家鉴定,并通知申请人。专家鉴定不计入审查期限。

第67.29条 颁发

(a)受理机关作出体检合格证颁发许可决定后,颁发体检合格证(样式见附件B)。

(b)受理机关审查认为申请人的条件不能满足本规则要求的,作出不予颁发体检合格证的行政许可决定,并填写不予颁发体检合格证通知书。不予颁发体检合格证通知书中应当说明不予颁发的理由。

第67.31条 送达

(a) 受理机关能够作出颁发体检合格证许可决定的,在作出许可决定之日起10个工作日内将体检合格证送达申请人。

(b) 受理机关能够当场作出不予颁发体检合格证处理意见的,当场将不予颁发体检合格证通知书送达申请人。不能当场送达的,在审查期限内送达申请人。在送达同时告知申请人享有依法申请行政复议或者行政诉讼的权利。

(c)体检合格证可以通过直接送达、邮寄送达或者由申请人自行领取等方式送达。体检合格证送达必须保留送达回执或者邮寄凭证或者领取签收记录等。

第67.33条 有效期

(a) 体检合格证自颁发之日起生效。年龄计算以申请人进行体检鉴定时的实际年龄为准。

(b) Ⅰ级体检合格证有效期为12个月,年龄满60周岁以上者为6个月。其中参加《大型飞机公共航空运输承运人运行合格审定规则》(CCAR-121)规定运行的驾驶员年龄满40周岁以上者为6个月。

(c) Ⅱ级体检合格证有效期为36个月。其中年龄满40周岁以上者为24个月,年龄满50周岁以上为12个月。

(d)根据体检合格证持有人所履行的职责,Ⅲ级体检合格证的有效期为:

(1) Ⅲa级体检合格证有效期为24个月。其中年龄满40周岁以上者为12个月;

(2) Ⅲb级体检合格证有效期为24个月。

(e) Ⅳa级体检合格证和Ⅳb级体检合格证有效期为12个月。

(f)体检合格证持有人可以在体检合格证有效期届满30日前,按照本规则的规定,申请更新体检合格证。

第67.35条　有效期的延长

(a)体检合格证持有人由于特殊原因不能在体检合格证有效期届满前进行体检鉴定、更新体检合格证,又必须履行职责时,应当在体检合格证有效期届满前向原颁证机关申请延长体检合格证的有效期。

(b)颁证机关接到延长有效期申请后,可以要求体检合格证持有人提供航空医师或执业医师对申请人进行指定项目的检查,并根据情况决定是否推迟体检鉴定,延长体检合格证的有效期。有效期延长时间不得超过下述期限:

(1)第67.33条(b)、(d)、(e)款规定的体检合格证持有人不超过45日;

(2)第67.33条(c)款规定的体检合格证持有人不超过90日;

(c)颁证机关应当在体检合格证有效期届满前做出决定,同意申请人体检合格证有效期延长的,应当以书面同意函通知申请人和所在单位。

第67.37条　符合性要求

(a)体检合格证持有人履行职责时应当遵守以下要求:

(1)履行职责时持有相应的有效体检合格证;

(2)遵守体检合格证上载明的限制要求;

(3)在身体状况发生变化可能不符合所持体检合格证的相应医学标准时,停止履行职责,并报告所在单位管理部门。

(b)体检合格证持有人所在单位应当遵守以下要求:

(1)在体检合格证持有人履行职责前,确认其身体状况符合所持体检合格证的相应医学标准,并能够满足履行职责的需要;

(2)建立体检合格证持有人健康观察档案,了解掌握其健康状况,实施健康风险管理和相应医疗保健措施,并将其纳入单位安全管理系统(SMS);

(3)督促患有疾病的体检合格证持有人有针对性的采取疾病矫治措施。

第67.39条　补发

体检合格证持有人在体检合格证遗失或损坏后，应当向原颁证机关申请补发。颁证机关审查确认申请人体检合格证在有效期内且相关信息属实后，可为其补发与原体检合格证所载内容相同的体检合格证。

第67.41条　信息变更

体检合格证载明的姓名和国籍等信息发生变化时，持有人应当向原颁证机关申请信息变更。颁证机关审查确认申请人有关信息属实后，为其办理体检合格证变更，同时收回变更前的体检合格证。变更后的体检合格证的有效期和限制要求与原体检合格证相同。

第67.43条　特许颁发体检合格证

(a) 再次申请Ⅰ、Ⅱ和Ⅲa级体检合格证的申请人（学员和学生驾驶员除外），在体检鉴定结论不合格时，如果有充分理由证明能够安全履行职责，并且不会因为履行职责加重病情或者使健康状况恶化时，可以向专家委员会提出特许颁证体检鉴定的申请，并提交下列文件：

(1)申请表；

(2)所在单位证明文件（私用驾驶员执照持有人除外）；

(3)所在地地区管理局指定技术专家出具的技术能力证明文件；

(4)体检文书和医学资料；

(5)需要提交的其他资料。

(b)专家委员会对申请人提交的全部材料进行初步审查。符合申请条件的，按照本规则第67.15条的规定组织进行特许颁证体检鉴定；不符合申请条件的，退回申请人。

(c) 特许鉴定合格的申请人可以向民航局提出特许颁发体检合格证申请。

(d)民航局按照本规则第67.25条和第67.27条的规定进行受理和审查。根据申请人的基本情况、履行职责时承担的安全责任、可接受的保证安全履行职责采用的医疗措施以及实施的可能性等因素，作出特许颁发体检合格证的许可决定。准予特许的，颁发体检合格证；不予特许的，签署不予颁证意见。上述许可决定由民航局书面通知申请人和所在单位，并告知申请人所在地地区管理局和体检机构。

(e)特许颁发的体检合格证上应当载明下列一项或多项限制条件：

(1)职责或任务限制；

(2)履行职责的时间限制；

(3)安全履行职责必需的医疗保障要求；

(4)必要的其他限制。

第 67.45 条　外籍飞行人员体检合格证管理

(a) 持有其他国际民航组织缔约国民航当局颁发的有效体检合格证的外籍民用航空器驾驶员，在申请参加公共航空、通用航空、飞行院校等民用航空器运行单位飞行运行不足 120 日(含本数)的，可以申请取得所在地地区管理局签发的外籍飞行人员体检合格证认可证书，样式见附件 C。超过 120 日的，应当申请办理按照本规则颁发的体检合格证。

(b)外籍飞行人员按照本规则的规定申请体检机构的体检鉴定，取得符合本规则标准的体检鉴定合格结论后，可以向所在地地区管理局申请办理体检合格证。

(c)地区管理局在收到外籍飞行人员办理体检合格证或认可证书的申请后，按照本规则第 67.25 条和第 67.27 条的规定进行受理和审查。审查认为符合相应要求的，给予颁发相应的体检合格证或体检合格证认可证书；审查认为不符合相应要求的，不予颁发体检合格证或体检合格证认可证书，并书面通知申请人和所在单位。

(d)参加我国航空单位飞行运行的外籍飞行人员履行职责时，应当同时持有其他国际民航组织缔约国民航当局颁发的有效体检合格证和依照本规则颁发的有效认可证书，或者持有依照本规则颁发的有效体检合格证。

D 章　监督检查

第 67.47 条　监督检查

(a)民航局应当建立健全监督检查制度，监督检查体检鉴定和颁发体检合格证等工作，及时纠正违法、违规和违纪的行为。

地区管理局应当建立健全本地区体检鉴定和申请办理体检合格证管理制度，监督检查本地区体检鉴定等工作，及时纠正违法、违规和违纪的行为。

(b)民航管理部门应当依据本规则对体检合格证持有人履行职责时体检合格证和体检合格证认可证书的有效性进行监督检查。监督检查时不得妨碍其正常的生产经营活动，不得索取或者收受被许可人的财物，不得谋取其他利益。

第 67.49 条　许可的撤销

(a)民航管理部门在检查中发现有下列情形之一的，颁证机关可以撤销已作出的颁发体检合格证或者认可证书的行政许可决定：

(1)工作人员滥用职权、玩忽职守颁发的体检合格证;

(2)超越法定职权颁发的体检合格证;

(3)违反法定程序颁发的体检合格证;

(4)为不具备申请资格或者不符合本规则相应医学标准的申请人颁发的体检合格证;

(5)体检合格证申请人以欺骗、贿赂等不正当手段取得的体检合格证或者认可证书;

(6)依法可以撤销的其他情形。

(b)体检合格证申请人以欺骗、贿赂等不正当手段取得的体检合格证或者认可证书的,申请人在三年内不得再次提出申请。

第67.51条　体检合格证的注销

有下列情形之一的,颁证机关应当收回体检合格证,办理注销手续,并以书面形式告知体检合格证持有人(已经死亡的除外)和所在单位注销理由及依据:

(a)体检合格证有效期届满未延续的;

(b)体检合格证持有人死亡或者丧失行为能力的;

(c)体检合格证被依法撤销的;

(d)法律、法规规定的应当注销行政许可的其他情形。

第67.53条　禁止行为

(a)体检合格证申请人不得有下列行为:

(1)隐瞒或者伪造病史、病情,或者冒名顶替,或者提供虚假申请材料的;

(2)涂改或者伪造、变造、倒卖、出售体检文书及医学资料的。

(b)任何人员不得有下列行为:

(1)协助申请人隐瞒或者伪造病史、病情,或者提供虚假申请材料,或者提供非申请人本人生物标本,或者在体检鉴定时冒名顶替的;

(2)涂改、伪造、变造或者倒卖、出售体检合格证的;

(3)未取得体检合格证从事民用航空活动的。

E章　法律责任

第67.55条　体检合格证申请人违反本规则规定的行为

体检合格证申请人违反本规则规定有下列行为之一的,民航局或地区管理局依据情节,对当事人处以警告、或者500元以上1000元以下罚款。涉嫌构成犯罪的,依法移送司法机关处理:

(a)隐瞒或者伪造病史、病情,或者冒名顶替,或者提供虚假申请材料的;

(b)涂改或者伪造、变造、倒卖、出售体检文书及医学资料的。

第67.57条　体检合格证持有人违反本规则的行为

体检合格证持有人违反本规则规定有下列行为之一的,民航局或地区管理局应当责令当事人停止履行职责,并对其处以警告或者500元以上1000元以下罚款:

(a)从事相应民用航空活动时未携带体检合格证、或者使用的体检合格证等级与所履行职责不相符的;

(b)发现身体状况发生变化,可能不符合所持体检合格证的相应医学标准时,不按照程序报告的;

(c)履行职责时未遵守体检合格证上载明的限制条件的。

第67.59条　其他违反本规则规定的行为

(a)任何机构使用未取得或者未持有有效体检合格证人员从事相应民用航空活动的,民航局或地区管理局应当责令其立即停止活动,并对其处以20万元以下的罚款;对直接责任人处以500元以上1000元以下的罚款;涉嫌构成犯罪的,依法移送司法机关处理。

(b)任何人员违反本规则规定有下列行为之一的,民航局或地区管理局可以对其处以警告或者500元以上1000元以下罚款;涉嫌构成犯罪的,依法移送司法机关处理:

(1)协助申请人隐瞒或者伪造病史、病情,或者提供虚假申请材料,或者提供非申请人本人生物标本,或者在体检鉴定时冒名顶替的;

(2)涂改、伪造、变造或者倒卖、出售涂改、伪造、变造的体检合格证的;

(3)未取得体检合格证从事民用航空活动的。

第67.61条　颁证机关工作人员违反本规则规定的行为

颁证机关工作人员在办理体检合格证时违反法律、行政法规或本规则规定,或者不依法履行本规则67.47条规定的监督检查职责的,由其上级行政机关或者监察机关责令改正;情节严重的,由其上级行政机关或者监察机关依法给予行政处分;构成犯罪的,依法追究刑事责任。

F章　附　　则

第67.63条　废止

2001年8月13日公布的《中国民用航空人员医学标准和体检合格证管理规则》(民航总局令第101号)和2004年7月12日公布的《中国民用航空总

局关于修订〈中国民用航空人员医学标准和体检合格证管理规则〉的决定》(民航总局令第125号)自本规则实施之日起废止。

第67.65条　原体检合格证的有效期

本规则实施前颁发的体检合格证,在其有效期内继续有效。

第67.67条　施行日期

本规则自2016年4月17日起施行。

附件A

空勤人员和空中交通管制员体检合格证医学标准

第一章　Ⅰ级体检合格证的医学标准

1.〔一般条件〕

无下列可能影响安全履行职责或可能因履行职责而加重的疾病或功能障碍:

(1)心理异常;

(2)先天性或后天获得性功能及形态异常;

(3)可能导致失能的活动性、隐匿性、急性或慢性疾病;

(4)创伤、损伤或手术后遗症;

(5)使用处方或非处方药物对身体造成的不良影响;

(6)恶性肿瘤或可能影响安全履行职责的良性肿瘤;

(7)心脏、肝脏、肾脏等器官移植。

2.〔精神科〕

无下列影响安全履行职责的精神疾病的明确病史或临床诊断:

(1)精神障碍;

(2)精神分裂症;

(3)物质滥用或物质依赖;

(4)人格障碍或行为障碍;

(5)情感障碍;

(6)严重的神经症。

3.〔神经系统〕

无下列神经系统疾病的明确病史或临床诊断:

(1)癫痫;

(2)原因不明或难以预防的意识障碍;

(3)可能影响安全履行职责的脑血管疾病、颅脑损伤及其并发症或其他神经系统疾病。

4.〔循环系统〕

无下列循环系统疾病的明确病史或临床诊断：

(1)冠心病；

(2)严重的心律失常；

(3)严重的心脏瓣膜疾病或心脏瓣膜置换；

(4)永久性心脏起搏器植入；

(5)收缩压/舒张压持续高于155/95mmHg，或伴有症状的低血压；

(6)其他可能影响安全履行职责的循环系统疾病。

5.〔呼吸系统〕

无下列呼吸系统疾病或功能障碍：

(1)活动性肺结核；

(2)可能影响安全履行职责的气胸；

(3)胸部纵膈或胸膜的活动性疾病；

(4)影响高空呼吸功能的胸廓塌陷或胸部手术后遗症；

(5)可能影响安全履行职责的慢性阻塞性肺疾病或哮喘；

(6)其他可能影响安全履行职责的呼吸系统疾病、创伤或手术后遗症。

6.〔消化系统〕

无下列消化系统疾病或临床诊断：

(1)肝硬化；

(2)可能导致失能的疝；

(3)消化性溃疡及其并发症；

(4)胆道系统结石；

(5)其他可能影响安全履行职责的消化系统疾病或手术后遗症。

7.〔传染病〕

无下列传染病或临床诊断：

(1)病毒性肝炎；

(2)梅毒；

(3)获得性免疫缺陷综合征(AIDS)；

(4)人类免疫缺陷病毒(HIV)阳性；

(5)其他可能影响安全履行职责的传染性疾病。

8.〔代谢、免疫和内分泌系统〕

无下列代谢、免疫和内分泌系统疾病：

(1)使用胰岛素控制的糖尿病;

(2)使用可能影响安全履行职责的药物控制的糖尿病;

(3)其他可能影响安全履行职责的代谢、免疫和内分泌系统疾病。

9.〔血液系统〕

无严重的脾脏肿大及其他可能影响安全履行职责的血液系统疾病。

10.〔泌尿生殖系统〕

无下列泌尿生殖系统疾病或临床诊断:

(1)可能导致失能的泌尿系统结石;

(2)其他可能影响安全履行职责的泌尿生殖系统疾病、妇科疾病及手术后遗症或功能障碍。

11.〔妊娠〕

申请人妊娠期内不合格。

12.〔骨骼、肌肉系统〕

无可能影响安全履行职责的骨骼、关节、肌肉或肌腱的疾病、损伤、手术后遗症及功能障碍;其身高、臂长、腿长和肌力应当满足履行职责的需要。

13.〔皮肤及其附属器〕

无可能影响安全履行职责的皮肤及其附属器的疾病。

14.〔耳、鼻、咽、喉及口腔〕

无下列耳、鼻、咽、喉、口腔疾病或功能障碍:

(1)难以治愈的耳气压功能不良;

(2)前庭功能障碍;

(3)影响交流的言语功能障碍;

(4)其他可能影响安全履行职责的耳、鼻、咽、喉、口腔疾病或功能障碍。

15.〔听力〕

进行纯音听力计检查时,每耳在500、1000和2000赫兹(Hz)的任一频率上的听力损失不超过35分贝(dB);在3000赫兹(Hz)频率上的听力损失不超过50分贝(dB)。如果申请人的听力损失超过上述值,应当同时满足下列条件时方可合格:

(a)在飞机驾驶舱噪音环境中(或模拟条件下)每耳能够听清谈话、通话和信标台信号声;

(b)在安静室中背向检查人2米处,双耳能够听清通常强度的谈话声。

16.〔眼及其附属器〕

无下列可能影响安全履行职责的眼及其附属器的疾病或功能障碍:

(1)视野异常;

(2)色觉异常；

(3)夜盲；

(4)双眼视功能异常；

(5)其他可能影响安全履行职责的眼及其附属器的疾病、手术或创伤后遗症。

17.〔远视力〕

(a)每眼矫正或未矫正的远视力应当达到0.7或以上，双眼远视力应当达到1.0或以上。对未矫正视力和屈光度无限制。如果仅在使用矫正镜才能达到以上规定时，应当同时满足下列条件方可合格：

(1)在履行职责时，必须佩戴矫正镜；

(2)在履行职责期间，备有一副随时可取用的、与所戴矫正镜度数相同的备份矫正镜。

(b)为满足本条(a)款的要求，申请人可以使用接触镜，但应当同时满足下列条件：

(1)接触镜的镜片是单焦点、无色的；

(2)镜片佩戴舒适；

(3)在履行职责期间，应当备有一副随时可取用的、与所戴矫正镜度数相同的备份普通矫正镜。

(c)屈光不正度数高的，必须使用接触镜或高性能普通眼镜。

(d)任何一眼未矫正远视力低于0.1，必须对眼及其附属器进行全面检查。

(e)任何一眼有影响安全履行职责的改变眼屈光状态的手术后遗症不合格。

18.〔近视力〕

每眼矫正或未矫正的近视力在30—50厘米的距离范围内应当达到0.5或以上，在100厘米的距离应当达到0.25或以上。如果仅在使用矫正镜才能达到以上规定时，应当同时满足下列条件时方可合格：

(1)在履行职责时，应当备有一副随时可取用的矫正镜；

(2)矫正镜必须能同时满足17条和本条的视力要求，不得使用单一矫正近视力的矫正镜。

第二章　Ⅱ级体检合格证的医学标准

1.〔一般条件〕

无下列可能影响安全履行职责或可能因履行职责而加重的疾病或功能障碍：

(1)心理异常；

(2)先天性或后天获得性功能及形态异常；
(3)可能导致失能的活动性、隐匿性、急性或慢性疾病；
(4)创伤、损伤或手术后遗症；
(5)使用处方或非处方药物对身体造成的不良影响；
(6)恶性肿瘤或可能影响安全履行职责的良性肿瘤；
(7)心脏、肝脏、肾脏等器官移植。

2.〔精神科〕

无下列影响安全履行职责的精神疾病的明确病史或临床诊断：
(1)精神障碍；
(2)精神分裂症；
(3)物质滥用或物质依赖；
(4)人格障碍或行为障碍；
(5)情感障碍；
(6)严重的神经症。

3.〔神经系统〕

无下列神经系统疾病的明确病史或临床诊断：
(1)癫痫；
(2)原因不明或难以预防的意识障碍；
(3)可能影响安全履行职责的脑血管疾病、颅脑损伤及其并发症或其他神经系统疾病。

4.〔循环系统〕

无下列循环系统疾病的明确病史或临床诊断：
(1)冠心病；
(2)严重的心律失常；
(3)严重的心脏瓣膜疾病或心脏瓣膜置换；
(4)永久性心脏起搏器植入；
(5)收缩压/舒张压持续高于155/95mmHg,或伴有症状的低血压；
(6)其他可能影响安全履行职责的循环系统疾病。

5.〔呼吸系统〕

无下列呼吸系统疾病或功能障碍：
(1)活动性肺结核；
(2)可能影响安全履行职责的气胸；
(3)胸部纵膈或胸膜的活动性疾病；
(4)影响高空呼吸功能的胸廓塌陷或胸部手术后遗症；

(5)可能影响安全履行职责的慢性阻塞性肺疾病或哮喘；

(6)其他可能影响安全履行职责的呼吸系统疾病、创伤或手术后遗症。

6.〔消化系统〕

无下列消化系统疾病或临床诊断：

(1)肝硬化；

(2)可能导致失能的疝；

(3)消化性溃疡及其并发症；

(4)可能导致失能的胆道系统结石；

(5)其他可能影响安全履行职责的消化系统疾病或手术后遗症。

7.〔传染病〕

无下列传染病或临床诊断：

(1)病毒性肝炎；

(2)梅毒；

(3)获得性免疫缺陷综合征(AIDS)；

(4)人类免疫缺陷病毒(HIV)阳性；

(5)其他可能影响安全履行职责的传染性疾病。

8.〔代谢、免疫和内分泌系统〕

无下列代谢、免疫和内分泌系统疾病：

(1)使用胰岛素控制的糖尿病；

(2)使用可能影响安全履行职责的药物控制的糖尿病；

(3)其他可能影响安全履行职责的代谢、免疫和内分泌系统疾病。

9.〔血液系统〕

无严重的脾脏肿大及其他可能影响安全履行职责的血液系统疾病。

10.〔泌尿生殖系统〕

无下列泌尿生殖系统疾病或临床诊断：

(1)可能导致失能的泌尿系统结石；

(2)其他可能影响安全履行职责的泌尿生殖系统疾病、妇科疾病及手术后遗症或功能障碍。

11.〔妊娠〕

申请人妊娠期内不合格。

12.〔骨骼、肌肉系统〕

无可能影响安全履行职责的骨骼、关节、肌肉或肌腱的疾病、损伤、手术后遗症及功能障碍；其身高、臂长、腿长和肌力应当满足履行职责的需要。

13.〔皮肤及其附属器〕

无可能影响安全履行职责的皮肤及其附属器的疾病。

14.〔耳、鼻、咽、喉及口腔〕

无下列耳、鼻、咽、喉、口腔疾病或功能障碍：

(1)难以治愈的耳气压功能不良；

(2)前庭功能障碍；

(3)影响交流的言语功能障碍；

(4)其他可能影响安全履行职责的耳、鼻、咽、喉、口腔疾病或功能障碍。

15.〔听力〕

进行纯音听力计检查时，每耳在500、1000和2000赫兹(Hz)的任一频率上的听力损失不超过35分贝(dB)；在3000赫兹(Hz)频率上的听力损失不超过50分贝(dB)。如果申请人的听力损失超过上述值，应当同时满足下列条件时方可合格：

(a)在飞机驾驶舱噪音环境中(或模拟条件下)每耳能够听清谈话、通话和信标台信号声；

(b)在安静室中背向检查人2米处，双耳能够听清通常强度的谈话声。

16.〔眼及其附属器〕

无下列可能影响安全履行职责的眼及其附属器的疾病或功能障碍：

(1)视野异常；

(2)色觉异常；

(3)夜盲；

(4)双眼视功能异常；

(5)其他可能影响安全履行职责的眼及其附属器的疾病、手术或创伤后遗症。

17.〔远视力〕

(a)每眼矫正或未矫正的远视力应当达到0.5或以上，双眼远视力应当达到0.7或以上。对未矫正视力和屈光度无限制。如果仅在使用矫正镜才能达到以上规定时，应当同时满足下列条件方可合格：

(1)在履行职责时，必须佩戴矫正镜；

(2)在履行职责期间，备有一副随时可取用的、与所戴矫正镜度数相同的备份矫正镜。

(b)为满足本条(a)款的要求，申请人可以使用接触镜，但应当同时满足下列条件：

(1)接触镜的镜片是单焦点、无色的；

(2)镜片佩戴舒适；

(3)在履行职责期间,应当备有一副随时可取用的、与所戴矫正镜度数相同的备份普通矫正镜。

(c)屈光不正度数高的,必须使用接触镜或高性能普通眼镜。

(d)任何一眼未矫正远视力低于0.1,必须对眼及其附属器进行全面检查。

(e)任何一眼有影响安全履行职责的改变眼屈光状态的手术后遗症不合格。

18.〔近视力〕

每眼矫正或未矫正的近视力在30—50厘米的距离范围内应当达到0.5或以上。如果仅在使用矫正镜才能达到以上规定时,应当同时满足下列条件时方可合格:

(1)在履行职责时,应当备有一副随时可取用的矫正镜;

(2)矫正镜必须能同时满足17条和本条的视力要求,不得使用单一矫正近视力的矫正镜。

第三章 Ⅲ级体检合格证的医学标准

1.〔一般条件〕

无下列可能影响安全履行职责或可能因履行职责而加重的疾病或功能障碍:

(1)心理异常;

(2)先天性或后天获得性功能及形态异常;

(3)可能导致失能的活动性、隐匿性、急性或慢性疾病;

(4)创伤、损伤或手术后遗症;

(5)使用处方或非处方药物对身体造成的不良影响;

(6)恶性肿瘤或可能影响安全履行职责的良性肿瘤;

(7)心脏、肝脏、肾脏等器官移植。

2.〔精神科〕

无下列影响安全履行职责的精神疾病的明确病史或临床诊断:

(1)精神障碍;

(2)精神分裂症;

(3)物质滥用或物质依赖;

(4)人格障碍或行为障碍;

(5)情感障碍;

(6)严重的神经症。

3.〔神经系统〕

无下列神经系统疾病的明确病史或临床诊断:

(1)癫痫;

(2)原因不明或难以预防的意识障碍;

(3)可能影响安全履行职责的脑血管疾病、颅脑损伤及其并发症或其他神经系统疾病。

4.〔循环系统〕

无下列循环系统疾病的明确病史或临床诊断:

(1)冠心病;

(2)严重的心律失常;

(3)严重的心脏瓣膜疾病或心脏瓣膜置换;

(4)永久性心脏起搏器植入;

(5)收缩压/舒张压持续高于155/95mmHg,或伴有症状的低血压;

(6)其他可能影响安全履行职责的循环系统疾病。

5.〔呼吸系统〕

无下列呼吸系统疾病或功能障碍:

(1)活动性肺结核;

(2)可能影响安全履行职责的气胸;

(3)胸部纵膈或胸膜的活动性疾病;

(4)影响呼吸功能的胸廓塌陷或胸部手术后遗症;

(5)可能影响安全履行职责的慢性阻塞性肺疾病或哮喘;

(6)其他可能影响安全履行职责的呼吸系统疾病、创伤或手术后遗症。

6.〔消化系统〕

(a)取得Ⅲa级体检合格证无下列消化系统疾病或临床诊断:

(1)肝硬化;

(2)可能导致失能的疝;

(3)消化性溃疡及其并发症;

(4)胆道系统结石;

(5)其他可能影响安全履行职责的消化系统疾病或手术后遗症。

(b)取得Ⅲb级体检合格证无下列消化系统疾病或临床诊断:

(1)可能导致失能的疝;

(2)消化性溃疡及其并发症;

(3)有症状的胆道系统结石;

(4)其他可能影响安全履行职责的消化系统疾病或手术后遗症。

7.〔传染病〕

无可能影响安全履行职责的传染性疾病。

8.〔代谢、免疫和内分泌系统〕

无下列代谢、免疫和内分泌系统疾病：

(1)使用胰岛素控制的糖尿病；

(2)使用可能影响安全履行职责的药物控制的糖尿病；

(3)其他可能影响安全履行职责的代谢、免疫和内分泌系统疾病。

9.〔血液系统〕

无严重的脾脏肿大及其他可能影响安全履行职责的血液系统疾病。

10.〔泌尿生殖系统〕

(a)取得Ⅲa级体检合格证无下列泌尿生殖系统疾病或临床诊断：

(1)可能导致失能的泌尿系统结石；

(2)其他可能影响安全履行职责的泌尿生殖系统疾病、妇科疾病及手术后遗症或功能障碍。

(b)取得Ⅲb级体检合格证无下列泌尿生殖系统疾病或临床诊断：

(1)有症状的泌尿系统结石；

(2)其他可能影响安全履行职责的泌尿生殖系统疾病、妇科疾病及手术后遗症或功能障碍。

11.〔骨骼、肌肉系统〕

无可能影响安全履行职责的骨骼、关节、肌肉或肌腱的疾病、损伤、手术后遗症及功能障碍；其身高、臂长、腿长和肌力应当满足履行职责的需要。

12.〔皮肤及其附属器〕

无可能影响安全履行职责的皮肤及其附属器的疾病。

13.〔耳、鼻、咽、喉及口腔〕

无下列耳、鼻、咽、喉、口腔疾病或功能障碍：

(1)前庭功能障碍；

(2)影响交流的言语功能障碍；

(3)其他可能影响安全履行职责的耳、鼻、咽、喉、口腔疾病或功能障碍。

14.〔听力〕

(a)取得Ⅲa级体检合格证进行纯音听力计检查时，每耳在500、1000和2000赫兹(Hz)的任一频率上的听力损失不超过35分贝(dB)；在3000赫兹(Hz)频率上的听力损失不超过50分贝(dB)。如果申请人的听力损失超过上述值，当同时满足下列条件时方可合格：

(1)在工作环境背景噪音环境中(或模拟条件下)每耳应当能听清谈话、通话和信标台信号声；

(2)在安静室中背向检查人2米处，双耳能够听清通常强度的谈话声。

(b)取得Ⅲb级体检合格证能在安静室中背向检查人2米处,双耳能够听清通常强度的谈话声方可合格。

15.〔眼及其附属器〕

无下列可能影响安全履行职责的眼及其附属器的疾病或功能障碍:

(1)视野异常;

(2)色觉异常;

(3)夜盲;

(4)双眼视功能异常;

(5)其他可能影响安全履行职责的眼及其附属器的疾病、手术或创伤后遗症。

16.〔Ⅲa级体检合格证远视力标准〕

(a)每眼矫正或未矫正的远视力应当达到0.7或以上,双眼远视力应当达到1.0或以上。对未矫正视力和屈光度无限制。如果仅在使用矫正镜才能达到以上规定时,应当同时满足下列条件方可合格:

(1)在履行职责时,必须佩戴矫正镜;

(2)在履行职责期间,备有一副随时可取用的、与所戴矫正镜度数相同的备份矫正镜。

(b)为满足本条(a)款的要求,申请人可以使用接触镜,但应当同时满足下列条件:

(1)接触镜的镜片是单焦点、无色的;

(2)镜片佩戴舒适;

(3)在履行职责期间,应当备有一副随时可取用的、与所戴矫正镜度数相同的备份普通矫正镜。

(c)屈光不正度数高的,必须使用接触镜或高性能普通眼镜。

(d)任何一眼未矫正远视力低于0.1,必须对眼及其附属器进行全面检查。

(e)任何一眼有影响安全履行职责的改变眼屈光状态的手术后遗症不合格。

17.〔IIIa级体检合格证近视力标准〕

每眼矫正或未矫正的近视力在30—50厘米的距离范围内应当达到0.5或以上,在100厘米的距离应当达到0.25或以上。如果仅在使用矫正镜才能达到以上规定时,应当同时满足下列条件方可合格:

(1)在履行职责时,备有一副随时可取用的矫正镜;

(2)矫正镜必需能同时满足16条和本条的视力要求,不得使用单一矫正近视力的矫正镜。

18.〔Ⅲb级体检合格证视力标准〕

每眼矫正或未矫正的远视力应当达到0.5或以上。如果仅在使用矫正镜才能达到以上规定时，在履行职责时，应当佩戴矫正镜（眼镜或接触镜）。

第四章　Ⅳ级体检合格证的医学标准

1.〔一般条件〕

无下列可能影响安全履行职责或可能因履行职责而加重的疾病或功能障碍：

（1）心理异常；

（2）先天性或后天获得性功能及形态异常；

（3）可能导致失能的活动性、隐匿性、急性或慢性疾病；

（4）创伤、损伤或手术后遗症；

（5）使用处方或非处方药物对身体造成的不良影响；

（6）恶性肿瘤或可能影响安全履行职责的良性肿瘤；

（7）心脏、肝脏、肾脏等器官移植。

2.〔精神科〕

无下列影响安全履行职责的精神疾病的明确病史或临床诊断：

（1）精神障碍；

（2）精神分裂症；

（3）物质滥用或物质依赖；

（4）人格障碍或行为障碍；

（5）情感障碍；

（6）严重的神经症。

3.〔神经系统〕

无下列神经系统疾病的明确病史或临床诊断：

（1）癫痫；

（2）原因不明或难以预防的意识障碍；

（3）可能影响安全履行职责的脑血管疾病、颅脑损伤及其并发症或其他神经系统疾病。

4.〔循环系统〕

无下列循环系统疾病的明确病史或临床诊断：

（1）冠心病；

（2）严重的心律失常；

（3）严重的心脏瓣膜疾病或心脏瓣膜置换；

（4）永久性心脏起搏器植入；

(5)收缩压/舒张压持续高于155/95mmHg,或伴有症状的低血压;
(6)其他可能影响安全履行职责的循环系统疾病。
5.〔呼吸系统〕
无下列呼吸系统疾病或功能障碍:
(1)活动性肺结核;
(2)可能影响安全履行职责的气胸;
(3)胸部纵膈或胸膜的活动性疾病;
(4)影响高空呼吸功能的胸廓塌陷或胸部手术后遗症;
(5)可能影响安全履行职责的慢性阻塞性肺疾病或哮喘;
(6)其他可能影响安全履行职责的呼吸系统疾病、创伤或手术后遗症。
6.〔消化系统〕
无下列消化系统疾病或临床诊断:
(1)肝硬化;
(2)可能导致失能的疝;
(3)消化性溃疡及其并发症;
(4)有症状的胆道系统结石;
(5)其他可能影响安全履行职责的消化系统疾病或手术后遗症。
7.〔传染病〕
无下列传染病或临床诊断:
(1)病毒性肝炎;
(2)梅毒;
(3)获得性免疫缺陷综合征(AIDS);
(4)痢疾;
(5)伤寒;
(6)人类免疫缺陷病毒(HIV)阳性;
(7)其他可能影响安全履行职责或他人健康的传染性疾病。
8.〔代谢、免疫和内分泌系统〕
无下列代谢、免疫和内分泌系统疾病:
(1)使用胰岛素控制的糖尿病;
(2)使用可能影响安全履行职责的药物控制的糖尿病;
(3)其他可能影响安全履行职责的代谢、免疫和内分泌系统疾病。
9.〔血液系统〕
无严重的脾脏肿大及其他可能影响安全履行职责的血液系统疾病。
10.〔泌尿生殖系统〕

无下列泌尿生殖系统疾病或临床诊断：

（1）有症状的泌尿系统结石；

（2）其他可能影响安全履行职责的泌尿生殖系统疾病、妇科疾病及手术后遗症或功能障碍。

11.〔妊娠〕

申请人妊娠期内不合格。

12.〔骨骼、肌肉系统〕

无可能影响安全履行职责的骨骼、关节、肌肉或肌腱的疾病、损伤、手术后遗症及功能障碍；其身高、臂长、腿长和肌力应当满足履行职责的需要。

13.〔皮肤及其附属器〕

无可能影响安全履行职责的皮肤及其附属器的疾病。

14.〔耳、鼻、咽、喉及口腔〕

无下列耳、鼻、咽、喉、口腔疾病或功能障碍：

（1）难以治愈的耳气压功能不良；

（2）前庭功能障碍；

（3）影响交流的言语功能障碍；

（4）其他可能影响安全履行职责的耳、鼻、咽、喉、口腔疾病或功能障碍。

15.〔听力〕

进行低语音耳语听力检查，每耳听力不低于 5 米。

16.〔眼及其附属器〕

无下列可能影响安全履行职责的眼及其附属器的疾病或功能障碍：

（1）视野异常；

（2）色盲；

（3）夜盲；

（4）其他可能影响安全履行职责的眼及其附属器的疾病、手术或创伤后遗症。

17.〔远视力〕

取得Ⅳa 级体检合格证每眼矫正或未矫正的远视力应当达到 0.5 或以上。如果仅在使用矫正镜（眼镜或接触镜）时才能满足以上规定，在履行职责时，应当配戴矫正镜，且备有一副随时可取用的，与所戴矫正镜度数相同的备份矫正眼镜。

取得Ⅳb 级体检合格证每眼裸眼远视力应当达到 0.7 或以上。

附件 B

民用航空人员体检合格证样式

正面

说明 Remarks

1. 本证根据中国民用航空局规章《民用航空人员体检合格证管理规则》(CCAR—67FS)颁发。

1. This certificate is issued under the Civil Aviation Medical Certificate Management Rules(CCAR—67FS).

2. 体检合格证自颁发之日起生效,有效期在本证标注。

2. The medical certificate is valid from the date of issue. The period of validity is labeled on this certificate.

3. 履行相应职责时应当携带本证。

3. This certificate shall be carried on during performing corresponding duties.

民用航空人员体检合格证
Civil Airman
Medical Certificate

中国民用航空局
Civil Aviation Administration of China

FS—CH — 67—001(05/2012)

背面

______级体检合格证
CLASS OF MEDICAL CERTIFICATE

编号 No. ______________________

姓名 Name _____ 性别 Gender ______

出生年月______________国籍______
Date of birth Nationality

持证人的身体情况满足《民用航空人员体检合格证管理规则》(CCAR—67FS)规定的相应类别体检合格证的医学标准。

The holder has met the medical standards in CCAR—67FS, for this class of Medical Certificate.

限制:
Limitations

体检鉴定
结论日期:____年____月____日
Date of examination

主检医师:
Aviation Medical Examiner

签发人:
Signature of issuing officer
发证日期:____年____月____日
Date of issue
有效期至:____年____月____日
Date of expiry

发证单位(盖章)
Stamp of issuing authority

注:民用航空人员体检合格证尺寸为长 16cm、宽 12cm。

附件 C

外籍飞行人员体检合格证认可证书样式

正面

说明 Remarks

1. 持有国际民航组织缔约国民航当局颁发的有效体检合格证的外籍民用航空器飞行人员，在申请参加中国航空单位飞行运行时间不足120日的，可以申请取得外籍飞行人员体检合格证认可证书。

1. The foreign pilot, who holds a valid medical certificate issued by any authority of ICAO contracting countries, can apply for this qualification if he participates Chinese civil aviation operation for less than 120 days.

2. 本认可证书依据______（颁发国）颁发的编号为______体检合格证颁发，且仅当其外籍体检合格证有效时有效。

2. This verification is issued according to the Medical Certificate (No. ______) of ______(Authority). And its valid requires the validity of the latter.

3. 履行相应职责时应当同时携带有效体检合格证和本证。

3. This Verification and the Medical Certificate shall be carried on during preforming corresponding duties.

外籍飞行人员体检合格证认可证书
Verification of Medical Certificate For Foreign Pilots

中国民用航空局
Civil Aviation Administration of China

FS—CH—67—001(05/2012)

背面

认可证书编号：
License No.

体检合格证等级：　I □　Ⅱ □
Class of Medical Certificate

姓名 Name
性别 Gender
出生日期：　年　月　日
Date of birth　Y　M　D
国籍：
Nationality

体检合格日期：　年　月　日
Date of Examination　Y　M　D
体检合格证签发日期：　年　月　日
Date of Issue　Y　M　D

限制：
Limitations

认可证书签发人：
Signature of issuing officer
签发日期：　年　月　日
Date of issue　Y　M　D

有效期至：　年　月　日
Date of expiry　Y　M　D

发证单位（盖章）
Stamp of issuing authority

注：外籍飞行人员体检合格证认可证书尺寸为长16cm、宽12cm。

关于停止执行限期淘汰氰化镀金工艺规定的决定

（2016年3月25日国家发展和改革委员会令第36号公布　自2016年4月25日起施行）

根据镀金产业发展实际，经研究决定，停止执行《国家发展改革委关于修改〈产业结构调整指导目录（2011年本）〉有关条款的决定》（第21号令）第三十五条关于2014年底前淘汰氰化金钾电镀金及氰化亚金钾镀金工艺的规定。

本决定自公布之日起30日后施行，《国家发展改革委关于暂缓执行2014年底淘汰氰化金钾电镀金及氰化亚金钾镀金工艺规定的通知》（发改产业〔2013〕1850号）同时废止。

禁止非医学需要的胎儿性别鉴定和选择性别人工终止妊娠的规定

（2016年3月28日国家卫生和计划生育委员会、国家工商行政管理总局、国家食品药品监督管理总局令第9号公布　自2016年5月1日起施行）

第一条　为了贯彻计划生育基本国策，促进出生人口性别结构平衡，促进人口均衡发展，根据《中华人民共和国人口与计划生育法》、《中华人民共和国母婴保健法》等法律法规，制定本规定。

第二条　非医学需要的胎儿性别鉴定和选择性别人工终止妊娠，是指除经医学诊断胎儿可能为伴性遗传病等需要进行胎儿性别鉴定和选择性别人工终止妊娠以外，所进行的胎儿性别鉴定和选择性别人工终止妊娠。

第三条　禁止任何单位或者个人实施非医学需要的胎儿性别鉴定和选择性别人工终止妊娠。

禁止任何单位或者个人介绍、组织孕妇实施非医学需要的胎儿性别鉴定和选择性别人工终止妊娠。

第四条　各级卫生计生行政部门和食品药品监管部门应当建立查处非医学需要的胎儿性别鉴定和选择性别人工终止妊娠违法行为的协作机制和联动执法机制，共同实施监督管理。

卫生计生行政部门和食品药品监管部门应当按照各自职责，制定胎儿性别鉴定、人工终止妊娠以及相关药品和医疗器械等管理制度。

第五条　县级以上卫生计生行政部门履行以下职责：

（一）监管并组织、协调非医学需要的胎儿性别鉴定和选择性别人工终止妊娠的查处工作；

（二）负责医疗卫生机构及其从业人员的执业准入和相关医疗器械使用监管，以及相关法律法规、执业规范的宣传培训等工作；

（三）负责人口信息管理系统的使用管理，指导医疗卫生机构及时准确地采集新生儿出生、死亡等相关信息；

（四）法律、法规、规章规定的涉及非医学需要的胎儿性别鉴定和选择性别人工终止妊娠的其他事项。

第六条　县级以上工商行政管理部门（包括履行工商行政管理职责的市场监督管理部门，下同）对含有胎儿性别鉴定和人工终止妊娠内容的广告实施监管，并依法查处违法行为。

第七条　食品药品监管部门依法对与胎儿性别鉴定和人工终止妊娠相关的药品和超声诊断仪、染色体检测专用设备等医疗器械的生产、销售和使用环节的产品质量实施监管，并依法查处相关违法行为。

第八条　禁止非医学需要的胎儿性别鉴定和选择性别人工终止妊娠的工作应当纳入计划生育目标管理责任制。

第九条　符合法定生育条件，除下列情形外，不得实施选择性别人工终止妊娠：

（一）胎儿患严重遗传性疾病的；

（二）胎儿有严重缺陷的；

（三）因患严重疾病，继续妊娠可能危及孕妇生命安全或者严重危害孕妇健康的；

（四）法律法规规定的或医学上认为确有必要终止妊娠的其他情形。

第十条　医学需要的胎儿性别鉴定，由省、自治区、直辖市卫生计生行政部门批准设立的医疗卫生机构按照国家有关规定实施。

实施医学需要的胎儿性别鉴定，应当由医疗卫生机构组织三名以上具有临床经验和医学遗传学知识，并具有副主任医师以上的专业技术职称的专家集体审核。经诊断，确需人工终止妊娠的，应当出具医学诊断报告，并由医疗卫生机构通报当地县级卫生计生行政部门。

第十一条 医疗卫生机构应当在工作场所设置禁止非医学需要的胎儿性别鉴定和选择性别人工终止妊娠的醒目标志；医务人员应当严格遵守有关法律法规和超声诊断、染色体检测、人工终止妊娠手术管理等相关制度。

第十二条 实施人工终止妊娠手术的机构应当在手术前登记、查验受术者身份证明信息，并及时将手术实施情况通报当地县级卫生计生行政部门。

第十三条 医疗卫生机构发生新生儿死亡的，应当及时出具死亡证明，并向当地县级卫生计生行政部门报告。

新生儿在医疗卫生机构以外地点死亡的，监护人应当及时向当地乡（镇）人民政府、街道办事处卫生计生工作机构报告；乡（镇）人民政府、街道办事处卫生计生工作机构应当予以核查，并向乡镇卫生院或社区卫生服务中心通报有关信息。

第十四条 终止妊娠药品目录由国务院食品药品监管部门会同国务院卫生计生行政部门制定发布。

药品生产、批发企业仅能将终止妊娠药品销售给药品批发企业或者获准施行终止妊娠手术的医疗卫生机构。药品生产、批发企业销售终止妊娠药品时，应当按照药品追溯有关规定，严格查验购货方资质，并做好销售记录。禁止药品零售企业销售终止妊娠药品。

终止妊娠的药品，仅限于在获准施行终止妊娠手术的医疗卫生机构的医师指导和监护下使用。

经批准实施人工终止妊娠手术的医疗卫生机构应当建立真实、完整的终止妊娠药品购进记录，并为终止妊娠药品使用者建立完整档案。

第十五条 医疗器械销售企业销售超声诊断仪、染色体检测专用设备等医疗器械，应当核查购买者的资质，验证机构资质并留存复印件，建立真实、完整的购销记录；不得将超声诊断仪、染色体检测专用设备等医疗器械销售给不具有相应资质的机构和个人。

第十六条 医疗卫生、教学科研机构购置可用于鉴定胎儿性别的超声诊断仪、染色体检测专用设备等医疗器械时，应当提供机构资质原件和复印件，交销售企业核查、登记，并建立进货查验记录制度。

第十七条 违法发布非医学需要的胎儿性别鉴定或者非医学需要的选择性别人工终止妊娠广告的，由工商行政管理部门依据《中华人民共和国广告法》等相关法律法规进行处罚。

对广告中涉及的非医学需要的胎儿性别鉴定或非医学需要的选择性别人工终止妊娠等专业技术内容，工商行政管理部门可根据需要提请同级卫生计生行政部门予以认定。

第十八条 违反规定利用相关技术为他人实施非医学需要的胎儿性别鉴定或者选择性别人工终止妊娠的，由县级以上卫生计生行政部门依据《中华人民共和国人口与计划生育法》等有关法律法规进行处理；对医疗卫生机构的主要负责人、直接负责的主管人员和直接责任人员，依法给予处分。

第十九条 对未取得母婴保健技术许可的医疗卫生机构或者人员擅自从事终止妊娠手术的、从事母婴保健技术服务的人员出具虚假的医学需要的人工终止妊娠相关医学诊断意见书或者证明的，由县级以上卫生计生行政部门依据《中华人民共和国母婴保健法》及其实施办法的有关规定进行处理；对医疗卫生机构的主要负责人、直接负责的主管人员和直接责任人员，依法给予处分。

第二十条 经批准实施人工终止妊娠手术的机构未建立真实完整的终止妊娠药品购进记录，或者未按照规定为终止妊娠药品使用者建立完整用药档案的，由县级以上卫生计生行政部门责令改正；拒不改正的，给予警告，并可处1万元以上3万元以下罚款；对医疗卫生机构的主要负责人、直接负责的主管人员和直接责任人员，依法进行处理。

第二十一条 药品生产企业、批发企业将终止妊娠药品销售给未经批准实施人工终止妊娠的医疗卫生机构和个人，或者销售终止妊娠药品未查验购药者的资格证明、未按照规定作销售记录的，以及药品零售企业销售终止妊娠药品的，由县级以上食品药品监管部门按照《中华人民共和国药品管理法》的有关规定进行处理。

第二十二条 医疗器械生产经营企业将超声诊断仪、染色体检测专用设备等医疗器械销售给无购买资质的机构或者个人的，由县级以上食品药品监管部门责令改正，处1万元以上3万元以下罚款。

第二十三条 介绍、组织孕妇实施非医学需要的胎儿性别鉴定或者选择性别人工终止妊娠的，由县级以上卫生计生行政部门责令改正，给予警告；情节严重的，没收违法所得，并处5000元以上3万元以下罚款。

第二十四条 鼓励任何单位和个人举报违反本规定的行为。举报内容经查证属实的，应当依据有关规定给予举报人相应的奖励。

第二十五条 本规定自2016年5月1日起施行。2002年11月29日原国家计生委、原卫生部、原国家药品监管局公布的《关于禁止非医学需要的胎儿性别鉴定和选择性别的人工终止妊娠的规定》同时废止。

交通运输部关于修改《中华人民共和国海员外派管理规定》的决定

（2016 年 4 月 11 日交通运输部令 2016 年第 33 号公布　自 2016 年 4 月 11 日起施行）

交通运输部决定对《中华人民共和国海员外派管理规定》（交通运输部令 2011 年第 3 号）作如下修改：

删除第六条第（二）项中的“、组织机构代码证”。

本决定自 2016 年 4 月 11 日起施行。

《中华人民共和国海员外派管理规定》根据本决定作相应修正，重新发布。

中华人民共和国海员外派管理规定

（2011 年 3 月 7 日交通运输部令 2011 年第 3 号发布　根据 2016 年 4 月 11 日《交通运输部关于修改〈中华人民共和国海员外派管理规定〉的决定》修正）

第一章　总　　则

第一条　为规范海员外派管理，提高我国外派海员的整体素质和国际形象，维护外派海员的合法权益，促进海员外派事业的健康发展，根据《中华人民共和国船员条例》和对外劳务合作等法律法规，制定本规定。

第二条　在中华人民共和国境内依法设立的机构从事海员外派活动，适用本规定。

第三条　交通运输部主管全国海员外派工作。

国家海事管理机构负责统一实施全国海员外派的监督管理工作。

交通运输部直属海事管理机构依照各自职责负责具体实施海员外派的监督管理工作。

第四条 海员外派遵循“谁派出,谁负责”的原则。从事海员外派的机构应当对其派出的外派海员负责,做好外派海员在船工作期间及登、离船过程中的各项保障工作。

第二章 海员外派机构资质

第五条 从事海员外派的机构,应当符合下列条件:

(一)在中华人民共和国境内依法设立的法人;

(二)有与外派规模相适应的固定办公场所;

(三)有至少2名具有国际航行海船管理级船员任职资历的专职管理人员和至少3名具有两年以上海员外派相关从业经历的管理人员;

(四)具有进行外派海员任职前培训和岗位技能训练及处理海员外派相关法律事务的能力;

(五)按照国家海事管理机构的规定,建立船员服务质量管理制度、人员和资源保障制度、教育培训制度、应急处理制度和服务业务报告制度等海员外派管理制度;

(六)具有自有外派海员100人以上;

(七)注册资本不低于500万元人民币,且为实缴货币资本。本规定实施后,对外劳务合作法规另有规定的,从其规定;

(八)具有足额交纳100万元人民币海员外派备用金的能力;

(九)机构及其法定代表人具有良好的商业信誉,最近3年内没有重大违约行为和重大违法记录。

第六条 申请从事海员外派的机构,应当提交下列材料:

(一)从事海员外派活动的申请文书;

(二)企业法人营业执照或者事业单位法人证书;

(三)经营场所产权证明或者固定场所租赁证明;

(四)具有处理海员外派相关法律事务能力、进行外派海员任职前培训和岗位技能训练能力的证明材料;

(五)专职管理人员任职资格证书复印件及专职业务人员相关从业经历的证明材料;

(六)机构的组织结构、人员组成、职责等情况的说明文件;

(七)海员外派相关管理制度文件;

(八)自有外派海员的名册及劳动合同、缴纳社会保险等证明材料;

(九)已按照海事管理机构要求足额缴纳海员外派备用金的有效证明;

（十）其他相关证明材料。

经批准设立的外商投资职业介绍机构或者中外合资人才中介机构拟开展招聘海员出境业务，应当按照本规定申请从事海员外派。除提交前款规定的材料外，还应当提交外商投资企业批准证书和外商投资企业营业执照复印件。

第七条 机构申请从事海员外派，应当向其工商注册地的交通运输部直属海事管理机构提出，工商注册地没有交通运输部直属海事管理机构的，应当向国家海事管理机构指定的交通运输部直属海事管理机构提出。

第八条 直属海事管理机构自受理申请之日起15个工作日内完成申请材料的书面审核和现场核验，并将审核意见和核验情况连同申请材料一并报国家海事管理机构审批。

第九条 国家海事管理机构收到报送材料后，根据直属海事管理机构的审核意见、核验情况以及机构申请材料，于15个工作日内作出批准或者不予批准的决定。

第十条 国家海事管理机构作出准予从事海员外派决定的，向申请机构颁发海员外派机构资质证书；海员外派机构资质证书的有效期最长不超过5年。

第十一条 海员外派机构资质证书上记载的机构名称、地址、法定代表人等发生变更的，海员外派机构应当自变更发生之日起30个工作日内到海事管理机构办理变更手续。

第十二条 已按《中华人民共和国船员服务管理规定》取得甲级海船船员服务机构资质的机构，应当按本规定申请海员外派机构资质，方可从事海员外派。

第十三条 境外企业、机构在中国境内招收外派海员，应当委托海员外派机构进行。

外国驻华代表机构不得在境内开展海员外派业务。

第十四条 海员外派机构资质实施年审制度。

年审主要审查海员外派机构的资质条件符合情况及合法经营、规范运作情况。

交通运输部直属海事管理机构应当于每年度的2月份至4月份负责组织实施所属辖区的海员外派机构资质年审工作。

第十五条 海员外派机构应当于每年的2月1日前向所在辖区的海事管理机构申请进行年审，并提交下列材料：

（一）年审申请文书；

（二）年审报告书，包含海员外派机构资质条件符合情况、各项制度有效运行以及本规定执行情况。

第十六条 海员外派机构通过年审的，海事管理机构应当在其海员外派机构资质证书的年审情况栏中予以签注。

第十七条 海员外派机构年审不合格的，海事管理机构责令限期改正；如期改正的，海事管理机构应当在海员外派机构资质证书的年审情况栏中注明情况，予以通过年审；逾期未改正的，应当及时报请国家海事管理机构撤销其海员外派机构资质并依法办理注销手续。

第十八条 年审中被海事管理机构责令限期改正的，海员外派机构在改正期内不得继续选派船员及对外签订新的船舶配员协议，但仍应当承担对已派出外派海员的管理责任。

第十九条 海员外派机构应当在海员外派机构资质证书有效期届满之日60日以前向所在辖区的海事管理机构申请办理海员外派机构资质证书延续手续。申请办理海员外派机构资质证书延续手续，应当提交下列材料：

（一）海员外派机构资质证书延续申请；

（二）本规定第六条（二）至（九）项规定的材料。

第二十条 有下列情形之一的，海员外派机构应当到核发证书的海事管理机构办理资质证书注销手续：

（一）海员外派机构自行申请注销的；

（二）法人依法终止的；

（三）海员外派机构资质证书被依法撤销或者吊销的。

第二十一条 海员外派备用金实行专户存储，专款专用。

备用金的使用管理应当遵守国家关于对外劳务合作备用金管理制度。

第三章 海员外派机构的责任与义务

第二十二条 海员外派机构应当遵守国家船员管理、船员服务管理、船员证件管理、劳动和社会保障及对外劳务合作等有关规定，遵守中华人民共和国缔结或加入的国际公约，履行诚实守信义务。

第二十三条 海员外派机构应当保证本规定第五条第（五）项所规定的各项海员外派管理制度的有效运行。

第二十四条 海员外派机构为海员提供海员外派服务，应当保证外派海员与下列单位之一签订有劳动合同：

（一）本机构；

（二）境外船东；

（三）我国的航运公司或者其他相关行业单位。

外派海员与我国的航运公司或者其他相关行业单位签订劳动合同的，海员外派机构在外派该海员时，应当事先经过外派海员用人单位同意。

外派海员与境外船东签订劳动合同的，海员外派机构应当负责审查劳动合同的内容，发现劳动合同内容不符合法律法规、相关国际公约规定或者存在侵害外派海员利益条款的，应当要求境外船东及时予以纠正。

第二十五条 海员外派机构应当为外派海员购买境外人身意外伤害保险。

第二十六条 海员外派机构应当在充分了解并确保境外船东资信和运营情况良好的前提下，方可与境外船东签订船舶配员服务协议。

第二十七条 海员外派机构与境外船东签订的船舶配员服务协议，应当符合国内法律、法规和相关国际公约要求，并至少包括以下内容：

（一）海员外派机构及境外船东的责任、权利和义务。包括外派船员的数量、素质要求，派出频率，培训责任，外派机构对船员违规行为的责任分担等；

（二）外派海员的工作、生活条件；

（三）协议期限和外派海员上下船安排；

（四）工资福利待遇及其支付方式；

（五）正常工作时间、加班、额外劳动和休息休假；

（六）船舶适航状况及船舶航行区域；

（七）境外船东为外派海员购买的人身意外、疾病保险和处理标准；

（八）社会保险的缴纳；

（九）外派海员跟踪管理；

（十）突发事件处理；

（十一）外派海员遣返；

（十二）外派海员伤病亡处理；

（十三）外派海员免责条款；

（十四）特殊情况及争议的处理；

（十五）违约责任。

海员外派机构应当将船舶配员服务协议中与外派海员利益有关的内容如实告知外派海员。

第二十八条 海员外派机构应当根据派往船舶的船旗国和公司情况对外派海员进行相关法律法规、管理制度、风俗习惯和注意事项等任职前培训，并根据海员外派实际需要对外派海员进行必要的岗位技能训练。

第二十九条 海员外派机构应当在外派海员上船工作前，与其签订上船

协议,协议内容应当至少包括下列内容:

(一)船舶配员服务协议中涉及外派海员利益的所有条款;

(二)海员外派机构对外派海员工作期间的管理和服务责任;

(三)外派海员在境外发生紧急情况时海员外派机构对其的安置责任;

(四)违约责任。

第三十条 海员外派机构应当建立与境外船东、外派海员的沟通机制,及时核查并妥善处理各种投诉。

海员外派机构应当对外派海员工作期间有关人身安全、身体健康、工作技能及职业发展等方面进行跟踪管理,为外派海员履行船舶配员服务合同提供必要支持。

第三十一条 海员外派机构不得因提供就业机会而向外派海员收取费用。

海员外派机构不得克扣外派海员的劳动报酬。

海员外派机构不得要求外派海员提供抵押金或担保金等。

第三十二条 海员外派机构应当为所服务的每名外派海员建立信息档案,主要包括:

(一)外派海员船上任职资历(包括所服务的船公司和船舶的名称、船籍港、所属国家、上船工作起始时间等情况);

(二)外派海员基本安全培训、适任培训和特殊培训情况;

(三)外派海员适任状况、安全记录和健康情况;

(四)外派海员劳动合同、船舶配员服务协议、上船协议等。

海员外派机构应当按有关规定报送统计数据,并将自有外派海员名册、非自有外派海员名册及上述档案信息按要求定期报海事管理机构备案。

第三十三条 海员外派机构不得把海员外派到下列公司或者船舶:

(一)被港口国监督检查中列入黑名单的船舶;

(二)非经中国境内保险机构或者国际保赔协会成员保险的船舶;

(三)未建立安全营运和防治船舶污染管理体系的公司或者船舶。

第三十四条 海员外派机构资质被暂停、吊销、撤销的,应当继续履行已签订的合同及协议。

第四章 突发事件处理

第三十五条 突发事件发生时,海员外派机构应当按照应急处理制度的规定,立即启动应急预案,并及时向海事管理机构报告。

第三十六条 海员外派机构应当与境外船东共同做好突发事件的处置工作。当境外船东未能及时全面履行突发事件责任时,海员外派机构应妥善处理突发事件,避免外派海员利益受损。

第三十七条 当海员外派机构拒绝承担或者无力承担发生突发事件责任时,可以动用海员外派备用金,用于支付外派海员回国或者接受其他紧急救助所需费用。

第三十八条 海员外派备用金动用后,海员外派机构应当于30日内补齐备用金。

第三十九条 境外突发事件的处理按对外劳务合作有关规定执行。

第五章 监督检查

第四十条 海事管理机构应当建立健全辖区内海员外派机构的管理档案,加强对海员外派机构的监督检查。

第四十一条 海事管理机构实施监督检查,可以询问当事人,向有关海员外派机构或者个人了解情况,查阅、复制有关资料,并保守被调查海员外派机构的商业秘密或者个人隐私。

接受海事管理机构监督检查的海员外派机构或者个人,应当如实反映情况和提供资料,不得以任何理由拒绝或阻扰检查。

第四十二条 海事管理机构实施监督检查时发现海员外派机构不再具备规定条件的,由海事管理机构责令限期改正。

海员外派机构在规定期限内未能改正的,应当依法撤销海员外派机构资质,并依法办理海员外派机构资质证书的注销手续。

第四十三条 海事管理机构应当定期向社会公布海员外派机构名单及机构概况,以及依法履行相应职责和承担法律义务、维护外派海员合法权益、诚实守信等情况。

第六章 法律责任

第四十四条 违反本规定,未经批准擅自从事海员外派活动,有下列情形之一的,由海事管理机构责令改正,处5万元以上25万元以下罚款;有违法所得的,应当没收违法所得;使用非法证件的,收缴非法证件:

(一)未取得海员外派机构资质擅自开展海员外派的;

(二)以欺骗、贿赂、提供虚假材料等非法手段取得海员外派机构资质的;

（三）超出海员外派机构资质证书有效期擅自开展海员外派的；

（四）海员外派机构资质被依法暂停期间擅自开展海员外派的；

（五）伪造或者变造海员外派机构资质证书擅自开展海员外派的。

第四十五条 海员外派机构在提供外派服务时，提供虚假信息，欺诈外派海员，有下列情形之一的，由海事管理机构给予相应处罚：

（一）重复或者超过标准收取费用，或者在公布的收费项目之外收取费用的；

（二）未将船舶配员服务协议的相关内容如实告知外派海员的；

（三）伪造或者提供虚假船舶配员服务协议信息的；

（四）与外派海员签订的上船协议内容与船舶配员服务协议的内容不符并损害外派海员利益的；

（五）倒卖、出租、出借海员外派机构资质证书，或者以其他形式非法转让海员外派机构资质证书的；

（六）有其他提供虚假信息，欺诈外派海员行为的。

有前款第（一）、（二）项情形之一的，处 3 万元以上 10 万元以下罚款，情节严重的，给予暂停海员外派机构资质证书 6 个月以上 2 年以下处罚；有前款第（三）、（四）、（五）、（六）项情形之一的，处 10 万元以上 15 万元以下罚款，情节严重的，吊销海员外派机构资质证书。

第四十六条 违反本规定，在外派海员未与海员外派机构、境外船东、我国的航运公司或其他相关行业单位签订劳动合同的情况下，提供海员外派服务的，由海事管理机构责令改正，处 5 万元以上 25 万元以下罚款；情节严重的，给予暂停海员外派机构资质证书 6 个月以上 2 年以下直至吊销的处罚。

第四十七条 海事管理机构工作人员有下列情形之一的，依法给予行政处分：

（一）违反规定批准海员外派机构资质；

（二）不依法履行监督检查职责；

（三）不依法实施行政强制或者行政处罚；

（四）滥用职权、玩忽职守的其他行为。

第七章　附　　则

第四十八条 本规定中下列用语的含义是：

（一）海员外派，指为外国籍或者港澳台地区籍船舶提供配员的船员服务活动。

（二）境外船东，指外国籍或港澳台地区籍船舶的所有人、经营人或管理人。

（三）自有外派海员，指仅与本海员外派机构签订劳动合同的船员。

（四）突发事件，指外派海员所在船舶或其本人突然发生意外情况，造成或者可能对外派海员造成危害，需要采取应急处置措施予以应对的事件。

第四十九条 我国与有关国家或地区签订有对外劳务合作相关协议的，按照协议规定执行。

第五十条 本规定自2011年7月1日起施行。

交通运输部关于修改《道路旅客运输及客运站管理规定》的决定

（2016年4月11日交通运输部令2016年第34号公布 自2016年4月11日起施行）

交通运输部决定对《道路旅客运输及客运站管理规定》（交通运输部令2012年第8号）作如下修改：

一、将第十条第（一）项第1目修改为："1. 客车技术要求应当符合《道路运输车辆技术管理规定》有关规定"。

二、将十二条"申请从事道路客运经营的，应当按照下列规定提出申请"修改为"申请从事道路客运经营的，应当依法向工商行政管理机关办理有关登记手续后，按照下列规定提出申请"。

三、将第十三条"申请从事客运站经营的，应当向所在地县级道路运输管理机构提出申请"修改为"申请从事客运站经营的，应当依法向工商行政管理机关办理有关登记手续后，向所在地县级道路运输管理机构提出申请"。

四、将第十四条、第十五条中"车辆技术等级证书（车辆技术检测合格证）、客车等级评定证明"修改为："车辆技术等级评定结论、客车类型等级评定证明"。

五、删除第二十一条。

六、删除第三章及第九十二条、第九十三条、第九十四条。

七、在第五十二条后增加一条，表述为："鼓励客运经营者使用配置下置行李舱的客车从事道路客运。没有下置行李舱或者行李舱容积不能满足需要的客车车辆，可在客车车厢内设立专门的行李堆放区，但行李堆放区和乘客区必须隔离,并采取相应的安全措施。严禁行李堆放区载客。"

八、删除第五十四条。

九、在第七十六条后增加一条,表述为:

"县级以上道路运输管理机构应当定期对客运车辆进行审验,每年审验一次。审验内容包括:

(一)车辆违章记录;

(二)车辆技术等级评定情况;

(三)客车类型等级评定情况;

(四)按规定安装、使用符合标准的具有行驶记录功能的卫星定位装置情况;

(五)客运经营者为客运车辆投保承运人责任险情况。

审验符合要求的,道路运输管理机构在《道路运输证》审验记录栏中或者IC卡注明;不符合要求的,应当责令限期改正或者办理变更手续。"

条文序号作相应调整。

本决定自2016年4月11日起施行。

《道路旅客运输及客运站管理规定》根据本决定作相应修正,重新公布。

道路旅客运输及客运站管理规定

(2005年7月12日交通部发布　根据2008年7月23日交通运输部《关于修改〈道路旅客运输及客运站管理规定〉的决定》第一次修正　根据2009年4月20日交通运输部《关于修改〈道路旅客运输及客运站管理规定〉的决定》第二次修正　根据2012年3月14日交通运输部《关于修改〈道路旅客运输及客运站管理规定〉的决定》第三次修正　根据2012年12月11日交通运输部《关于修改〈道路旅客运输及客运站管理规定〉的决定》第四次修正　根据2016年4月11日交通运输部《关于修改〈道路旅客运输及客运站管理规定〉的决定》第五次修正)

第一章　总　　则

第一条　为规范道路旅客运输及道路旅客运输站经营活动,维护道路旅客运输市场秩序,保障道路旅客运输安全,保护旅客和经营者的合法权益,依据《中华人民共和国道路运输条例》及有关法律、行政法规的规定，制定本规定。

第二条 从事道路旅客运输（以下简称道路客运）经营以及道路旅客运输站（以下简称客运站）经营的，应当遵守本规定。

第三条 本规定所称道路客运经营，是指用客车运送旅客、为社会公众提供服务、具有商业性质的道路客运活动，包括班车（加班车）客运、包车客运、旅游客运。

（一）班车客运是指营运客车在城乡道路上按照固定的线路、时间、站点、班次运行的一种客运方式，包括直达班车客运和普通班车客运。加班车客运是班车客运的一种补充形式，是在客运班车不能满足需要或者无法正常运营时，临时增加或者调配客车按客运班车的线路、站点运行的方式。

（二）包车客运是指以运送团体旅客为目的，将客车包租给用户安排使用，提供驾驶劳务，按照约定的起始地、目的地和路线行驶，按行驶里程或者包用时间计费并统一支付费用的一种客运方式。

（三）旅游客运是指以运送旅游观光的旅客为目的，在旅游景区内运营或者其线路至少有一端在旅游景区（点）的一种客运方式。

本规定所称客运站经营，是指以站场设施为依托，为道路客运经营者和旅客提供有关运输服务的经营活动。

第四条 道路客运和客运站管理应当坚持以人为本、安全第一的宗旨，遵循公平、公正、公开、便民的原则，打破地区封锁和垄断，促进道路运输市场的统一、开放、竞争、有序，满足广大人民群众的出行需求。

道路客运及客运站经营者应当依法经营，诚实信用，公平竞争，优质服务。

第五条 国家实行道路客运企业等级评定制度和质量信誉考核制度，鼓励道路客运经营者实行规模化、集约化、公司化经营，禁止挂靠经营。

第六条 交通运输部主管全国道路客运及客运站管理工作。

县级以上地方人民政府交通运输主管部门负责组织领导本行政区域的道路客运及客运站管理工作。

县级以上道路运输管理机构负责具体实施道路客运及客运站管理工作。

第二章 经营许可

第七条 班车客运的线路根据经营区域和营运线路长度分为以下四种类型：

一类客运班线：地区所在地与地区所在地之间的客运班线或者营运线路

长度在800公里以上的客运班线。

二类客运班线：地区所在地与县之间的客运班线。

三类客运班线：非毗邻县之间的客运班线。

四类客运班线：毗邻县之间的客运班线或者县境内的客运班线。

本规定所称地区所在地，是指设区的市、州、盟人民政府所在城市市区；本规定所称县，包括县、旗、县级市和设区的市、州、盟下辖乡镇的区。

县城城区与地区所在地城市市区相连或者重叠的，按起讫客运站所在地确定班线起讫点所属的行政区域。

第八条 包车客运按照其经营区域分为省际包车客运和省内包车客运，省内包车客运分为市际包车客运、县际包车客运和县内包车客运。

第九条 旅游客运按照营运方式分为定线旅游客运和非定线旅游客运。定线旅游客运按照班车客运管理，非定线旅游客运按照包车客运管理。

第十条 申请从事道路客运经营的，应当具备下列条件：

（一）有与其经营业务相适应并经检测合格的客车：

1. 客车技术要求应当符合《道路运输车辆技术管理规定》有关规定。

2. 客车类型等级要求：

从事高速公路客运、旅游客运和营运线路长度在800公里以上的客运车辆，其车辆类型等级应当达到行业标准《营运客车类型划分及等级评定》（JT/T325）规定的中级以上。

3. 客车数量要求：

（1）经营一类客运班线的班车客运经营者应当自有营运客车100辆以上、客位3000个以上，其中高级客车在30辆以上、客位900个以上；或者自有高级营运客车40辆以上、客位1200个以上；

（2）经营二类客运班线的班车客运经营者应当自有营运客车50辆以上、客位1500个以上，其中中高级客车在15辆以上、客位450个以上；或者自有高级营运客车20辆以上、客位600个以上；

（3）经营三类客运班线的班车客运经营者应当自有营运客车10辆以上、客位200个以上；

（4）经营四类客运班线的班车客运经营者应当自有营运客车1辆以上；

（5）经营省际包车客运的经营者，应当自有中高级营运客车20辆以上、客位600个以上；

（6）经营省内包车客运的经营者，应当自有营运客车5辆以上、客位100个以上。

（二）从事客运经营的驾驶人员，应当符合下列条件：

1. 取得相应的机动车驾驶证;

2. 年龄不超过60周岁;

3. 3年内无重大以上交通责任事故记录;

4. 经设区的市级道路运输管理机构对有关客运法规、机动车维修和旅客急救基本知识考试合格而取得相应从业资格证。

本规定所称交通责任事故,是指驾驶人员负同等或者以上责任的交通事故。

(三)有健全的安全生产管理制度,包括安全生产操作规程、安全生产责任制、安全生产监督检查、驾驶人员和车辆安全生产管理的制度。

(四)申请从事道路客运班线经营,还应当有明确的线路和站点方案。

第十一条 申请从事客运站经营的,应当具备下列条件:

(一)客运站经有关部门组织的工程竣工验收合格,并且经道路运输管理机构组织的站级验收合格;

(二)有与业务量相适应的专业人员和管理人员;

(三)有相应的设备、设施,具体要求按照行业标准《汽车客运站级别划分及建设要求》(JT/T200)的规定执行;

(四)有健全的业务操作规程和安全管理制度,包括服务规范、安全生产操作规程、车辆发车前例检、安全生产责任制、危险品查堵、安全生产监督检查的制度。

第十二条 申请从事道路客运经营的,应当依法向工商行政管理机关办理有关登记手续后,按照下列规定提出申请:

(一)从事县级行政区域内客运经营的,向县级道路运输管理机构提出申请;

(二)从事省、自治区、直辖市行政区域内跨2个县级以上行政区域客运经营的,向其共同的上一级道路运输管理机构提出申请;

(三)从事跨省、自治区、直辖市行政区域客运经营的,向所在地的省、自治区、直辖市道路运输管理机构提出申请。

第十三条 申请从事客运站经营的,应当依法向工商行政管理机关办理有关登记手续后,向所在地县级道路运输管理机构提出申请。

第十四条 申请从事道路客运经营的,应当提供下列材料:

(一)申请开业的相关材料:

1.《道路旅客运输经营申请表》(见附件1);

2. 企业章程文本;

3. 投资人、负责人身份证明及其复印件,经办人的身份证明及其复印件和委托书；

4. 安全生产管理制度文本；

5. 拟投入车辆承诺书，包括客车数量、类型及等级、技术等级、座位数以及客车外廓长、宽、高等。如果拟投入客车属于已购置或者现有的，应当提供行驶证、车辆技术等级评定结论、客车类型等级评定证明及其复印件；

6. 已聘用或者拟聘用驾驶人员的驾驶证和从业资格证及其复印件，公安部门出具的3年内无重大以上交通责任事故的证明。

（二）同时申请道路客运班线经营的，还应当提供下列材料：

1.《道路旅客运输班线经营申请表》（见附件2）；

2. 可行性报告，包括申请客运班线客流状况调查、运营方案、效益分析以及可能对其他相关经营者产生的影响等；

3. 进站方案。已与起讫点客运站和停靠站签订进站意向书的，应当提供进站意向书；

4. 运输服务质量承诺书。

第十五条 已获得相应道路班车客运经营许可的经营者，申请新增客运班线时，除提供第十四条第（二）项规定的材料外，还应当提供下列材料：

（一）《道路运输经营许可证》复印件；

（二）与所申请客运班线类型相适应的企业自有营运客车的行驶证、《道路运输证》复印件；

（三）拟投入车辆承诺书，包括客车数量、类型及等级、技术等级、座位数以及客车外廓长、宽、高等。如果拟投入客车属于已购置或者现有的，应当提供行驶证、车辆技术等级评定结论、客车类型等级评定证明及其复印件；

（四）拟聘用驾驶人员的驾驶证和从业资格证及其复印件，公安部门出具的3年内无重大以上交通责任事故的证明；

（五）经办人的身份证明及其复印件，所在单位的工作证明或者委托书。

第十六条 申请从事客运站经营的，应当提供下列材料：

（一）《道路旅客运输站经营申请表》（见附件3）；

（二）客运站竣工验收证明和站级验收证明；

（三）拟招聘的专业人员、管理人员的身份证明和专业证书及其复印件；

（四）负责人身份证明及其复印件，经办人的身份证明及其复印件和委托书；

（五）业务操作规程和安全管理制度文本。

第十七条 县级以上道路运输管理机构应当定期向社会公布本行政区域内的客运运力投放、客运线路布局、主要客流流向和流量等情况。

道路运输管理机构在审查客运申请时，应当考虑客运市场的供求状况、普遍服务和方便群众等因素。

第十八条 道路运输管理机构应当按照《中华人民共和国道路运输条例》和《交通行政许可实施程序规定》以及本规定规范的程序实施道路客运经营、道路客运班线经营和客运站经营的行政许可。

第十九条 道路运输管理机构对道路客运经营申请、道路客运班线经营申请予以受理的，应当自受理之日起 20 日内作出许可或者不予许可的决定；道路运输管理机构对客运站经营申请予以受理的，应当自受理之日起 15 日内作出许可或者不予许可的决定。

道路运输管理机构对符合法定条件的道路客运经营申请作出准予行政许可决定的，应当出具《道路客运经营行政许可决定书》（见附件 4），明确许可事项，许可事项为经营范围、车辆数量及要求、客运班线类型；并在 10 日内向被许可人发放《道路运输经营许可证》，并告知被许可人所在地道路运输管理机构。

道路运输管理机构对符合法定条件的道路客运班线经营申请作出准予行政许可决定的，应当出具《道路客运班线经营行政许可决定书》（见附件 5），明确许可事项，许可事项为经营主体、班车类别、起讫地及起讫站点、途经路线及停靠站点、日发班次、车辆数量及要求、经营期限；并在 10 日内向被许可人发放《道路客运班线经营许可证明》（见附件 8），告知班线起讫地道路运输管理机构；属于跨省客运班线的，应当将《道路客运班线经营行政许可决定书》抄告途经上下旅客的和终到的省级道路运输管理机构。

道路运输管理机构对符合法定条件的客运站经营申请作出准予行政许可决定的，应当出具《道路旅客运输站经营行政许可决定书》（见附件 6），并明确许可事项，许可事项为经营者名称、站场地址、站场级别和经营范围；并在 10 日内向被许可人发放《道路运输经营许可证》。

道路运输管理机构对不符合法定条件的申请作出不予行政许可决定的，应当向申请人出具《不予交通行政许可决定书》。

第二十条 受理跨省客运班线经营申请的省级道路运输管理机构，应当在受理申请后 7 日内发征求意见函并附《道路旅客运输班线经营申请表》传真给途经上下旅客的和目的地省级道路运输管理机构征求意见；相关省级道路运输管理机构应当在 10 日内将意见传真给受理申请的省级道路运输管理机构，不予同意的，应当依法注明理由，逾期不予答复的，视为同意。

相关省级道路运输管理机构对跨省客运班线经营申请持不同意见且协商不成的，由受理申请的省级道路运输管理机构通过其隶属的省级交通运输主管部门将各方书面意见和相关材料报交通运输部决定,并书面通知申请人。交通运输部应当自受理之日起20日内作出决定,并书面通知相关省级交通运输主管部门,由受理申请的省级道路运输管理机构按本规定第十九条、第二十二条的规定为申请人办理有关手续。

第二十一条 被许可人应当按确定的时间落实拟投入车辆承诺书。道路运输管理机构已核实被许可人落实了拟投入车辆承诺书且车辆符合许可要求后,应当为投入运输的客车配发《道路运输证》;属于客运班车的,应当同时配发班车客运标志牌(见附件7)。正式班车客运标志牌尚未制作完毕的,应当先配发临时客运标志牌。

第二十二条 已取得相应道路班车客运经营许可的经营者需要增加客运班线的,应当按本规定第十二条的规定进行申请。

第二十三条 向不同级别的道路运输管理机构申请道路运输经营的,应当由最高一级道路运输管理机构核发《道路运输经营许可证》,并注明各级道路运输管理机构许可的经营范围,下级道路运输管理机构不再核发《道路运输经营许可证》。下级道路运输管理机构已向被许可人发放《道路运输经营许可证》的,上级道路运输管理机构应当按上述要求予以换发。

第二十四条 中外合资、中外合作、外商独资形式投资道路客运和客运站经营的,应当同时遵守《外商投资道路运输业管理规定》。

第二十五条 道路客运经营者设立子公司的,应当按规定向设立地道路运输管理机构申请经营许可;设立分公司的,应当向设立地道路运输管理机构报备。

第二十六条 对同一客运班线有3个以上申请人的,或者根据实际情况需要,道路运输管理机构可采取服务质量招投标的方式实施道路客运班线经营许可。

相关省级道路运输管理机构协商确定通过服务质量招投标方式,实施跨省客运班线经营许可的,可采取联合招标、各自分别招标等方式进行。一省不实行招投标的,不影响另外一省进行招投标。

道路旅客运输班线经营权服务质量招投标管理办法另行制定。

第二十七条 在道路客运班线经营许可过程中,任何单位和个人不得以对等投放运力等不正当理由拒绝、阻挠实施客运班线经营许可。

第二十八条 客运经营者、客运站经营者需要变更许可事项或者终止经营的,应当向原许可机关提出申请,按本章有关规定办理。

客运班线的经营主体、起讫地和日发班次变更和客运站经营主体、站址变更按照重新许可办理。

客运经营者和客运站经营者在取得全部经营许可证件后无正当理由超过180天不投入运营或者运营后连续180天以上停运的，视为自动终止经营。

第二十九条 客运班线的经营期限由省级道路运输管理机构按《中华人民共和国道路运输条例》的有关规定确定。

第三十条 客运班线经营者在经营期限内暂停、终止班线经营，应当提前30日向原许可机关申请。经营期限届满，需要延续客运班线经营的，应当在届满前60日提出申请。原许可机关应当依据本章有关规定作出许可或者不予许可的决定。予以许可的，重新办理有关手续。

客运经营者终止经营，应当在终止经营后10日内，将相关的《道路运输经营许可证》和《道路运输证》、客运标志牌交回原发放机关。

第三十一条 客运站经营者终止经营的，应当提前30日告知原许可机关和进站经营者。原许可机关发现关闭客运站可能对社会公众利益造成重大影响的，应当采取措施对进站车辆进行分流，并向社会公告。客运站经营者应当在终止经营后10日内将《道路运输经营许可证》交回原发放机关。

第三十二条 客运经营者在客运班线经营期限届满后申请延续经营，符合下列条件的，应当予以优先许可：

（一）经营者符合本规定第十条规定；

（二）经营者在经营该客运班线过程中，无特大运输安全责任事故；

（三）经营者在经营该客运班线过程中，无情节恶劣的服务质量事件；

（四）经营者在经营该客运班线过程中，无严重违法经营行为；

（五）按规定履行了普遍服务的义务。

第三章 客运经营管理

第三十三条 客运经营者应当按照道路运输管理机构决定的许可事项从事客运经营活动，不得转让、出租道路运输经营许可证件。

第三十四条 道路客运企业的全资或者绝对控股的经营道路客运的子公司，其自有营运客车在10辆以上或者自有中高级营运客车5辆以上时，可按照其母公司取得的经营许可从事客运经营活动。

本条所称绝对控股是指母公司控制子公司实际资产51%以上。

第三十五条 道路客运班线属于国家所有的公共资源。班线客运经营者取得经营许可后，应当向公众提供连续运输服务，不得擅自暂停、终止或者转让班线运输。

第三十六条 客运班车应当按照许可的线路、班次、站点运行，在规定的途经站点进站上下旅客，无正当理由不得改变行驶线路，不得站外上客或者沿途揽客。

经许可机关同意，在农村客运班线上运营的班车可采取区域经营、循环运行、设置临时发车点等灵活的方式运营。

本规定所称农村客运班线，是指县内或者毗邻县间至少有一端在乡村的客运班线。

第三十七条 客运经营者不得强迫旅客乘车，不得中途将旅客交给他人运输或者甩客，不得敲诈旅客，不得擅自更换客运车辆，不得阻碍其他经营者的正常经营活动。

第三十八条 严禁客运车辆超载运行，在载客人数已满的情况下，允许再搭乘不超过核定载客人数10%的免票儿童。

客运车辆不得违反规定载货。

第三十九条 客运经营者应当遵守有关运价规定，使用规定的票证，不得乱涨价、恶意压价、乱收费。

第四十条 客运经营者应当在客运车辆外部的适当位置喷印企业名称或者标识，在车厢内显著位置公示道路运输管理机构监督电话、票价和里程表。

第四十一条 客运经营者应当为旅客提供良好的乘车环境，确保车辆设备、设施齐全有效，保持车辆清洁、卫生，并采取必要的措施防止在运输过程中发生侵害旅客人身、财产安全的违法行为。

当运输过程中发生侵害旅客人身、财产安全的治安违法行为时，客运经营者在自身能力许可的情况下，应当及时向公安机关报告并配合公安机关及时终止治安违法行为。

客运经营者不得在客运车辆上从事播放淫秽录像等不健康的活动。

第四十二条 鼓励客运经营者使用配置下置行李舱的客车从事道路客运。没有下置行李舱或者行李舱容积不能满足需要的客车车辆，可在客车车厢内设立专门的行李堆放区，但行李堆放区和乘客区必须隔离，并采取相应的安全措施。严禁行李堆放区载客。

第四十三条 客运经营者应当为旅客投保承运人责任险。

第四十四条 客运经营者应当加强对从业人员的安全、职业道德教育和业务知识、操作规程培训。并采取有效措施，防止驾驶人员连续驾驶时间超过4个小时。

客运车辆驾驶人员应当遵守道路运输法规和道路运输驾驶员操作规程，安全驾驶，文明服务。

第四十五条 客运经营者应当制定突发公共事件的道路运输应急预案。

应急预案应当包括报告程序、应急指挥、应急车辆和设备的储备以及处置措施等内容。

发生突发公共事件时,客运经营者应当服从县级及以上人民政府或者有关部门的统一调度、指挥。

第四十六条 客运经营者应当建立和完善各类台账和档案,并按要求及时报送有关资料和信息。

第四十七条 旅客应当持有效客票乘车,遵守乘车秩序,文明礼貌,携带免票儿童的乘客应当在购票时声明。不得携带国家规定的危险物品及其他禁止携带的物品乘车。

第四十八条 客运车辆驾驶人员应当随车携带《道路运输证》、从业资格证等有关证件,在规定位置放置客运标志牌。客运班车驾驶人员还应当随车携带《道路客运班线经营许可证明》。

第四十九条 遇有下列情况之一,客运车辆可凭临时客运标志牌运行:

(一)原有正班车已经满载,需要开行加班车的;

(二)因车辆抛锚、维护等原因,需要接驳或者顶班的;

(三)正式班车客运标志牌正在制作或者不慎灭失,等待领取的。

第五十条 凭临时客运标志牌运营的客车应当按正班车的线路和站点运行。属于加班或者顶班的,还应当持有始发站签章并注明事由的当班行车路单;班车客运标志牌正在制作或者灭失的,还应当持有该条班线的《道路客运班线经营许可证明》或者《道路客运班线经营行政许可决定书》的复印件。

第五十一条 客运包车应当凭车籍所在地道路运输管理机构核发的包车客运标志牌,按照约定的时间、起始地、目的地和线路运行,并持有包车票或者包车合同,不得按班车模式定点定线运营,不得招揽包车合同外的旅客乘车。

客运包车除执行道路运输管理机构下达的紧急包车任务外,其线路一端应当在车籍所在地。省际、市际客运包车的车籍所在地为车籍所在的地区,县际客运包车的车籍所在地为车籍所在的县。

非定线旅游客车可持注明客运事项的旅游客票或者旅游合同取代包车票或者包车合同。

第五十二条 省际临时客运标志牌(见附件 9)、省际包车客运标志牌(见附件 10)由省级道路运输管理机构按照交通运输部的统一式样印制,交由当地县以上道路运输管理机构向客运经营者核发。省际包车客运标志牌和加班车、顶班车、接驳车使用的省际临时客运标志牌在一个运次所需的时间内有效,因班车客运标志牌正在制作或者灭失而使用的省际临时客运标志牌有效期不得超过 30 天。

从事省际包车客运的企业应按照交通运输部的统一要求，通过运政管理信息系统向车籍地道路运输管理机构备案后方可使用包车标志牌。

省内临时客运标志牌、省内包车客运标志牌样式及管理要求由各省级交通运输主管部门自行规定。

第五十三条 在春运、旅游“黄金周”或者发生突发事件等客流高峰期运力不足时，道路运输管理机构可临时调用车辆技术等级不低于三级的营运客车和社会非营运客车开行包车或者加班车。非营运客车凭县级以上道路运输管理机构开具的证明运行。

第四章 客运站经营

第五十四条 客运站经营者应当按照道路运输管理机构决定的许可事项从事客运站经营活动，不得转让、出租客运站经营许可证件，不得改变客运站用途和服务功能。

客运站经营者应当维护好各种设施、设备，保持其正常使用。

第五十五条 客运站经营者和进站发车的客运经营者应当依法自愿签订服务合同，双方按合同的规定履行各自的权利和义务。

客运站经营者应当按月和客运经营者结算运费。

第五十六条 客运站经营者应当依法加强安全管理，完善安全生产条件，健全和落实安全生产责任制。

客运站经营者应当对出站客车进行安全检查，采取措施防止危险品进站上车，按照车辆核定载客限额售票，严禁超载车辆或者未经安全检查的车辆出站，保证安全生产。

第五十七条 客运站经营者应当禁止无证经营的车辆进站从事经营活动，无正当理由不得拒绝合法客运车辆进站经营。

客运站经营者应当坚持公平、公正原则，合理安排发车时间，公平售票。

客运经营者在发车时间安排上发生纠纷，客运站经营者协调无效时，由当地县级以上道路运输管理机构裁定。

第五十八条 客运站经营者应当公布进站客车的班车类别、客车类型等级、运输线路、起讫停靠站点、班次、发车时间、票价等信息，调度车辆进站发车，疏导旅客，维持秩序。

第五十九条 进站客运经营者应当在发车30分钟前备齐相关证件进站等待发车，不得误班、脱班、停班。进站客运经营者不按时派车辆应班，1小时以内视为误班，1小时以上视为脱班。但因车辆维修、肇事、丢失或者交通堵塞等特殊原因不能按时应班、并且已提前告知客运站经营者的除外。

进站客运经营者因故不能发班的,应当提前1日告知客运站经营者,双方要协商调度车辆顶班。

对无故停班达3日以上的进站班车,客运站经营者应当报告当地道路运输管理机构。

第六十条 客运站经营者应当设置旅客购票、候车、乘车指示、行李寄存和托运、公共卫生等服务设施,向旅客提供安全、便捷、优质的服务,加强宣传,保持站场卫生、清洁。

在客运站从事客运站经营以外的其他经营活动时,应当遵守相应的法律、行政法规的规定。

第六十一条 客运站经营者应当严格执行价格管理规定,在经营场所公示收费项目和标准,严禁乱收费。

第六十二条 客运站经营者应当按规定的业务操作规程装卸、储存、保管行包。

第六十三条 客运站经营者应当制定公共突发事件应急预案。应急预案应当包括报告程序、应急指挥、应急设备的储备以及处置措施等内容。

第六十四条 客运站经营者应当建立和完善各类台账和档案,并按要求报送有关信息。

第五章 监督检查

第六十五条 道路运输管理机构应当加强对道路客运和客运站经营活动的监督检查。

道路运输管理机构工作人员应当严格按照法定职责权限和程序进行监督检查。

第六十六条 县级以上道路运输管理机构应当定期对客运车辆进行审验,每年审验一次。审验内容包括:

(一)车辆违章记录;

(二)车辆技术等级评定情况;

(三)客车类型等级评定情况;

(四)按规定安装、使用符合标准的具有行驶记录功能的卫星定位装置情况;

(五)客运经营者为客运车辆投保承运人责任险情况。

审验符合要求的,道路运输管理机构在《道路运输证》审验记录栏中或者

IC 卡注明;不符合要求的,应当责令限期改正或者办理变更手续。

第六十七条 道路运输管理机构及其工作人员应当重点在客运站、旅客集散地对道路客运、客运站经营活动实施监督检查。此外,根据管理需要,可以在公路路口实施监督检查,但不得随意拦截正常行驶的道路运输车辆,不得双向拦截车辆进行检查。

第六十八条 道路运输管理机构的工作人员实施监督检查时,应当有 2 名以上人员参加,并向当事人出示交通运输部统一制式的交通行政执法证件。

第六十九条 道路运输管理机构的工作人员可以向被检查单位和个人了解情况,查阅和复制有关材料。但应当保守被调查单位和个人的商业秘密。

被监督检查的单位和个人应当接受道路运输管理机构及其工作人员依法实施的监督检查,如实提供有关资料或者说明情况。

第七十条 道路运输管理机构的工作人员在实施道路运输监督检查过程中,发现客运车辆有超载行为的,应当立即予以制止,并采取相应措施安排旅客改乘。

第七十一条 客运经营者在许可的道路运输管理机构管辖区域外违法从事经营活动的,违法行为发生地的道路运输管理机构应当依法将当事人的违法事实、处罚结果记录到《道路运输证》上,并抄告作出道路客运经营许可的道路运输管理机构。

第七十二条 客运经营者违反本规定的,县级以上道路运输管理机构在作出行政处罚决定的过程中,可以按照行政处罚法的规定将其违法证据先行登记保存。作出行政处罚决定后,客运经营者拒不履行的,作出行政处罚决定的道路运输管理机构可以将其拒不履行行政处罚决定的事实通知违法车辆车籍所在地道路运输管理机构,作为能否通过车辆年度审验和决定质量信誉考核结果的重要依据。

第七十三条 道路运输管理机构的工作人员在实施道路运输监督检查过程中,对没有《道路运输证》又无法当场提供其他有效证明的客运车辆可以予以暂扣,并出具《道路运输车辆暂扣凭证》(见附件 12)。对暂扣车辆应当妥善保管,不得使用,不得收取或者变相收取保管费用。

违法当事人应当在暂扣凭证规定的时间内到指定地点接受处理。逾期不接受处理的,道路运输管理机构可依法作出处罚决定,并将处罚决定书送达当事人。当事人无正当理由逾期不履行处罚决定的,道路运输管理机构可申请人民法院强制执行。

第六章　法律责任

第七十四条　违反本规定，有下列行为之一的，由县级以上道路运输管理机构责令停止经营；有违法所得的，没收违法所得，处违法所得2倍以上10倍以下的罚款；没有违法所得或者违法所得不足2万元的，处3万元以上10万元以下的罚款；构成犯罪的，依法追究刑事责任：

（一）未取得道路客运经营许可，擅自从事道路客运经营的；

（二）未取得道路客运班线经营许可，擅自从事班车客运经营的；

（三）使用失效、伪造、变造、被注销等无效的道路客运许可证件从事道路客运经营的；

（四）超越许可事项，从事道路客运经营的。

第七十五条　违反本规定，有下列行为之一的，由县级以上道路运输管理机构责令停止经营；有违法所得的，没收违法所得，处违法所得2倍以上10倍以下的罚款；没有违法所得或者违法所得不足1万元的，处2万元以上5万元以下的罚款；构成犯罪的，依法追究刑事责任：

（一）未取得客运站经营许可，擅自从事客运站经营的；

（二）使用失效、伪造、变造、被注销等无效的客运站许可证件从事客运站经营的；

（三）超越许可事项，从事客运站经营的。

第七十六条　违反本规定，客运经营者、客运站经营者非法转让、出租道路运输经营许可证件的，由县级以上道路运输管理机构责令停止违法行为，收缴有关证件，处2000元以上1万元以下的罚款；有违法所得的，没收违法所得。

第七十七条　违反本规定，客运经营者有下列行为之一，由县级以上道路运输管理机构责令限期投保；拒不投保的，由原许可机关吊销《道路运输经营许可证》或者吊销相应的经营范围：

（一）未为旅客投保承运人责任险的；

（二）未按最低投保限额投保的；

（三）投保的承运人责任险已过期，未继续投保的。

第七十八条　违反本规定，取得客运经营许可的客运经营者使用无《道路运输证》的车辆参加客运经营的，由县级以上道路运输管理机构责令改正，处3000元以上1万元以下的罚款。

违反本规定，客运经营者不按照规定携带《道路运输证》的，由县级以上道路运输管理机构责令改正，处警告或者20元以上200元以下的罚款。

第七十九条 违反本规定，客运经营者（含国际道路客运经营者）、客运站经营者及客运相关服务经营者不按规定使用道路运输业专用票证或者转让、倒卖、伪造道路运输业专用票证的，由县级以上道路运输管理机构责令改正，处1000元以上3000元以下的罚款。

第八十条 违反本规定，客运经营者有下列情形之一的，由县级以上道路运输管理机构责令改正，处1000元以上3000元以下的罚款；情节严重的，由原许可机关吊销《道路运输经营许可证》或者吊销相应的经营范围：

（一）客运班车不按批准的客运站点停靠或者不按规定的线路、班次行驶的；

（二）加班车、顶班车、接驳车无正当理由不按原正班车的线路、站点、班次行驶的；

（三）客运包车未持有效的包车客运标志牌进行经营的，不按照包车客运标志牌载明的事项运行的，线路两端均不在车籍所在地的，按班车模式定点定线运营的，招揽包车合同以外的旅客乘车的；

（四）以欺骗、暴力等手段招揽旅客的；

（五）在旅客运输途中擅自变更运输车辆或者将旅客移交他人运输的；

（六）未报告原许可机关，擅自终止道路客运经营的。

第八十一条 违反本规定，客运经营者、客运站经营者已不具备开业要求的有关安全条件、存在重大运输安全隐患的，由县级以上道路运输管理机构责令限期改正；在规定时间内不能按要求改正且情节严重的，由原许可机关吊销《道路运输经营许可证》或者吊销相应的经营范围。

第八十二条 违反本规定，客运站经营者有下列情形之一的，由县级以上道路运输管理机构责令改正，处1万元以上3万元以下的罚款：

（一）允许无经营许可证件的车辆进站从事经营活动的；

（二）允许超载车辆出站的；

（三）允许未经安全检查或者安全检查不合格的车辆发车的；

（四）无正当理由拒绝客运车辆进站从事经营活动的。

第八十三条 违反本规定，客运站经营者有下列情形之一的，由县级以上道路运输管理机构责令改正；拒不改正的，处3000元的罚款；有违法所得的，没收违法所得：

（一）擅自改变客运站的用途和服务功能的；

（二）不公布运输线路、起讫停靠站点、班次、发车时间、票价的。

第八十四条 道路运输管理机构工作人员违反本规定，有下列情形之一的，依法给予行政处分；构成犯罪的，依法追究刑事责任：

（一）不依照规定的条件、程序和期限实施行政许可的；

（二）参与或者变相参与道路客运经营以及客运站经营的；

（三）发现违法行为不及时查处的；

（四）违反规定拦截、检查正常行驶的运输车辆的；

（五）违法扣留运输车辆、《道路运输证》的；

（六）索取、收受他人财物，或者谋取其他利益的；

（七）其他违法行为。

第七章　附　　则

第八十五条　出租汽车客运、城市公共汽车客运管理根据国务院的有关规定执行。

第八十六条　客运经营者从事国际道路旅客运输经营活动，除一般行为规范适用本规定外，有关从业条件等特殊要求应当适用交通运输部制定的国际道路运输管理规定。

第八十七条　道路运输管理机构依照本规定发放的道路运输经营许可证件和《道路运输证》，可以收取工本费。工本费的具体收费标准由省、自治区、直辖市人民政府财政、价格主管部门会同同级交通运输主管部门核定。

第八十八条　本规定自2005年8月1日起施行。交通部1995年9月6日发布的《省际道路旅客运输管理办法》（交公路发〔1995〕828号）、1998年11月26日发布的《高速公路旅客运输管理规定》（交通部令1998年第8号）、1995年5月9日发布的《汽车客运站管理规定》（交通部令1995年第2号）、2000年4月27日发布的《道路旅客运输企业经营资质管理规定（试行）》（交公路发〔2000〕225号）、1993年5月19日发布的《道路旅客运输业户开业技术经济条件（试行）》（交运发〔1993〕531号）同时废止。

附件 1

客运 1 表第 1 页　共 4 页

受理申请机关专用

道路旅客运输经营申请表

说明

1. 本表根据《道路旅客运输及客运站管理规定》制作，申请从事道路旅客运输经营应当按照《道路旅客运输及客运站管理规定》第二章的有关规定向相应道路运输管理机构提出申请，填写本表，并同时提交其他相关材料（材料要求见第 4 页）。

2. 本表可向各级道路运输管理机构免费索取，也可自行从交通运输部网站（www.mot.gov.cn）下载打印。

3. 本表需用钢笔填写或者计算机打印，请用正楷，要求字迹工整。

申请人基本信息

申请人名称 ________________

要求填写企业（公司）全称或者企业预先核准全称、个体经营者姓名

负责人姓名 ________　经办人姓名 ________

如系个人申请，不必填写“负责人姓名”及“经办人姓名”项

通信地址 ________________

邮　　编 ________　电　　话 ________

手　　机 ________　电子邮箱 ________

申请许可内容　　请在□内划√

首次申请道路旅客运输经营许可或申请扩大道路旅客运输经营范围，请选择拟申请的道路旅客运输经营范围

	县内	县际	市际	省际
班车客运	□	□	□	□
包车客运	□	□	□	□

如申请扩大道路旅客运输经营范围，请选择现有的道路旅客运输经营范围

	县内	县际	市际	省际
班车客运	□	□	□	□
包车客运	□	□	□	□

客运 1 表第 2 页　共 4 页

营运客车信息

已购置营运客车情况

序号	厂牌型号	数量	座位数（个）	车辆类型及等级	车辆技术等级	车辆外廓长宽高	购置时间	备注
1								
2								
3								
4								
5								
合计								

表格不够，可另附表填写。

拟购置营运客车情况

序号	厂牌型号	数量	座位数（个）	车辆类型及等级	车辆技术等级	车辆外廓长宽高	备注
1							
2							
3							
4							
5							
合计							

表格不够，可另附表填写。

如申请扩大经营范围，请填写“现有营运客车情况”表

现有营运客车情况

序号	道路运输证号	厂牌型号	车辆号码	座位数（个）	车辆类型及等级	车辆技术等级	车辆外廓长宽高	购置时间
1								
2								
3								
4								
5								
合计								

表格不够，可另附表填写。

拟聘用营运客车驾驶员情况

序号	姓名	性别	年龄	取得相应驾驶证时间	从业资格证号	从业资格证类型	三年内是否发生重大以上交通责任事故
1							
2							
3							
4							
5							
6							
7							
8							
9							
10							
11							
12							
13							
14							
15							
16							
17							
18							
19							
20							
21							
22							
23							
24							
25							
26							
27							
28							
29							
30							

表格不够，可另附表填写

申请材料核对表

请在□内划√

1.《道路旅客运输经营申请表》(本表) □

2. 企业章程文本 □

3. 投资人、负责人身份证明及其复印件,经办人的身份证明及其复印件和委托书 □

4. 安全生产管理制度文本 □

5. 拟投入车辆承诺书,包括客车数量、类型及等级、技术等级、座位数以及客车外廓长、宽、高等。若拟投入客车属于已购置或者现有的,应提供行驶证、车辆技术等级证书(车辆技术检测合格证)、客车等级评定证明及其复印件 □

6. 已聘用或者拟聘用驾驶人员的驾驶证、从业资格证及其复印件,公安部门出具的 3 年内无重大以上交通责任事故的证明 □

只有上述材料齐全有效后,你的申请才能受理

同时申请道路客运班线经营的,还应填写《道路旅客运输班线经营申请表》并提供要求的材料

声明

我声明本表及其他相关材料中提供的信息均真实可靠

我知悉如此表中有故意填写的虚假信息,我取得的道路经营许可将被撤销

我承诺将遵守《中国人民共和国道路运输条例》及其他有关道路运输法规、规章的规定

负责人签名 ________________　　日　期________________

负责人职位 ________________

如系个人申请不必填写“负责人职位”项

附件 2

客运 2 表第 1 页　共 4 页

受理申请机关专用

道路旅客运输班线经营申请表

说明

1. 本表根据《道路旅客运输及客运站管理规定》制作，申请从事道路旅客运输班线经营应当按照《道路旅客运输及客运站管理规定》第二章的有关规定向相应道路运输管理机构提出申请，填写本表，并同时提交其他相关材料（材料要求见第 4 页）。

2. 本表可向各级道路运输管理机构免费索取，也可自行从交通运输部网站（www.mot.gov.cn）下载打印。

3. 本表需用钢笔填写或者计算机打印，请用正楷，要求字迹工整。

申请人基本信息

申请人名称 ______________________

要求填写企业（公司）全称或者企业预先核准全称、个体经营者姓名

负责人姓名 __________　经办人姓名 __________

如系个人申请，不必填写“负责人姓名”及“经办人姓名”项

通信地址 ______________________

邮　　编 __________　电　　话 __________

手　　机 __________　电子邮箱 __________

经营许可证编号 __________

已获得道路班车客运经营许可的经营者，申请新增客运班线的，需填写下列内容

已获许可经营范围　　请在□内划√

县内班车客运□　县际班车客运□　市际班车客运□　省际班车客运□

已获许可客运班线类型

一类班线 □　二类班线 □　三类班线 □　四类班线 □

现有营运客车情况

	总数	高级客车	中级客车
客车数（辆）			
座位数（个）			

客运2表第2页　共4页

申请许可客运班线情况　　请在□内划√

始发地________________

终到地________________

拟始发地客运站________________　是否已签意向书　□

拟终到地客运站________________　是否已签意向书　□

途经主要地点________________

途中停靠站点________________

营 运 里 程________________公里

其中:高速公路里程________________公里　占总营运里程________%

日 发 班 次________________个

申请经营期限________________个

客运班线类型　一类班线　□　二类班线　□　三类班线　□　四类班线　□

班 车 类 别　普通　□　直达　□

拟投入营运客车情况

序号	厂牌型号	数量	座位数（个）	车辆类型及等级	车辆技术等级	车辆外廓长宽高	拟购还是现有
1							
2							
3							
4							
5							
合计							

表格不够,可另附表填写。

经营方式

公车公营　□　承包　□　挂靠　□

对开客运经营者名称________________

（如果有）

客运2表第3页　共4页

拟聘用营运客车驾驶员情况

序号	姓名	性别	年龄	取得相应驾驶证时间	从业资格证号	从业资格证类型	三年内是否发生重大以上交通责任事故
1							
2							
3							
4							
5							
6							
7							
8							
9							
10							
11							
12							
13							
14							
15							
16							
17							
18							
19							
20							
21							
22							
23							
24							
25							
26							
27							
28							
29							
30							

表格不够，可另附表填写

申请材料核对表　　请在□内划√

一、在申请开业同时申请道路客运班线经营的，除提供申请开业的相关材料外，还需提供下列材料：

1.《道路旅客运输班线经营申请表》(本表) □

2. 可行性报告，包括申请客运班线客流状况调查、运营方案、效益分析以及可能对其他相关经营者产生的影响等 □

3. 进展方案。已与起讫点客运站和停靠站签订进站意向书的，应提供进站意向书 □

4. 运输服务质量承诺书 □

二、已获得道路班车客运经营许可的经营者，申请新增客运班线时，除提供上述4项材料外，还应提供下列材料：

1.《道路运输经营许可证》复印件 □

2. 与所申请客运班线类型相适应的企业自有营运客车的行驶证、《道路运输证》复印件 □

3. 拟投入车辆承诺书，包括客车数量、类型及等级、技术等级、座位数以及客车外廓长、宽、高等。若拟投入客车属于已购置或者现有的，应提供行驶证、车辆技术等级证书(车辆技术检测合格证)、客车等级评定证明及其复印件 □

4. 拟聘用驾驶人员的机动车驾驶证、从业资格证及其复印件，公安部门出具的3年内无重大以上交通责任事故的证明 □

5. 经办人的身份证明及其复印件，所在单位的工作证明或者委托书 □

只有上述材料齐全有效后，你的申请才能受理

声明

我声明本表及其他相关材料中提供的信息均真实可靠

我知悉如此表中有故意填写的虚假信息，我取得的道路客运班线经营许可将被撤销

我承诺将遵守《中国人民共和国道路运输条例》及其他有关道路运输法规、规章的规定

负责人签名 ________　　日　期________

负责人职位 ________

如系个人申请不必填写“负责人职位”项

附件3

客运3表第1页　共4页

道路旅客运输站经营申请表	受理申请机关专用

说明

1. 本表根据《道路旅客运输及客运站管理规定》制作，申请从事道路客运站经营应当按照《道路旅客运输及客运站管理规定》第二章的有关规定向县级道路运输管理机构提出申请，填写本表，并同时提交其他相关材料（材料要求见第4页）。

2. 本表可向各级道路运输管理机构免费索取，也可自行从交通运输部网站（www.mot.gov.cn）下载打印。

3. 本表需用钢笔填写或者计算机打印，请用正楷，要求字迹工整。

申请人基本信息

申请人名称＿＿＿＿＿＿＿＿＿＿＿＿＿＿＿＿＿＿＿＿

要求填写企业（公司）全称或者企业预先核准全称、个体经营者姓名

负责人姓名＿＿＿＿＿＿＿＿＿　经办人姓名＿＿＿＿＿＿＿＿

如系个人申请，不必填写“负责人姓名”及“经办人姓名”项

通信地址＿＿＿＿＿＿＿＿＿＿＿＿＿＿＿＿＿＿＿＿

邮　　编＿＿＿＿＿＿＿＿＿　电　　话＿＿＿＿＿＿＿＿

手　　机＿＿＿＿＿＿＿＿＿　电子邮箱＿＿＿＿＿＿＿＿

申请事项

客运站名称＿＿＿＿＿＿＿＿＿＿＿＿＿＿＿＿＿＿＿＿

所在地址＿＿＿＿＿＿＿＿＿＿＿＿＿＿＿＿＿＿＿＿

占地面积＿＿＿＿＿＿＿＿＿　客运站建筑面积＿＿＿＿＿＿＿＿

设计年度日旅客发送量＿＿＿＿＿＿＿＿＿　竣工时间＿＿＿＿＿＿＿＿

经验收符合的站场级别＿＿＿＿＿＿＿＿＿　验收时间＿＿＿＿＿＿＿＿

拟投入运营时间＿＿＿＿＿＿＿＿＿　申请经营范围＿＿＿＿＿＿＿＿

客运站设施设备情况

场地设施

站前广场________平方米　　停车场________平方米　　发车位________个

建筑设施

一、站房

1. 站务用房

候车厅(室)	________平方米	重点旅客候车室(区)	________平方米
售票厅	________平方米	行包托运厅(处)	________平方米
综合服务处	________平方米	站务员室	________平方米
驾乘人员休息室	________平方米	调度室	________平方米
治安室	________平方米	广播室	________平方米
无障碍通道	________米	残疾人服务设施	________件
智能化系统用房	________平方米	盥洗室和旅客厕所	________平方米

2. 办公用房　面积________________________平方米

二、生产辅助用房

汽车安全检验台________个　　车辆清洁、清洗台________个

配 电 室　________平方米

基本设备

请在□内划√

旅客购票设备	□	候车休息设备	□	行包安全检查设备	□
安全消防设备	□	清洁清洗设备	□	广播通讯设备	□
行包搬运与便民设备	□	采暖或制冷设备	□	宣传告示设备	□

智能系统设备

请在□内划√

计算机售票系统设备	□	监控设备	□
生产管理系统设备	□	电子显示设备	□

拟聘用专业人员、管理人员情况

序号	姓名	性别	年龄	工作岗位	身份证号码	职称	专业证书号码
1							
2							
3							
4							
5							
6							
7							
8							
9							
10							
11							
12							
13							
14							
15							
16							
17							
18							
19							
20							
21							
22							
23							
24							
25							
26							

表格不够，可另附表填写

申请材料核对表　　请在□内划√

1.《道路旅客运输站经营申请表》(本表) □
2.客运站竣工验收证明和站级验收证明 □
3.拟招聘的专业人员、管理人员的身份证明和专业证书及其复印件 □
4.负责人身份证明及其复印件,经办人的身份证明及其复印件和委托书 □
5.业务操作规程和安全管理制度文本 □

只有上述材料齐全有效后,你的申请才能受理

声明

我声明本表及其他相关材料中提供的信息均真实可靠

我知悉如此表中有故意填写的虚假信息,我取得的客运站经营许可将被撤销

我承诺将遵守《中华人民共和国道路运输条例》及其他有关道路运输法规、规章的规定

负责人签名 ______________　　日　期______________

负责人职位 ______________

如系个人申请不必填写"负责人职位"项

附件4

道路客运经营行政许可决定书

编号：

______________________：

你于　　年　　月　　日提出______________________申请。

经审查，你的申请符合______________________
______________________的规定，决定准予道路客运经营行政许可。请按下列要求从事道路客运经营活动：

经营范围：______________________
____

车辆数量及要求：______________________
____

客运班线类型：______________________
____

请于　　年　　月　　日去　　　　　　领取（换发）《道路运输经营许可证》，并于　　年　　月　　日前按上述要求落实拟投入车辆承诺书，然后办理相关手续。在确定的时间内未按许可要求落实拟投入车辆承诺书的，将撤销本经营许可。

（印章）

年　　月　　日

附件 5

道路客运班线经营行政许可决定书

编号：

________________________：

你于　　年　　月　　日提出____申请。

经审查，你的____申请符合____的规定，决定准予道路客运班线经营行政许可。请按下列要求从事道路客运班线经营活动：

经营主体：____

起讫地及起讫站点：____

途经路线及停靠站点：____

日发班次：____

班车类别：____

车辆数量及要求：____

经营期限：自　　年　　月　　日起至　　年　　月　　日止。

请于　　年　　月　　日前按上述要求落实拟投入车辆承诺书，然后办理相关手续。在确定的时间内未按许可要求落实拟投入车辆承诺书的，将撤销本经营许可。

（印章）

年　　月　　日

附件6

道路旅客运输站经营行政许可决定书

编号：

______________________________：

你于　　年　　月　　日提出______________________________申请。

经审查，你的申请符合____

____的规定，决定准予道路客运站经营行政许可。并请按下列要求从事道路客运站经营活动：

经营者名称：____

站场地址：____

经营范围：____

站场级别：____

请于　　年　　月　　日前去　　　　　　领取（换发）《道路运输经营许可证》，然后办理相关手续。

（印章）

年　　月　　日

附件 7

班车客运标志牌

× 际（县内）班 车

套印许可道路运输
管理机构专用章

（起点）——（讫点）

（地域简称）运班字××××号　经营期限：×年×月×日至×年×月×日

班车客运标志牌背面

粘贴道路客运班线经营许可证明

遵章守法

安全优质

附件 8

道路客运班线经营许可证明

×客运班许字　　号

经营者名称				许可机关(盖章) 年　　月　　日
经营许可证号				
起点及站名		讫点及站名		
主要途经地				
停靠站点				
客运班线类型		班车类别		
日发班次		车牌号码		
车辆类型等级				
班车客运标志牌编号				
有效期	自　年　月　日 至　年　月　日			
说　　明	1. 本证明贴在班车客运标志牌背面,缺一无效。 2. 本证明不得转让、涂改或者伪造,过期作废。			

附件 9

省际临时客运标志牌

省 际 临 时 班 车

套印省级道路运输
管理机构专用章

（起点）——（讫点）

（省简称）运班临字××××××号

省际临时客运标志牌背面

经营者名称			
经营许可证号		车牌号码	
起点及站名		讫点及站名	
主要途经地		停靠站点	
班车类别		使用原因	
有效期	自　　年　　月　　日起至　　年　　月　　日止		

说　明

一、此牌适用范围:1. 原有正班车已经满载,需要开行加班车的;2. 因车辆抛锚、维护等原因,需要接驳或者顶班的;3. 正式班车客运标志牌正在制做或者不慎灭失,等待领取的。

二、属于上述第1、2种原因使用此牌的,有效期为一个运次所需时间;属于上述第3种原因使用此牌的,有效期不得超过30天。

经办人签字:

具体发证道路运输管理机构(盖章)

年　　月　　日

附件 10

省际包车客运标志牌

省　际　包　车		（二维码）
（起点）——（讫点）		
（省简称）运包字　　　号	车牌号： 驾驶员： 主要途经地：	运输企业（章）： 企业签发人： 有效期：

附件 11

道路客运标志牌制式规范

一、班车客运标志牌制式规范

（一）尺寸：1. 600mm × 300mm，用于大型客车；2. 480mm × 220mm，用于中小型客车。

（二）材质和工艺：底版为银白色铝质材料，正面底贴白色环保反光膜，背面底色为磨砂铝本色。

（三）“×际（县内）”视情确定为“省际”、“市际”、“县际”、“县内”。

（四）其他规范：

1. 大型客车使用的班车客运标志牌。

第一行字为黑色宋体，字高 35mm × 字宽 35mm。

第二行字为红色黑体，字高 130mm × 字宽 100mm—110mm，随字数多少而改变。横线为黑色，宽度 20mm，长度随字数多少而改变。横线中间上方套印红色的许可道路运输管理机构专用章。

第三行字为黑色宋体，字高 25mm × 字宽 18mm，号码为红色阿拉伯数字。

2. 中小型客车使用的班车客运标志牌。

第一行字为黑色宋体，字高 28mm × 字宽 28mm。

第二行字为红色黑体，字高 110mm × 字宽 80mm，随字数多少而改变。横线为黑色，宽度 15mm，长度随字数多少而改变。横线中间上方套印红色的许可道路运输管理机构专用章。

第三行字为黑色宋体，字高 20mm × 字宽 15mm，号码为红色阿拉伯数字。

3. 班车客运标志牌背面。

左侧粘贴《道路客运班线经营许可证明》。

右侧在磨砂铝底板上直接印制“遵章守法”和“安全优质”，分两行排列，黑色宋体，在大型客车使用的班车客运标志牌上字高 25mm × 字宽 25mm，在中小型客车使用的班车客运标志牌上字高 20mm × 字宽 20mm。

二、道路客运班线经营许可证明制式规范

（一）尺寸：215mm × 160mm。

（二）材质：白纸质，背后贴不干胶，正面填写后覆盖透明不干胶薄膜。

（三）底色：白色。

（四）字体：“道路客运班线经营许可证明”为黑色二号黑体字；“×客运班许字　号”为黑色四号宋体字，其中编号为红色阿拉伯数字；框内其他字均为四号宋体字。

三、省际临时客运标志牌制式规范

（一）尺寸：480mm×220mm。

（二）底色：白色。

（三）材质：不少于250克铜版纸。

（四）其他规范：

第一行字为红色宋体，字高35mm×字宽35mm。

第二行横线为黑色，宽度为12mm，长度为60mm，横线中间上方套印红色的省级道路运输管理机构专用章。起讫点为人工填写，应当字体粗大，便于辨认。

第三行字为黑色宋体，字高20mm×字宽20mm，号码为红色阿拉伯数字。

背面为黑色小初号黑体字，签章栏和省际临时客运标志牌背面说明栏内文字为黑色二号宋体字。

四、省际包车客运标志牌制式规范

（一）尺寸：480mm×220mm。

（二）底色：淡蓝色暗花纹，花纹内容为省份名称首字母。

（三）材质：不少于150克白卡纸。

（四）其他规范：

第一行字为红色宋体，字高35mm×字宽35mm。右边的二维码为黑色，计算机打印。

第二行横线为黑色，宽度为12mm，长度为60mm。起讫点字为黑色黑体，字高90mm×字宽90mm—110mm，随字数多少而改变，为计算机打印。

左边第三行字为黑色宋体，字高20mm×字宽20mm。号码为红色阿拉伯数字，字高20mm×字宽20mm。

右边第三、四、五行字为黑色宋体，字高7mm—字宽7mm。冒号后面的字为计算机打印。

附件 12

道路运输车辆暂扣凭证

编号：　　字第　　号

第　　联

当事人姓名：________________联系电话：________________

业 户 名 称：________________________________

通 信 地 址：________________邮政编码：________________

我单位在依法实施道路运输检查时，发现你驾驶的车辆在从事道路运输活动，且无法当场提供《道路运输证》和其他有效证明，依据《中华人民共和国道路运输条例》第六十三条的规定，决定暂扣你的车辆。请在七日内持本凭证到________接受处理。暂扣期间，对车辆予以免费保管；逾期不接受处理的，将依法作出行政处罚决定；拒不履行的，将申请人民法院强制执行。

当事人对暂扣车辆的决定不服的，可根据《中华人民共和国行政复议法》或《中华人民共和国行政诉讼法》，在接到本凭证之日起六十日内向________申请行政复议，或在三个月内向人民法院提起诉讼。

车　辆　简　况

车号：______车型：______轮胎：______门锁：______

车灯：______玻璃：______后视镜：______

车上其他设备及物品：________________________________

____

备注：____

执法人员签名：________________执法证号：____________

当事人签名：________________

执法机关(印章)

年　　月　　日

交通运输部关于修改《道路货物运输及站场管理规定》的决定

（2016 年 4 月 11 日交通运输部令 2016 年第 35 号公布　自 2016 年 4 月 11 日起施行）

交通运输部决定对《道路货物运输及站场管理规定》（交通运输部令 2012 年第 1 号）作如下修改：

一、将第六条第（一）项第 1 目修改为："1. 车辆技术要求应当符合《道路运输车辆技术管理规定》有关规定。"

二、将第八条"申请从事道路货物运输经营的，应当向县级道路运输管理机构提出申请，并提供以下材料"修改为"申请从事道路货物运输经营的，应当依法向工商行政管理机关办理有关登记手续后，向县级道路运输管理机构提出申请，并提供以下材料"。

将第（三）项中"车辆检测合格证明"修改为"车辆技术等级评定结论"。

三、将第九条"申请从事货运站经营的，应当向县级道路运输管理机构提出申请，并提供以下材料"修改为"申请从事货运站经营的，应当依法向工商行政管理机关办理有关登记手续后，向县级道路运输管理机构提出申请，并提供以下材料"。

四、删除第十四条。

五、删除第三章及第六十八条、第六十九条、第七十一条和第七十四条第一项。

六、在第五十五条后增加一条，表述为：

"县级以上道路运输管理机构应当定期对货运车辆进行审验，每年审验一次。审验内容包括车辆技术等级评定情况、车辆结构及尺寸变动情况和违章记录等。

"审验符合要求的，道路运输管理机构在《道路运输证》审验记录中或 IC 卡注明；不符合要求的，应当责令限期改正或者办理变更手续。"

七、将第七十四条第（二）项"没有按照国家有关规定在货运车辆上安装行驶记录仪的；"修改为"没有按照国家有关规定在货运车辆上安装符合标准的具有行驶记录功能的卫星定位装置的；"。

条文序号作相应调整。

本决定自2016年4月11日起施行。

《道路货物运输及站场管理规定》根据本决定作相应修正，重新公布。

道路货物运输及站场管理规定

（2005年6月16日交通部发布　根据2008年7月23日交通运输部《关于修改〈道路货物运输及站场管理规定〉的决定》第一次修正　根据2009年4月20日交通运输部《关于修改〈道路货物运输及站场管理规定〉的决定》第二次修正　根据2012年3月14日交通运输部《关于修改〈道路货物运输及站场管理规定〉的决定》第三次修正　根据2016年4月11日交通运输部《关于修改〈道路货物运输及站场管理规定〉的决定》第四次修正）

第一章　总　则

第一条　为规范道路货物运输和道路货物运输站（场）经营活动，维护道路货物运输市场秩序，保障道路货物运输安全，保护道路货物运输和道路货物运输站（场）有关各方当事人的合法权益，根据《中华人民共和国道路运输条例》及有关法律、行政法规的规定，制定本规定。

第二条　从事道路货物运输经营和道路货物运输站（场）经营的，应当遵守本规定。

本规定所称道路货物运输经营，是指为社会提供公共服务、具有商业性质的道路货物运输活动。道路货物运输包括道路普通货运、道路货物专用运输、道路大型物件运输和道路危险货物运输。

本规定所称道路货物专用运输，是指使用集装箱、冷藏保鲜设备、罐式容器等专用车辆进行的货物运输。

本规定所称道路货物运输站（场）（以下简称"货运站"），是指以场地设施为依托，为社会提供有偿服务的具有仓储、保管、配载、信息服务、装卸、理货等功能的综合货运站（场）、零担货运站、集装箱中转站、物流中心等经营场所。

第三条　道路货物运输和货运站经营者应当依法经营，诚实信用，公平竞争。

道路货物运输管理应当公平、公正、公开和便民。

第四条 鼓励道路货物运输实行集约化、网络化经营。鼓励采用集装箱、封闭厢式车和多轴重型车运输。

第五条 交通运输部主管全国道路货物运输和货运站管理工作。

县级以上地方人民政府交通运输主管部门负责组织领导本行政区域的道路货物运输和货运站管理工作。

县级以上道路运输管理机构具体实施本行政区域的道路货物运输和货运站管理工作。

第二章 经营许可

第六条 申请从事道路货物运输经营的,应当具备下列条件:

(一)有与其经营业务相适应并经检测合格的运输车辆:

1. 车辆技术要求应当符合《道路运输车辆技术管理规定》有关规定。

2. 车辆其他要求:

(1)从事大型物件运输经营的,应当具有与所运输大型物件相适应的超重型车组;

(2)从事冷藏保鲜、罐式容器等专用运输的,应当具有与运输货物相适应的专用容器、设备、设施,并固定在专用车辆上;

(3)从事集装箱运输的,车辆还应当有固定集装箱的转锁装置。

(二)有符合规定条件的驾驶人员:

1. 取得与驾驶车辆相应的机动车驾驶证;

2. 年龄不超过60周岁;

3. 经设区的市级道路运输管理机构对有关道路货物运输法规、机动车维修和货物及装载保管基本知识考试合格,并取得从业资格证。

(三)有健全的安全生产管理制度,包括安全生产责任制度、安全生产业务操作规程、安全生产监督检查制度、驾驶员和车辆安全生产管理制度等。

第七条 申请从事货运站经营的,应当具备下列条件:

(一)有与其经营规模相适应的货运站房、生产调度办公室、信息管理中心、仓库、仓储库棚、场地和道路等设施,并经有关部门组织的工程竣工验收合格;

(二)有与其经营规模相适应的安全、消防、装卸、通讯、计量等设备;

(三)有与其经营规模、经营类别相适应的管理人员和专业技术人员;

(四)有健全的业务操作规程和安全生产管理制度。

第八条 申请从事道路货物运输经营的，应当依法向工商行政管理机关办理有关登记手续后，向县级道路运输管理机构提出申请，并提供以下材料：

（一）《道路货物运输经营申请表》（见附件1）；

（二）负责人身份证明，经办人的身份证明和委托书；

（三）机动车辆行驶证、车辆技术等级评定结论复印件；拟投入运输车辆的承诺书，承诺书应当包括车辆数量、类型、技术性能、投入时间等内容；

（四）聘用或者拟聘用驾驶员的机动车驾驶证、从业资格证及其复印件；

（五）安全生产管理制度文本；

（六）法律、法规规定的其他材料。

第九条 申请从事货运站经营的，应当依法向工商行政管理机关办理有关登记手续后，向县级道路运输管理机构提出申请，并提供以下材料：

（一）《道路货物运输站（场）经营申请表》（见附件2）；

（二）负责人身份证明，经办人的身份证明和委托书；

（三）经营道路货运站的土地、房屋的合法证明；

（四）货运站竣工验收证明；

（五）与业务相适应的专业人员和管理人员的身份证明、专业证书；

（六）业务操作规程和安全生产管理制度文本。

第十条 道路运输管理机构应当按照《中华人民共和国道路运输条例》《交通行政许可实施程序规定》和本规定规范的程序实施道路货物运输经营和货运站经营的行政许可。

第十一条 道路运输管理机构对道路货运经营申请予以受理的，应当自受理之日起20日内作出许可或者不予许可的决定；道路运输管理机构对货运站经营申请予以受理的，应当自受理之日起15日内作出许可或者不予许可的决定。

第十二条 道路运输管理机构对符合法定条件的道路货物运输经营申请作出准予行政许可决定的，应当出具《道路货物运输经营行政许可决定书》（见附件3），明确许可事项。在10日内向被许可人颁发《道路运输经营许可证》，在《道路运输经营许可证》上注明经营范围。

道路运输管理机构对符合法定条件的货运站经营申请作出准予行政许可决定的，应当出具《道路货物运输站（场）经营行政许可决定书》（见附件4），明确许可事项。在10日内向被许可人颁发《道路运输经营许可证》，在《道路运输经营许可证》上注明经营范围。

对道路货物运输和货运站经营不予许可的，应当向申请人出具《不予交通行政许可决定书》。

第十三条 被许可人应当按照承诺书的要求投入运输车辆。购置车辆或者已有车辆经道路运输管理机构核实并符合条件的，道路运输管理机构向投入运输的车辆配发《道路运输证》。

第十四条 道路货物运输经营者设立子公司的，应当向设立地的道路运输管理机构申请经营许可；设立分公司的，应当向设立地的道路运输管理机构报备。

第十五条 从事货运代理（代办）等货运相关服务的经营者，应当依法到工商行政管理机关办理有关登记手续，并持有关登记证件到设立地的道路运输管理机构备案。

第十六条 道路货物运输和货运站经营者需要终止经营的，应当在终止经营之日30日前告知原许可的道路运输管理机构，并办理有关注销手续。

第十七条 道路货物运输经营者变更许可事项、扩大经营范围的，按本章有关许可规定办理。

道路货物运输和货运站经营者变更名称、地址等，应当向作出原许可决定的道路运输管理机构备案。

第三章 货运经营管理

第十八条 道路货物运输经营者应当按照《道路运输经营许可证》核定的经营范围从事货物运输经营，不得转让、出租道路运输经营许可证件。

第十九条 道路货物运输经营者应当对从业人员进行经常性的安全、职业道德教育和业务知识、操作规程培训。

第二十条 道路货物运输经营者应当按照国家有关规定在其重型货运车辆、牵引车上安装、使用行驶记录仪，并采取有效措施，防止驾驶人员连续驾驶时间超过4个小时。

第二十一条 道路货物运输经营者应当要求其聘用的车辆驾驶员随车携带《道路运输证》。

《道路运输证》不得转让、出租、涂改、伪造。

第二十二条 道路货物运输经营者应当聘用持有从业资格证的驾驶人员。

第二十三条 营运驾驶员应当驾驶与其从业资格类别相符的车辆。驾驶营运车辆时，应当随身携带从业资格证。

第二十四条 运输的货物应当符合货运车辆核定的载质量，载物的长、宽、高不得违反装载要求。禁止货运车辆违反国家有关规定超限、超载运输。

禁止使用货运车辆运输旅客。

第二十五条　道路货物运输经营者运输大型物件，应当制定道路运输组织方案。涉及超限运输的应当按照交通部颁布的《超限运输车辆行驶公路管理规定》办理相应的审批手续。

第二十六条　从事大型物件运输的车辆，应当按照规定装置统一的标志和悬挂标志旗；夜间行驶和停车休息时应当设置标志灯。

第二十七条　道路货物运输经营者不得运输法律、行政法规禁止运输的货物。

道路货物运输经营者在受理法律、行政法规规定限运、凭证运输的货物时，应当查验并确认有关手续齐全有效后方可运输。

货物托运人应当按照有关法律、行政法规的规定办理限运、凭证运输手续。

第二十八条　道路货物运输经营者不得采取不正当手段招揽货物、垄断货源。不得阻碍其他货运经营者开展正常的运输经营活动。

道路货物运输经营者应当采取有效措施，防止货物变质、腐烂、短少或者损失。

第二十九条　道路货物运输经营者和货物托运人应当按照《合同法》的要求，订立道路货物运输合同。

道路货物运输可以采用交通部颁布的《汽车货物运输规则》所推荐的道路货物运单签订运输合同。

第三十条　国家鼓励实行封闭式运输。道路货物运输经营者应当采取有效的措施，防止货物脱落、扬撒等情况发生。

第三十一条　道路货物运输经营者应当制定有关交通事故、自然灾害、公共卫生以及其他突发公共事件的道路运输应急预案。应急预案应当包括报告程序、应急指挥、应急车辆和设备的储备以及处置措施等内容。

第三十二条　发生交通事故、自然灾害、公共卫生以及其他突发公共事件，道路货物运输经营者应当服从县级以上人民政府或者有关部门的统一调度、指挥。

第三十三条　道路货物运输经营者应当严格遵守国家有关价格法律、法规和规章的规定，不得恶意压价竞争。

第四章　货运站经营管理

第三十四条　货运站经营者应当按照经营许可证核定的许可事项经营，

不得随意改变货运站用途和服务功能。

第三十五条 货运站经营者应当依法加强安全管理，完善安全生产条件，健全和落实安全生产责任制。

货运站经营者应当对出站车辆进行安全检查，防止超载车辆或者未经安全检查的车辆出站，保证安全生产。

第三十六条 货运站经营者应当按照货物的性质、保管要求进行分类存放，危险货物应当单独存放，保证货物完好无损。

第三十七条 货物运输包装应当按照国家规定的货物运输包装标准作业，包装物和包装技术、质量要符合运输要求。

第三十八条 货运站经营者应当按照规定的业务操作规程进行货物的搬运装卸。搬运装卸作业应当轻装、轻卸，堆放整齐，防止混杂、撒漏、破损，严禁有毒、易污染物品与食品混装。

第三十九条 货运站经营者应当严格执行价格规定，在经营场所公布收费项目和收费标准。严禁乱收费。

第四十条 进入货运站经营的经营业户及车辆，经营手续必须齐全。

货运站经营者应当公平对待使用货运站的道路货物运输经营者，禁止无证经营的车辆进站从事经营活动，无正当理由不得拒绝道路货物运输经营者进站从事经营活动。

第四十一条 货运站经营者不得垄断货源、抢装货物、扣押货物。

第四十二条 货运站要保持清洁卫生，各项服务标志醒目。

第四十三条 货运站经营者经营配载服务应当坚持自愿原则，提供的货源信息和运力信息应当真实、准确。

第四十四条 货运站经营者不得超限、超载配货，不得为无道路运输经营许可证或证照不全者提供服务；不得违反国家有关规定，为运输车辆装卸国家禁运、限运的物品。

第四十五条 货运站经营者应当制定有关突发公共事件的应急预案。应急预案应当包括报告程序、应急指挥、应急车辆和设备的储备以及处置措施等内容。

第四十六条 货运站经营者应当建立和完善各类台账和档案，并按要求报送有关信息。

第五章 监督检查

第四十七条 道路运输管理机构应当加强对道路货物运输经营和货运站

经营活动的监督检查。

道路运输管理机构工作人员应当严格按照职责权限和法定程序进行监督检查。

第四十八条 县级以上道路运输管理机构应当定期对货运车辆进行审验,每年审验一次。审验内容包括车辆技术等级评定情况、车辆结构及尺寸变动情况和违章记录等。

审验符合要求的,道路运输管理机构在《道路运输证》审验记录中或者 IC 卡注明;不符合要求的,应当责令限期改正或者办理变更手续。

第四十九条 道路运输管理机构及其工作人员应当重点在货运站、货物集散地对道路货物运输、货运站经营活动实施监督检查。此外,根据管理需要,可以在公路路口实施监督检查,但不得随意拦截正常行驶的道路运输车辆,不得双向拦截车辆进行检查。

第五十条 道路运输管理机构的工作人员实施监督检查时,应当有 2 名以上人员参加,并向当事人出示交通运输部统一制式的交通行政执法证件。

第五十一条 道路运输管理机构的工作人员可以向被检查单位和个人了解情况,查阅和复制有关材料。但是,应当保守被调查单位和个人的商业秘密。

被监督检查的单位和个人应当接受道路运输管理机构及其工作人员依法实施的监督检查,如实提供有关情况或者资料。

第五十二条 道路运输管理人员在货运站、货物集散地实施监督检查过程中,发现货运车辆有超载行为的,应当立即予以制止,装载符合标准后方可放行。

第五十三条 道路货物运输经营者在许可的道路运输管理机构管辖区域外违法从事经营活动的,违法行为发生地的道路运输管理机构应当依法将当事人的违法事实、处罚结果记录到《道路运输证》上,并抄告作出道路运输经营许可的道路运输管理机构。

第五十四条 道路货物运输经营者违反本规定的,县级以上道路运输管理机构在作出行政处罚决定的过程中,可以按照行政处罚法的规定将其违法证据先行登记保存。作出行政处罚决定后,道路货物运输经营者拒不履行的,作出行政处罚决定的道路运输管理机构可以将其拒不履行行政处罚决定的事实通知违法车辆车籍所在地道路运输管理机构,作为能否通过车辆年度审验和决定质量信誉考核结果的重要依据。

第五十五条 道路运输管理机构的工作人员在实施道路运输监督检查过程中,对没有《道路运输证》又无法当场提供其他有效证明的货运车辆可以予以暂扣,并出具《道路运输车辆暂扣凭证》(见附件5)。对暂扣车辆应当妥善保管,不得使用,不得收取或者变相收取保管费用。

违法当事人应当在暂扣凭证规定时间内到指定地点接受处理。逾期不接受处理的,道路运输管理机构可依法作出处罚决定,并将处罚决定书送达当事人。当事人无正当理由逾期不履行处罚决定的,道路运输管理机构可申请人民法院强制执行。

第六章 法律责任

第五十六条 违反本规定,有下列行为之一的,由县级以上道路运输管理机构责令停止经营;有违法所得的,没收违法所得,处违法所得2倍以上10倍以下的罚款;没有违法所得或者违法所得不足2万元的,处3万元以上10万元以下的罚款;构成犯罪的,依法追究刑事责任:

(一)未取得道路货物运输经营许可,擅自从事道路货物运输经营的;

(二)使用失效、伪造、变造、被注销等无效的道路运输经营许可证件从事道路货物运输经营的;

(三)超越许可的事项,从事道路货物运输经营的。

第五十七条 违反本规定,道路货物运输和货运站经营者非法转让、出租道路运输经营许可证件的,由县级以上道路运输管理机构责令停止违法行为,收缴有关证件,处2000元以上1万元以下的罚款;有违法所得的,没收违法所得。

第五十八条 违反本规定,取得道路货物运输经营许可的道路货物运输经营者使用无道路运输证的车辆参加货物运输的,由县级以上道路运输管理机构责令改正,处3000元以上1万元以下的罚款。

违反本规定,道路货物运输经营者不按照规定携带《道路运输证》的,由县级以上道路运输管理机构责令改正,处警告或者20元以上200元以下的罚款。

第五十九条 违反本规定,道路货物运输经营者、货运站经营者已不具备开业要求的有关安全条件、存在重大运输安全隐患的,由县级以上道路运输管理机构限期责令改正;在规定时间内不能按要求改正且情节严重的,由原许可机关吊销《道路运输经营许可证》或者吊销其相应的经营范围。

第六十条 违反本规定,道路货物运输经营者有下列情形之一的,由县级以上道路运输管理机构责令改正,处1000元以上3000元以下的罚款;情节严重的,由原许可机关吊销《道路运输经营许可证》或者吊销其相应的经营范围:

（一）强行招揽货物的；

（二）没有采取必要措施防止货物脱落、扬撒的。

第六十一条　违反本规定，有下列行为之一的，由县级以上道路运输管理机构责令停止经营；有违法所得的，没收违法所得，处违法所得2倍以上10倍以下的罚款；没有违法所得或者违法所得不足1万元的，处2万元以上5万元以下的罚款；构成犯罪的，依法追究刑事责任：

（一）未取得货运站经营许可，擅自从事货运站经营的；

（二）使用失效、伪造、变造、被注销等无效的道路运输经营许可证件从事货运站经营的；

（三）超越许可的事项，从事货运站经营的。

第六十二条　违反本规定，货运站经营者对超限、超载车辆配载，放行出站的，由县级以上道路运输管理机构责令改正，处1万元以上3万元以下的罚款。

第六十三条　违反本规定，货运站经营者擅自改变道路运输站（场）的用途和服务功能，由县级以上道路运输管理机构责令改正；拒不改正的，处3000元的罚款；有违法所得的，没收违法所得。

第六十四条　违反本规定，有下列行为之一的，由县级以上道路运输管理机构责令限期整改，整改不合格的，予以通报：

（一）没有按照国家有关规定在货运车辆上安装符合标准的具有行驶记录功能的卫星定位装置的；

（二）大型物件运输车辆不按规定悬挂、标明运输标志的；

（三）发生公共突发性事件，不接受当地政府统一调度安排的；

（四）因配载造成超限、超载的；

（五）运输没有限运证明物资的；

（六）未查验禁运、限运物资证明，配载禁运、限运物资的。

第六十五条　道路运输管理机构的工作人员违反本规定，有下列情形之一的，依法给予相应的行政处分；构成犯罪的，依法追究刑事责任：

（一）不依照本规定规定的条件、程序和期限实施行政许可的；

（二）参与或者变相参与道路货物运输和货运站经营的；

（三）发现违法行为不及时查处的；

（四）违反规定拦截、检查正常行驶的道路运输车辆的；

（五）违法扣留运输车辆、《道路运输证》的；

（六）索取、收受他人财物，或者谋取其他利益的；

（七）其他违法行为。

第七章　附　则

第六十六条　道路货物运输经营者从事国际道路货物运输经营、危险货物运输活动，除一般行为规范适用本规定外，有关从业条件等特殊要求应当适用交通部制定的国际道路运输管理规定、道路危险货物运输管理规定。

第六十七条　中外合资、中外合作、独资形式投资道路货物运输和货运站经营业务的，按照《外商投资道路运输业管理规定》办理。

第六十八条　道路运输管理机构依照规定发放道路货物运输经营许可证件和《道路运输证》，可以收取工本费。工本费的具体收费标准由省级人民政府财政、价格主管部门会同同级交通运输主管部门核定。

第六十九条　本规定自2005年8月1日起施行。交通部1993年5月19日发布的《道路货物运输业户开业技术经济条件（试行）》（交运发〔1993〕531号）、1996年12月2日发布的《道路零担货物运输管理办法》（交公路发〔1996〕1039号）、1997年5月22日发布的《道路货物运单使用和管理办法》（交通部令1997年第4号）、2001年4月5日发布的《道路货物运输企业经营资质管理规定（试行）》（交公路发〔2001〕154号）同时废止。

附件 1

货运 1 表第 1 页　共 4 页

受理申请机关专用

道路货物运输经营申请表

说明

1. 本表根据《道路货物运输及站场管理规定》制作，申请从事道路旅客运输经营应当向县级道路运输管理机构提出申请，填写本表，并同时提交其它相关材料（材料要求见第 4 页）。

2. 本表可向各级道路运输管理机构免费索取，也可自行从交通运输部网站（www.mot.gov.cn）下载打印。

3. 有关常见问题可查询交通运输部网站。

4. 本表必须用钢笔填写或者计算机打印，要求用正楷，字迹工整。

申请人基本信息

申请人名称 ______________________________

要求填写企业（公司）全称、企业预先核准全称或个体经营者姓名

负责人姓名 ______________　经办人姓名 ______________

如系个人申请，不必填写“负责人姓名”及“经办人姓名”项

通 信 地 址 ______________________________

邮　　编 ______________　电　　话 ______________

手　　机 ______________　电 子 邮 箱 ______________

申请许可内容　　　　请在□内划√

拟申请的道路货物运输经营范围或拟申请扩大的道路货物运输经营范围：

普通货运 □　　　专用运输 □　　　大型物件运输 □

如拟申请扩大道路货物运输经营范围，请选择现有的经营范围：

普通货运 □　　　专用运输 □　　　大型物件运输 □

货运1表第2页　共4页

货物运输车辆信息

已购置货物运输车辆情况

序号	厂牌型号	数量	载重质量（吨）	车辆技术等级	外廓尺寸（毫米）
1					
2					
3					
4					
5					
6					

表格不够，可另附表填写。外廓尺寸指车辆长×宽×高。

拟购置货物运输车辆情况

序号	厂牌型号	数量	载重质量（吨）	车辆技术等级	外廓尺寸（毫米）
1					
2					
3					
4					
5					
6					

表格不够，可另附表填写。外廓尺寸指车辆长×宽×高。

如申请扩大经营范围，请填写“现有运输车辆情况”表

现有运输车辆情况

序号	道路运输证号	厂牌型号	车辆数量	载重质量（吨）	车辆技术等级	外廓尺寸（毫米）
1						
2						
3						
4						
5						
6						

表格不够，可另附表填写。外廓尺寸指车辆长×宽×高。

拟聘用营运货车驾驶员情况

序号	姓名	性别	年龄	取得驾驶证时间	从业资格证号	从业人员资格类型
1						
2						
3						
4						
5						
6						
7						
8						
9						
10						
11						
12						
13						
14						
15						
16						
17						
18						
19						
20						
21						
22						
23						
24						
25						
26						
27						
28						
29						
30						

表格不够，可另附表填写

申请材料核对表　　请在□内划√

1. 道路货物运输经营申请表(本表) □
2. 负责人、办理人身份证明和委托书 □
3. 现有机动车辆行驶证、车辆技术等级证书或车辆技术检测合格证复印件，拟投入运输车辆的承诺书 □
4. 已经聘用或拟聘用驾驶员的机动车驾驶证、从业资格证及其复印件 □
5. 安全生产管理制度文本 □

只有上述5份材料齐全有效后，您的申请才能受理

声明

我声明本表及其他相关材料中提供的信息均真实可靠。

我知悉如此表中有故意填写的虚假信息，我取得的道路运输经营许可将被撤销。

我承诺将遵守《中华人民共和国道路运输条例》及其他有关道路运输法规的规定。

负责人签名 ____________　　日　期____________

负责人职位 ____________

如系个人申请不必填写“负责人职位”项

附件 2

货运 2 表第 1 页　共 3 页

道路货物运输站(场) 经营申请表	受理申请机关专用

说明

1. 本表根据《道路货物运输及站场管理规定》制作,申请从事道路货物运输站(场)经营应当向县级道路运输管理机构提出申请,填写本表,并同时提交其他相关材料(材料要求见第 3 页)。

2. 本表可向各级道路运输管理机构免费索取,也可自行从交通运输部网站(www.mot.gov.cn)下载打印。

3. 有关常见问题可查询交通运输部网站。

4. 本表必须用钢笔填写或者计算机打印,要求用正楷,字迹工整。

申请人基本信息

申请人名称 ________________________________

要求填写企业(公司)全称、企业预先核准全称或个体经营者姓名

负责人姓名 ______________　经办人姓名 ______________

如系个人申请,不必填写“负责人姓名”及“经办人姓名”项

通 信 地 址 ________________________________

电　　　话 ______________　传　　　真 ______________

手　　　机 ______________　电 子 邮 箱 ______________

货运2表第2页　共3页

设备、设施情况

装卸设备	型号	数量（台）	设施种类	面积（平方米）
集装箱叉车			通用仓库	
正面吊运机			专用仓库	
集装箱轨道吊机			简易仓库	
小型叉车			集装箱堆场	
直举升叉车			通用堆场	
搬运手推车			停车场	
货物传送带			货物托运场所	
监控系统			有否高台	
计算机管理系统			检查口	

与表内名称不一的，可在空白栏中填写。表格不够，可另附表。

申请材料核对表　请在□内划√

1. 道路货物运输站（场）经营申请表（本表）	□
2. 负责人身份证明，办理人身份证明和委托书	□
3. 经营道路货运站（场）的土地、房屋的合法证明	□
4. 道路货物运输站（场）竣工验收证明	□
5. 专业人员和管理人员身份证明、专业证书	□
6. 业务操作规程和安全生产管理等制度文本	□

只有上述 6 份材料齐全有效后，您的申请才能受理

声明

我声明本表及其他相关材料中提供的信息均真实可靠。

我知悉如此表中有故意填写的虚假信息，我取得的道路运输经营许可将被吊销。

我承诺将遵守《中华人民共和国道路运输条例》及其他有关道路运输法规的规定。

负责人签名 ________________　　日期________________

负责人职位 ________________

如系个人申请不必填写“负责人职位”项

附件3

道路货物运输经营行政许可决定书

编号：

________________：

你于　　年　　月　　日提出________________申请。

经审查，你的申请符合____的规定，决定予以道路货物运输经营行政许可。

经营范围：____

车辆数量：________________辆

请于　　年　　月　　日去　　　　　　　　　　　领取或换发《道路运输经营许可证》，并于　　年　　月　　日前落实拟投入车辆，然后办理相关手续。

（印章）

年　　月　　日

附件4

道路货物运输站(场)经营行政许可决定书

编号:

____________________:

你于　　年　　月　　日提出____________________________申请。

经审查,你的申请符合____的规定,决定予以道路货物运输站(场)经营行政许可。

请于　　年　　月　　日去　　　　　　　　领取或换发《道路运输经营许可证》,然后办理相关手续。

(印章)

年　　月　　日

附件 5

道路运输车辆暂扣凭证

编号:　　　　字第　　号

第　　联

当事人姓名:________________联系电话:________________

业 户 名 称:____

通 信 地 址:________________邮政编码:________________

我单位在依法实施道路运输检查时,发现你驾驶的车辆在从事道路运输活动,且无法当场提供《道路运输证》和其他有效证明,依据《中华人民共和国道路运输条例》第六十三条的规定,决定暂扣你的车辆。请在 7 日内持本凭证到____________接受处理。暂扣期间,对车辆予以免费保管;逾期不接受处理的,将依法作出行政处罚决定;拒不履行的,将申请人民法院强制执行。

当事人对暂扣车辆的决定不服的,可根据《中华人民共和国行政复议法》或《中华人民共和国行政诉讼法》,在接到本凭证之日起 60 日内向____________申请行政复议,或在 3 个月内向人民法院提起诉讼。

车　辆　简　况

车号:________车型:________轮胎:________门锁:________

车灯:________玻璃:________后视镜:________

车上其他设备及物品:______________________________________

____

备注:____

执法人员签名:________________执法证号:________________

当事人签名:________________

执法机关(印章)

年　　月　　日

交通运输部关于修改《道路危险货物运输管理规定》的决定

（2016年4月11日交通运输部令2016年第36号公布 自2016年4月11日起施行）

交通运输部决定对《道路危险货物运输管理规定》（交通运输部令2013年第2号）作如下修改：

一、将第八条第（一）项第2目修改为："专用车辆的技术要求应当符合《道路运输车辆技术管理规定》有关规定。"删除第3、4目。

二、将第十条"应当向所在地设区的市级道路运输管理机构提出申请，并提交以下材料"修改为"应当依法向工商行政管理机关办理有关登记手续后，向所在地设区的市级道路运输管理机构提出申请，并提交以下材料"。

将第（四）项中"车辆技术等级证明或者车辆综合性能检测技术合格证明"修改为"车辆技术等级评定结论"。

三、删除第十七条。

四、将第二十二条、第二十三条中"道路货物运输及站场管理规定"修改为"道路运输车辆技术管理规定"。

五、删除第二十五条、第六十二条。

条文序号作相应调整。

本决定自2016年4月11日起施行。

《道路危险货物运输管理规定》根据本决定作相应修正，重新公布。

道路危险货物运输管理规定

（2013年1月23日交通运输部发布 根据2016年4月11日《交通运输部关于修改〈道路危险货物运输管理规定〉的决定》修正）

第一章 总 则

第一条 为规范道路危险货物运输市场秩序，保障人民生命财产安全，保护环境，维护道路危险货物运输各方当事人的合法权益，根据《中华人民共和国道路运输条例》和《危险化学品安全管理条例》等有关法律、行政法规，制定本规定。

第二条 从事道路危险货物运输活动，应当遵守本规定。军事危险货物运输除外。

法律、行政法规对民用爆炸物品、烟花爆竹、放射性物品等特定种类危险货物的道路运输另有规定的，从其规定。

第三条 本规定所称危险货物，是指具有爆炸、易燃、毒害、感染、腐蚀等危险特性，在生产、经营、运输、储存、使用和处置中，容易造成人身伤亡、财产损毁或者环境污染而需要特别防护的物质和物品。危险货物以列入国家标准《危险货物品名表》(GB12268)的为准，未列入《危险货物品名表》的，以有关法律、行政法规的规定或者国务院有关部门公布的结果为准。

本规定所称道路危险货物运输，是指使用载货汽车通过道路运输危险货物的作业全过程。

本规定所称道路危险货物运输车辆，是指满足特定技术条件和要求，从事道路危险货物运输的载货汽车(以下简称专用车辆)。

第四条 危险货物的分类、分项、品名和品名编号应当按照国家标准《危险货物分类和品名编号》(GB6944)、《危险货物品名表》(GB12268)执行。危险货物的危险程度依据国家标准《危险货物运输包装通用技术条件》(GB12463)，分为Ⅰ、Ⅱ、Ⅲ等级。

第五条 从事道路危险货物运输应当保障安全，依法运输，诚实信用。

第六条 国家鼓励技术力量雄厚、设备和运输条件好的大型专业危险化学品生产企业从事道路危险货物运输，鼓励道路危险货物运输企业实行集约化、专业化经营，鼓励使用厢式、罐式和集装箱等专用车辆运输危险货物。

第七条 交通运输部主管全国道路危险货物运输管理工作。

县级以上地方人民政府交通运输主管部门负责组织领导本行政区域的道路危险货物运输管理工作。

县级以上道路运输管理机构负责具体实施道路危险货物运输管理工作。

第二章 道路危险货物运输许可

第八条 申请从事道路危险货物运输经营，应当具备下列条件：

(一)有符合下列要求的专用车辆及设备：

1. 自有专用车辆(挂车除外)5辆以上；运输剧毒化学品、爆炸品的，自有专用车辆(挂车除外)10 辆以上。

2. 专用车辆的技术要求应当符合《道路运输车辆技术管理规定》有关规定。

3. 配备有效的通讯工具。

4. 专用车辆应当安装具有行驶记录功能的卫星定位装置。

5. 运输剧毒化学品、爆炸品、易制爆危险化学品的,应当配备罐式、厢式专用车辆或者压力容器等专用容器。

6. 罐式专用车辆的罐体应当经质量检验部门检验合格,且罐体载货后总质量与专用车辆核定载质量相匹配。运输爆炸品、强腐蚀性危险货物的罐式专用车辆的罐体容积不得超过 20 立方米,运输剧毒化学品的罐式专用车辆的罐体容积不得超过 10 立方米,但符合国家有关标准的罐式集装箱除外。

7. 运输剧毒化学品、爆炸品、强腐蚀性危险货物的非罐式专用车辆,核定载质量不得超过 10 吨,但符合国家有关标准的集装箱运输专用车辆除外。

8. 配备与运输的危险货物性质相适应的安全防护、环境保护和消防设施设备。

(二)有符合下列要求的停车场地:

1. 自有或者租借期限为 3 年以上,且与经营范围、规模相适应的停车场地,停车场地应当位于企业注册地市级行政区域内。

2. 运输剧毒化学品、爆炸品专用车辆以及罐式专用车辆,数量为 20 辆(含)以下的,停车场地面积不低于车辆正投影面积的 1.5 倍,数量为 20 辆以上的,超过部分,每辆车的停车场地面积不低于车辆正投影面积;运输其他危险货物的,专用车辆数量为 10 辆(含)以下的,停车场地面积不低于车辆正投影面积的 1.5 倍;数量为 10 辆以上的,超过部分,每辆车的停车场地面积不低于车辆正投影面积。

3. 停车场地应当封闭并设立明显标志,不得妨碍居民生活和威胁公共安全。

(三)有符合下列要求的从业人员和安全管理人员:

1. 专用车辆的驾驶人员取得相应机动车驾驶证,年龄不超过 60 周岁。

2. 从事道路危险货物运输的驾驶人员、装卸管理人员、押运人员应当经所在地设区的市级人民政府交通运输主管部门考试合格,并取得相应的从业资格证;从事剧毒化学品、爆炸品道路运输的驾驶人员、装卸管理人员、押运人员,应当经考试合格,取得注明为“剧毒化学品运输”或者“爆炸品运输”类别的从业资格证。

3. 企业应当配备专职安全管理人员。

（四）有健全的安全生产管理制度：

1. 企业主要负责人、安全管理部门负责人、专职安全管理人员安全生产责任制度。

2. 从业人员安全生产责任制度。

3. 安全生产监督检查制度。

4. 安全生产教育培训制度。

5. 从业人员、专用车辆、设备及停车场地安全管理制度。

6. 应急救援预案制度。

7. 安全生产作业规程。

8. 安全生产考核与奖惩制度。

9. 安全事故报告、统计与处理制度。

第九条 符合下列条件的企事业单位，可以使用自备专用车辆从事为本单位服务的非经营性道路危险货物运输：

（一）属于下列企事业单位之一：

1. 省级以上安全生产监督管理部门批准设立的生产、使用、储存危险化学品的企业。

2. 有特殊需求的科研、军工等企事业单位。

（二）具备第八条规定的条件，但自有专用车辆（挂车除外）的数量可以少于5辆。

第十条 申请从事道路危险货物运输经营的企业，应当依法向工商行政管理机关办理有关登记手续后，向所在地设区的市级道路运输管理机构提出申请，并提交以下材料：

（一）《道路危险货物运输经营申请表》，包括申请人基本信息、申请运输的危险货物范围（类别、项别或品名，如果为剧毒化学品应当标注“剧毒”）等内容。

（二）拟担任企业法定代表人的投资人或者负责人的身份证明及其复印件，经办人身份证明及其复印件和书面委托书。

（三）企业章程文本。

（四）证明专用车辆、设备情况的材料，包括：

1. 未购置专用车辆、设备的，应当提交拟投入专用车辆、设备承诺书。承诺书内容应当包括车辆数量、类型、技术等级、总质量、核定载质量、车轴数以及车辆外廓尺寸；通讯工具和卫星定位装置配备情况；罐式专用车辆的罐体容积；罐式专用车辆罐体载货后的总质量与车辆核定载质量相匹配情况；运输剧毒化学品、爆炸品、易制爆危险化学品的专用车辆核定载质量等有关情况。承诺期限不得超过 1 年。

2. 已购置专用车辆、设备的,应当提供车辆行驶证、车辆技术等级评定结论;通讯工具和卫星定位装置配备;罐式专用车辆的罐体检测合格证或者检测报告及复印件等有关材料。

(五)拟聘用专职安全管理人员、驾驶人员、装卸管理人员、押运人员的,应当提交拟聘用承诺书,承诺期限不得超过 1 年;已聘用的应当提交从业资格证及其复印件以及驾驶证及其复印件。

(六)停车场地的土地使用证、租借合同、场地平面图等材料。

(七)相关安全防护、环境保护、消防设施设备的配备情况清单。

(八)有关安全生产管理制度文本。

第十一条 申请从事非经营性道路危险货物运输的单位,向所在地设区的市级道路运输管理机构提出申请时,除提交第十条第(四)项至第(八)项规定的材料外,还应当提交以下材料:

(一)《道路危险货物运输申请表》,包括申请人基本信息、申请运输的物品范围(类别、项别或品名,如果为剧毒化学品应当标注“剧毒”)等内容。

(二)下列形式之一的单位基本情况证明:

1. 省级以上安全生产监督管理部门颁发的危险化学品生产、使用等证明。

2. 能证明科研、军工等企事业单位性质或者业务范围的有关材料。

(三)特殊运输需求的说明材料。

(四)经办人的身份证明及其复印件以及书面委托书。

第十二条 设区的市级道路运输管理机构应当按照《中华人民共和国道路运输条例》和《交通行政许可实施程序规定》,以及本规定所明确的程序和时限实施道路危险货物运输行政许可,并进行实地核查。

决定准予许可的,应当向被许可人出具《道路危险货物运输行政许可决定书》,注明许可事项,具体内容应当包括运输危险货物的范围(类别、项别或品名,如果为剧毒化学品应当标注“剧毒”),专用车辆数量、要求以及运输性质,并在 10 日内向道路危险货物运输经营申请人发放《道路运输经营许可证》,向非经营性道路危险货物运输申请人发放《道路危险货物运输许可证》。

市级道路运输管理机构应当将准予许可的企业或单位的许可事项等,及时以书面形式告知县级道路运输管理机构。

决定不予许可的,应当向申请人出具《不予交通行政许可决定书》。

第十三条 被许可人已获得其他道路运输经营许可的,设区的市级道路运输管理机构应当为其换发《道路运输经营许可证》,并在经营范围中加注新许可的事项。如果原《道路运输经营许可证》是由省级道路运输管理机构发放的，由原许可机关按照上述要求予以换发。

第十四条 被许可人应当按照承诺期限落实拟投入的专用车辆、设备。

原许可机关应当对被许可人落实的专用车辆、设备予以核实，对符合许可条件的专用车辆配发《道路运输证》，并在《道路运输证》经营范围栏内注明允许运输的危险货物类别、项别或者品名，如果为剧毒化学品应标注“剧毒”；对从事非经营性道路危险货物运输的车辆，还应当加盖“非经营性危险货物运输专用章”。

被许可人未在承诺期限内落实专用车辆、设备的，原许可机关应当撤销许可决定，并收回已核发的许可证明文件。

第十五条 被许可人应当按照承诺期限落实拟聘用的专职安全管理人员、驾驶人员、装卸管理人员和押运人员。

被许可人未在承诺期限内按照承诺聘用专职安全管理人员、驾驶人员、装卸管理人员和押运人员的，原许可机关应当撤销许可决定，并收回已核发的许可证明文件。

第十六条 道路运输管理机构不得许可一次性、临时性的道路危险货物运输。

第十七条 中外合资、中外合作、外商独资形式投资道路危险货物运输的，应当同时遵守《外商投资道路运输业管理规定》。

第十八条 道路危险货物运输企业设立子公司从事道路危险货物运输的，应当向子公司注册地设区的市级道路运输管理机构申请运输许可。设立分公司的，应当向分公司注册地设区的市级道路运输管理机构备案。

第十九条 道路危险货物运输企业或者单位需要变更许可事项的，应当向原许可机关提出申请，按照本章有关许可的规定办理。

道路危险货物运输企业或者单位变更法定代表人、名称、地址等工商登记事项的，应当在30日内向原许可机关备案。

第二十条 道路危险货物运输企业或者单位终止危险货物运输业务的，应当在终止之日的30日前告知原许可机关，并在停业后10日内将《道路运输经营许可证》或者《道路危险货物运输许可证》以及《道路运输证》交回原许可机关。

第三章 专用车辆、设备管理

第二十一条 道路危险货物运输企业或者单位应当按照《道路运输车辆技术管理规定》中有关车辆管理的规定，维护、检测、使用和管理专用车辆，确保专用车辆技术状况良好。

第二十二条 设区的市级道路运输管理机构应当定期对专用车辆进行审验,每年审验一次。审验按照《道路运输车辆技术管理规定》进行,并增加以下审验项目:

(一)专用车辆投保危险货物承运人责任险情况;

(二)必需的应急处理器材、安全防护设施设备和专用车辆标志的配备情况;

(三)具有行驶记录功能的卫星定位装置的配备情况。

第二十三条 禁止使用报废的、擅自改装的、检测不合格的、车辆技术等级达不到一级的和其他不符合国家规定的车辆从事道路危险货物运输。

除铰接列车、具有特殊装置的大型物件运输专用车辆外,严禁使用货车列车从事危险货物运输;倾卸式车辆只能运输散装硫磺、萘饼、粗蒽、煤焦沥青等危险货物。

禁止使用移动罐体(罐式集装箱除外)从事危险货物运输。

第二十四条 用于装卸危险货物的机械及工具的技术状况应当符合行业标准《汽车运输危险货物规则》(JT617)规定的技术要求。

第二十五条 罐式专用车辆的常压罐体应当符合国家标准《道路运输液体危险货物罐式车辆第1部分:金属常压罐体技术要求》(GB18564.1)、《道路运输液体危险货物罐式车辆第2部分:非金属常压罐体技术要求》(GB18564.2)等有关技术要求。

使用压力容器运输危险货物的,应当符合国家特种设备安全监督管理部门制订并公布的《移动式压力容器安全技术监察规程》(TSG R0005)等有关技术要求。

压力容器和罐式专用车辆应当在质量检验部门出具的压力容器或者罐体检验合格的有效期内承运危险货物。

第二十六条 道路危险货物运输企业或者单位对重复使用的危险货物包装物、容器,在重复使用前应当进行检查;发现存在安全隐患的,应当维修或者更换。

道路危险货物运输企业或者单位应当对检查情况作出记录,记录的保存期限不得少于2年。

第二十七条 道路危险货物运输企业或者单位应当到具有污染物处理能力的机构对常压罐体进行清洗(置换)作业,将废气、污水等污染物集中收集,消除污染,不得随意排放,污染环境。

第四章　道路危险货物运输

第二十八条　道路危险货物运输企业或者单位应当严格按照道路运输管理机构决定的许可事项从事道路危险货物运输活动，不得转让、出租道路危险货物运输许可证件。

严禁非经营性道路危险货物运输单位从事道路危险货物运输经营活动。

第二十九条　危险货物托运人应当委托具有道路危险货物运输资质的企业承运。

危险货物托运人应当对托运的危险货物种类、数量和承运人等相关信息予以记录，记录的保存期限不得少于1年。

第三十条　危险货物托运人应当严格按照国家有关规定妥善包装并在外包装设置标志，并向承运人说明危险货物的品名、数量、危害、应急措施等情况。需要添加抑制剂或者稳定剂的，托运人应当按照规定添加，并告知承运人相关注意事项。

危险货物托运人托运危险化学品的，还应当提交与托运的危险化学品完全一致的安全技术说明书和安全标签。

第三十一条　不得使用罐式专用车辆或者运输有毒、感染性、腐蚀性危险货物的专用车辆运输普通货物。

其他专用车辆可以从事食品、生活用品、药品、医疗器具以外的普通货物运输，但应当由运输企业对专用车辆进行消除危害处理，确保不对普通货物造成污染、损害。

不得将危险货物与普通货物混装运输。

第三十二条　专用车辆应当按照国家标准《道路运输危险货物车辆标志》（GB13392）的要求悬挂标志。

第三十三条　运输剧毒化学品、爆炸品的企业或者单位，应当配备专用停车区域，并设立明显的警示标牌。

第三十四条　专用车辆应当配备符合有关国家标准以及与所载运的危险货物相适应的应急处理器材和安全防护设备。

第三十五条　道路危险货物运输企业或者单位不得运输法律、行政法规禁止运输的货物。

法律、行政法规规定的限运、凭证运输货物，道路危险货物运输企业或者单位应当按照有关规定办理相关运输手续。

法律、行政法规规定托运人必须办理有关手续后方可运输的危险货物，道路危险货物运输企业应当查验有关手续齐全有效后方可承运。

第三十六条 道路危险货物运输企业或者单位应当采取必要措施，防止危险货物脱落、扬散、丢失以及燃烧、爆炸、泄漏等。

第三十七条 驾驶人员应当随车携带《道路运输证》。驾驶人员或者押运人员应当按照《汽车运输危险货物规则》(JT617)的要求，随车携带《道路运输危险货物安全卡》。

第三十八条 在道路危险货物运输过程中，除驾驶人员外，还应当在专用车辆上配备押运人员，确保危险货物处于押运人员监管之下。

第三十九条 道路危险货物运输途中，驾驶人员不得随意停车。

因住宿或者发生影响正常运输的情况需要较长时间停车的，驾驶人员、押运人员应当设置警戒带，并采取相应的安全防范措施。

运输剧毒化学品或者易制爆危险化学品需要较长时间停车的，驾驶人员或者押运人员应当向当地公安机关报告。

第四十条 危险货物的装卸作业应当遵守安全作业标准、规程和制度，并在装卸管理人员的现场指挥或者监控下进行。

危险货物运输托运人和承运人应当按照合同约定指派装卸管理人员；若合同未予约定，则由负责装卸作业的一方指派装卸管理人员。

第四十一条 驾驶人员、装卸管理人员和押运人员上岗时应当随身携带从业资格证。

第四十二条 严禁专用车辆违反国家有关规定超载、超限运输。

道路危险货物运输企业或者单位使用罐式专用车辆运输货物时，罐体载货后的总质量应当和专用车辆核定载质量相匹配；使用牵引车运输货物时，挂车载货后的总质量应当与牵引车的准牵引总质量相匹配。

第四十三条 道路危险货物运输企业或者单位应当要求驾驶人员和押运人员在运输危险货物时，严格遵守有关部门关于危险货物运输线路、时间、速度方面的有关规定，并遵守有关部门关于剧毒、爆炸危险品道路运输车辆在重大节假日通行高速公路的相关规定。

第四十四条 道路危险货物运输企业或者单位应当通过卫星定位监控平台或者监控终端及时纠正和处理超速行驶、疲劳驾驶、不按规定线路行驶等违法违规驾驶行为。

监控数据应当至少保存3个月，违法驾驶信息及处理情况应当至少保存3年。

第四十五条 道路危险货物运输从业人员必须熟悉有关安全生产的法规、技术标准和安全生产规章制度、安全操作规程，了解所装运危险货物的性质、危害特性、包装物或者容器的使用要求和发生意外事故时的处置措施，并严格执行《汽车运输危险货物规则》(JT617)、《汽车运输、装卸危险货物作业规程》(JT618)等标准，不得违章作业。

第四十六条 道路危险货物运输企业或者单位应当通过岗前培训、例会、定期学习等方式，对从业人员进行经常性安全生产、职业道德、业务知识和操作规程的教育培训。

第四十七条 道路危险货物运输企业或者单位应当加强安全生产管理，制定突发事件应急预案，配备应急救援人员和必要的应急救援器材、设备，并定期组织应急救援演练，严格落实各项安全制度。

第四十八条 道路危险货物运输企业或者单位应当委托具备资质条件的机构，对本企业或单位的安全管理情况每3年至少进行一次安全评估，出具安全评估报告。

第四十九条 在危险货物运输过程中发生燃烧、爆炸、污染、中毒或者被盗、丢失、流散、泄漏等事故，驾驶人员、押运人员应当立即根据应急预案和《道路运输危险货物安全卡》的要求采取应急处置措施，并向事故发生地公安部门、交通运输主管部门和本运输企业或者单位报告。运输企业或者单位接到事故报告后，应当按照本单位危险货物应急预案组织救援，并向事故发生地安全生产监督管理部门和环境保护、卫生主管部门报告。

道路危险货物运输管理机构应当公布事故报告电话。

第五十条 在危险货物装卸过程中，应当根据危险货物的性质，轻装轻卸，堆码整齐，防止混杂、撒漏、破损，不得与普通货物混合堆放。

第五十一条 道路危险货物运输企业或者单位应当为其承运的危险货物投保承运人责任险。

第五十二条 道路危险货物运输企业异地经营(运输线路起讫点均不在企业注册地市域内)累计3个月以上的，应当向经营地设区的市级道路运输管理机构备案并接受其监管。

第五章 监督检查

第五十三条 道路危险货物运输监督检查按照《道路货物运输及站场管理规定》执行。

道路运输管理机构工作人员应当定期或者不定期对道路危险货物运输企业或者单位进行现场检查。

第五十四条 道路运输管理机构工作人员对在异地取得从业资格的人员

监督检查时，可以向原发证机关申请提供相应的从业资格档案资料，原发证机关应当予以配合。

第五十五条 道路运输管理机构在实施监督检查过程中，经本部门主要负责人批准，可以对没有随车携带《道路运输证》又无法当场提供其他有效证明文件的危险货物运输专用车辆予以扣押。

第五十六条 任何单位和个人对违反本规定的行为，有权向道路危险货物运输管理机构举报。

道路危险货物运输管理机构应当公布举报电话，并在接到举报后及时依法处理；对不属于本部门职责的，应当及时移送有关部门处理。

第六章 法律责任

第五十七条 违反本规定，有下列情形之一的，由县级以上道路运输管理机构责令停止运输经营，有违法所得的，没收违法所得，处违法所得 2 倍以上 10 倍以下的罚款；没有违法所得或者违法所得不足 2 万元的，处 3 万元以上 10 万元以下的罚款；构成犯罪的，依法追究刑事责任：

（一）未取得道路危险货物运输许可，擅自从事道路危险货物运输的；

（二）使用失效、伪造、变造、被注销等无效道路危险货物运输许可证件从事道路危险货物运输的；

（三）超越许可事项，从事道路危险货物运输的；

（四）非经营性道路危险货物运输单位从事道路危险货物运输经营的。

第五十八条 违反本规定，道路危险货物运输企业或者单位非法转让、出租道路危险货物运输许可证件的，由县级以上道路运输管理机构责令停止违法行为，收缴有关证件，处 2000 元以上 1 万元以下的罚款；有违法所得的，没收违法所得。

第五十九条 违反本规定，道路危险货物运输企业或者单位有下列行为之一，由县级以上道路运输管理机构责令限期投保；拒不投保的，由原许可机关吊销《道路运输经营许可证》或者《道路危险货物运输许可证》，或者吊销相应的经营范围：

（一）未投保危险货物承运人责任险的；

（二）投保的危险货物承运人责任险已过期，未继续投保的。

第六十条 违反本规定，道路危险货物运输企业或者单位不按照规定随车携带《道路运输证》的，由县级以上道路运输管理机构责令改正，处警告或者 20 元以上 200 元以下的罚款。

第六十一条 违反本规定，道路危险货物运输企业或者单位以及托运人有下列情形之一的，由县级以上道路运输管理机构责令改正，并处 5 万元以上 10 万元以下的罚款，拒不改正的，责令停产停业整顿；构成犯罪的，依法追究刑事责任：

（一）驾驶人员、装卸管理人员、押运人员未取得从业资格上岗作业的；

（二）托运人不向承运人说明所托运的危险化学品的种类、数量、危险特性以及发生危险情况的应急处置措施，或者未按照国家有关规定对所托运的危险化学品妥善包装并在外包装上设置相应标志的；

（三）未根据危险化学品的危险特性采取相应的安全防护措施，或者未配备必要的防护用品和应急救援器材的；

（四）运输危险化学品需要添加抑制剂或者稳定剂，托运人未添加或者未将有关情况告知承运人的。

第六十二条 违反本规定，道路危险货物运输企业或者单位未配备专职安全管理人员的，由县级以上道路运输管理机构责令改正，可以处 1 万元以下的罚款；拒不改正的，对危险化学品运输企业或单位处 1 万元以上 5 万元以下的罚款，对运输危险化学品以外其他危险货物的企业或单位处 1 万元以上 2 万元以下的罚款。

第六十三条 违反本规定，道路危险化学品运输托运人有下列行为之一的，由县级以上道路运输管理机构责令改正，处 10 万元以上 20 万元以下的罚款，有违法所得的，没收违法所得；拒不改正的，责令停产停业整顿；构成犯罪的，依法追究刑事责任：

（一）委托未依法取得危险货物道路运输许可的企业承运危险化学品的；

（二）在托运的普通货物中夹带危险化学品，或者将危险化学品谎报或者匿报为普通货物托运的。

第六十四条 违反本规定，道路危险货物运输企业擅自改装已取得《道路运输证》的专用车辆及罐式专用车辆罐体的，由县级以上道路运输管理机构责令改正，并处 5000 元以上 2 万元以下的罚款。

第七章　附　　则

第六十五条 本规定对道路危险货物运输经营未作规定的，按照《道路货物运输及站场管理规定》执行；对非经营性道路危险货物运输未作规定的，参照《道路货物运输及站场管理规定》执行。

第六十六条 道路危险货物运输许可证件和《道路运输证》工本费的具

体收费标准由省、自治区、直辖市人民政府财政、价格主管部门会同同级交通运输主管部门核定。

第六十七条 交通运输部可以根据相关行业协会的申请,经组织专家论证后,统一公布可以按照普通货物实施道路运输管理的危险货物。

第六十八条 本规定自2013年7月1日起施行。交通部2005年发布的《道路危险货物运输管理规定》(交通部令2005年第9号)及交通运输部2010年发布的《关于修改〈道路危险货物运输管理规定〉的决定》(交通运输部令2010年第5号)同时废止。

人力资源社会保障部
关于废止部分规章的决定

(2016年4月12日人力资源和社会保障部令第28号公布 自公布之日起施行)

根据国务院要求,人力资源社会保障部对现行有效规章进行了全面清理。经过清理,人力资源社会保障部决定:对主要内容已被新的法规所替代、因客观情况发生变化已不适用等情形的15件规章予以废止。现将决定废止的规章目录予以公布。

附件:人力资源社会保障部决定废止的规章目录

附件

人力资源社会保障部决定废止的规章目录

序号	制定机关	规章名称	文号	施行日期
1	劳动部	女职工禁忌劳动范围的规定	劳安字〔1990〕2号	1990.1.18
2	人事部	全民所有制事业单位专业技术人员和管理人员辞职暂行规定	人调发〔1990〕19号	1990.9.8
3	人事部、中国人民银行	国家机关、事业单位工资基金管理暂行办法	人计发〔1990〕20号	1990.11.9
4	人事部	全民所有制事业单位辞退专业技术人员和管理人员暂行规定	人调发〔1992〕18号	1992.10.16
5	人事部	国家公务员职位分类工作实施办法	人职发〔1994〕2号	1994.1.11
6	劳动部	就业训练规定	劳部发〔1994〕490号	1995.1.1
7	劳动部、国家体改委	股份有限公司劳动工资管理规定	劳部发〔1994〕497号	1995.1.1
8	人事部、财政部	有条件的事业单位实行工资总额同经济效益指标挂钩暂行办法	人计发〔1995〕51号	1995.4.24
9	人事部	国家不包分配大专以上毕业生择业暂行办法	人发〔1996〕5号	1996.1.9
10	人事部	国家公务员任职回避和公务回避暂行办法	人发〔1996〕48号	1996.5.27
11	人事部	国家公务员职位轮换（轮岗）暂行办法	人发〔1996〕70号	1996.7.31
12	劳动部、国家经贸委	企业职工培训规定	劳部发〔1996〕370号	1996.10.30
13	人事部、公安部、国家粮食储备局	高等学校毕业生就业后调整办法	人发〔1997〕7号	1997.1.8
14	人事部	人事统计工作管理暂行办法（试行）	人发〔1997〕78号	1997.10.1
15	人事部	公务员申诉案件办案规则	人发〔1998〕76号	1998.8.20

司法解释

关于印发《最高人民检察院、公安部、财政部关于保护、奖励职务犯罪举报人的若干规定》的通知

（2016年3月30日）

各省、自治区、直辖市人民检察院、公安厅(局)、财政厅(局),解放军军事检察院、中央军委政法委保卫局、中央军委后勤保障部财务局,新疆生产建设兵团人民检察院、公安局、财政局:

为维护举报人合法权益,鼓励个人和单位依法举报职务犯罪,经中央全面深化改革领导小组审议,并经中央领导同志批准,最高人民检察院、公安部、财政部现联合印发《关于保护、奖励职务犯罪举报人的若干规定》(以下简称《规定》),请结合实际认真贯彻执行。

一、切实按照中央要求,统一思想,提高认识

举报工作是依靠群众查办职务犯罪的重要环节,也是反腐败斗争的重要组成部分。建立和完善保护、奖励职务犯罪举报人制度,是贯彻落实党的十八大,十八届三中、四中、五中全会精神,建立健全惩治和预防腐败体系的重要内容,有利于更好地调动和保护人民群众的举报积极性,直接关系到在全社会进一步弘扬正气,直接关系到反腐败斗争的深入推进,直接关系到法律尊严以及党和国家的形象。各相关单位要充分认识建立这一制度的重要意义,切实把认识和行动统一到中央的部署要求上来,积极配合、形成合力。检察机关要在纪检、公安、财政等单位的配合下,不断创新思路,改进方法,完善机制,延伸职能,进一步做好职务犯罪举报人保护和奖励工作;公安机关要协助检察机关做好举报人保护工作,切实保障举报人及其近亲属的人身、财产安全;财政部门要加强对举报人奖励工作的经费保障和支持。

二、坚决抓好《规定》的贯彻落实,严格执行举报人保护、奖励各项制度

《规定》对“打击报复”的具体情形、举报人保护工作的分工、保密措施、保护措施等作出了详细的规定,明确了举报奖励的范围、奖励金额及其保障、加

强对奖励工作的监督等,各相关单位要认真学习领会,准确把握《规定》的各项具体要求。要切实做好对职务犯罪举报人信息的保密工作,细化对举报人及其近亲属的保护措施。举报人及其近亲属人身、财产安全受到威胁的,应当采取禁止特定人员接触举报人及其近亲属,对举报人及其近亲属人身、财产和住宅采取专门性保护措施等。要严格责任追究,对相关人员违反保密规定和对举报人保护不力的,依纪依法追究责任。要落实和完善举报奖励制度,充分调动人民群众的举报积极性。同时,要加强对举报奖励工作的监督,对截留、侵占、私分、挪用举报奖励资金,或者违反规定发放举报奖励资金的单位和个人,依法追究责任。

三、积极预防和严肃处理对举报人的打击报复行为

一是要注重对举报人的事前保护。对有证据表明举报人及其近亲属可能会遭受单位负责人利用职权或者影响打击报复的,人民检察院应当要求相关单位或者个人作出解释或说明。应当给予组织处理或者纪律处分的,人民检察院可以将相关证据等材料移送组织部门和纪检监察机关,由组织部门和纪检监察机关依照有关规定处理。二是要严肃处理对举报人的打击报复行为。对打击报复或者指使他人打击报复举报人及其近亲属的行为,依纪依法给予处分;构成违反治安管理行为的,依法给予治安管理处罚;构成犯罪的,依法追究刑事责任。举报人及其近亲属因受打击报复,造成人身伤害、名誉损害或者财产损失的,应当支持其依法提出赔偿请求。

各相关单位在贯彻落实《规定》中遇到的情况和问题,及时对口报告。

关于保护、奖励职务犯罪举报人的若干规定

第一条 为维护举报人合法权益,鼓励个人和单位依法举报职务犯罪,根据《中华人民共和国宪法》《中华人民共和国刑事诉讼法》有关规定,结合司法实际,制定本规定。

第二条 鼓励个人和单位依法实名举报职务犯罪。

使用真实姓名或者单位名称举报,有具体联系方式并认可举报行为的,属于实名举报。

第三条 人民检察院、公安机关、财政部门应当密切配合,共同做好举报人保护和奖励工作。

第四条 任何个人和单位依法向人民检察院举报职务犯罪的,其合法权益受法律保护。人民检察院对于举报内容和举报人信息,必须严格保密。

第五条　人民检察院对职务犯罪举报应当采取下列保密措施：

（一）受理举报应当由专人负责，在专门场所或者通过专门网站、电话进行，无关人员不得在场。

（二）举报线索应当由专人录入专用计算机，加密码严格管理。专用计算机应当与互联网实行物理隔离。未经检察长批准，其他工作人员不得查看。

（三）举报材料应当存放于符合保密规定的场所，无关人员不得进入。

（四）向检察长报送举报线索时，应当将相关材料用机要袋密封，并填写机要编号，由检察长亲自拆封。

（五）严禁泄露举报内容以及举报人姓名、住址、电话等个人信息，严禁将举报材料转给被举报人或者被举报单位。

（六）调查核实情况时，严禁出示举报材料原件或者复印件；除因侦查工作需要并经检察长批准外，严禁对匿名举报材料进行笔迹鉴定。

（七）通过专门的举报网站联系、答复举报人时，应当核对举报人在举报时获得的查询密码，答复时不得涉及举报具体内容。

（八）其他应当采取的保密措施。

第六条　人民检察院受理实名举报后，应当按照相关规定，对可能发生的风险及其性质、程度和影响等进行综合评估，拟定风险等级，并根据确定的风险等级制定举报人保护预案。

在办案过程中，人民检察院应当根据实际情况的变化，及时调整风险等级。

第七条　有下列情形之一的，属于对举报人实施打击报复行为：

（一）以暴力、威胁或者非法限制人身自由等方法侵犯举报人及其近亲属的人身安全的；

（二）非法占有或者损毁举报人及其近亲属财产的；

（三）栽赃陷害举报人及其近亲属的；

（四）侮辱、诽谤举报人及其近亲属的；

（五）违反规定解聘、辞退或者开除举报人及其近亲属的；

（六）克扣或者变相克扣举报人及其近亲属的工资、奖金或者其他福利待遇的；

（七）对举报人及其近亲属无故给予党纪、政纪处分或者故意违反规定加重处分的；

（八）在职务晋升、岗位安排、评级考核等方面对举报人及其近亲属进行刁难、压制的；

（九）对举报人及其近亲属提出的合理申请应当批准而不予批准或者拖

延的；

（十）其他侵害举报人及其近亲属合法权益的行为。

第八条 举报人向人民检察院实名举报后，其本人及其近亲属遭受或者可能遭受打击报复，向人民检察院请求保护的，人民检察院应当迅速进行核实，分别不同情况采取下列措施：

（一）举报人及其近亲属人身、财产安全受到威胁的，应当依照本规定第九条的规定采取必要的保护措施；

（二）举报人及其近亲属因遭受打击报复受到错误处理的，应当建议有关部门予以纠正；

（三）举报人及其近亲属因遭受打击报复受到严重人身伤害或者重大财产损失的，应当协调有关部门依照规定予以救助。

有证据表明举报人及其近亲属可能会遭受单位负责人利用职权或者影响打击报复的，人民检察院应当要求相关单位或者个人作出解释或说明。应当给予组织处理或者纪律处分的，人民检察院可以将相关证据等材料移送组织部门和纪检监察机关，由组织部门和纪检监察机关依照有关规定处理。

第九条 举报人及其近亲属人身、财产安全受到威胁的，人民检察院应当采取以下一项或者多项保护措施：

（一）禁止特定的人员接触举报人及其近亲属；

（二）对举报人及其近亲属人身、财产和住宅采取专门性保护措施；

（三）其他必要的保护措施。

人民检察院在开展保护举报人工作中，需要公安机关提供协助的，应当商请公安机关办理，公安机关应当在职责范围内予以协助。

举报人直接向公安机关请求保护而又必须采取紧急措施的，公安机关应当先采取紧急措施，并及时通知受理举报的人民检察院。

第十条 举报人及其近亲属因受打击报复，造成人身伤害、名誉损害或者财产损失的，人民检察院应当支持其依法提出赔偿请求。

第十一条 举报人确有必要在诉讼中作证，其本人及其近亲属因作证面临遭受打击报复危险的，人民检察院应当采取不公开真实姓名、住址和工作单位等个人信息的保护措施，可以在起诉书、询问笔录等法律文书、证据材料中使用化名代替举报人的个人信息，但是应当书面说明使用化名的情况并标明密级，单独成卷。

人民法院通知作为证人的举报人出庭作证，举报人及其近亲属因作证面临遭受打击报复危险的，人民检察院应当建议人民法院采取不暴露举报人外貌、真实声音等出庭作证措施。

第十二条 打击报复或者指使他人打击报复举报人及其近亲属的，依纪依法给予处分；构成违反治安管理行为的，依法给予治安管理处罚；构成犯罪的，依法追究刑事责任。

被取保候审、监视居住的犯罪嫌疑人打击报复或者指使他人打击报复举报人及其近亲属的，人民检察院应当对犯罪嫌疑人依法予以逮捕。决定逮捕前，可以先行拘留。

第十三条 人民检察院对举报人的保护工作由举报中心负责协调实施，侦查部门、公诉部门、司法警察部门应当加强配合协作，共同做好保护工作。

第十四条 举报线索经查证属实，被举报人构成犯罪的，应当对积极提供举报线索、协助侦破案件有功的实名举报人，按照国家有关规定给予一定的精神及物质奖励。

单位举报有功的，可以按照国家有关规定给予奖励。但是举报单位为案发单位的，应当综合考虑该单位的实际情况和在案件侦破中的作用等因素，确定是否给予奖励。

第十五条 对举报有功人员根据国家有关规定给予奖励。个人奖励方式为荣誉奖励和奖金奖励。荣誉奖励包括颁发奖旗、奖状、奖章、证书等。

对举报有功单位的奖励，一般采取荣誉奖励方式。

第十六条 对职务犯罪举报人的奖励由人民检察院决定。

给予奖金奖励的，人民检察院应当根据所举报犯罪的性质、情节和举报线索的价值等因素确定奖励金额。每案奖金数额一般不超过二十万元。举报人有重大贡献的，经省级人民检察院批准，可以在二十万元以上给予奖励，最高不超过五十万元。有特别重大贡献的，经最高人民检察院批准，不受上述数额的限制。

第十七条 对多人联名举报同一案件的，实行一案一奖，对各举报有功人员的奖励金额总和不得超过本规定第十六条规定的每案奖励金额上限。

对多人先后举报同一案件的，原则上奖励最先举报或者对侦破案件起主要作用的举报人。其他举报人提供的举报材料对侦破案件起到直接作用的，可以酌情给予奖励。

第十八条 奖励举报人，一般应当在有关判决或者裁定生效后进行。

人民检察院按照《中华人民共和国刑事诉讼法》第一百七十三条第二款对被举报人作出不起诉决定的，可以根据案件的具体情况，决定是否给予举报人奖励。

第十九条 奖励可以由举报人向人民检察院举报中心提出申请，也可以由人民检察院依职权决定。

第二十条 拟予奖励的人员名单、奖励方式和金额由人民检察院举报中心提出意见，报检察长决定。

第二十一条 举报奖金的发放由人民检察院举报中心负责。举报中心可以通过适当方式，通知受奖人员到人民检察院或者其认为适宜的地方领取。发放时，应当有两名以上检察人员在场。

第二十二条 人民检察院适时向社会公布举报奖励工作的情况。涉及披露举报人信息的，应当征得举报人同意。

第二十三条 符合奖励条件的举报人在获得奖励之前死亡、被宣告死亡或者丧失行为能力的，人民检察院应当将奖金发放给其继承人或者监护人。

第二十四条 举报奖励资金由财政部门列入预算，统筹安排。

第二十五条 人民检察院应当加强对举报奖励工作的监督。举报中心、侦查部门、公诉部门、计划财务装备部门发现举报奖励工作中存在弄虚作假等违反规定行为的，应当报告检察长予以纠正。上级人民检察院发现下级人民检察院在举报奖励工作中有违反规定情形的，应当予以纠正。

第二十六条 具有下列情形之一，对直接负责的主管人员和其他直接责任人员，依纪依法给予处分；构成犯罪的，由司法机关依法追究刑事责任：

（一）故意或者过失泄露举报人姓名、地址、电话、举报内容等，或者将举报材料转给被举报人的；

（二）应当制作举报人保护预案、采取保护措施而未制定或采取，导致举报人及其近亲属受到严重人身伤害或者重大财产损失的；

（三）截留、侵占、私分、挪用举报奖励资金，或者违反规定发放举报奖励资金的。

第二十七条 本规定所称职务犯罪，是指国家工作人员实施的刑法分则第八章规定的贪污贿赂犯罪及其他章中明确规定依照第八章相关条文定罪处罚的犯罪，刑法分则第九章规定的渎职犯罪，国家机关工作人员利用职权实施的非法拘禁、刑讯逼供、报复陷害、非法搜查的侵犯公民人身权利的犯罪以及侵犯公民民主权利的犯罪。

第二十八条 个人和单位向纪检监察机关举报违纪行为，相关案件因涉嫌职务犯罪移送人民检察院立案侦查后，对举报人的保护适用本规定。

第二十九条 本规定自发布之日起施行。

最高人民法院关于审理毒品犯罪案件适用法律若干问题的解释

（2016年1月25日最高人民法院审判委员会第1676次会议通过　2016年4月6日最高人民法院公告公布　自2016年4月11日起施行　法释〔2016〕8号）

为依法惩治毒品犯罪，根据《中华人民共和国刑法》的有关规定，现就审理此类刑事案件适用法律的若干问题解释如下：

第一条　走私、贩卖、运输、制造、非法持有下列毒品，应当认定为刑法第三百四十七条第二款第一项、第三百四十八条规定的“其他毒品数量大”：

（一）可卡因五十克以上；

（二）3,4－亚甲二氧基甲基苯丙胺（MDMA）等苯丙胺类毒品（甲基苯丙胺除外）、吗啡一百克以上；

（三）芬太尼一百二十五克以上；

（四）甲卡西酮二百克以上；

（五）二氢埃托啡十毫克以上；

（六）哌替啶（度冷丁）二百五十克以上；

（七）氯胺酮五百克以上；

（八）美沙酮一千克以上；

（九）曲马多、γ－羟丁酸二千克以上；

（十）大麻油五千克、大麻脂十千克、大麻叶及大麻烟一百五十千克以上；

（十一）可待因、丁丙诺啡五千克以上；

（十二）三唑仑、安眠酮五十千克以上；

（十三）阿普唑仑、恰特草一百千克以上；

（十四）咖啡因、罂粟壳二百千克以上；

（十五）巴比妥、苯巴比妥、安钠咖、尼美西泮二百五十千克以上；

（十六）氯氮卓、艾司唑仑、地西泮、溴西泮五百千克以上；

（十七）上述毒品以外的其他毒品数量大的。

国家定点生产企业按照标准规格生产的麻醉药品或者精神药品被用于毒品犯罪的，根据药品中毒品成分的含量认定涉案毒品数量。

第二条 走私、贩卖、运输、制造、非法持有下列毒品，应当认定为刑法第三百四十七条第三款、第三百四十八条规定的"其他毒品数量较大"：

（一）可卡因十克以上不满五十克；

（二）3,4-亚甲二氧基甲基苯丙胺（MDMA）等苯丙胺类毒品（甲基苯丙胺除外）、吗啡二十克以上不满一百克；

（三）芬太尼二十五克以上不满一百二十五克；

（四）甲卡西酮四十克以上不满二百克；

（五）二氢埃托啡二毫克以上不满十毫克；

（六）哌替啶（度冷丁）五十克以上不满二百五十克；

（七）氯胺酮一百克以上不满五百克；

（八）美沙酮二百克以上不满一千克；

（九）曲马多、γ-羟丁酸四百克以上不满二千克；

（十）大麻油一千克以上不满五千克、大麻脂二千克以上不满十千克、大麻叶及大麻烟三十千克以上不满一百五十千克；

（十一）可待因、丁丙诺啡一千克以上不满五千克；

（十二）三唑仑、安眠酮十千克以上不满五十千克；

（十三）阿普唑仑、恰特草二十千克以上不满一百千克；

（十四）咖啡因、罂粟壳四十千克以上不满二百千克；

（十五）巴比妥、苯巴比妥、安钠咖、尼美西泮五十千克以上不满二百五十千克；

（十六）氯氮卓、艾司唑仑、地西泮、溴西泮一百千克以上不满五百千克；

（十七）上述毒品以外的其他毒品数量较大的。

第三条 在实施走私、贩卖、运输、制造毒品犯罪的过程中，携带枪支、弹药或者爆炸物用于掩护的，应当认定为刑法第三百四十七条第二款第三项规定的"武装掩护走私、贩卖、运输、制造毒品"。枪支、弹药、爆炸物种类的认定，依照相关司法解释的规定执行。

在实施走私、贩卖、运输、制造毒品犯罪的过程中，以暴力抗拒检查、拘留、逮捕，造成执法人员死亡、重伤、多人轻伤或者具有其他严重情节的，应当认定为刑法第三百四十七条第二款第四项规定的"以暴力抗拒检查、拘留、逮捕，情节严重"。

第四条 走私、贩卖、运输、制造毒品，具有下列情形之一的，应当认定为刑法第三百四十七条第四款规定的"情节严重"：

（一）向多人贩卖毒品或者多次走私、贩卖、运输、制造毒品的；

（二）在戒毒场所、监管场所贩卖毒品的；

（三）向在校学生贩卖毒品的；

（四）组织、利用残疾人、严重疾病患者、怀孕或者正在哺乳自己婴儿的妇女走私、贩卖、运输、制造毒品的；

（五）国家工作人员走私、贩卖、运输、制造毒品的；

（六）其他情节严重的情形。

第五条 非法持有毒品达到刑法第三百四十八条或者本解释第二条规定的"数量较大"标准，且具有下列情形之一的，应当认定为刑法第三百四十八条规定的"情节严重"：

（一）在戒毒场所、监管场所非法持有毒品的；

（二）利用、教唆未成年人非法持有毒品的；

（三）国家工作人员非法持有毒品的；

（四）其他情节严重的情形。

第六条 包庇走私、贩卖、运输、制造毒品的犯罪分子，具有下列情形之一的，应当认定为刑法第三百四十九条第一款规定的"情节严重"：

（一）被包庇的犯罪分子依法应当判处十五年有期徒刑以上刑罚的；

（二）包庇多名或者多次包庇走私、贩卖、运输、制造毒品的犯罪分子的；

（三）严重妨害司法机关对被包庇的犯罪分子实施的毒品犯罪进行追究的；

（四）其他情节严重的情形。

为走私、贩卖、运输、制造毒品的犯罪分子窝藏、转移、隐瞒毒品或者毒品犯罪所得的财物，具有下列情形之一的，应当认定为刑法第三百四十九条第一款规定的"情节严重"：

（一）为犯罪分子窝藏、转移、隐瞒毒品达到刑法第三百四十七条第二款第一项或者本解释第一条第一款规定的"数量大"标准的；

（二）为犯罪分子窝藏、转移、隐瞒毒品犯罪所得的财物价值达到五万元以上的；

（三）为多人或者多次为他人窝藏、转移、隐瞒毒品或者毒品犯罪所得的财物的；

（四）严重妨害司法机关对该犯罪分子实施的毒品犯罪进行追究的；

（五）其他情节严重的情形。

包庇走私、贩卖、运输、制造毒品的近亲属，或者为其窝藏、转移、隐瞒毒品或者毒品犯罪所得的财物，不具有本条前两款规定的"情节严重"情形，归案后认罪、悔罪、积极退赃，且系初犯、偶犯，犯罪情节轻微不需要判处刑罚的，可以免予刑事处罚。

第七条 违反国家规定，非法生产、买卖、运输制毒物品、走私制毒物品，达到下列数量标准的，应当认定为刑法第三百五十条第一款规定的“情节较重”：

（一）麻黄碱（麻黄素）、伪麻黄碱（伪麻黄素）、消旋麻黄碱（消旋麻黄素）一千克以上不满五千克；

（二）1－苯基－2－丙酮、1－苯基－2－溴－1－丙酮、3，4－亚甲基二氧苯基－2－丙酮、羟亚胺二千克以上不满十千克；

（三）3－氧－2－苯基丁腈、邻氯苯基环戊酮、去甲麻黄碱（去甲麻黄素）、甲基麻黄碱（甲基麻黄素）四千克以上不满二十千克；

（四）醋酸酐十千克以上不满五十千克；

（五）麻黄浸膏、麻黄浸膏粉、胡椒醛、黄樟素、黄樟油、异黄樟素、麦角酸、麦角胺、麦角新碱、苯乙酸二十千克以上不满一百千克；

（六）N－乙酰邻氨基苯酸、邻氨基苯甲酸、三氯甲烷、乙醚、哌啶五十千克以上不满二百五十千克；

（七）甲苯、丙酮、甲基乙基酮、高锰酸钾、硫酸、盐酸一百千克以上不满五百千克；

（八）其他制毒物品数量相当的。

违反国家规定，非法生产、买卖、运输制毒物品、走私制毒物品，达到前款规定的数量标准最低值的百分之五十，且具有下列情形之一的，应当认定为刑法第三百五十条第一款规定的“情节较重”：

（一）曾因非法生产、买卖、运输制毒物品、走私制毒物品受过刑事处罚的；

（二）二年内曾因非法生产、买卖、运输制毒物品、走私制毒物品受过行政处罚的；

（三）一次组织五人以上或者多次非法生产、买卖、运输制毒物品、走私制毒物品，或者在多个地点非法生产制毒物品的；

（四）利用、教唆未成年人非法生产、买卖、运输制毒物品、走私制毒物品的；

（五）国家工作人员非法生产、买卖、运输制毒物品、走私制毒物品的；

（六）严重影响群众正常生产、生活秩序的；

（七）其他情节较重的情形。

易制毒化学品生产、经营、购买、运输单位或者个人未办理许可证明或者备案证明，生产、销售、购买、运输易制毒化学品，确实用于合法生产、生活需要的，不以制毒物品犯罪论处。

第八条 违反国家规定，非法生产、买卖、运输制毒物品、走私制毒物品，具有下列情形之一的，应当认定为刑法第三百五十条第一款规定的“情节严重”：

（一）制毒物品数量在本解释第七条第一款规定的最高数量标准以上，不满最高数量标准五倍的；

（二）达到本解释第七条第一款规定的数量标准，且具有本解释第七条第二款第三项至第六项规定的情形之一的；

（三）其他情节严重的情形。

违反国家规定，非法生产、买卖、运输制毒物品、走私制毒物品，具有下列情形之一的，应当认定为刑法第三百五十条第一款规定的“情节特别严重”：

（一）制毒物品数量在本解释第七条第一款规定的最高数量标准五倍以上的；

（二）达到前款第一项规定的数量标准，且具有本解释第七条第二款第三项至第六项规定的情形之一的；

（三）其他情节特别严重的情形。

第九条 非法种植毒品原植物，具有下列情形之一的，应当认定为刑法第三百五十一条第一款第一项规定的“数量较大”：

（一）非法种植大麻五千株以上不满三万株的；

（二）非法种植罂粟二百平方米以上不满一千二百平方米、大麻二千平方米以上不满一万二千平方米，尚未出苗的；

（三）非法种植其他毒品原植物数量较大的。

非法种植毒品原植物，达到前款规定的最高数量标准的，应当认定为刑法第三百五十一条第二款规定的“数量大”。

第十条 非法买卖、运输、携带、持有未经灭活的毒品原植物种子或者幼苗，具有下列情形之一的，应当认定为刑法第三百五十二条规定的“数量较大”：

（一）罂粟种子五十克以上、罂粟幼苗五千株以上的；

（二）大麻种子五十千克以上、大麻幼苗五万株以上的；

（三）其他毒品原植物种子或者幼苗数量较大的。

第十一条 引诱、教唆、欺骗他人吸食、注射毒品，具有下列情形之一的，应当认定为刑法第三百五十三条第一款规定的“情节严重”：

（一）引诱、教唆、欺骗多人或者多次引诱、教唆、欺骗他人吸食、注射毒品的；

（二）对他人身体健康造成严重危害的；

（三）导致他人实施故意杀人、故意伤害、交通肇事等犯罪行为的；

（四）国家工作人员引诱、教唆、欺骗他人吸食、注射毒品的；

（五）其他情节严重的情形。

第十二条 容留他人吸食、注射毒品，具有下列情形之一的，应当依照刑法第三百五十四条的规定，以容留他人吸毒罪定罪处罚：

（一）一次容留多人吸食、注射毒品的；

（二）二年内多次容留他人吸食、注射毒品的；

（三）二年内曾因容留他人吸食、注射毒品受过行政处罚的；

（四）容留未成年人吸食、注射毒品的；

（五）以牟利为目的容留他人吸食、注射毒品的；

（六）容留他人吸食、注射毒品造成严重后果的；

（七）其他应当追究刑事责任的情形。

向他人贩卖毒品后又容留其吸食、注射毒品，或者容留他人吸食、注射毒品并向其贩卖毒品，符合前款规定的容留他人吸毒罪的定罪条件的，以贩卖毒品罪和容留他人吸毒罪数罪并罚。

容留近亲属吸食、注射毒品，情节显著轻微危害不大的，不作为犯罪处理；需要追究刑事责任的，可以酌情从宽处罚。

第十三条 依法从事生产、运输、管理、使用国家管制的麻醉药品、精神药品的人员，违反国家规定，向吸食、注射毒品的人提供国家规定管制的能够使人形成瘾癖的麻醉药品、精神药品，具有下列情形之一的，应当依照刑法第三百五十五条第一款的规定，以非法提供麻醉药品、精神药品罪定罪处罚：

（一）非法提供麻醉药品、精神药品达到刑法第三百四十七条第三款或者本解释第二条规定的“数量较大”标准最低值的百分之五十，不满“数量较大”标准的；

（二）二年内曾因非法提供麻醉药品、精神药品受过行政处罚的；

（三）向多人或者多次非法提供麻醉药品、精神药品的；

（四）向吸食、注射毒品的未成年人非法提供麻醉药品、精神药品的；

（五）非法提供麻醉药品、精神药品造成严重后果的；

（六）其他应当追究刑事责任的情形。

具有下列情形之一的，应当认定为刑法第三百五十五条第一款规定的“情节严重”：

（一）非法提供麻醉药品、精神药品达到刑法第三百四十七条第三款或者本解释第二条规定的“数量较大”标准的；

（二）非法提供麻醉药品、精神药品达到前款第一项规定的数量标准，且具有前款第三项至第五项规定的情形之一的；

(三)其他情节严重的情形。

第十四条 利用信息网络，设立用于实施传授制造毒品、非法生产制毒物品的方法，贩卖毒品，非法买卖制毒物品或者组织他人吸食、注射毒品等违法犯罪活动的网站、通讯群组，或者发布实施前述违法犯罪活动的信息，情节严重的，应当依照刑法第二百八十七条之一的规定，以非法利用信息网络罪定罪处罚。

实施刑法第二百八十七条之一、第二百八十七条之二规定的行为，同时构成贩卖毒品罪、非法买卖制毒物品罪、传授犯罪方法罪等犯罪的，依照处罚较重的规定定罪处罚。

第十五条 本解释自2016年4月11日起施行。《最高人民法院关于审理毒品案件定罪量刑标准有关问题的解释》(法释〔2000〕13号)同时废止；之前发布的司法解释和规范性文件与本解释不一致的，以本解释为准。

最高人民法院关于首先查封法院与优先债权执行法院处分查封财产有关问题的批复

(2015年12月16日最高人民法院审判委员会第1672次会议通过 2016年4月12日最高人民法院公告公布 自2016年4月14日起施行 法释〔2016〕6号)

福建省高级人民法院：

你院《关于解决法院首封处分权与债权人行使优先受偿债权冲突问题的请示》(闽高法〔2015〕261号)收悉。经研究，批复如下：

一、执行过程中，应当由首先查封、扣押、冻结(以下简称查封)法院负责处分查封财产。但已进入其他法院执行程序的债权对查封财产有顺位在先的担保物权、优先权(该债权以下简称优先债权)，自首先查封之日起已超过60日，且首先查封法院就该查封财产尚未发布拍卖公告或者进入变卖程序的，优先债权执行法院可以要求将该查封财产移送执行。

二、优先债权执行法院要求首先查封法院将查封财产移送执行的，应当出具商请移送执行函，并附确认优先债权的生效法律文书及案件情况说明。

首先查封法院应当在收到优先债权执行法院商请移送执行函之日起15日内出具移送执行函,将查封财产移送优先债权执行法院执行,并告知当事人。

移送执行函应当载明将查封财产移送执行及首先查封债权的相关情况等内容。

三、财产移送执行后,优先债权执行法院在处分或继续查封该财产时,可以持首先查封法院移送执行函办理相关手续。

优先债权执行法院对移送的财产变价后,应当按照法律规定的清偿顺序分配,并将相关情况告知首先查封法院。

首先查封债权尚未经生效法律文书确认的,应当按照首先查封债权的清偿顺位,预留相应份额。

四、首先查封法院与优先债权执行法院就移送查封财产发生争议的,可以逐级报请双方共同的上级法院指定该财产的执行法院。

共同的上级法院根据首先查封债权所处的诉讼阶段、查封财产的种类及所在地、各债权数额与查封财产价值之间的关系等案件具体情况,认为由首先查封法院执行更为妥当的,也可以决定由首先查封法院继续执行,但应当督促其在指定期限内处分查封财产。

此复。

附件:1. ××××人民法院商请移送执行函

2. ××××人民法院移送执行函

附件1

××××人民法院
商请移送执行函

（××××）……号

××××人民法院：

……（写明当事人姓名或名称和案由）一案的……（写明生效法律文书名称）已经发生法律效力。由于……［写明本案债权人依法享有顺位在先的担保物权（优先权）和首先查封法院没有及时对查封财产进行处理的情况，以及商请移送执行的理由］。根据《最高人民法院关于首先查封法院与优先债权执行法院处分查封财产有关问题的批复》之规定，请你院在收到本函之日起15日内向我院出具移送执行函，将……（写明具体查封财产）移送我院执行。

附件：1. 据以执行的生效法律文书

2. 有关案件情况说明［内容包括本案债权依法享有顺位在先的担保物权（优先权）的具体情况、案件执行情况、执行员姓名及联系电话、申请执行人地址及联系电话等］

3. 其他必要的案件材料

××××年××月××日

（院印）

本院地址：　　　　　　邮　　编：

联 系 人：　　　　　　联系电话：

附件2

××××人民法院
移送执行函

（××××）……号

××××人民法院：

你院（××××）……号商请移送执行函收悉。我院于××××年××月××日对……（写明具体查封财产，以下简称查封财产）予以查封（或者扣押、冻结），鉴于你院（××××）……号执行案件债权人对该查封财产享有顺位在先的担保物权（优先权），现根据《最高人民法院关于首先查封法院与优先债权执行法院处分查封财产有关问题的批复》之规定及你院的来函要求，将上述查封财产移送你院执行，对该财产的续封、解封和变价、分配等后续工作，交由你院办理，我院不再负责。请你院在后续执行程序中，对我院执行案件债权人××作为首先查封债权人所享有的各项权利依法予以保护，并将执行结果及时告知我院。

附件：1. 据以执行的生效法律文书

2. 有关案件情况的材料和说明（内容包括查封财产的查封、调查、异议、评估、处置和剩余债权数额等案件执行情况，执行员姓名及联系电话、申请执行人地址及联系电话等）

3. 其他必要的案件材料

××××年××月××日

（院印）

本院地址：　　　　邮　　编：

联 系 人：　　　　联系电话：

最高人民法院关于修改《中华人民共和国人民法院法庭规则》的决定

（2015 年 12 月 21 日最高人民法院审判委员会第 1673 次会议通过　2016 年 4 月 13 日最高人民法院公告公布　自 2016 年 5 月 1 日起施行　法释〔2016〕7 号）

为了维护法庭安全，规范庭审秩序，保障诉讼参与人诉讼权利，方便公众旁听，促进司法公正，彰显司法权威，根据《中华人民共和国人民法院组织法》《中华人民共和国刑事诉讼法》《中华人民共和国民事诉讼法》《中华人民共和国行政诉讼法》等有关法律规定，结合审判实际，现决定对《中华人民共和国人民法院法庭规则》作如下修改：

一、将第一条修改为："为了维护法庭安全和秩序，保障庭审活动正常进行，保障诉讼参与人依法行使诉讼权利，方便公众旁听，促进司法公正，彰显司法权威，根据《中华人民共和国人民法院组织法》《中华人民共和国刑事诉讼法》《中华人民共和国民事诉讼法》《中华人民共和国行政诉讼法》等有关法律规定，制定本规则。"

二、删除第二条，将相关内容调整到第十七条、第二十一条。

三、将第三条改为第二条，修改为："法庭是人民法院代表国家依法审判各类案件的专门场所。

"法庭正面上方应当悬挂国徽。"

四、将第四条改为第十二条，修改为："出庭履行职务的人员，按照职业着装规定着装。但是，具有下列情形之一的，着正装：

"（一）没有职业着装规定；

"（二）侦查人员出庭作证；

"（三）所在单位系案件当事人。

"非履行职务的出庭人员及旁听人员，应当文明着装。"

五、将第五条改为第十五条，修改为："审判人员进入法庭以及审判长或独任审判员宣告判决、裁定、决定时，全体人员应当起立。"

六、将第六条改为第十六条，修改为："人民法院开庭审判案件应当严格按照法律规定的诉讼程序进行。

“审判人员在庭审活动中应当平等对待诉讼各方。”

七、将第七条、第九条、第十条合并,改为第十七条,修改为:“全体人员在庭审活动中应当服从审判长或独任审判员的指挥,尊重司法礼仪,遵守法庭纪律,不得实施下列行为:

“(一)鼓掌、喧哗;

“(二)吸烟、进食;

“(三)拨打或接听电话;

“(四)对庭审活动进行录音、录像、拍照或使用移动通信工具等传播庭审活动;

“(五)其他危害法庭安全或妨害法庭秩序的行为。

“检察人员、诉讼参与人发言或提问,应当经审判长或独任审判员许可。

“旁听人员不得进入审判活动区,不得随意站立、走动,不得发言和提问。

“媒体记者经许可实施第一款第四项规定的行为,应当在指定的时间及区域进行,不得影响或干扰庭审活动。”

八、将第八条改为第九条,第一款修改为:“公开的庭审活动,公民可以旁听。”

第二款改为第三款,修改为:“下列人员不得旁听:

“(一)证人、鉴定人以及准备出庭提出意见的有专门知识的人;

“(二)未获得人民法院批准的未成年人;

“(三)拒绝接受安全检查的人;

“(四)醉酒的人、精神病人或其他精神状态异常的人;

“(五)其他有可能危害法庭安全或妨害法庭秩序的人。”

增加三款,分别作为第二款、第四款、第五款。

第二款:“旁听席位不能满足需要时,人民法院可以根据申请的先后顺序或者通过抽签、摇号等方式发放旁听证,但应当优先安排当事人的近亲属或其他与案件有利害关系的人旁听。”

第四款:“依法有可能封存犯罪记录的公开庭审活动,任何单位或个人不得组织人员旁听。”

第五款:“依法不公开的庭审活动,除法律另有规定外,任何人不得旁听。”

九、将第十一条改为第十九条,修改为:“审判长或独任审判员对违反法庭纪律的人员应当予以警告;对不听警告的,予以训诫;对训诫无效的,责令其退出法庭;对拒不退出法庭的,指令司法警察将其强行带出法庭。”

增加一款,作为第二款:“行为人违反本规则第十七条第一款第四项规定的，人民法院可以暂扣其使用的设备及存储介质，删除相关内容。”

十、将第十二条改为第二十条，修改为：“行为人实施下列行为之一，危及法庭安全或扰乱法庭秩序的，根据相关法律规定，予以罚款、拘留；构成犯罪的，依法追究其刑事责任：

“（一）非法携带枪支、弹药、管制刀具或者爆炸性、易燃性、放射性、毒害性、腐蚀性物品以及传染病病原体进入法庭；

“（二）哄闹、冲击法庭；

“（三）侮辱、诽谤、威胁、殴打司法工作人员或诉讼参与人；

“（四）毁坏法庭设施，抢夺、损毁诉讼文书、证据；

“（五）其他危害法庭安全或扰乱法庭秩序的行为。”

十一、将第十三条改为第二十一条，修改为：“司法警察依照审判长或独任审判员的指令维持法庭秩序。”

增加二款，分别作为第二款、第三款。

第二款：“出现危及法庭内人员人身安全或者严重扰乱法庭秩序等紧急情况时，司法警察可以直接采取必要的处置措施。”

第三款：“人民法院依法对违反法庭纪律的人采取的扣押物品、强行带出法庭以及罚款、拘留等强制措施，由司法警察执行。”

十二、将第十四条改为第二十六条，修改为：“外国人、无国籍人旁听庭审活动，外国媒体记者报道庭审活动，应当遵守本规则。”

十三、将第十五条改为第二十七条，修改为：“本规则自 2016 年 5 月 1 日起施行；最高人民法院此前发布的司法解释及规范性文件与本规则不一致的，以本规则为准。”

十四、增加十五条分别作为第三条、第四条、第五条、第六条、第七条、第八条、第十条、第十一条、第十三条、第十四条、第十八条、第二十二条、第二十三条、第二十四条、第二十五条：

“第三条　法庭分设审判活动区和旁听区，两区以栏杆等进行隔离。

“审理未成年人案件的法庭应当根据未成年人身心发展特点设置区域和席位。

“有新闻媒体旁听或报道庭审活动时，旁听区可以设置专门的媒体记者席。

“第四条　刑事法庭可以配置同步视频作证室，供依法应当保护或其他确有保护必要的证人、鉴定人、被害人在庭审作证时使用。

“第五条　法庭应当设置残疾人无障碍设施；根据需要配备合议庭合议室，检察人员、律师及其他诉讼参与人休息室，被告人羁押室等附属场所。

“第六条　进入法庭的人员应当出示有效身份证件，并接受人身及携带物品的安全检查。

“持有效工作证件和出庭通知履行职务的检察人员、律师可以通过专门通道进入法庭。需要安全检查的，人民法院对检察人员和律师平等对待。

“第七条　除经人民法院许可，需要在法庭上出示的证据外，下列物品不得携带进入法庭：

“（一）枪支、弹药、管制刀具以及其他具有杀伤力的器具；

“（二）易燃易爆物、疑似爆炸物；

“（三）放射性、毒害性、腐蚀性、强气味性物质以及传染病病原体；

“（四）液体及胶状、粉末状物品；

“（五）标语、条幅、传单；

“（六）其他可能危害法庭安全或妨害法庭秩序的物品。

“第八条　人民法院应当通过官方网站、电子显示屏、公告栏等向公众公开各法庭的编号、具体位置以及旁听席位数量等信息。

“第十条　人民法院应当对庭审活动进行全程录像或录音。

“第十一条　依法公开进行的庭审活动，具有下列情形之一的，人民法院可以通过电视、互联网或其他公共媒体进行图文、音频、视频直播或录播：

“（一）公众关注度较高；

“（二）社会影响较大；

“（三）法治宣传教育意义较强。

“第十三条　刑事在押被告人或上诉人出庭受审时，着正装或便装，不着监管机构的识别服。

“人民法院在庭审活动中不得对被告人或上诉人使用戒具，但认为其人身危险性大，可能危害法庭安全的除外。

“第十四条　庭审活动开始前，书记员应当宣布本规则第十七条规定的法庭纪律。

“第十八条　审判长或独任审判员主持庭审活动时，依照规定使用法槌。

“第二十二条　人民检察院认为审判人员违反本规则的，可以在庭审活动结束后向人民法院提出处理建议。

“诉讼参与人、旁听人员认为审判人员、书记员、司法警察违反本规则的，可以在庭审活动结束后向人民法院反映。

“第二十三条　检察人员违反本规则的，人民法院可以向人民检察院通报情况并提出处理建议。

“第二十四条　律师违反本规则的，人民法院可以向司法行政机关及律师协会通报情况并提出处理建议。

“第二十五条 人民法院进行案件听证、国家赔偿案件质证、网络视频远程审理以及在法院以外的场所巡回审判等，参照适用本规则。”

根据本决定，将《中华人民共和国人民法院法庭规则》作相应修改并对条文顺序作相应调整后，重新公布。

中华人民共和国人民法院法庭规则

（1993年11月26日最高人民法院审判委员会第617次会议通过 根据2015年12月21日最高人民法院审判委员会第1673次会议通过的《最高人民法院关于修改〈中华人民共和国人民法院法庭规则〉的决定》修正）

第一条 为了维护法庭安全和秩序，保障庭审活动正常进行，保障诉讼参与人依法行使诉讼权利，方便公众旁听，促进司法公正，彰显司法权威，根据《中华人民共和国人民法院组织法》《中华人民共和国刑事诉讼法》《中华人民共和国民事诉讼法》《中华人民共和国行政诉讼法》等有关法律规定，制定本规则。

第二条 法庭是人民法院代表国家依法审判各类案件的专门场所。

法庭正面上方应当悬挂国徽。

第三条 法庭分设审判活动区和旁听区，两区以栏杆等进行隔离。

审理未成年人案件的法庭应当根据未成年人身心发展特点设置区域和席位。

有新闻媒体旁听或报道庭审活动时，旁听区可以设置专门的媒体记者席。

第四条 刑事法庭可以配置同步视频作证室，供依法应当保护或其他确有保护必要的证人、鉴定人、被害人在庭审作证时使用。

第五条 法庭应当设置残疾人无障碍设施；根据需要配备合议庭合议室，检察人员、律师及其他诉讼参与人休息室，被告人羁押室等附属场所。

第六条 进入法庭的人员应当出示有效身份证件，并接受人身及携带物品的安全检查。

持有效工作证件和出庭通知履行职务的检察人员、律师可以通过专门通道进入法庭。需要安全检查的，人民法院对检察人员和律师平等对待。

第七条 除经人民法院许可，需要在法庭上出示的证据外，下列物品不得携带进入法庭：

（一）枪支、弹药、管制刀具以及其他具有杀伤力的器具；

（二）易燃易爆物、疑似爆炸物；

（三）放射性、毒害性、腐蚀性、强气味性物质以及传染病病原体；

（四）液体及胶状、粉末状物品；

（五）标语、条幅、传单；

（六）其他可能危害法庭安全或妨害法庭秩序的物品。

第八条 人民法院应当通过官方网站、电子显示屏、公告栏等向公众公开各法庭的编号、具体位置以及旁听席位数量等信息。

第九条 公开的庭审活动，公民可以旁听。

旁听席位不能满足需要时，人民法院可以根据申请的先后顺序或者通过抽签、摇号等方式发放旁听证，但应当优先安排当事人的近亲属或其他与案件有利害关系的人旁听。

下列人员不得旁听：

（一）证人、鉴定人以及准备出庭提出意见的有专门知识的人；

（二）未获得人民法院批准的未成年人；

（三）拒绝接受安全检查的人；

（四）醉酒的人、精神病人或其他精神状态异常的人；

（五）其他有可能危害法庭安全或妨害法庭秩序的人。

依法有可能封存犯罪记录的公开庭审活动，任何单位或个人不得组织人员旁听。

依法不公开的庭审活动，除法律另有规定外，任何人不得旁听。

第十条 人民法院应当对庭审活动进行全程录像或录音。

第十一条 依法公开进行的庭审活动，具有下列情形之一的，人民法院可以通过电视、互联网或其他公共媒体进行图文、音频、视频直播或录播：

（一）公众关注度较高；

（二）社会影响较大；

（三）法治宣传教育意义较强。

第十二条 出庭履行职务的人员，按照职业着装规定着装。但是，具有下列情形之一的，着正装：

（一）没有职业着装规定；

（二）侦查人员出庭作证；

（三）所在单位系案件当事人。

非履行职务的出庭人员及旁听人员，应当文明着装。

第十三条　刑事在押被告人或上诉人出庭受审时，着正装或便装，不着监管机构的识别服。

人民法院在庭审活动中不得对被告人或上诉人使用戒具，但认为其人身危险性大，可能危害法庭安全的除外。

第十四条　庭审活动开始前，书记员应当宣布本规则第十七条规定的法庭纪律。

第十五条　审判人员进入法庭以及审判长或独任审判员宣告判决、裁定、决定时，全体人员应当起立。

第十六条　人民法院开庭审判案件应当严格按照法律规定的诉讼程序进行。

审判人员在庭审活动中应当平等对待诉讼各方。

第十七条　全体人员在庭审活动中应当服从审判长或独任审判员的指挥，尊重司法礼仪，遵守法庭纪律，不得实施下列行为：

（一）鼓掌、喧哗；

（二）吸烟、进食；

（三）拨打或接听电话；

（四）对庭审活动进行录音、录像、拍照或使用移动通信工具等传播庭审活动；

（五）其他危害法庭安全或妨害法庭秩序的行为。

检察人员、诉讼参与人发言或提问，应当经审判长或独任审判员许可。

旁听人员不得进入审判活动区，不得随意站立、走动，不得发言和提问。

媒体记者经许可实施第一款第四项规定的行为，应当在指定的时间及区域进行，不得影响或干扰庭审活动。

第十八条　审判长或独任审判员主持庭审活动时，依照规定使用法槌。

第十九条　审判长或独任审判员对违反法庭纪律的人员应当予以警告；对不听警告的，予以训诫；对训诫无效的，责令其退出法庭；对拒不退出法庭的，指令司法警察将其强行带出法庭。

行为人违反本规则第十七条第一款第四项规定的，人民法院可以暂扣其使用的设备及存储介质，删除相关内容。

第二十条　行为人实施下列行为之一，危及法庭安全或扰乱法庭秩序的，根据相关法律规定，予以罚款、拘留；构成犯罪的，依法追究其刑事责任：

（一）非法携带枪支、弹药、管制刀具或者爆炸性、易燃性、放射性、毒害性、腐蚀性物品以及传染病病原体进入法庭；

（二）哄闹、冲击法庭；

（三）侮辱、诽谤、威胁、殴打司法工作人员或诉讼参与人；

（四）毁坏法庭设施，抢夺、损毁诉讼文书、证据；

（五）其他危害法庭安全或扰乱法庭秩序的行为。

第二十一条 司法警察依照审判长或独任审判员的指令维持法庭秩序。

出现危及法庭内人员人身安全或者严重扰乱法庭秩序等紧急情况时，司法警察可以直接采取必要的处置措施。

人民法院依法对违反法庭纪律的人采取的扣押物品、强行带出法庭以及罚款、拘留等强制措施，由司法警察执行。

第二十二条 人民检察院认为审判人员违反本规则的，可以在庭审活动结束后向人民法院提出处理建议。

诉讼参与人、旁听人员认为审判人员、书记员、司法警察违反本规则的，可以在庭审活动结束后向人民法院反映。

第二十三条 检察人员违反本规则的，人民法院可以向人民检察院通报情况并提出处理建议。

第二十四条 律师违反本规则的，人民法院可以向司法行政机关及律师协会通报情况并提出处理建议。

第二十五条 人民法院进行案件听证、国家赔偿案件质证、网络视频远程审理以及在法院以外的场所巡回审判等，参照适用本规则。

第二十六条 外国人、无国籍人旁听庭审活动，外国媒体记者报道庭审活动，应当遵守本规则。

第二十七条 本规则自2016年5月1日起施行；最高人民法院此前发布的司法解释及规范性文件与本规则不一致的，以本规则为准。

最高人民法院、最高人民检察院关于办理贪污贿赂刑事案件适用法律若干问题的解释

（2016年3月28日由最高人民法院审判委员会第1680次会议、2016年3月25日由最高人民检察院第十二届检察委员会第50次会议通过 2016年4月18日最高人民法院、最高人民检察院公告公布 自2016年4月18日起施行 法释〔2016〕9号）

为依法惩治贪污贿赂犯罪活动，根据刑法有关规定，现就办理贪污贿赂刑事案件适用法律的若干问题解释如下：

第一条 贪污或者受贿数额在三万元以上不满二十万元的，应当认定为刑法第三百八十三条第一款规定的“数额较大”，依法判处三年以下有期徒刑或者拘役，并处罚金。

贪污数额在一万元以上不满三万元，具有下列情形之一的，应当认定为刑法第三百八十三条第一款规定的“其他较重情节”，依法判处三年以下有期徒刑或者拘役，并处罚金：

（一）贪污救灾、抢险、防汛、优抚、扶贫、移民、救济、防疫、社会捐助等特定款物的；

（二）曾因贪污、受贿、挪用公款受过党纪、行政处分的；

（三）曾因故意犯罪受过刑事追究的；

（四）赃款赃物用于非法活动的；

（五）拒不交待赃款赃物去向或者拒不配合追缴工作，致使无法追缴的；

（六）造成恶劣影响或者其他严重后果的。

受贿数额在一万元以上不满三万元，具有前款第二项至第六项规定的情形之一，或者具有下列情形之一的，应当认定为刑法第三百八十三条第一款规定的“其他较重情节”，依法判处三年以下有期徒刑或者拘役，并处罚金：

（一）多次索贿的；

（二）为他人谋取不正当利益，致使公共财产、国家和人民利益遭受损失的；

（三）为他人谋取职务提拔、调整的。

第二条 贪污或者受贿数额在二十万元以上不满三百万元的，应当认定为刑法第三百八十三条第一款规定的“数额巨大”，依法判处三年以上十年以下有期徒刑，并处罚金或者没收财产。

贪污数额在十万元以上不满二十万元，具有本解释第一条第二款规定的情形之一的，应当认定为刑法第三百八十三条第一款规定的“其他严重情节”，依法判处三年以上十年以下有期徒刑，并处罚金或者没收财产。

受贿数额在十万元以上不满二十万元，具有本解释第一条第三款规定的情形之一的，应当认定为刑法第三百八十三条第一款规定的“其他严重情节”，依法判处三年以上十年以下有期徒刑，并处罚金或者没收财产。

第三条 贪污或者受贿数额在三百万元以上的，应当认定为刑法第三百八十三条第一款规定的“数额特别巨大”，依法判处十年以上有期徒刑、无期徒刑或者死刑，并处罚金或者没收财产。

贪污数额在一百五十万元以上不满三百万元，具有本解释第一条第二款规定的情形之一的，应当认定为刑法第三百八十三条第一款规定的“其他特别严重情节”，依法判处十年以上有期徒刑、无期徒刑或者死刑，并处罚金或者没收财产。

受贿数额在一百五十万元以上不满三百万元，具有本解释第一条第三款规定的情形之一的，应当认定为刑法第三百八十三条第一款规定的“其他特别严重情节”，依法判处十年以上有期徒刑、无期徒刑或者死刑，并处罚金或者没收财产。

第四条 贪污、受贿数额特别巨大，犯罪情节特别严重、社会影响特别恶劣、给国家和人民利益造成特别重大损失的，可以判处死刑。

符合前款规定的情形，但具有自首，立功，如实供述自己罪行、真诚悔罪、积极退赃，或者避免、减少损害结果的发生等情节，不是必须立即执行的，可以判处死刑缓期二年执行。

符合第一款规定情形的，根据犯罪情节等情况可以判处死刑缓期二年执行，同时裁判决定在其死刑缓期执行二年期满依法减为无期徒刑后，终身监禁，不得减刑、假释。

第五条 挪用公款归个人使用，进行非法活动，数额在三万元以上的，应当依照刑法第三百八十四条的规定以挪用公款罪追究刑事责任；数额在三百万元以上的，应当认定为刑法第三百八十四条第一款规定的“数额巨大”。具有下列情形之一的，应当认定为刑法第三百八十四条第一款规定的“情节严重”：

（一）挪用公款数额在一百万元以上的；

（二）挪用救灾、抢险、防汛、优抚、扶贫、移民、救济特定款物，数额在五十万元以上不满一百万元的；

（三）挪用公款不退还，数额在五十万元以上不满一百万元的；

（四）其他严重的情节。

第六条 挪用公款归个人使用，进行营利活动或者超过三个月未还，数额在五万元以上的，应当认定为刑法第三百八十四条第一款规定的“数额较大”；数额在五百万元以上的，应当认定为刑法第三百八十四条第一款规定的“数额巨大”。具有下列情形之一的，应当认定为刑法第三百八十四条第一款规定的“情节严重”：

（一）挪用公款数额在二百万元以上的；

（二）挪用救灾、抢险、防汛、优抚、扶贫、移民、救济特定款物，数额在一百万元以上不满二百万元的；

（三）挪用公款不退还，数额在一百万元以上不满二百万元的；

（四）其他严重的情节。

第七条　为谋取不正当利益，向国家工作人员行贿，数额在三万元以上的，应当依照刑法第三百九十条的规定以行贿罪追究刑事责任。

行贿数额在一万元以上不满三万元，具有下列情形之一的，应当依照刑法第三百九十条的规定以行贿罪追究刑事责任：

（一）向三人以上行贿的；

（二）将违法所得用于行贿的；

（三）通过行贿谋取职务提拔、调整的；

（四）向负有食品、药品、安全生产、环境保护等监督管理职责的国家工作人员行贿，实施非法活动的；

（五）向司法工作人员行贿，影响司法公正的；

（六）造成经济损失数额在五十万元以上不满一百万元的。

第八条　犯行贿罪，具有下列情形之一的，应当认定为刑法第三百九十条第一款规定的“情节严重”：

（一）行贿数额在一百万元以上不满五百万元的；

（二）行贿数额在五十万元以上不满一百万元，并具有本解释第七条第二款第一项至第五项规定的情形之一的；

（三）其他严重的情节。

为谋取不正当利益，向国家工作人员行贿，造成经济损失数额在一百万元以上不满五百万元的，应当认定为刑法第三百九十条第一款规定的“使国家利益遭受重大损失”。

第九条　犯行贿罪，具有下列情形之一的，应当认定为刑法第三百九十条第一款规定的“情节特别严重”：

（一）行贿数额在五百万元以上的；

（二）行贿数额在二百五十万元以上不满五百万元，并具有本解释第七条第二款第一项至第五项规定的情形之一的；

（三）其他特别严重的情节。

为谋取不正当利益，向国家工作人员行贿，造成经济损失数额在五百万元以上的，应当认定为刑法第三百九十条第一款规定的“使国家利益遭受特别重大损失”。

第十条　刑法第三百八十八条之一规定的利用影响力受贿罪的定罪量刑适用标准，参照本解释关于受贿罪的规定执行。

刑法第三百九十条之一规定的对有影响力的人行贿罪的定罪量刑适用标准，参照本解释关于行贿罪的规定执行。

单位对有影响力的人行贿数额在二十万元以上的，应当依照刑法第三百九十条之一的规定以对有影响力的人行贿罪追究刑事责任。

第十一条 刑法第一百六十三条规定的非国家工作人员受贿罪、第二百七十一条规定的职务侵占罪中的"数额较大""数额巨大"的数额起点,按照本解释关于受贿罪、贪污罪相对应的数额标准规定的二倍、五倍执行。

刑法第二百七十二条规定的挪用资金罪中的"数额较大""数额巨大"以及"进行非法活动"情形的数额起点,按照本解释关于挪用公款罪"数额较大""情节严重"以及"进行非法活动"的数额标准规定的二倍执行。

刑法第一百六十四条第一款规定的对非国家工作人员行贿罪中的"数额较大""数额巨大"的数额起点,按照本解释第七条、第八条第一款关于行贿罪的数额标准规定的二倍执行。

第十二条 贿赂犯罪中的"财物",包括货币、物品和财产性利益。财产性利益包括可以折算为货币的物质利益如房屋装修、债务免除等,以及需要支付货币的其他利益如会员服务、旅游等。后者的犯罪数额,以实际支付或者应当支付的数额计算。

第十三条 具有下列情形之一的,应当认定为"为他人谋取利益",构成犯罪的,应当依照刑法关于受贿犯罪的规定定罪处罚:

(一)实际或者承诺为他人谋取利益的;

(二)明知他人有具体请托事项的;

(三)履职时未被请托,但事后基于该履职事由收受他人财物的。

国家工作人员索取、收受具有上下级关系的下属或者具有行政管理关系的被管理人员的财物价值三万元以上,可能影响职权行使的,视为承诺为他人谋取利益。

第十四条 根据行贿犯罪的事实、情节,可能被判处三年有期徒刑以下刑罚的,可以认定为刑法第三百九十条第二款规定的"犯罪较轻"。

根据犯罪的事实、情节,已经或者可能被判处十年有期徒刑以上刑罚的,或者案件在本省、自治区、直辖市或者全国范围内有较大影响的,可以认定为刑法第三百九十条第二款规定的"重大案件"。

具有下列情形之一的,可以认定为刑法第三百九十条第二款规定的"对侦破重大案件起关键作用":

(一)主动交待办案机关未掌握的重大案件线索的;

(二)主动交待的犯罪线索不属于重大案件的线索,但该线索对于重大案件侦破有重要作用的;

(三)主动交待行贿事实,对于重大案件的证据收集有重要作用的;

(四)主动交待行贿事实,对于重大案件的追逃、追赃有重要作用的。

第十五条　对多次受贿未经处理的，累计计算受贿数额。

国家工作人员利用职务上的便利为请托人谋取利益前后多次收受请托人财物，受请托之前收受的财物数额在一万元以上的，应当一并计入受贿数额。

第十六条　国家工作人员出于贪污、受贿的故意，非法占有公共财物、收受他人财物之后，将赃款赃物用于单位公务支出或者社会捐赠的，不影响贪污罪、受贿罪的认定，但量刑时可以酌情考虑。

特定关系人索取、收受他人财物，国家工作人员知道后未退还或者上交的，应当认定国家工作人员具有受贿故意。

第十七条　国家工作人员利用职务上的便利，收受他人财物，为他人谋取利益，同时构成受贿罪和刑法分则第三章第三节、第九章规定的渎职犯罪的，除刑法另有规定外，以受贿罪和渎职犯罪数罪并罚。

第十八条　贪污贿赂犯罪分子违法所得的一切财物，应当依照刑法第六十四条的规定予以追缴或者责令退赔，对被害人的合法财产应当及时返还。对尚未追缴到案或者尚未足额退赔的违法所得，应当继续追缴或者责令退赔。

第十九条　对贪污罪、受贿罪判处三年以下有期徒刑或者拘役的，应当并处十万元以上五十万元以下的罚金；判处三年以上十年以下有期徒刑的，应当并处二十万元以上犯罪数额二倍以下的罚金或者没收财产；判处十年以上有期徒刑或者无期徒刑的，应当并处五十万元以上犯罪数额二倍以下的罚金或者没收财产。

对刑法规定并处罚金的其他贪污贿赂犯罪，应当在十万元以上犯罪数额二倍以下判处罚金。

第二十条　本解释自2016年4月18日起施行。最高人民法院、最高人民检察院此前发布的司法解释与本解释不一致的，以本解释为准。

最高人民法院关于印发《最高人民法院关于宪法宣誓的组织办法》的通知

（2016年4月19日　法发〔2016〕9号）

本院各单位：

《最高人民法院关于宪法宣誓的组织办法》已经院党组2016第16次会议讨论通过，现印发给你们，请遵照执行。

最高人民法院关于宪法宣誓的组织办法

第一条 为增强宪法意识，激励和教育人民法院工作人员忠于宪法、遵守宪法、维护宪法，根据《全国人民代表大会常务委员会关于实行宪法宣誓制度的决定》，制定本办法。

第二条 最高人民法院副院长、审判委员会委员、庭长、副庭长、审判员和军事法院院长，在依照法定程序产生后，进行宪法宣誓。

最高人民法院其他国家工作人员，在就职时进行宪法宣誓。

第三条 宪法宣誓誓词为：

我宣誓：忠于中华人民共和国宪法，维护宪法权威，履行法定职责，忠于祖国、忠于人民，恪尽职守、廉洁奉公，接受人民监督，为建设富强、民主、文明、和谐的社会主义国家努力奋斗！

第四条 宣誓场所应当庄重、严肃，悬挂中华人民共和国国旗或者国徽。

宪法宣誓的领誓人、宣誓人统一着法袍或者其他制式服装、正装。

第五条 宣誓仪式可以采取单独宣誓或者集体宣誓的形式。

最高人民法院副院长、审判委员会委员、庭长、副庭长、审判员和军事法院院长集体宣誓，由最高人民法院院长或者其委托的资深法官领誓。

最高人民法院其他国家工作人员集体宣誓，由最高人民法院院长或者其委托的人员领誓。

法官等级晋升或者非领导职务晋升时，可以根据需要组织集体宣誓。

宣誓仪式可以由最高人民法院院长或者其委托的人员进行监誓。

第六条 举行宣誓仪式，应当奏唱中华人民共和国国歌。

单独宣誓时，宣誓人面向国旗或者国徽站立，左手抚按《中华人民共和国宪法》，右手举拳，拳心朝前，诵读誓词。

集体宣誓时，领誓人面向国旗或者国徽站立，左手抚按《中华人民共和国宪法》，右手举拳，拳心朝前，领诵誓词；宣誓人在领誓人身后整齐站立，面向国旗或者国徽，右手举拳，拳心朝前，跟诵誓词；誓词宣读完毕，在领誓人读出“宣誓人”后，报出自己姓名。

第七条 组织宪法宣誓应当公开进行，可以邀请人大代表、政协委员、有关方面代表参加宣誓仪式。

第八条 举行重要活动时组织的重温誓词活动，参照本办法执行。

第九条 本办法自发布之日起施行,《中华人民共和国法官宣誓规定(试行)》同时废止。

最高人民法院关于审理消费民事公益诉讼案件适用法律若干问题的解释

(2016年2月1日最高人民法院审判委员会第1677次会议通过 2016年4月24日最高人民法院公告公布 自2016年5月1日起施行 法释〔2016〕10号)

为正确审理消费民事公益诉讼案件,根据《中华人民共和国民事诉讼法》《中华人民共和国侵权责任法》《中华人民共和国消费者权益保护法》等法律规定,结合审判实践,制定本解释。

第一条 中国消费者协会以及在省、自治区、直辖市设立的消费者协会,对经营者侵害众多不特定消费者合法权益或者具有危及消费者人身、财产安全危险等损害社会公共利益的行为提起消费民事公益诉讼的,适用本解释。

法律规定或者全国人大及其常委会授权的机关和社会组织提起的消费民事公益诉讼,适用本解释。

第二条 经营者提供的商品或者服务具有下列情形之一的,适用消费者权益保护法第四十七条规定:

(一)提供的商品或者服务存在缺陷,侵害众多不特定消费者合法权益的;

(二)提供的商品或者服务可能危及消费者人身、财产安全,未作出真实的说明和明确的警示,未标明正确使用商品或者接受服务的方法以及防止危害发生方法的;对提供的商品或者服务质量、性能、用途、有效期限等信息作虚假或引人误解宣传的;

(三)宾馆、商场、餐馆、银行、机场、车站、港口、影剧院、景区、娱乐场所等经营场所存在危及消费者人身、财产安全危险的;

(四)以格式条款、通知、声明、店堂告示等方式,作出排除或者限制消费者权利、减轻或者免除经营者责任、加重消费者责任等对消费者不公平、不合理规定的;

(五)其他侵害众多不特定消费者合法权益或者具有危及消费者人身、财产安全危险等损害社会公共利益的行为。

第三条 消费民事公益诉讼案件管辖适用《最高人民法院关于适用〈中华人民共和国民事诉讼法〉的解释》第二百八十五条的有关规定。

经最高人民法院批准，高级人民法院可以根据本辖区实际情况，在辖区内确定部分中级人民法院受理第一审消费民事公益诉讼案件。

第四条 提起消费民事公益诉讼应当提交下列材料：

（一）符合民事诉讼法第一百二十一条规定的起诉状，并按照被告人数提交副本；

（二）被告的行为侵害众多不特定消费者合法权益或者具有危及消费者人身、财产安全危险等损害社会公共利益的初步证据；

（三）消费者组织就涉诉事项已按照消费者权益保护法第三十七条第四项或者第五项的规定履行公益性职责的证明材料。

第五条 人民法院认为原告提出的诉讼请求不足以保护社会公共利益的，可以向其释明变更或者增加停止侵害等诉讼请求。

第六条 人民法院受理消费民事公益诉讼案件后，应当公告案件受理情况，并在立案之日起十日内书面告知相关行政主管部门。

第七条 人民法院受理消费民事公益诉讼案件后，依法可以提起诉讼的其他机关或者社会组织，可以在一审开庭前向人民法院申请参加诉讼。

人民法院准许参加诉讼的，列为共同原告；逾期申请的，不予准许。

第八条 有权提起消费民事公益诉讼的机关或者社会组织，可以依据民事诉讼法第八十一条规定申请保全证据。

第九条 人民法院受理消费民事公益诉讼案件后，因同一侵权行为受到损害的消费者申请参加诉讼的，人民法院应当告知其根据民事诉讼法第一百一十九条规定主张权利。

第十条 消费民事公益诉讼案件受理后，因同一侵权行为受到损害的消费者请求对其根据民事诉讼法第一百一十九条规定提起的诉讼予以中止，人民法院可以准许。

第十一条 消费民事公益诉讼案件审理过程中，被告提出反诉的，人民法院不予受理。

第十二条 原告在诉讼中承认对己方不利的事实，人民法院认为损害社会公共利益的，不予确认。

第十三条 原告在消费民事公益诉讼案件中，请求被告承担停止侵害、排除妨碍、消除危险、赔礼道歉等民事责任的，人民法院可予支持。

经营者利用格式条款或者通知、声明、店堂告示等，排除或者限制消费者权利、减轻或者免除经营者责任、加重消费者责任，原告认为对消费者不公平、不合理主张无效的,人民法院可予支持。

第十四条 消费民事公益诉讼案件裁判生效后,人民法院应当在十日内书面告知相关行政主管部门,并可发出司法建议。

第十五条 消费民事公益诉讼案件的裁判发生法律效力后,其他依法具有原告资格的机关或者社会组织就同一侵权行为另行提起消费民事公益诉讼的,人民法院不予受理。

第十六条 已为消费民事公益诉讼生效裁判认定的事实,因同一侵权行为受到损害的消费者根据民事诉讼法第一百一十九条规定提起的诉讼,原告、被告均无需举证证明,但当事人对该事实有异议并有相反证据足以推翻的除外。

消费民事公益诉讼生效裁判认定经营者存在不法行为,因同一侵权行为受到损害的消费者根据民事诉讼法第一百一十九条规定提起的诉讼,原告主张适用的,人民法院可予支持,但被告有相反证据足以推翻的除外。被告主张直接适用对其有利认定的,人民法院不予支持,被告仍应承担相应举证证明责任。

第十七条 原告为停止侵害、排除妨碍、消除危险采取合理预防、处置措施而发生的费用,请求被告承担的,人民法院可予支持。

第十八条 原告及其诉讼代理人对侵权行为进行调查、取证的合理费用、鉴定费用、合理的律师代理费用,人民法院可根据实际情况予以相应支持。

第十九条 本解释自2016年5月1日起施行。

本解释施行后人民法院新受理的一审案件,适用本解释。

本解释施行前人民法院已经受理、施行后尚未审结的一审、二审案件,以及本解释施行前已经终审、施行后当事人申请再审或者按照审判监督程序决定再审的案件,不适用本解释。

最高人民法院关于人民法院办理接收在台湾地区服刑的大陆居民回大陆服刑案件的规定

(2015年6月2日最高人民法院审判委员会第1653次会议通过 2016年4月27日最高人民法院公告公布 自2016年5月1日起施行 法释〔2016〕11号)

为落实《海峡两岸共同打击犯罪及司法互助协议》,保障接收在台湾地区服刑的大陆居民回大陆服刑工作顺利进行，根据《中华人民共和国刑法》《中华人民共和国刑事诉讼法》等有关法律，制定本规定。

第一条 人民法院办理接收在台湾地区服刑的大陆居民（以下简称被判刑人）回大陆服刑案件（以下简称接收被判刑人案件），应当遵循一个中国原则，遵守国家法律的基本原则，秉持人道和互惠原则，不得违反社会公共利益。

第二条 接收被判刑人案件由最高人民法院指定的中级人民法院管辖。

第三条 申请机关向人民法院申请接收被判刑人回大陆服刑，应当同时提交以下材料：

（一）申请机关制作的接收被判刑人申请书，其中应当载明：

1. 台湾地区法院认定的被判刑人实施的犯罪行为及判决依据的具体条文内容；

2. 该行为在大陆依据刑法也构成犯罪、相应的刑法条文、罪名及该行为未进入大陆刑事诉讼程序的说明；

3. 建议转换的具体刑罚；

4. 其他需要说明的事项。

（二）被判刑人系大陆居民的身份证明；

（三）台湾地区法院对被判刑人定罪处刑的裁判文书、生效证明和执行文书；

（四）被判刑人或其法定代理人申请或者同意回大陆服刑的书面意见，且法定代理人与被判刑人的意思表示一致；

（五）被判刑人或其法定代理人所作的关于被判刑人在台湾地区接受公正审判的权利已获得保障的书面声明；

（六）两岸有关业务主管部门均同意被判刑人回大陆服刑的书面意见；

（七）台湾地区业务主管部门出具的有关刑罚执行情况的说明，包括被判刑人交付执行前的羁押期、已服刑期、剩余刑期，被判刑人服刑期间的表现、退赃退赔情况，被判刑人的健康状况、疾病与治疗情况；

（八）根据案件具体情况需要提交的其他材料。

申请机关提交材料齐全的，人民法院应当在七日内立案。提交材料不全的，应当通知申请机关在十五日内补送，至迟不能超过两个月；逾期未补送的，不予立案，并于七日内书面告知申请机关。

第四条 人民法院应当组成合议庭审理接收被判刑人案件。

第五条 人民法院应当在立案后一个月内就是否准予接收被判刑人作出裁定，情况复杂、特殊的，可以延长一个月。

人民法院裁定准予接收的，应当依据台湾地区法院判决认定的事实并参考其所定罪名,根据刑法就相同或者最相似犯罪行为规定的法定刑,按照下列原则对台湾地区法院确定的无期徒刑或者有期徒刑予以转换:

(一)原判处刑罚未超过刑法规定的最高刑,包括原判处刑罚低于刑法规定的最低刑的,以原判处刑罚作为转换后的刑罚;

(二)原判处刑罚超过刑法规定的最高刑的,以刑法规定的最高刑作为转换后的刑罚;

(三)转换后的刑罚不附加适用剥夺政治权利。

前款所称的最高刑,如台湾地区法院认定的事实依据刑法应当认定为一个犯罪的,是指刑法对该犯罪规定的最高刑;如应当认定为多个犯罪的,是指刑法对数罪并罚规定的最高刑。

对人民法院立案前,台湾地区有关业务主管部门对被判刑人在服刑期间作出的减轻刑罚决定,人民法院应当一并予以转换,并就最终应当执行的刑罚作出裁定。

第六条　被判刑人被接收回大陆服刑前被实际羁押的期间,应当以一日折抵转换后的刑期一日。

第七条　被判刑人被接收回大陆前已在台湾地区被假释或保外就医的,或者被判刑人或其法定代理人在申请或者同意回大陆服刑的书面意见中同时申请暂予监外执行的,人民法院应当根据刑法、刑事诉讼法的规定一并审查,并作出是否假释或者暂予监外执行的决定。

第八条　人民法院作出裁定后,应当在七日内送达申请机关。裁定一经送达,立即生效。

第九条　被判刑人回大陆服刑后,有关减刑、假释、暂予监外执行、赦免等事项,适用刑法、刑事诉讼法及相关司法解释的规定。

第十条　被判刑人回大陆服刑后,对其在台湾地区已被判处刑罚的行为,人民法院不再审理。

第十一条　本规定自 2016 年 5 月 1 日起施行。

附：

一、2016年4月份报国务院备案的地方性法规和地方政府规章目录

地方性法规

河北省

河北省人大常委会关于贯彻实施《中华人民共和国行政处罚法》的决定(修订)
(2015年5月29日)

河北省价格监督检查条例
(2015年5月29日)

河北省城市地下管网条例
(2015年5月29日)

河北省人大常委会关于修改《河北省乡镇人民代表大会条例》的决定
(2016年3月29日)

河北省人大常委会关于修改《河北省人口与计划生育条例》的决定
(2016年3月29日)

河北省食品小作坊小餐饮小摊点管理条例
(2016年3月29日)

河北省旅游条例
(2016年3月29日)

河北省人大常委会关于修改《河北省县乡两级人民代表大会选举实施细则》的决定
(2016年3月29日)

石家庄市城市园林绿化管理条例
(2016年4月5日)

唐山市邮政条例
(2016年4月6日)

唐山市人大常委会关于废止《唐山市汉语言文字应用管理办法》的决定
(2016年4月6日)

山西省

太原市人大常委会关于集中修改《太原市老年人权益保障办法》等五部地方性法规的决定
(2016年4月6日)

太原市养老机构条例
(2016年4月6日)

太原市城市地下管网条例
(2016年4月6日)

运城市关圣文化建筑群保护条例
(2016年4月1日)

辽宁省

辽宁省人大常委会关于修改《辽宁省人口与计划生育条例》的决定
(2016年3月23日)

辽宁省消费者权益保护条例
(2016年3月23日)

大连市城市市容管理条例
（2016 年 4 月 1 日）
大连市消防条例
（2016 年 4 月 1 日）
朝阳市人民代表大会及其常务委员会立法条例
（2016 年 4 月 12 日）
辽阳市人民代表大会及其常务委员会立法条例
（2016 年 3 月 31 日）
营口市人民代表大会及其常务委员会立法条例
（2016 年 4 月 1 日）
盘锦市人民代表大会及其常务委员会立法条例
（2016 年 4 月 5 日）
锦州市人民代表大会及其常务委员会立法条例
（2016 年 3 月 30 日）

江 西 省

江西武夷山国家级自然保护区条例
（2016 年 4 月 1 日）
江西省水资源条例（修订）
（2016 年 4 月 1 日）
江西省人大常委会关于修改《江西省实施〈中华人民共和国煤炭法〉办法》等五件地方性法规的决定
（2016 年 4 月 1 日）

山 东 省

山东省人大常委会关于修改《山东省海洋环境保护条例》等九件地方性法规的决定
（2016 年 3 月 30 日）

湖 北 省

湖北省价格条例
（2016 年 3 月 30 日）

湖 南 省

湖南省人大常委会关于修改《湖南省实施〈中华人民共和国广告法〉办法》等地方性法规的决定
（2016 年 3 月 30 日）
湖南省人大常委会关于修改《湖南省人口与计划生育条例》的决定
（2016 年 3 月 30 日）

广 东 省

广东省人大常委会关于修改《广东省各级人民代表大会选举实施细则》的决定
（2016 年 3 月 31 日）
广东省社会保险基金监督条例（修订）
（2016 年 3 月 31 日）
广东省行政执法监督条例（修订）
（2016 年 3 月 31 日）
广东省人大常委会关于修改《广东省自主创新促进条例》的决定
（2016 年 3 月 31 日）

海 南 省

海南省海洋环境保护规定修正案
（2016 年 3 月 31 日）
海南省人大常委会关于修改《海南省人口与计划生育条例》的决定
（2016 年 3 月 31 日）

海南省人民代表大会常务委员会关于在海南经济特区博鳌乐城国际医疗旅游先行区等三个产业园区暂时变通实施部分法律法规规定的行政审批的决定(试行)
(2016年3月31日)

昌江黎族自治县农村公路条例
(2016年4月9日)

保亭黎族苗族自治县饮用水水源保护若干规定
(2016年4月12日)

重庆市

重庆市人大常委会关于修改《重庆市乡镇人民代表大会工作条例》的决定
(2016年3月31日)

重庆市遗体和人体器官捐献条例
(2016年3月31日)

重庆市城乡居民最低生活保障条例(修订)
(2016年3月31日)

重庆市人口与计划生育条例(修订)
(2016年4月1日)

四川省

四川省人大常委会关于修改《四川省人口与计划生育条例》的决定
(2016年1月22日)

四川省人民代表大会及其常务委员会立法条例
(2016年1月29日)

云南省

云南省预算审查监督条例
(2016年3月31日)

云南省工会劳动法律监督条例
(2016年3月31日)

云南省人大常委会关于修改《云南省人口与计划生育条例》的决定
(2016年3月31日)

甘肃省

甘肃省节约能源条例
(2016年4月1日)

甘肃省促进科技成果转化条例
(2016年4月1日)

甘肃省人大常委会关于修改《甘肃省人口与计划生育条例》的决定
(2016年4月1日)

青海省

青海省人大常委会关于修改《青海省实施〈中华人民共和国全国人民代表大会和地方各级人民代表大会选举法〉细则》和《青海省实施〈中华人民共和国全国人民代表大会和地方各级人民代表大会代表法〉办法》的决定
(2016年3月25日)

青海省人大常委会关于修改《青海省人口与计划生育条例》的决定
(2016年3月25日)

青海省实施《中华人民共和国水土保持法》办法(修订)
(2016年3月25日)

青海省人大常委会关于修改《青海省实施〈中华人民共和国政府采购法〉办法》的决定
（2016年3月25日）

黄南藏族自治州民族团结进步条例
（2016年3月31日）

地方政府规章

吉林省

吉林省居住证管理办法
（2016年3月8日）

黑龙江省

齐齐哈尔市水上交通安全监督管理办法
（2016年3月14日）

上海市

上海市共有产权保障住房管理办法
（2016年3月16日）

江苏省

江苏省体育设施向社会开放管理办法
（2016年3月19日）

南京市停车场建设和管理办法
（2016年4月15日）

徐州市城市生活垃圾处理费征收和管理办法
（2016年3月7日）

徐州市城建档案管理办法
（2016年3月7日）

安徽省

安徽省保守国家秘密实施细则
（2016年3月22日）

福建省

厦门市人民政府关于修改《厦门市城镇职工基本医疗保险规定》的决定
（2016年3月7日）

山东省

山东省专利纠纷处理和调解办法
（2016年3月22日）

淄博市环境保护和安全生产异地执法规定
（2016年3月30日）

河南省

郑州市人民政府关于废止部分政府规章的决定
（2016年3月17日）

湖北省

武汉市建设工程抗震设防要求管理办法
（2016年3月18日）

湖南省

湖南省实际居住人口登记和服务规定
（2016年3月17日）

湖南省信访事项复查复核办法
（2016年3月17日）

广 东 省

深圳市人民政府关于废止部分规章的决定

（2016 年 4 月 1 日）

汕头市人民政府关于废止涉及行政审批事项目录有关文件的决定

（2016 年 3 月 19 日）

西藏自治区

拉萨市养犬规定

（2016 年 3 月 30 日）

陕 西 省

陕西省基础测绘管理办法

（2016 年 3 月 20 日）

新疆维吾尔自治区

新疆维吾尔自治区高层建筑消防安全管理规定

（2016 年 3 月 21 日）

二、2016 年 4 月份报国务院备案，本汇编未收的国务院部门规章目录

煤矿安全规程

（2016 年 2 月 25 日国家安全生产监督管理总局令第 87 号公布　自 2016 年 10 月 1 日起施行）

图书在版编目(CIP)数据

中华人民共和国新法规汇编. 2016年. 第5辑:总第231辑/国务院法制办公室编. —北京:中国法制出版社, 2016.5

ISBN 978-7-5093-7571-6

Ⅰ.①中… Ⅱ.①国… Ⅲ.①法规-汇编-中国-2016 Ⅳ.①D920.9

中国版本图书馆CIP数据核字(2016)第116989号

中华人民共和国新法规汇编

ZHONGHUA RENMIN GONGHEGUO XIN FAGUI HUIBIAN

(2016年第5辑)

编者/国务院法制办公室

经销/新华书店

印刷/三河市紫恒印装有限公司

开本/850毫米×1168毫米 32　　印张/12.5　字数/315千

版次/2016年5月第1版　　2016年5月第1次印刷

中国法制出版社出版

书号 ISBN 978-7-5093-7571-6　　定价:18.00元

北京西单横二条2号　　值班电话:66026508

邮政编码 100031　　传真:66031119

网址:http://www.zgfzs.com　　**编辑部电话:66066621**

市场营销部电话:66033393　　**邮购部电话:66033288**

(如有印装质量问题,请与本社编务印务管理部联系调换。电话:010-66032926)